आधुनिकता और उपनिवेश

आधुनिकता और उपनिवेश

कृष्णमोहन

वाणी प्रकाशन

वाणी प्रकाशन
4695, 21-ए, दरियागंज, नयी दिल्ली 110 002
शाखा
अशोक राजपथ, पटना 800 004
फ़ोनः +91 11 23273167 फ़ैक्सः +91 11 23275710
www.vaniprakashan.in
vaniprakashan@gmail.com

AADHUNIKTA AUR UPNIVESH
by Krishna Mohan

ISBN : 81-8143-592-3
Criticism

प्रथम संस्करण 2006
आवृत्ति संस्करण 2015
मूल्य : ₹ 450

यश प्रिंटोग्राफिक्स, नोएडा-201 301 (उ.प्र.) में मुद्रित

वाणी प्रकाशन का लोगो मक़बूल फ़िदा हुसेन की कूची से

डॉ. नामवर सिंह के लिए
जिनको पढ़ते, सुनते और जिनसे प्रश्न करते हुए
मैंने आलोचना सीखी

क्रम

भूमिका

इस किताब में संकलित पहला लेख, आलोचना के क्षेत्र में शुरूआती मश्क़ के बाद, मेरा पहला ही उल्लेखनीय प्रयास था। 15 फ़रवरी, 1997 को इलाहाबाद में इसे एक गोष्ठी में पढ़ा गया था। हालाँकि ग़ालिब की शायरी वाले इसके हिस्से को मैंने अभी हाल में दुबारा लिखा, लेकिन इसकी मूलभूत मान्यताओं को बदलने की ज़रूरत नहीं पड़ी। अंतिम खण्ड में संकलित केदारनाथ सिंह की कविताओं पर लिखा हुआ लेख अब तक का आख़िरी है। इन्हें एक साथ पढ़ते हुए अगर पाठक महसूस करेंगे कि अलग-अलग मौक़ों पर लिखे जाने के बावजूद विषयवस्तु के स्तर पर इनकी निरन्तरता और संगति बरकरार है, तभी इनके इस रूप में प्रकाशन का कुछ औचित्य है। अगर ऐसा नहीं लगता तो यह मेरे लिए विचारणीय होगा।

ये लेख मेरे लिए दुर्गम अँधेरी रात में रह-रहकर चमक उठने वाली बिजली का-सा महत्त्व रखते हैं, जिसकी रोशनी में कभी कोई पहाड़ कौंध जाता है तो कभी कोई नदी बहती हुई झलक जाती है। इस प्रक्रिया में एक अवस्था आती है जब परिवेश का एक संश्लिष्ट बिम्ब उभरता है, जो भविष्य के लिए नई परिकल्पना या प्रस्थान-बिन्दु बनता है। इस दौरान मैंने पाया कि अपने साहित्य के हज़ार साल के इतिहास के बारे में हमारी जो समझ अब तक बनी है वह इतनी एकांगी और अपर्याप्त है कि उसे आगे जारी रखना आँखों देखी मक्खी निगलने जैसा है। इसके वास्तविक स्वरूप की खोज के लिए हमें अपनी परम्परा को नए सिरे से खँगालना होगा और इतिहास को फिर से लिखना होगा। इसकी विशेषताओं का समुचित उद्घाटन तो आगे चलकर ही होगा, मगर एक बात तय है कि इसमें हिन्दी-उर्दू का हमारे

उपमहाद्वीप के सामाजिक जीवन में हर क़दम पर साझा होगा और बोलियों का स्वतंत्र अस्तित्व और भविष्य होगा। लगभग दो सौ बरसों से जड़ जमाए आग्रहों को चुनौती देकर भटकावों को दुरुस्त करने का काम, ज़ाहिर है, किन्हीं एक-दो व्यक्तियों के वश का नहीं है। इसमें पीढ़ियों को लगना होगा। इस प्रसंग में अगर यह किताब कुछ अध्येताओं का ध्यान खींच पाती है, और वे इसमें व्यक्त मान्यताओं की जाँच-परख की ज़रूरत महसूस करते हैं, तो मैं अपने प्रयत्न को सफल मानूँगा।

इस अवसर पर मैं जनाब शम्सुर्रहमान फ़ारूक़ी के प्रति श्रद्धावनत हूँ जिनके क़दमों में बैठकर मैंने मीर और ग़ालिब ही नहीं, हिन्दुस्तान और हिन्दुस्तानियत का भी मतलब जाना है। अपने अग्रज मित्रों श्री शैलेन्द्र प्रताप सिंह और श्री वी.के. सौनकिया का मैं ख़ास तौर पर शुक्रगुज़ार हूँ जिनके साहचर्य के चलते कठिन क्षणों में भी मैं अपनी एकाग्रता बनाए रख सका। अभिन्न मित्रों यतीन्द्र मिश्र, क्रान्ति शुक्ल और प्रियम अंकित ने इस किताब की योजना और तैयारी में जैसी सक्रिय रुचि ली, वह मेरे लिए गहरे संतोष का विषय है। वाणी प्रकाशन के श्री अरुण माहेश्वरी के प्रति आभार व्यक्त किए बिना यह प्रकरण अधूरा रहेगा, जिनके साधिकार आग्रह ने मुझे इस किताब को अविलंब तैयार करने पर बाध्य किया।

प्रतापगढ़ — कृष्णमोहन

10 मई, 2006

शिकस्त की आवाज़

न गुले नग़मा हूँ न पर्दा ए साज़
मैं हूँ अपनी शिकस्त की आवाज़

हूँ गिरफ़्तारे उल्फ़ते सय्याद
वर्ना बाक़ी है ताक़ते परवाज़

वह भी दिन हो कि उस सितमगर से
नाज़ खेंचूँ बजाय हसरते नाज़

—ग़ालिब

शिकस्त की आवाज़

(महावीर प्रसाद द्विवेदी, रामविलास शर्मा और ग़ालिब)

1907 में सरस्वती के सम्पादक और 'हिन्दी नवजागरण' के सर्वमान्य सिद्धान्तकार महावीर प्रसाद द्विवेदी के पास उस समय के एक प्रमुख लेखक पद्मसिंह शर्मा ने सादी, ग़ालिब और बिहारी पर लिखा हुआ एक छोटा-सा लेख भेजा। अपनी सम्पादकीय नीति की रक्षा करते हुए द्विवेदी जी ने 'कवि और कविता' शीर्षक लेख लिखा जिसमें उपरोक्त लेख को, उसकी मान्यताओं का खण्डन करते हुए, पूरा उद्धृत कर दिया। यह लेख उसी वर्ष सरस्वती के जुलाई अंक में छपा। इसमें द्विवेदी जी लिखते हैं, 'यदि यह कहें कि आशिकाना (शृंगारिक) कविता के सिवा और तरह की कविता उर्दू में है ही नहीं, तो बहुत बड़ी अत्युक्ति न होगी। इश्क भी यदि सच्चा हो तो कविता में कुछ असलियत आ सकती है। पर क्या कोई कह सकता है कि आशिकाना शेर कहने वालों का सारा रोना, कराहना, ठंडी साँसें लेना, जीते जी अपने कब्रों पर चिराग जलाना सब सच है? सब न सही, उनके प्रलापों का थोड़ा-सा भी अंश सच है?'

'हिन्दी नवजागरण' के शिखर भाष्यकार रामविलास शर्मा इस प्रसंग का उल्लेख करते हुए अपनी विख्यात पुस्तक 'महावीर प्रसाद द्विवेदी और हिन्दी नवजागरण' में लिखते हैं, 'रीतिवादी कल्पना के आकाश में तीन कवि जगमगा रहे हैं सादी, गालिब और बिहारी। यह कल्पना बाल की खाल निकालती है, दूर की कौड़ लाती है, चमत्कार उत्पन्न करती है, यथार्थ जगत् से उतनी ही दूर है जितनी दूर धरती से आकाश।' (पृ. 336) इसका सामाजिक आधार स्पष्ट करते हुए वे कहते हैं, 'भारत और ईरान में सामंतवाद सैकड़ों सालों से जमा हुआ था। दरबारी कविता भी सैकड़ों सालों से होती चली आ रही थी। सच और झूठ की समस्या के अलावा यह परम्परा इतनी घिसी-पिटी हो गई थी कि साहित्य की प्रगति के लिए इसे निर्मूल करना ज़रूरी था। हिन्दी और उर्दू दोनों के रीतिवाद की आलोचना एक साथ करते हुए द्विवेदी जी कहते हैं, 'वही तुक, वही छन्द, वही शब्द, वही उपमा, वही रूपक। इस पर भी लोग पुरानी लकीर को बराबर पीटते जाते हैं। कवित्त, सवैये, घनाक्षरी, दोहे, सोरठे लिखने से बाज नहीं आते।

नख-सिख, नायिका-भेद, अलंकार-शास्त्र पर पुस्तकों पर पुस्तकें लिखते चले जाते हैं। अपनी व्यर्थ बनावटी बातों से देवी-देवताओं तक को बदनाम करने से नहीं सकुचते। फल उसका यह हुआ कि कविता की असलियत काफूर हो गई।' (पृ. 332)

उपरोक्त आलोचना में अधिकतर बातें तथाकथित हिन्दी, उर्दू रीतिकाव्य के रूप-आकार से सम्बन्धित हैं, केवल एक बात अन्तर्वस्तु को लेकर कही गई है कि वे अपनी व्यर्थ बनावटी बातों से देवी-देवताओं तक को बदनाम करने से नहीं सकुचते। रामविलास शर्मा ने सामंतवाद के बहाने इसके सामाजिक आधार का प्रश्न उठाया है। आइए, संक्षेप में इन महत्त्वपूर्ण प्रश्नों पर विचार करें।

इसके लिए सबसे पहले हमें महावीर प्रसाद द्विवेदी की अपनी विचार-दृष्टि की जानकारी लेनी होगी जिससे वे ये सवाल उठाते हैं और जिसकी बुनियाद पर 'हिन्दी नवजागरण' की भव्य इमारत खड़ी की गई है। जनवरी 1901 की सरस्वती में उनका 'आत्मा' शीर्षक लेख प्रकाशित हुआ था। इसमें वे कहते हैं कि 'आत्मा की स्थिति ही जीवन और आत्मा का शरीर त्याग मृत्यु है; अतः उपरोक्त उदाहरण के अनुसार उसका नित्यत्व सिद्ध है।......यदि मृत देहस्थ आत्मा का पुनर्जन्म न मानकर प्रतिवार प्रतिआत्मा की किसी अन्य पदार्थ से उत्पत्ति स्थिर करते हैं तो वह सब अन्य पदार्थ अवश्यमेव कालान्तर में नष्ट होकर इस विस्तृत विश्व को शून्यमय कर देवेंगे। परन्तु यह नितान्त निर्मूलक कल्पना है। ईश्वरीय नियमों में त्रुटि नहीं होती, अतः आत्मा को नित्य अर्थात् अविनाशी मानना ही चाहिए।' (पृ. 140) यानी आत्मा-परमात्मा, कर्म-पुनर्जन्म सबकी स्वीकृति। उन्होंने प्राचीन ऋषियों के हवाले से आत्मा को द्रव्य मानने का तथाकथित भौतिकवादी (रामविलास शर्मा के अनुसार) स्टैण्ड ज़रूर लिया था, मगर उसके नित्यत्व को सिद्ध करते-करते व्यवहार में द्रव्य को भी नित्य और ज्ञानमय आत्मा का विस्तार बना दिया—'सुवर्णादि पदार्थों में भी जब उनका सत्वरूप होकर आत्मा व्याप्त है तब मनुष्य में उसके व्यापकत्व का विश्वास न करना महीयसी मूर्खता है।' (पृ. 141) वही भाववादी (idealist) दुष्चक्र।

भारत की प्राचीन वैचारिक परम्पराओं का वर्गीकरण करते हुए रामविलास शर्मा ने लिखा है कि 'एक ओर वेदान्त की विचारधारा थी जो ब्रह्म को सर्वव्यापी बताकर सामाजिक विषमताओं को असत्य और भ्रम सिद्ध करती थी। बीसवीं सदी में अनेक समाजसुधारकों और साहित्यकारों पर इस वेदांती विचारधारा का प्रभाव देखा जा सकता है। किन्तु उसके साथ-साथ और उतनी ही पुरानी एक दूसरी विचारधारा थी जो संसार को मिथ्या नहीं मानती, उसे असार नहीं कहती पर देवी-देवताओं, स्वर्ग-नरक की कल्पनाओं को मिथ्या कहती थी और वर्ण-व्यवस्था तथा पुरोहित वर्ग की तीखी आलोचना करती थीं। यह भारत की भौतिकवादी विचारधारा है जिसका सम्बन्ध वृहस्पति और चार्वाक, इन दो नामों से जोड़ा जाता है।' (पृ. 107)

इन परम्पराओं से महावीर प्रसाद द्विवेदी के उपरोक्त विचारों का रिश्ता क़ायम करने से पहले आइए व्यवहार के क्षेत्र में उनके कुछ प्रयोगों का जायजा लें।

1901 में सरस्वती में लिखे लेख 'निरीश्वरवाद' में चार्वाक मत से सहानुभूति व्यक्त करते हुए वे लिखते हैं कि 'जिस मत वालों की तर्कना-शक्ति इतनी बलवती और विवेक परम्परा इतनी विशाला थी, उस चार्वाक मत का नाम तक, जो इस समय दो चार दर्शनशास्त्र के जानने वालों के अतिरिक्त किसी को विदित नहीं रहा, वह आश्चर्यजनक नहीं।' (वही) रामविलास शर्मा उनके दृष्टिकोण को स्पष्ट करते हुए लिखते हैं, 'जो वर्ण-व्यवस्था और देवी-देवताओं का विरोध करे, यहाँ तक कि ईश्वर का अस्तित्व भी न माने, उसकी विचारधारा का भारत जैसे धर्मप्राण देश में लुप्त होना स्वाभाविक ही है।' (पृ. 107) (मार्क्सवाद के बारे में क्या ख़याल है?) आगे वे बताते हैं कि दरअसल यह विचारधारा लुप्त नहीं हुई, बल्कि जनमानस में जीवित रही और आगे चलकर कबीर की वाणी में प्रकट हुई।

द्विवेदी जी की पद्धति की चर्चा करते हुए वे कहते हैं कि 'वेदों के नाम पर (ध्यान दें, इसके लिए स्वयं वेद ज़िम्मेदार नहीं हैं) जिस तरह का कर्मकाण्ड इस देश में कभी प्रचलित था, उसकी सीधी आलोचना न करके, द्विवेदी जी सबसे पहले तो पाठक को उसकी जानकारी कराते हैं जिससे वह भारतीय संस्कृति के अन्तर्विरोधों को समझे फिर पुरानी रूढ़ियाँ कहाँ तक संगत थीं इस पर विचार करे। ...द्विवेदी जी यह नहीं मानते कि आधुनिक दृष्टि से जिन बातों को लोग बुरा कहेंगे, वैसी बातें वेदों में थीं ही नहीं।' (पृ. 109) यानी थीं मगर नगण्य थीं, जिनकी आलोचना की सम्भावना से द्विवेदी जी, अत्यन्त उदारतापूर्वक, इन्कार नहीं करते थे। वेदों के सम्बन्ध में द्विवेदी जी की 'विवेकवादी' दृष्टि का चरम यह था कि वेद ईश्वर द्वारा नहीं मनुष्य द्वारा बनाए गए हैं। 'वेद' शीर्षक निबन्ध में वे लिखते हैं, 'वेद को हिन्दूमात्र आदर की दृष्टि से देखते हैं, और देखना भी चाहिए। वेद हमारा अति प्राचीन धर्मग्रंथ है। ...वेद हम लोगों का सबसे श्रेष्ठ और पुराना धर्मग्रन्थ है।' (पृ. 120) रामविलास शर्मा के अनुसार द्विवेदी जी ने वेदों के पठन-पाठन पर ज़ोर देते हुए अपनी चेतना को रूढ़ियों से मुक्त रखने का आग्रह किया। यहाँ वे यह नहीं बताते कि चेतना की रूढ़ियों से मुक्ति वेदों के पठन-पाठन की वजह से होगी या इसके बावजूद।

अभी हमने हिन्दी-उर्दू के रीतिवाद, रूढ़िवाद और सामंतवाद वगैरह से जूझते हुए 'हिन्दी नवजागरण' के विचारक (रामविलास शर्मा के शब्दों में सूत्रधार) महावीर प्रसाद द्विवेदी की एक झलक देखी। आइए, अब साम्राज्यवाद से उनके संघर्ष की एक बानगी देखें।

19वीं शताब्दी में अंग्रेज़ों के सामाजिक आधार के रूप में हिन्दुओं के बीच ऐसे

नए सामंत पैदा हुए जिनकी भारतीय परम्परा में अपनी कोई जड़ नहीं थी। कट्टर ब्राह्मणवाद इसकी विचारधारा बनी जिसका संरक्षण 1857 की हिन्दू-मुस्लिम एकता से घबराए ब्रिटिश साम्राज्यवादी, प्राचीन भारतीय संस्कृति की रक्षा के नाम पर कर रहे थे। इस क़िस्म की कोशिशों पर द्विवेदी जी द्वारा व्यक्त की गई कुछ प्रतिक्रियाओं का रामविलास शर्मा ने मुग्ध होकर स्वागत किया है। वे लिखते हैं कि, 'अंग्रेज़ों ने संस्कृत पढ़ना शुरू किया, इसका रोचक इतिहास द्विवेदी जी ने फरवरी 1909 की सरस्वती में प्रकाशित, ''पुराने अंगरेज अधिकारियों के संस्कृत पढ़ने का फल'' शीर्षक लेख में बताया। विलियम जोंस बंगाल की सबसे ऊँची अदालत के जज थे। धर्मशास्त्र का ज्ञान न होने से बहुत से कानूनी मामले निपटाने में जजों को कठिनाई होती थी। विलियम जोंस ने सबसे पहले मनुस्मृति का अनुवाद किया। भारतवासियों को अपने धर्मशास्त्र के अनुसार न्याय कराने में तब से बहुत सुभीता हो गया।' (पृ. 123) मनुस्मृति के अनुसार 'न्याय' कराने वाले 'धर्मप्राण' भारतीयों के वंशज आज अगर देश पर कब्ज़ा करने पर आमादा हैं तो उसके पीछे बड़ा कारण 'हिन्दी नवजागरण' और राष्ट्रीय आन्दोलन की अपनी परम्परा के प्रति यही धुँधली दृष्टि है जिसकी वजह से कभी उनका कारगर प्रतिरोध न हो सका।

अधिक कुछ कहने की ज़रूरत नहीं। रामविलास शर्मा के ही वर्गीकरण के मुताबिक, जो सर्वथा उचित भी है, द्विवेदी जी का स्थान वेदांती परम्परा में ही 'बीसवीं सदी के अनेक समाज-सुधारकों और साहित्यकारों' के बीच ठहरता है। अधिक से अधिक वे इसके (वेदांत के) उदार-सुधारवादी अनुयाई हैं। वे अपनी परम्परा की छानबीन करते हुए 'लुप्त' हो गए भौतिकवाद पर आँसू तो बहा सकते हैं मगर भाववाद और भौतिकवाद के बीच संघर्ष के किसी निर्णायक क्षण में भौतिकवाद के पक्ष में खड़े नहीं हो सकते। इसी बुनियाद पर खड़ा 'हिन्दी नवजागरण' अपनी अन्तर्वस्तु में ऐसे हिन्दू जागरण के अतिरिक्त और कुछ नहीं था जिसकी दृष्टि न तो साम्राज्यवाद के प्रति साफ़ थी और न ही सामंतवाद के प्रति। जब इसका नेहरूवादी लोक-लुभावन मुलम्मा उतरा तो कट्टर हिन्दू तत्त्ववादी हमले के सामने इसके पाँव उखड़ गए क्योंकि इतिहास-चेतना, मूल्य-प्रणाली और भावबोध के स्तर पर पर इन दोनों में कोई गुणात्मक फ़र्क़ नहीं था। यानी वेदांती हिन्दू परम्परा की ये दोनों अभिव्यक्तियाँ, कमोबेश, इस्लाम के भारत आगमन को विदेशी हमले के रूप में देखती थीं, मुग़लकाल की सकारात्मकता से इन्कार करती थीं और विधि-निषेधवादी विक्टोरियाई नैतिक मूल्यों की रक्षा के लिए ऐन्द्रियता, व्यक्तिमत्ता और इहलौकिकता जैसे, आधुनिकता के विधायक तत्त्वों की निन्दा करती थीं।

रामविलास शर्मा की विसंगति यह है कि 'हिन्दी नवजागरण' के मूलतः वेदांती-भाववादी स्वरूप से परिचित होने के बावजूद वे वेदांत का निषेध करने वाली भौतिकवादी परम्परा की विरासत भी इसे सौंप देने को तत्पर हैं। इस प्रक्रिया में वे वेदांत

के साथ जीवन-मरण का दुर्धर्ष संघर्ष करने वाले चार्वाकों की भूमिका को भारतेन्दु हरिश्चन्द्र और महावीर प्रसाद द्विवेदी जैसे वैष्णव-वेदान्तियों के कर्मकाण्ड अथवा रूढ़िवाद विरोधी छायायुद्ध तक पतित कर देते हैं। एक उदाहरण देखें—'भारत में जितने समाज-सुधारक हुए, जितने संत और भक्त महाकवि हुए, उनकी मानवतावादी वाणी, प्रत्यक्ष या अप्रत्यक्ष रूप में, वैदिक कर्मकाण्ड की उसी आलोचना को दुहराती है जिसका स्रोत सर्वदर्शन संग्रह में चार्वाक और वृहस्पति हैं और नैषधचरित में जिसका सम्बन्ध कलियुग से जोड़ा गया है। ......स्वयं महावीर प्रसाद द्विवेदी भले ही ईश्वर पर विश्वास करते रहे हों, पर वे उस रूढ़िवाद का विरोध करते थे जिसके विरोध के कारण चार्वाक आदि नास्तिक कहलाए थे......।' (पृ. 115) बकौल फ़िराक़—

वाइज़ ने इल्म को भी खड़ा सर के बल किया

जैसे आग और पानी का मेल नहीं हो सकता वैसे ही भाववाद और भौतिकवाद का घालमेल नहीं हो सकता। लम्बे समय से वेदांत की भूमिका उच्च वर्णों के हाथों मेहनतकश निम्न वर्णों को ग़ुलाम बनाने वाले वैचारिक हथियार की रही है। चार्वाकों और बौद्धों के संहार में इसने अपनी उपयोगिता प्रमाणित की। आधुनिक युग में इसकी सकारात्मक सामाजिक भूमिका तलाशने वालों में विवेकानन्द, तिलक तथा गाँधी अग्रणी थे। इस उद्देश्य से उनके द्वारा स्थापित-संचालित संस्थाएँ, उनके बाद हर तरह के रुढ़िवाद और प्रतिक्रियावाद की पोषक बनीं। समाज के दलित-उत्पीड़ित तबकों के उभार के इस दौर में इन्होंने अपनी इसी भूमिका को आगे बढ़ाया है। साफ तौर पर आज वेदांत अपनी सकारात्मक सामाजिक भूमिका खो चुका है और उसका सहारा लेना फ़ासीवाद को दावत देना है।

अब इससे पहले कि हम 'हिन्दी नवजागरण' द्वारा रीतिकाव्य के बहाने पेश की गई ग़ालिब की आलोचना पर वापस आएँ आइए, एक नज़र नवजागरण की अवधारणा पर भी डाल लें। आधुनिक काल में बुर्जुवा जनतांत्रिक क्रांतियों के साथ-साथ जीवन के विविध क्षेत्रों में जिन मूल्यों की स्थापना हुई उन्होंने अपने आपको संस्कृति के क्षेत्र में नवजागरण के रूप में प्रकट किया। ज्ञान और विवेक के निर्विवाद साम्राज्य की स्थापना और उस साम्राज्य के केन्द्र में व्यक्ति की प्रतिष्ठा इस नयी परिघटना का घोषणापत्र बनी जिसकी मूल प्रतिज्ञा स्वतन्त्रता, समता और भ्रातृत्व के मूल्य थे। सामंती पिछड़े हुए मूल्यों से इसका टकराव प्रमुख रूप से ऐन्द्रियता के बिन्दु पर हुआ। चूँकि ज्ञान का प्राथमिक स्रोत इन्द्रियाँ हैं इसलिए वेदांत समेत दुनिया की सारी भाववादी विचारपरम्पराएँ इन्द्रियों के दमन का उपदेश देती हैं, ऐन्द्रियता का निषेध करती हैं यानी ज्ञान और विवेक की संभावना का निषेध करती हैं। इसीलिए ऐन्द्रियता नवजागरण में केन्द्रीय भूमिका निभानेवाला अनिवार्य तत्त्व है। आइए देखें कि अपने 'हिन्दी नवजागरण' की 'हिन्दी-उर्दू के रीतिकाव्य' के सन्दर्भ में, इन विषयों पर क्या राय है।

1901 में 'नायिका भेद' शीर्षक लेख में द्विवेदी जी लिखते हैं कि 'अब देखिए इस प्रकार की पुस्तकों में क्या लिखा रहता है। लिखा रहता है परकीया (परस्त्री) और वेश्याओं की चेष्टा और उनके घृणित कृत्यों के लक्षण और उदाहरण। परकीया के अन्तर्गत अविवाहित कन्याओं के पापाचरण की कथा!! पुरुष मात्र में पति बुद्धि रखने वाली कुलटा स्त्रियों के निर्लज्ज और निर्गल प्रलाप!!!' (पृ. 297) आगे भी उन्होंने जो कुछ गिनाया है उसमें उल्लेखनीय रूप से महिलाओं के ही किसी न किसी प्रकार के 'पापाचरण' की कथा है।

रामविलास शर्मा ने उनके एतराज की वजह बताते हुए लिखा है कि 'रीतिवादी काव्य-शास्त्र की जगह साहित्य में नयी दृष्टि अपेक्षित है जो मनुष्य समाज को उन्नत करे, प्राकृतिक नियमों का उद्घाटन करे और अलौकिक आनन्द के दृश्य दिखाए। ......हिन्दी के काव्य शास्त्री लोकोत्तर आनन्द की बात निरन्तर करते थे, पर यह आनन्द बहुत ही संकीर्ण मनोरंजन (अथवा ऐन्द्रिय उद्दीपन) में सीमित हो गया।' (पृ. 279) इस तरह 'हिन्दी और उर्दू दोनों की रीतिवादी परम्पराओं का विरोध साथ-साथ चल रहा था।'

इस स्पष्टीकरण के बाद तस्वीर काफ़ी साफ़ हो जाती है। 'अलौकिक आनन्द' के स्थान पर 'ऐन्द्रिय उद्दीपन' से मन को 'कलुषित' करने वाले, स्त्रियों को 'पापाचरण' के लिए प्रेरित करने वाले और अपने इन 'कुत्सित' प्रयासों से 'देवी-देवताओं तक को बदनाम करने में नहीं सकुचने' वाले कवि नवजागरण के 'हिन्दी' संस्करण से ख़ारिज कर दिए जायेंगे और रीतिकाव्य की 'काली सूची' में डाल दिए जायेंगे। यह भी स्पष्ट है कि सादी, ग़ालिब और बिहारी आदि कवियों के विरोध की प्राथमिक वजह उनके यही दुर्गुण यानी उनके द्वारा चुनी गई विषयवस्तु है, उनकी काव्य-रीति नहीं। इहलौकिकता के ख़िलाफ़ अलौकिकता और ऐन्द्रियता के ख़िलाफ़ परम्परावादी नैतिकता की स्थापना का स्वप्न देखने वाली यह धारा नवजागरण तो किसी शर्त पर नहीं हो सकती, हाँ इसका जाना-पहचाना चेहरा यह बताता है कि पुरातनपंथ का ही यह कोई नवजागृत संस्करण है।

कोई कह सकता है कि यह 'हिन्दी नवजागरण' का आरम्भिक चरण था जो विशिष्ट भारतीय स्थितियों में विकास कर रहा था और उसके मूल्यांकन के लिए ये मानदण्ड अपेक्षाकृत कड़े हैं। हमारा इस पर जवाब होगा कि नवजागरण की अवधारणा एक क्रान्तिकारी अवधारणा है और इसमें पोंगापंथियों से निर्णायक संघर्ष अनिवार्य है। परिवर्तन दो प्रकार के होते हैं—मात्रात्मक परिवर्तन और गुणात्मक परिवर्तन। गुणात्मक रूप से परिवर्तित हर अवस्था अपने को जन्म देने वाली पिछली अवस्था की अन्तर्वस्तु के मूलतः निषेध (अस्वीकार, विध्वंस नहीं) पर आधारित होती है। 'हिन्दी नवजागरण' की तरह उसके वाह्य आडम्बरों के अस्वीकार और अन्तर्वस्तु की स्वीकृति पर नहीं।

सही दिशा में मात्रात्मक विकास भी 'हिन्दी नवजागरण' की किसी प्रारम्भिक अवस्था को नवजागरण की गुणात्मक रूप से भिन्न रैडिकल अवस्था में ले जा सकता था, मगर इसकी तो मूल दिशा ही नवजागरण की अवधारणा के ख़िलाफ़ थी।

यहाँ किसी खाँटी 'हिन्दी नवजागरणवादी' को अपनी जड़ों से कटे, पश्चिम से 'आयातित' किसी विचार की बू आ सकती है। उसकी आश्वस्ति के लिए हम इतना ही कह सकते हैं कि किसी भी समाज के लिए परिवर्तन की नयी मंज़िलों की यात्रा की अनिवार्य शर्त है, मूलतः उसका अपने आन्तरिक स्रोतों पर निर्भर होना। पश्चिम के समाजों के जनतन्त्र, स्वतन्त्रता, समता आदि आधुनिक मूल्यों से पलायन का कारण भी यही है कि वे अपनी आन्तरिक यात्रा के लिए उपनिवेश जैसे वाह्य आधारों पर आश्रित हुए। अपने लिए राष्ट्रीय संप्रभुता नामक मूल्य की हिफ़ाज़त उन्होंने दूसरों को ग़ुलाम बनाकर की। इससे उनकी व्यवस्थाओं में उस पाखण्ड की नींव पड़ी जिसकी अभिव्यक्ति आज जनतन्त्र और भूमण्डलीकरण के नाम पर विकासशील समाजों को चरागाह बनाने की उनकी कोशिशों में हो रही है। लेकिन उनकी इन असफलताओं से उपरोक्त आधुनिक मूल्यों का महत्त्व कम नहीं होता, बल्कि कुछ बढ़ ही जाता है। ये मूल्य सम्पूर्ण मानवता की धरोहर हैं। इनके लिए लड़ने वाले हमारे असंख्य वैज्ञानिकों और कलाकारों को ज़िन्दा जलाया गया है, सूली चढ़ाया गया है। भारतीयों की 'धर्मप्राणता' को बढ़ा-चढ़ा कर पेश करने वाले लोग, बेहतर हो कि अपना गहन निरीक्षण करें और पश्चिमी समाजों में व्याप्त धर्मांधता और उससे लड़ी गई लड़ाई से कुछ ज़रूरी सबक सीख कर अपने हिस्से के संग्राम और कुर्बानियों की तैयारी करें।

रामविलास शर्मा ने 1857 को नवजागरण की पहली मंज़िल उचित ही माना है। 1857 का विद्रोह मूलतः हिन्दी-उर्दू भाषी इलाक़े के किसानों, सैनिकों, व्यापारियों कारीगरों और पुराने कुलीनों के एक हिस्से का अंग्रेज़ों के ख़िलाफ़ विद्रोह था। ये तबके मुग़लकालीन भारत की आन्तरिक आधुनिक प्रवृत्तियों का प्रतिनिधित्व कर रहे थे। अपने सहज विकास के क्रम में इनके अन्दर अपने आन्तरिक स्रोतों पर आधारित बुर्जुवा क्रान्ति के भारतीय संस्करण को सम्पन्न करने की सम्भावना थी, जो साकार न हो सकी। अंग्रेज़ों अथवा मुगलों के साथ इनके सम्बन्धों का कोई सरल, एकरैखिक विश्लेषण नहीं किया जा सकता, जिसकी कोशिश रामविलास शर्मा करते हैं। दरअसल अठारहवीं शताब्दी के पूर्वार्द्ध तक अंग्रेज़ों की भूमिका मूलतः उन व्यापारियों की थी जो बाहर से सोना-चाँदी लाते थे और भारत के सामान को यूरोप के बाज़ारों में ले जाते थे। इस रूप में वे निस्सन्देह तत्कालीन समाज में पल रहे बुर्जुवा तत्त्वों के मददगार थे। इस दौरान मुग़ल बादशाहत का बिखरना समाज में उभर रही नयी प्रवृत्तियों के सामने उसके कमज़ोर पड़ते जाने का सूचक भी है। 1757 से 1857 तक की अवधि अंग्रेज़ों द्वारा भारत पर उत्तरोत्तर कब्ज़ा करने और उसे लूटने की अवधि है, जिसने उनकी औद्योगिक क्रान्ति को सम्भव किया। इसी

बीच उन्होंने यहाँ अपना एक मज़बूत सामाजिक आधार बनाने के लिए 1793 में स्थाई बन्दोबस्त लागू करके भारत के इतिहास में पहली बार ज़मीन पर मालिकाना हक़ रखने वाले ज़मींदारों को पैदा किया। पुराने सामंतों की तरह इसकी विचारधारा भी ब्राह्मणवाद ही थी, फ़र्क़ बस यह था कि पहले यह विचार राज्यसत्ता को दूर तक संचालित करता था, जबकि अब इसने ब्रिटिश साम्राज्य का संरक्षण और संचालन स्वीकार कर लिया था। इसी क्रम में 1820 में रैयतवारी प्रथा लागू की गई जिसमें किसानों के द्वारा जोती जाने वाली ज़मीन को उसकी निजी मिलकियत माना गया। भूमिकर के भुगतान और (इस प्रक्रिया में लिए गए) महाजन के कर्ज़ की अदायगी के लिए बाज़ार की माँग के मुताबिक फसलें उगाने का क्रम शुरू हुआ और आगे चलकर ज़मीन का हस्तान्तरण काश्तकार से ग़ैर काश्तकार महाजनों-साहुकारों की तरफ़ होने लगा और वे नए सामंतों में शामिल हो गए।

बहरहाल, 1813 के नए चार्टर के द्वारा, अब तक काफ़ी ताक़तवर हो चुके ब्रिटिश उद्योगपतियों ने अनेक अन्यायपरक कानूनों के माध्यम से भारत को कच्चे माल की मण्डी में बदल दिया और इस तरह भविष्य में अपने लिए ख़तरा बन सकने वाली भारतीय बुर्जुवाजी की सम्भावनाओं का गला घोंट दिया। होरेस विल्सन के अनुसार, 'यदि प्रतिरोधक कर और कानून नहीं होते तो पेजली और मैनचेस्टर की मिलें शुरू में ही बन्द हो जातीं और भाप की ताक़त से भी उन्हें फिर चलाना सम्भव नहीं होता।'

अंग्रेज़ों के इस रुख़ से समाज में जबरदस्त घुटन व्याप्त हुई जिसकी परिणति 1857 के उस महाविद्रोह में हुई जिसने पूरी दुनिया में ब्रिटिश साम्राज्य की चूलें हिला दी। इस अवसर पर मुग़ल बादशाह का विद्रोही किसानों और सैनिकों की पंचायत से निर्देश लेना एक प्रातिनिधिक घटना है जिसमें क्रान्तिकारी संकट के समय पुराने शासक वर्ग का अग्रगामी तबका आधुनिक शक्तियों और मूल्यों के पक्ष में खड़ा होता है जबकि उसके अधीन रहे राजे-रजवाड़ों का बड़ा हिस्सा अन्ततः साम्राज्यवादियों का साथ देता है।

इस विद्रोह से बौखलाए अंग्रेज़ों ने 1858 में क्वीन के नाम पर किए गए तथाकथित सुधारों के द्वारा नए सामंतों के अलावा अधिकारियों, कर्मचारियों, वकीलों, नवशिक्षितों आदि के रूप में समाज में पैदा हो रहे नए और मुखर तबकों को अपने प्रभाव क्षेत्र में लाने और अपने सामाजिक आधार के रूप में विकसित करने की प्रक्रिया तेज़ कर दी। इस तरह उन्होंने अठारहवीं सदी के सामाजिक जीवन में आकार ले रहे मध्यवर्ग का गला घोंट करके एक नए मध्यवर्ग का सृजन किया जिसकी जड़ें समाज की सतह पर बिखरी हुई थीं और अपनी परम्परा से जिसका रिश्ता अंग्रेज़ों से घुट्टी में मिले औपनिवेशिक मूल्यों और संस्कारों के माध्यम से ही जुड़ता था। इस नए मध्यवर्ग ने आगे चलकर अपने जन्मदाता अंग्रेज़ों द्वारा पेश की गई भारतीय परम्परा की विशिष्ट आध्यात्मिक पुनर्व्याख्या के रूढ़िवादी-मनुवादी

स्वरूप को अपने सहोदर नवसामंतों के लिए छोड़कर इसके उदार वेदांती संस्करण को अपनी विचारभूमि के रूप में चुना और इसी पर खड़े होकर इसने 'हिन्दी नवजागरण' और स्वाधीनता आन्दोलन का संचालन किया। ग़ौरतलब है कि 'हिन्दी नवजागरण' के लिए धर्मनिरपेक्षता का मतलब अधिक से अधिक सर्वधर्मसमभाव था, क्योंकि अपनी परम्परा के धर्मनिरपेक्ष पहलुओं से इसकी जान-पहचान नहीं थी और अपने औपनिवेशिक संस्कारों के मुताबिक इसने भारतीयों को धार्मिक समुदायों में बाँटकर ही देखना सीखा था। इस प्रकार 'हिन्दी नवजागरण' 1857 की अगली कड़ी नहीं बल्कि संवेदना और मूल्यबोध के क्षेत्र में 1857 से प्रत्यावर्तन था, पीछे की तरफ़ एक लम्बी छलांग थी।

ठीक यहीं प्रश्न उठता है कि क्या हमारा राष्ट्रीय आन्दोलन और 'हिन्दी नवजागरण' प्रतिक्रियावादी था। हमारा कहना है कि नहीं, इतिहास में घटने वाली घटनाओं के प्रति यह यांत्रिक दृष्टि ठीक नहीं। 1857 में राष्ट्रीय मुक्ति की ताक़तों की निर्णायक पराजय के बाद बिचौलिया वर्ग का सामने आना एक वस्तुगत प्रक्रिया के तहत हुआ, और उसके आगे बढ़े हुए तबकों ने, बेशक अपनी सीमाओं में रहते हुए ही, उच्च आदर्शों से संचालित होकर 'हिन्दी नवजागरण' और राष्ट्रीय आन्दोलन का नेतृत्व किया। यही नहीं, वस्तुएँ अपने विपरीत में भी बदलती हैं। इस धारा के अन्दर भी रैडिकल रूपांतरण की सम्भावना मौजूद थी जिसके प्रतिनिधि भगत सिंह और अम्बेडकर जैसे लोग थे। मगर ऐसा न हो सका। यही हमारे इतिहास की अनसुलझी गुत्थी है।

रामविलास शर्मा जब ग़ालिब की कुलीनता और बादशाहों-दरबारों से उनके जुड़ाव पर सवाल उठाते हैं तो ताल्सताय की प्लेख़ानोव द्वारा की गई उस भोंडी समाजशास्त्रीय आलोचना की याद दिलाते हैं जिसमें उन्होंने लगभग ऐसे ही कारणों से ताल्सताय को प्रतिक्रियावादी ज़मींदार वर्ग का प्रतिनिधि माना था। बुर्जुवा क्रान्ति के पूर्वाधारों की उत्पत्ति और उनका विकास पुराने शासकों के अधीन, प्रायः उनके संरक्षण में ही होता है। अपने उत्कर्ष के समय भारत में राजनीतिक एकता की स्थापना, व्यापार आदि के विकास तथा संकटकाल में विद्रोहियों का साथ देने के कारण सम्भवतः मुग़ल बादशाहों की भूमिका को रामविलास शर्मा भी प्रतिगामी नहीं मानेंगे, मगर 'हिन्दी नवजागरण' द्वारा निर्मित परम्परा का मोह उन्हें मुग़लों के संरक्षण में विकसित हुए संगीत, कला और साहित्य का उचित मूल्यांकन नहीं करने देता।

जहाँ तक ग़ालिब का सवाल है वे एक तरफ़ तो वंशानुक्रम के लिहाज से समरकंद के विशिष्ट ऐबक क़ौम के तुर्कों से जुड़ते थे, वहीं दूसरी तरफ़ नौ बरस की

उम्र से ही उनकी ज़िन्दगी दिल्ली की गलियों में अपने सड़कछाप दोस्तों (जिन्हें स्वयं वे 'शोहदे' कहते हैं) के साथ छुट्टा आवारगी करते बीती। इस तर्ज़े ज़िंदगी ने उन्हें भटकाया तो बहुत मगर एक ऐसी ज़ुबान भी बख़्शी जिसमें फ़ारसी कला की ऊँचाइयाँ तो थीं ही, जनसाधारण की बोलियों के टेढ़े-बाँके तेवर भी थे—

न लुटता दिन को तो कब रात को यूँ बेख़बर सोता
रहा खटका न चोरी का दुआ देता हूँ रहज़न को

या

धौल धप्पा उस सरापा नाज़ का शेवा नहीं
हम ही कर बैठे थे ग़ालिब पेशदस्ती एक दिन

ग़ालिब को अब आमतौर पर हिन्दुस्तान का अंतिम मध्ययुगीन और पहला आधुनिक शायर मान लिया गया है। महाकवि इक़बाल ने जब उन्हें गेटे का समकक्ष कहा था तो उनका आशय यही था। आगे चलकर शम्सुर्रहमान फ़ारूक़ी और सिब्ते हसन जैसे विचारकों ने स्पष्ट शब्दों में इसकी घोषणा की। 'दीवाने ग़ालिब' के नागरी संस्करण की भूमिका में अली सरदार जाफ़री लिखते हैं—'ग़ालिब ने मुग़ल संस्कृति की आख़री बहार और नयी औद्योगिक संस्कृति के उभरते हुए चिह्न और उनकी कैफ़ियतों को अपने व्यक्तित्व में समो लिया था।'

स्पष्ट है कि लेखक यहाँ अपनी नवजागरणवादी चेतना के कारण औपनिवेशिक संस्कृति को औद्योगिक संस्कृति बता रहा है क्योंकि उसके बग़ैर ग़ालिब में आधुनिक चेतना की कल्पना करना भी उसके लिए असम्भव है। उपनिवेश-पूर्व भारतीय परम्परा में आधुनिकता के आंतरिक तत्त्वों की मौजूदगी को लेकर एक छोर उन विचारकों का है जो आमतौर पर इससे इन्कार करते हैं, और दूसरे छोर पर रामविलास शर्मा हैं जो ऋग्वेद से ही आधुनिकता के तत्त्वों को खोज कर इसे सांस्कृतिक राष्ट्रवाद का पर्याय बना डालते हैं। इन दोनों प्रवृत्तियों की अर्थपूर्ण एकता उत्तर मध्यकालीन भारत की उपलब्धियों को जोर-शोर से नकारने में दिखती है। साहित्य में इसी युग को रीतिकाल का नाम दिया गया है जो अपने पूर्ववर्ती भक्तिकाल की अपेक्षा हर मायने में अधिक इहलौकिक, ऐंद्रिय और परिष्कृत था। ग़ालिब उसी संस्कृति की देन हैं, इसलिए उनके वास्तविक स्वरूप को लेकर परम्परागत प्रगतिशील हल्कों में वैसी ही हिचक है, जैसे 1857 को लेकर। सच तो यह है कि ग़ालिब की कविता में बहुत पहले से वे मूल्य और सरोकार आने लगे थे जिन्होंने आगे चलकर 1857 को आकार दिया। अपने युग की नुमाइंदगी राजनीति से आगे रहकर करने वाले सभी महान कवियों की तरह ग़ालिब भी आगामी शताब्दियों के कवि हैं। नवजागरणयुगीन चेतना के अंत के साथ उनकी

दिनोदिन बढ़ती लोकप्रियता का राज़ यही है।

इसके अतिरिक्त स्वयं आधुनिकता के स्वरूप को लेकर विद्वानों में पर्याप्त मतभेद है। हिन्दी-उर्दू में इसे आमतौर पर सीधी-सादी, यथार्थवादी शैली और सामाजिक विषयवस्तु से जोड़कर देखा जाता है। निश्चय ही आधुनिक युग के साहित्य में ये विशेषताएँ पाई जाती हैं, लेकिन आधुनिक मूल्यों से इनका कोई अनिवार्य सम्बन्ध नहीं है। साहित्य और कला में आधुनिक मूल्यों की आहट इहलौकिकता, वैयक्तिकता, ऐंद्रियता, विवेकपरकता, प्रश्नाकुलता और सभी स्थापित मान्यताओं पर संदेह के माध्यम से सुनाई पड़ती है। व्यक्ति की दमित और अतृप्त कामनाओं और आकांक्षाओं की भूमिका इन प्रवृत्तियों के लिए आवश्यक ऊर्जा-स्रोत और उनकी एक प्रमुख चालक शक्ति की होती है। इन बुनियादी मूल्यों से शुरू करके ही हमारा साहित्य सही मायने में लोकतांत्रिक स्वरूप धारण कर सकता है। इस प्रक्रिया की उपेक्षा करने के कारण हम आधुनिकता और प्रगति के अंतर्संबंधों को स्थापित नहीं कर पा रहे हैं। उस पुरानी नीतिकथा के अंधे और लंगड़े की तरह एक होकर आगे बढ़ने के बजाय फ़ासिज़्म की पूर्व-बेला में अब भी अपनी-अपनी लकीर के फ़क़ीर बने हुए हैं। सम्भवतः ग़ालिब पर पुनर्विचार करते हुए हम अपनी आरम्भिक प्रतिज्ञाओं को याद कर सकते हैं और उनके तार्किक विकास की राह हमवार कर सकते हैं।

उपर्युक्त आधुनिक मूल्यों को ग़ालिब की शायरी में लाने में सबसे अहम भूमिका उनकी द्वन्द्वात्मक चिंतन-पद्धति निभाती है। मध्ययुग की विचारधारा ग़ैर-द्वन्द्वात्मक अथवा मेटाफ़िज़िकल थी। वह विकास के स्वाभाविक नियम के बतौर द्वन्द्वात्मकता की पहचान करने में असमर्थ थी। लेकिन नए युग में संक्रमण की बेला में जारी उथल-पुथल और जटिलताओं ने मानव-मस्तिष्क को तस्वीर के दूसरे रुख़ की मौजूदगी के प्रति सचेत किया। वैज्ञानिक खोजों ने यथार्थ का निर्माण करने वाले उन द्वंद्वरत तत्त्वों की ठोस पहचान कराई जिनका आभास कवि और कलाकार अपनी कल्पना में करने लगे थे। अपनी यात्रा में मानवजाति अब कौन-सा अगला डग भरने को है, यह ग़ालिब के सामने स्पष्ट नहीं था, लेकिन उन्हें यह पता चल चुका था कि पुराने ज़माने की तमाम सम्भावनाएँ चुक गई हैं और वे एक नए युग की दहलीज़ पर खड़े हैं। हंसराज रहबर जैसे कुछ आलोचकों ने ग़ालिब की 'तमन्ना' को उनकी निजी चाहत के रूप में व्याख्यायित करके अपनी तंगनज़री का परिचय दिया है, जबकि वह मानवजाति की ऐतिहासिक तमन्ना थी जिसे ग़ालिब इश्क़ और बेख़ुदी के परंपरागत मुहावरे में स्वर दे रहे थे—

है कहाँ तमन्ना का दूसरा क़दम या रब
हमने दश्ते इम्काँ को एक नक़्शे पा पाया

ग़ालिब के समय की विशेषता थी कि पुराना युग अंतिम साँसें गिन रहा था,

लेकिन नए युग की रेखाएँ उभर नहीं पाई थीं। जो सामने था वह एक आतताई, औपनिवेशिक राज्य था जिसकी ताक़त और कामयाबी के सामने सिर झुकाना मजबूरी सही, लेकिन वह अपना रास्ता नहीं हो सकता था। इसीलिए चेतना के धरातल पर ग़ालिब कई बार तसव्वुफ़ जैसी स्थापित विचारधारा के सूत्रों को दुहराते हैं, लेकिन एहसास के धरातल से उन्हें चुनौती देना कभी नहीं भूलते। शायद ही कोई ऐसा शेर हो जिसमें सूफ़ी मत का निभ्रांत समर्थन मिल सके। बहुरंगी अर्थविस्तार की भारतीय काव्य-परंपरा को ग़ालिब इन शेरों में ऐसी ऊँचाई पर पहुँचाते हैं कि उससे विमुख हुए बिना अली सरदार जाफ़री की तरह यह नहीं लिखा जा सकता—'यह कहने के बाद भी कि "शाइर को तसव्वुफ़ (अध्यात्म) शोभा नहीं देता", ग़ालिब ने सृष्टि को समझने के लिए और धर्म के दिखावे से बचने के लिए तसव्वुफ़ के कुछ विचारों से सहायता ली और उन्हीं से अपनी स्वतंत्र और तीखी प्रकृति का प्रशिक्षण किया।'

यहाँ 'धर्म के दिखावे' के बारे में यह कहना ज़रूरी है कि यह औपनिवेशिक भारत में उत्तरोत्तर बढ़ती हुई सामाजिक-राजनीतिक समस्या भले ही रही हो, उर्दू या हिन्दी के कवियों की अपनी समस्या कभी नहीं रही, जिससे बचने के लिए उन्हें तसव्वुफ़ या वेदांत की शरण लेनी पड़े। दूसरी बात यह कि अपने आरंभिक दौर में सूफ़ी आंदोलन ने भक्ति आंदोलन की तरह मध्ययुगीन बेड़ियों में जकड़ी मानव-आत्मा को अवश्य राहत प्रदान की थी, लेकिन ग़ालिब के समय तक यह समाज में बाक़ायदा स्थापित रूढ़ि बन चुकी थी। देखना यह चाहिए कि सूफ़ी रहस्यवाद का समर्थन करने वाली ग़ालिब की उक्तियाँ अधिक मार्मिक और प्रभावशाली हैं या उन पर संदेह करनेवाली। हाँ, एक बात और। अगर आज की धार्मिक असहिष्णुता का मुकाबला करने के लिए हम सूफ़ी उदारतावाद का आह्वान कर रहे हैं और कबीर तथा ग़ालिब जैसे अपने कवियों को इनका पैरोकार घोषित कर रहे हैं तो इसके नतीजे साहित्यिक और राजनीतिक दोनों मायनों में आत्मघाती निकलेंगे। हिन्दी में यह दुर्घटना रामचन्द्र शुक्ल के सौजन्य से पहले ही जायसी के साथ घट चुकी है, जिसका परिष्कार विजयदेव नारायण साही के गहन अंतर्दृष्टिपूर्ण प्रतिवाद के बावजूद अब तक नहीं हो सका है। हमें यह समझ लेना चाहिए कि इन कवियों की रचनात्मक शक्ति के वास्तविक स्रोत की पहचान करके ही हम अपनी शक्ति को भी समझने और उसे भाँति-भाँति के बंधनों से मुक्त कर पाने में सफल होंगे। अन्यथा अपने भयों और भ्रमों का आरोपण करके हम इन कवियों का अवमूल्यन भले ही कर डालें, हासिल कुछ नहीं कर पाएंगे। दूसरे शब्दों में, ग़ालिब की 'स्वतंत्र और तीखी प्रकृति' तसव्वुफ़ के बावजूद और उससे जूझते हुए परवान चढ़ी है, न कि उसकी वजह से और उससे 'प्रशिक्षण' प्राप्त कर।

बहरहाल, इस बहस को यहीं स्थगित करके आइए ग़ालिब की शायरी के जंगल में भटकने का थोड़ा मज़ा लें, जिसे दश्तनवर्दी कहते हैं और जिसे सच्चे प्रेमी का

क्वालिफाइंग टेस्ट माना जा सकता है। अपने दीवान के पहले ही शेर में ग़ालिब ने अपनी इस बुनियादी जिज्ञासा को प्रकट किया है कि असंख्य लालसाओं और कामनाओं से भरा हुआ इंसान आख़िर किसकी शरारती लिखावट की निशानी है।

नक़्श फ़रियादी है किसकी शोख़ि-ए-तहरीर का
काग़ज़ी है पैरहन हर पैक़रे तस्वीर का

ग़ौरतलब है कि मनुष्य की आकांक्षाओं और लालसाओं को गुनाह समझना मध्ययुगीन रीति है जबकि उसे हमदर्दी के साथ समझने का प्रयास एक आधुनिक रवैया है। पुराने ज़माने में मनुष्य की सामुदायिक पहचान और आवश्यकता का तो सम्मान किया जाता था, लेकिन व्यक्ति ने अपनी भावनाओं की क़द्र नए युग में ही देखी। इस प्रक्रिया में पुरानी सामुदायिक सुरक्षा छूट गई और स्वतंत्रता का मोल व्यक्ति को अकेलेपन और असुरक्षा के वातावरण में जीकर चुकाना पड़ा। अगले ही शेर में ग़ालिब इस मनःस्थिति का संकेत करते हुए कहते हैं—'अकेलेपन की निर्लज्जता (या पराक्रम) से भरी हुई कोशिशों की कुछ न पूछ। शाम से सुबह करना (फ़रहाद की तरह पहाड़ काटकर) दूध की नहर लाने के बराबर है।

कावे कावे सख़्तजानीहा-ए-तन्हाई न पूछ
सुब्ह करना शाम का लाना है जू-ए-शीर का

गालिब ने प्रायः अपने अभिप्राय अथवा उद्देश्य को एक ऐसे मिथकीय पक्षी 'अन्क़ा' से समीकृत किया है जिसकी विशेषता है उसका अप्राप्य अथवा अस्तित्वहीन होना। ख़याल और कल्पना के सहारे यह मुद्द'आ या नाला आकार लेता है। ग़ालिब की तबीयत में नए युग की रोमांचक साहसिकता और खेल-भावना कूट-कूट कर भरी थी। इसी ग़ज़ल में वे आगे काव्यरसिकों को चुनौती देते हुए जो कुछ कहते हैं वह एक-दूसरे स्तर पर हमारे ज्ञान और हमारी चेतना को दी हुई चुनौती भी साबित होता है—

आगही दामे शनीदन जिस क़दर चाहे बिछाए
मुद्दआ अन्क़ा है अपने आलमे तक़रीर का

ग़ालिब को हुए दो सौ साल से अधिक हो गए और इन वर्षों का अनुभव यही बताता है कि उनकी यह चुनौती व्यर्थ नहीं गई। इससे हमारा सामना आज भी है। लेकिन ऐसा नहीं है कि ग़ालिब ने अपने इरादे को पूरी तरह अप्रकट ही छोड़ दिया है। इस शेर में भी उनका इशारा ज्ञान की सचेत श्रेणियों की तरफ़ अधिक जान पड़ता है। जैसा कि पहले कहा जा चुका है कि उन्हें स्थापित मान्यताओं और विचारधाराओं से कोई ख़ास मदद नहीं मिली थी और उन पर संदेह करके ही उन्होंने अपनी क्षमताओं की पहचान की। हाँ, निर्णायक स्वर में कोई पक्ष चुनना एक तो कला के उनके

मानदण्डों के अनुरूप नहीं था और दूसरे, जैसा कि उन्होंने एक शेर में कहा है—

चलता हूँ थोड़ी दूर हर इक तेज़ रौ के साथ
पहचानता नहीं हूँ अभी राहबर को मैं

कुछ भी हो, ग़ालिब को ख़ुद पर पूरा भरोसा था और ग़लत या सही अपने हर किए की ज़िम्मेदारी क़बूलने का साहस भी। इसीलिए वे ज्ञान और अज्ञान दोनों को समानांतर पलड़ों पर रखते हैं—

अपनी हस्ती ही से हो जो कुछ हो
आगही गर नहीं गफ़्लत ही सही

इसी तरह ग़ालिब ने वफ़ा और ख़याल को अलग-अलग श्रेणियों की तरह व्यवहृत किया है। इसमें वफ़ा अतीत और वर्तमान के प्रति उन्मुख है जबकि ख़याल का रुख़ भविष्य की ओर है—

तालीफ़े नुस्ख़हा-ए-वफ़ा कर रहा था मैं
मजमूआ-ए-ख़याल अभी फ़र्द-फ़र्द था

ग़ालिब के अंदर का विद्रोही वफ़ा की भी परंपरागत तस्वीर को स्वीकार नहीं करता और उसे यथास्थिति का हामी बना देता है। लेकिन ख़याल, कल्पना, तमन्ना और शौक़ उसे नयी राह बनाने और पीछे न लौटने पर मजबूर करते हैं—

मस्ताना तय करूँ हूँ रह-ए-वादि-ए-ख़याल
ता बाज़गश्त से न रहे मुद्द'आ मुझे

समय की अवधारणा ग़ालिब के यहाँ बार-बार और बहुत ठोस रूप में आती है। गुज़र कर अतीत बन गए समय का एक हवाला देखें—

लेता हूँ मक़्तबे ग़मे दिल में सबक हनोज़
लेकिन यही कि रफ़्त गया और बूद था

गया हुआ वक़्त फिर नहीं आ सकता। आशिक़ के इस कथन से इसी सत्य की पुष्टि होती है—

मेहरबाँ होके बुला लो मुझे चाहो जिस वक़्त
मैं गया वक़्त नहीं हूँ कि फिर आ भी न सकूँ

दूसरी तरफ़ परिष्कार की चाहत मनुष्य की स्वाभाविक चाहत है—

ताकि तुझ पर खुले एजाज़े हवा ए सैकल
देख बरसात में सब्ज़ आइने का हो जाना

ज़ाहिर है कि ग़ालिब की शायरी के केंद्र में भविष्य का कोई स्वप्न है जिसका रंग-रूप अभी शायर की पकड़ से बाहर है। इसीलिए वह उसके काव्यजगत का उद्देश्य होते हुए भी उसमें अप्राप्य अन्क़ा है। ग़ालिब ने अपने सपने को समझने और उसे अपनी शायरी में उतारने में कामयाबी भले ही नहीं पाई, लेकिन अतीत की तमाम स्थापित मान्यताओं और सत्ताओं पर प्रहार करके उसकी पूर्वशर्त ज़रूर पूरी कर दी। इसमें सबसे प्राथमिक मान्यता संसार की असलियत को लेकर थी जिससे तसव्वुफ़ समेत सभी भाववादी विचारधाराएँ इन्कार करती हैं। ग़ालिब इस इन्कार से कैसे इन्कार करते हैं यह उनके ख़ास अंदाज़े बयाँ में देखें—

शाहिदे हस्ति-ए-मुत्लक़ की कमर है आलम
लोग कहते हैं कि है पर हमें मंज़ूर नहीं

माशूक़ की कमर पतली होते-होते गायब हो जाती है। ग़ालिब ने इस अतिशयोक्तिपूर्ण वर्णन को दुनिया पर लागू करके इसकी व्यर्थता ज़ाहिर कर दी है। प्रकट रूप में जो शब्द कहे गए हैं, वास्तविक आशय उनके विपरीत निकलता है। संसार को भ्रम और माया बताने वाले दार्शनिक जब इसकी ठोस उपस्थिति को नकारने के लिए व्याख्याएँ करना शुरू करते हैं, तब उनकी स्थिति संकटग्रस्त हो जाती है। है भी और नहीं भी की इस वैचारिकी पर चुटकी लेते हुए ग़ालिब कहते हैं—

हाँ खाइयो मत .फ़रेबे हस्ती
हर चन्द कहें कि है नहीं है

हस्ती है न कुछ अदम है ग़ालिब
आख़िर तू क्या है अय नहीं है

दूसरे शेर में 'न' या तो हस्ती के साथ जुड़ सकता है या अदम के साथ। यानी या तो अस्तित्व है या अनस्तित्व। इसी पशोपेश में प्रश्नकर्ता ग़ालिब से पूछता है कि 'तू क्या है', जिसका जवाब नकारात्मक पाकर वह चौंक उठता है। यहाँ भी पद्धति माशूक़ के कमर वाली ही है। ग़ालिब का होना ही इस संसार के अस्तित्व का सबूत है। इससे कमतर भूमिका ग़ालिब को मंज़ूर नहीं थी। व्यक्तित्व को इतनी अहमियत देने की बात पुराने ज़माने में कोई सोच भी नहीं सकता था।

संसार के बाद ख़ुदा की बारी आती है जो इसका पर्दा गिराकर, ख़ुद पीछे से इसका संचालन करता है। ग़ालिब बड़ी विनम्रता के साथ इस विचार पर सवाल उठाते हैं—

कह सके कौन कि यह जल्वागरी किसकी है
पर्दा छोड़ा है वो उसने कि उठाए न बने

वैसे तो यह सवाल ईश्वर की अवधारणा पर संदेह करने के लिए काफ़ी है, लेकिन ग़ालिब की उस सर्वशक्तिमान से असली मुठभेड़ जीवन के अनुभवों के क्षेत्र में होती है—

ज़िन्दगी अपनी जब इस शक्ल से गुज़री ग़ालिब
हम भी क्या याद करेंगे कि ख़ुदा रखते थे

इस लहजे की पुख़्तगी को इस बात से समझा जा सकता है कि ग़ालिब के कवि-स्वभाव के विपरीत इस शेर की कोई व्याख्या ख़ुदा का समर्थन नहीं कर पाती। यह अनायास भी नहीं है, क्योंकि हश्र के रोज़ तो ख़ुदा की अदालत में गुनहगार ही साबित होना है—

आता है दाग़े हस्रते दिल का शुमार याद
मुझसे मेरे गुनह का हिसाब अय ख़ुदा न माँग

ज़ाहिर है कि नाकाम हसरतों के पीछे, अगर कहीं कोई सर्वशक्तिमान ईश्वर है, तो उसका भी हाथ होगा। ग़ालिब को उसे अपने गुनाहों का हिसाब देना मंज़ूर नहीं है। यहाँ ध्यान रहे कि नयी दुनिया के लिए जो कुछ वांछित है, वह सब पुरानी दुनिया के लिए गुनाह है। इसलिए नाकाम हसरतें भी वे गुनाह हैं जो किए नहीं जा सके—

नाकरदा गुनाहों की भी हस्रत की मिले दाद
या रब अगर इन करदा गुनाहों की सज़ा है

ख़ुदा के बाद उनके पैग़म्बर हज़रत मूसा को ग़ालिब विशेष इज़्ज़त बख़्शते हैं। वे उन्हें अपना प्रतिद्वन्द्वी घोषित करते हैं—

क्या फ़र्ज़ है कि सबको मिले एक सा जवाब
आओ न हम भी सैर करें कोहे तूर की

यहाँ तक तो गनीमत है लेकिन एक दूसरे शेर में छिपाते-छिपाते भी वे अपनी भावना का इज़हार कर ही देते हैं—

गिरनी थी हमपे बर्क़े तजल्ली न तूर पर
देते हैं बादा ज़र्फ़े क़दहख़्वार देखकर

यहाँ पहले वाक्य में न का सम्बन्ध तूर से मान लिया जाए तो जलकर ख़ाक हो जाने के कारण तूर पर्वत को ग़ालिब के मुकाबले कमज़र्फ़ मानना पड़ेगा। इस आरोप से ख़ुद हज़रत मूसा भी नहीं बच सकेंगे, क्योंकि वे भी उस आस्मानी बिजली की चमक से बेसुध हो गए थे।

बहरहाल, एक दूसरे पैग़म्बर हज़रत ख़िज्र को ग़ालिब ख़ासे कठोर लहजे में याद करते हैं—

क्या किया ख़िज्र ने सिकंदर से
अब किसे रहनुमा करे कोई

रहनुमाई करने वाले जब भरोसा तोड़ते हैं तो वे कतई इज़्ज़त के काबिल नहीं रह जाते। एक दूसरे शेर में इस मिथक को और ठोस सन्दर्भ देते हुए ग़ालिब ख़ुद को दुनिया से मुख़ातिब होने के कारण, छिप-छिपकर रहने वाले ख़िज्र की अपेक्षा अमरता का वास्तविक हक़दार मानते हैं—

वो ज़िन्दा हम हैं कि हैं रूशनासे ख़ल्क अय ख़िज्र
न तुम कि चोर बने उम्रे जाविदाँ के लिए

अंश का संपूर्ण में विलीन हो जाना तसव्वुफ़ समेत हर तरह के रहस्यवाद की अंतिम कामना है, जिसे प्रायः बूँद के समुद्र में मिल जाने के रूपक से व्यक्त किया जाता है। ग़ालिब भी इस रूपक का प्रयोग करते हैं लेकिन ध्यान देने की बात यह है कि ये रूपक उनके काव्य-संसार में बेजान पुनरुक्तियों से अधिक की हैसियत नहीं रखते, जबकि इनके प्रमाणस्वरूप जिन सांसारिक अनुभवों को वे इनके साथ रखते हैं, वे आश्चर्यजनक रूप से मार्मिक और मुहावरे जैसी लोकप्रियता पाने वाले साबित होते हैं। इसी से पता चलता है कि शाइर की वास्तविक प्रवृत्ति और उसकी शक्ति किस ओर है। कुछ शेर देखें—

क़तरा दरिया में जो मिल जाए तो दरिया हो जाए
काम अच्छा है वो जिसका कि मआल अच्छा है

इश्रते क़तरा है दरिया में फ़ना हो जाना
दर्द का हद से गुज़रना है दवा हो जाना

इनमें ख़ास तौर से दूसरे शेर के दूसरे मिसरे पर ग़ौर करें। इस उक्ति की सफलता और लोकप्रियता की वजह मानव-स्वभाव में निहित द्वंद्वात्मकता की इसमें हुई अभिव्यक्ति है। इस स्वभाव में दर्द भी है और दवा भी, लेकिन सिर्फ़ इतना कह देना पर्याप्त नहीं है। दर्द कितना है और दवा कितनी है यह बता देने से भी काम नहीं चलता। यह बताना ज़रूरी है कि वह बुनियादी तौर पर दर्द है या दवा। फिर इन दोनों के द्वन्द्व से गति मिलती है और विकास होता है। अंततः क्रमिक विकास गुणात्मक परिवर्तन में तब्दील हो जाता है और वस्तु अपने विकास की भिन्न अवस्था में चली जाती है, या अपने विपरीत में बदल जाती है। ग़ालिब ने मानव-स्वभाव का कैसा गहन निरीक्षण किया था, इसका प्रमाण उनके शेरों में निहित द्वंद्वात्मकता में मिलता है। उनकी

असाधारण शक्ति का रहस्य भी यही है जिसे पहचानने के लिए मानव-स्वभाव से थोड़ी गहरी जान-पहचान ज़रूरी है, किताबी द्वंद्ववाद यहाँ काम नहीं आने वाला। कुछ और शेर देखें—

पाते नहीं जब राह तो चढ़ जाते हैं नाले
रुकती है मेरी तब'अ तो होती है रवाँ और

रंज से ख़ूगर हुआ इंसाँ तो मिट जाता है रंज
मुश्किलें मुझ पर पड़ीं इतनी कि आसाँ हो गईं

मिलना तेरा अगर नहीं आसाँ तो सह्ल है
दुश्वार तो यही है कि दुश्वार भी नहीं

बसकि दुश्वार है हर काम का आसाँ होना
आदमी को भी मयस्सर नहीं इंसाँ होना

यहाँ पहले शेर में एक विशिष्ट घटना में अभिव्यक्त सत्य की पहचान है, दूसरे में उस अनुभव का सामान्यीकरण होता है, तीसरे में उसका एक रोचक काव्यात्मक प्रयोग है जिसके तहत वस्ल की हद से गुज़री हुई आसानी ही उसकी कठिनाई का सबब बन जाती है, और आख़िरी शेर में इसी थीम को विकसित करके 'आदमी' के 'इंसान' बनने जैसी 'आसान' बात की 'आसानी' के कारण ही उसके मुश्किल हो जाने की विडम्बना का बयान है। कहने की ज़रूरत नहीं कि यहाँ ग़ालिब ने एक सामाजिक विडम्बना के उद्घाटन के लिए द्वंद्वात्मक थीम के कुशल इस्तेमाल से चमत्कार और मार्मिकता के बीच असाधारण, अन्योन्याश्रित सम्बन्ध पैदा कर दिया है।

ग़ालिब के लिए किसी भी वैचारिक और धार्मिक परम्परा से बड़ी चुनौती ख़ुद उनकी अपनी काव्य-परम्परा थी, जिसमें माशूक़ को ख़ुदा से भी बड़ा दर्जा प्राप्त था और उसकी गलियों से लेकर जंगलों तक चीथड़े लपेटे, लड़कों का पत्थर खाते भटकने वाले आशिक़ की सबसे बड़ी कामयाबी थी माशूक़ के हाथों क़त्ल हो जाना। ग़ालिब ने इस परम्परा में अपनी उस्तादी तो साबित की ही, इसके अतिक्रमण का तरीक़ा भी ख़ास उनका अपना था। उन्होंने माशूक़ को बहलाने-फुसलाने में ऐसी महारत का दावा किया जो अब तक इश्क़ के आदर्श रहे मजनू को ख़ुद लैला के दिल में अपदस्थ कर सकता है—

आशिक़ हूँ प माशूक़फ़रेबी है मेरा काम
मजनू को बुरा कहती है लैला मेरे आगे

यहाँ मजनू की अवमानना से अधिक लैला की नासमझी का इशारा समझें,

क्योंकि शिकायत ग़ालिब को माशूक़ से है। वफ़ा के नाम पर अब और ज़ुल्म सहना उन्हें मंज़ूर नहीं है, संसार के दुःख-दर्द अब इसकी इजाज़त नहीं देते—

ग़मे ज़माना ने झाड़ी नशाते इश्क़ की मस्ती
वगरना हम भी उठाते थे लज़्ज़ते अलम आगे

माशूक़ की चौखट पर सर पटकते-पटकते उसे घिस डालना उर्दू शायरी की एक पवित्र रस्म हुआ करती थी। ग़ालिब ने भी कभी कहा था—

मिट जाएगा सर गर तेरा पत्थर न घिसेगा
हूँ दर प तेरे नासिया फ़रसा कोई दिन और

लेकिन यह दीनता का भाव ग़ालिब के मुँह पर चिपकाया हुआ मालूम पड़ता है। असली ग़ालिब वहाँ हैं जहाँ वे इन रस्मों से बग़ावत करते हैं—

वफ़ा कैसी कहाँ का इश्क़ जब सर फोड़ना ठहरा
तो फिर ऐ संगदिल तेरा ही संगे आस्ताँ क्यों हो

ग़ालिब परंपरा की ताक़त जानते हैं, इसलिए उसका अराजक प्रतिकार नहीं करते, बल्कि अपने समर्थन में उसकी पुनर्व्याख्या करते हैं। पहाड़ काटने वाले फ़रहाद के बारे में उनका ख़याल है कि वह दरअसल शीरीं की छवि को अंकित करने के लिए पत्थरों को काट रहा था—

कोहकन नक़्क़ाशे यक तिम्साले शीरीं था असद
संग से सर मार कर होवे न पैदा आश्ना

यह देखना दिलचस्प है कि ग़ालिब की शायरी में मजनू के प्रति हमदर्दी का भाव बढ़ता जाता है जबकि उसी अनुपात में लैला के प्रति रुख़ ठंडा होता जाता है। मजनू का संघर्ष उन्हें आकर्षित करता है और उसमें उन्हें दुनिया की तमाम जद्दोजहद का अक्स दिखाई पड़ता है—

आलम ग़ुबारे वह्शते मजनू है सरबसर
कब तक ख़याले तुर्रा-ए-लैला करे कोई

नफ़से क़ैस कि है चश्मो चिरागे सह्रा
गर नहीं शम'-ए-सियहख़ाना-ए-लैला न सही

किस्सा मुख़्तसर यह कि ग़ालिब के 'अंदाज़े बयाँ' पर बहुत-सी बातें होती हैं और आमतौर पर मुश्किल कहकर उससे पीछा छुड़ा लिया जाता है। बहुत हुआ तो उनकी ज़िन्दगी के बारे में कुछ घिसे-पिटे किस्से सुना दिए और उनकी शायरी में उसका अक्स दिखाकर फ़र्ज़ अदायगी कर ली। लेकिन क्या यह 'अंदाज़े बयाँ' सचमुच इतना

असमाधेय है। ग़ालिब ने इसके बारे में एक सुराग़ दिया है जिस पर ध्यान देने की ज़रूरत है—

नश्वो नुमा है अस्ल से ग़ालिब फ़ुरूअ को
ख़ामोशी ही से निकले है जो बात चाहिए

जैसे मूल से टहनियाँ निकलती हैं वैसे ही ख़ामोशी से बात निकलनी चाहिए। अपनी कला के नियमों को ग़ालिब प्रकृति के नियमों से कमतर नहीं देखना चाहते थे। उन्होंने एक वैकल्पिक सृष्टि की रचना की थी और उसमें असंभावना की हद को छूने वाला कलात्मक आदर्श अपने सामने रखा था, निःशब्द आशयों को शब्दों के द्वारा संप्रेषित करने का, 'अन्क़ा' की तरह अप्राप्य उद्देश्य को प्राप्त करने का। लेकिन ये ग़लतफ़हमी नहीं होनी चाहिए कि ग़ालिब किसी की समझ में आना ही नहीं चाहते थे। उन्होंने अपने दीवान के आख़िरी शेर में काव्यप्रेमियों को खुली दावत देते हुए अपनी बात ख़त्म की थी—

अदाए ख़ास से ग़ालिब हुआ है नुक्तासरा
सलाए आम है याराने नुक्तादाँ के लिए

यही नहीं, अपने छोटे से दीवान के लिए शेरों का चुनाव करते वक़्त ग़ालिब ने जिस बेरहमी का परिचय दिया उसकी मिसाल दूसरी नहीं मिलती। एक शेर में ग़ालिब यह उम्मीद जताते हैं कि शेरों के चुनाव और उनके संयोजन से लोग अंततः उन्हें समझ लेंगे—

खुलता किसी पे क्यों मेरे दिल का मुआमला
शेरों के इंतिख़ाब ने रुसवा किया मुझे

लेकिन जैसी कि उनकी फ़ितरत थी, नाउम्मीदी ने उनकी उम्मीद का दामन कभी नहीं छोड़ा। अब यह हम पर है कि हम किस पर खरे उतरते हैं, उम्मीद पर या नाउम्मीदी पर—

रहा आबाद आलम अह्ले हिम्मत के न होने से
भरे हैं जिस क़दर जामो सुबू मैख़ाना ख़ाली है

'ट्रांजिट स्टेशन' पर मँडराते परिन्दे

(निर्मल वर्मा का चिंतन और सृजन)

निर्मल वर्मा का समूचा चिंतन भारतीय संस्कृति और परम्परा की पहचान और व्याख्या को समर्पित है। उनके विचारपरक्र निबंधों से गुज़रते हुए पहली अनुभूति एक ऐसे लेखक से रू-ब-रू होने की होती है जो अपनी मान्यताओं के आख़िरी छोर तक पहुँच चुका है और अब उस पर पुनर्विचार या वाद-विवाद की कोई आवश्यकता अथवा गुंजाइश नहीं है। ज़रूरत है उसको बार-बार दुहराने की, ताकि तर्क, बुद्धि और इतिहास जैसे 'पश्चिमी' मूल्यों से आक्रांत भारतीय मन को वापस उसकी सहजता प्रदान की जा सके। वैचारिक निष्ठा का यह विरल उदाहरण अपनी मान्यताओं की जाँच-परख के लिए आकर्षित करता है। यहाँ हम उनके निबंधों में आई मूलभूत स्थापनाओं के आलोक में उनकी कुछ प्रतिनिधि रचनाओं पर पुनर्विचार करेंगे, ताकि निर्मल वर्मा के चिंतन और सृजन की मूल्यवत्ता को उसके व्यक्त और अव्यक्त आशयों में पहचानने का कोई सार्थक सिलसिला बन सके। नन्दकिशोर आचार्य ने 'अवलोकन' तथा 'अन्तर्यात्रा' नाम से दो भागों में उनके ख़ुद के तथा उन पर हुए आलोचनात्मक लेखन का प्रतिनिधि चयन प्रस्तुत करके यह मौक़ा मुहैय्या किया है।

भारतीय और यूरोपीय संस्कृति की विशेषताओं को चिह्नित करते हुए निर्मल वर्मा लिखते हैं—'संस्कृति का यह भारतीय स्वरूप पश्चिम की सांस्कृतिक धारा से नितांत भिन्न है। ...अतः यूरोप में वैयक्तिक चेतना और धार्मिक विश्वासों के बीच एक चौड़ी खाई खुलती गई, अपनी चेतना में मनुष्य अकेला और निस्सहाय पड़ता गया; जबकि दूसरी तरफ धर्म जीवन-धारा से कटकर केवल चर्च की एकाधिकार "संपत्ति" बनकर रह गया, जिसके सामने व्यक्ति घुटने टेककर पीड़ा से छुटकारा तो पा सकता था किंतु इस धरती पर सम्पूर्ण जीवन की उपलब्धि नहीं।

'इसके विपरीत भारतीय चेतना में इस तरह का कोई विभाजन न था, यह तथ्य उल्लेखनीय है; क्योंकि इसी में भारतीय संस्कृति का विशिष्ट पहलू छिपा है। यहाँ किसी भी समय मनुष्य की धार्मिक अंतर्दृष्टि और सांसारिक (सेक्यूलर) अनुभवों के बीच विभाजन-रेखा नहीं खींची गई। मनुष्य अपने सांसारिक कार्यकलापों का अर्थ

धार्मिक प्रतीकों द्वारा उद्घाटित करता था, दूसरी ओर उसके धार्मिक अनुष्ठान उसके दैनिक जीवन के आचार-व्यवहार से जुड़े थे। ...भारतीय मनीषा का निर्माण व्यक्ति के ऐतिहासिक बोध द्वारा नहीं, मिथकों, प्रतीकों और संस्कारों के संश्लिष्ट प्रवाह में लक्षित होता है, जो इतिहास को नकारते नहीं, केवल उसकी लहरों को अपनी मूलधारा में समाहित कर लेते हैं।

'यहाँ यह महत्त्वपूर्ण है कि जिस विशिष्ट अर्थ में हम यूरोपीय सन्दर्भ के ''इतिहास'' का उल्लेख करते हैं, जहाँ वह जीवन के विभिन्न मोड़ों को इंगित करता है, उस अर्थ में भारत का कोई इतिहास नहीं है। वाह्य परिवर्तनों के बावजूद भारत की मूल जीवन-धारा में कोई बुनियादी अंतर नहीं आया है।... हमारी चेतना की अँधेरी मिथक-जड़ों ने खुद अक्षुण्ण रहकर इतिहास के पानी को अपने ऊपर से बह जाने दिया और दूसरी तरफ व्यावहारिक स्तर पर हमें बराबर बदलते हुए ऐतिहासिक यथार्थ से समझौता भी करना पड़ा है। दरअसल भारतीय ''चरित्र'' का निर्माण इन दो पाटों के बीच हुआ है...।' (अंतर्यात्रा : भाग एक, स. नन्दकिशोर आचार्य, पृष्ठ 344-5-6)।

निर्मल वर्मा के लेखन में कहे हुए से कहीं अधिक महत्त्व अनकहे का है— 'सच पूछें तो मौन के इस अनछुए, अनखोजे संसार के बीच ही एक लेखक, एक कवि, एक कलाकार अपना डेरा, अपना बेसकैंप बनाता है, ताकि एक पर्वतारोही की तरह, वह अपनी रचना में उस समूचे प्रदेश को रूपायित कर सके, जो अब तक अभाषित और अपरिभाषित पड़ा था। मौन को भाषित करने के लिए नहीं, बल्कि भाषित में मौन को उजागर करने के लिए।' (पृ. 474)

इस नज़रिए से अगर पहले उद्धृत अंशों को टटोला जाए तो सबसे पहले जो बात समझ में आती है वह यह कि भारतीय राष्ट्र की मूल विशेषता सांस्कृतिक है, उसकी संस्कृति धर्म पर आधारित है तथा धर्म अपने मिथक, प्रतीक, संस्कार, अनुष्ठान और कर्मकाण्ड पर। अतः इसको सांस्कृतिक राष्ट्रवाद भी कह सकते हैं। इस धर्म का नाम नहीं बताया गया है, लेकिन पश्चिम की ऐतिहासिक परिवर्तनशीलता के बरक्स इसकी सबसे बड़ी पहचान चेतना के शाश्वत प्रवाह में इसकी निमग्नता है। आधुनिक युग में आकर भारत की यह सनातन नींद उचट गई और इतिहास ने इसकी चेतना में ख़लल डाल दिया। 19वीं सदी का पुनर्जागरण और बीसवीं सदी में हुए राष्ट्रीय आंदोलन और स्वाधीनता के यत्किंचित अनुभव ने अपने परम्परागत मार्ग के विपरीत ही क़दम बढ़ाए किन्तु सौभाग्यवश इतिहासवाद का यह जहाज़ 'शताब्दी के ढलते वर्षों में' ख़ुद ही संकटग्रस्त हो गया है और हमें अपनी 'अँधेरी मिथक-जड़ों' की ओर लौटने का मौक़ा मिल गया है। ज़ाहिर है कि यह चिंतन न केवल चयनधर्मी है, बल्कि पर्याप्त रचनात्मक भी है। इसके मुताबिक भारत की परम्परा हमेशा से किसी धर्म के प्रतीकों और बिम्बों से अनुशासित रही है और अपने मूल रूप में आज भी क़ायम है। इस दृष्टिकोण में न तो भारत की भौगोलिक-सांस्कृतिक विविधता के प्रति

कोई सम्मान है, न ही दार्शनिक-धार्मिक परम्पराओं की बहुलता के लिए कोई जगह। ग़ौरतलब है कि प्राचीन भारत की लोकायत, बौद्ध, जैन, न्याय, वैशेषिक और सांख्य जैसी अधिकांश विचारधाराएँ मूलतः भौतिकवादी-निरीश्वरवादी थीं जिनका सीधा विरोध उन वैदिक और सनातनी परम्पराओं-कर्मकांडों से था जिन्हें निर्मल वर्मा भारतीयता का पर्याय मानते हैं। दूसरे शब्दों में भारतीय चिंतन की एक राह बुद्धि, विवेक, तर्क और औचित्य की ओर जाती थी तथा दूसरी राह जटिल कर्मकांडों और मूढ़ अंधविश्वासों के प्रचार से जनमानस की चेतना को कुंद करके पुरोहित तथा कुलीन वर्ग की स्वार्थसिद्धि में सहायक होती थी। दोनों के अलग-अलग सामाजिक आधार रहे हैं और प्राचीन काल से लेकर अब तक उनके बीच भीषण रक्तरंजित संघर्ष छिड़ा हुआ है। जहाँ तक इतिहास का सवाल है तो उसके विभिन्न चरणों से होकर भारतीय समाज भी गुज़रा है। अगर ऐसा न होता तो एक समय के देवराज रहे इन्द्र से जुड़े मिथकों का यह हश्र न होता। क्यों आज उनका कोई नामलेवा भी नहीं बचा? कोई परम आत्ममुग्ध विचारक ही समस्त ऐतिहासिक साक्ष्यों से आँख फेरकर ईसा पूर्व पहली सहस्राब्दि में आदिम कबीलों से सामंती राज्यों की तरफ़ हुए संक्रमण को नकार सकता है। बहरहाल, अच्छा यह होगा कि लेखक जिस बात के लिए ऐसा एकनिष्ठ आग्रह कर रहा है, उसे ही तनिक और निकट से देखा जाए, ताकि उसके 'मौन' आशय भी खुल सकें।

निर्मल वर्मा अपने लेखों में धर्म को किसी टेक की तरह दुहराते हैं, पर साथ ही उसे भरसक रहस्यमय और अमूर्त भी बनाए रखना चाहते हैं, ताकि भारतीयता को उसका पर्याय बनाए रख सकें। एक जगह वे कहते भी हैं—'धार्मिक बोध से—मेरा अभिप्राय किसी एक खास धर्म या संस्थान से नहीं है, बल्कि उस धीमी आवाज से है जिसने पहली बार मनुष्य और सृष्टि के बीच फैले अँधेरे मौन को तोड़ा था।' (पृ. 380-1) लेकिन यूरोप के ही एक शहर में भाषण के वक़्त, जैसा कि अंग्रेज़ी में कहते हैं, बिल्ली थैले के बाहर आ जाती है। जर्मनी के हैडिलबर्ग विश्वविद्यालय में 'भारत और यूरोप : प्रतिश्रुति के क्षेत्र की खोज' शीर्षक आलेख पढ़ते हुए वे बताते हैं, 'पिछले तीन हज़ार वर्षों में शायद ही कोई ऐसा समय रहा हो जब भारत को "यवनों" और "म्लेच्छों" ने न घेरा हो; पहले यूनानियों और हूणों ने, फिर इस्लाम और उसके ठीक बाद ईसाई मिशनरियों और यूरोपीय विजेताओं ने।' (पृ. 385) यहाँ तीन हज़ार वर्षों के कालखण्ड का चुनाव बहुत अर्थपूर्ण है, क्योंकि सिर्फ़ 500 वर्ष और पीछे जाने पर 'महान' आर्यों के भारत आगमन, सिन्धु सभ्यता का विनाश, असुरों और दस्युओं द्वारा निर्मित नागर सभ्यता के विध्वंस के लिए 'असुरघ्न' और 'पुरंदर' इन्द्र का आह्वान करने वाले, ऋग्वेद के 'आध्यात्मिक' श्लोकों के याद आने की सम्भावना थी। 'धार्मिक बोध' से आच्छादित इस परिवेश में यह कहना तो हिमाक़त ही होगी कि क़िसी देश में रहने के लिए उसकी नागरिकता और राशन कार्ड लेने की अनिवार्यता उसी आधुनिक

युग की देन है, जिसके निर्मल वर्मा इतने विरोधी हैं। पुराने ज़माने में इंसानी काफ़िले नदियों के किनारे अच्छी जगह देखकर अपनी बस्तियाँ बसा लेते थे। वही उनका देस होता था, और बाक़ी परदेस। आज जिसे हम भारत-भूमि कहते हैं वह अपनी प्रकृति के कारण हमेशा से एक घना बसेरा रही है और आज भारतीयता का विचार अगर सार्थक है तो इसी वजह से, इसके बावजूद नहीं।

उपर्युक्त उद्धरण के तुरन्त बाद श्री वर्मा लिखते हैं—'भारतीय संस्कृति का अद्वितीय लक्षण यह नहीं है कि कैसे वह शताब्दियों से होने वाली निरंतर और हिंस्र विदेशी घुसपैठों में जीवित रही आई, बल्कि यह है कि वह उनकी प्रभुसत्ता के बावजूद किस तरह अपने को अक्षत रख सकी। यहाँ तक कि सिकंदर की प्रसिद्ध जीवन-गाथा जो एशिया के तमाम भागों में प्रसिद्ध हुई, हिन्दू भारत द्वारा पूरी तरह उपेक्षित रही।' इसके बाद वे यूनानी, चीनी और मुसलमान यात्रियों का हवाला देते हैं जिनसे हमें भारतीयों के बारे में पता चलता है, लेकिन भारतीय इन आगंतुकों के बारे में क्या सोचते थे इसका कोई साक्ष्य नहीं मिलता। यहाँ तक आते-आते भारतीयों को हिन्दुओं के पर्याय के रूप में चिह्नित कर लिया जाता है और सहज भाव से दोनों शब्द एक-दूसरे के विकल्प के रूप में आने लगते हैं। इस पद्धति पर अगर ग़ौर करें तो पाएँगे कि भारतीयों की 'अद्वितीयता' 'दूसरी संस्कृतियों और धर्मों के प्रति चुप्पी और उदासीनता है' जिसके चलते वे 'उनकी प्रभुसत्ता के बावजूद अपने को अक्षत रख सके।' स्पष्ट है कि इस 'अद्वितीयता', जिससे उसकी पहचान बनती है, के लिए दूसरों का सन्दर्भ अनिवार्य है, लेकिन भूलभुलैया से आती-सी लगती आवाज़ में निर्मल वर्मा उसी पृष्ठ पर आगे घोषणा करते हैं—' ''अन्य'' संस्कृतियों के प्रति उनकी उदासीनता का एक अधिक गम्भीर कारण भी था; वह यह कि उनके लिए अपनी अस्मिता को परिभाषित करने का सन्दर्भ कभी ''अन्य'' रहा ही नहीं जैसा कि वह यूरोपियों के लिए था।' बहरहाल, इसमें आश्चर्यजनक कुछ भी नहीं, क्योंकि दोमुँहापन भी उस परम्परा की एक अद्वितीय विशेषता रही है, जिसे निर्मल वर्मा भारतीयता के रूप में स्वीकार्य बनाना चाहते हैं। यह परम्परा हिन्दू धर्म की नहीं है जिसे यह नाम बहुत बाद में समस्त ग़ैर-मुस्लिम (यानी अन्य के ही सन्दर्भ में) भारतीय धर्मों के लिए दिया गया था। यह परम्परा उस ब्राह्मणवाद की है जो 'हिन्दुत्व' की खाल ओढ़कर समूची भारतीय परम्परा पर अपना दावा जताने निकला है। भारत से ज्ञान, तर्क, विवेक और मनुष्यता का समूल उच्छेद करने का अपना पुराना सपना पूरा करने यह फिर आया है। भारत की ही तरह पश्चिम की भी सभी मानववादी परम्पराएँ इसके निशाने पर रही हैं और हर तरह की मानव-विरोधी शक्तियाँ इस पर आँख मूँदकर भरोसा करती आई हैं। आज भी इसकी समस्त आशाएँ अमरीकी साम्राज्यवाद पर टिकी हुई हैं, इसलिए यह भारतीयों की साम्राज्यवाद-विरोधी चेतना को विकृत करने के लिए परम्परा और स्मृति के नाम पर

उसकी लगभग संज्ञा-शून्य, पशुतुल्य तस्वीर खींच रहा है। दुर्भाग्य से, निर्मल वर्मा उसी ब्राह्मणवाद के प्रतिनिधि विचारक के रूप में हमारे सामने आते हैं।

रिनासाँयुगीन मानववाद के बारे में लेखक के विचार दर्शनीय हैं—'किसी हिन्दू की अस्मिता यूरोपीय के बरअक्स आत्म की स्वायत्त सत्ता में नहीं बल्कि विश्वासों, अनुष्ठानों और जातिगत दायित्वों की उस वृहत्तर बनावट में वास करती थी जिससे उसके धर्म का गठन होता था। ... उन्होंने मनुष्य की उस आदर्श छवि को (यहाँ 'का' होना चाहिए, 'को' अंग्रेज़ी वाक्य-रचना के प्रभाव में आया है - ले.) आयात करने से इन्कार कर दिया जो पश्चिम के मानवतावादी आदर्शों के साँचे में तैयार की गई थी, जहाँ मनुष्य ही विकास का अंतिम चरण है और इसलिए वही सारी चीजों को परखने का आधार है। यह उसी विश्वास की तार्किक परिणति है जिसमें पृथ्वी को ब्रह्माण्ड के केन्द्र में रखा जाता था।' (पृ. 396)

रिनासाँ (या पुनर्जागरण) युग ने मनुष्य को अपने चिंतन के केन्द्र में रखा इसलिए उसे लेखक का कोपभाजन बनना पड़ा। आरम्भ उसका पृथ्वी-केन्द्रिकता के बीच ज़रूर हुआ, लेकिन उसकी 'तार्किक परिणति' तो इस रूढ़ि के ख़िलाफ़ जीवन-मरण के संघर्ष में हुई। क्या निर्मल वर्मा ब्रूनो, कॉपरनिकस और गैलीलियो के प्रयासों को रिनासाँ से अलग या उसके विरुद्ध साबित करना चाहते हैं। ऐसे कुतर्कों को महज़ लापरवाह वक्तव्य मानकर छोड़ देना भूल होगी। कोई भी देख सकता है कि इसके पीछे एक संकीर्ण, साम्प्रदायिक दिमाग़ है, जो महज़ पैदाइश के आधार पर रिनासा को उसी ईसाइयत में गर्क कर देना चाहता है जिसके अंधविश्वासों के ख़िलाफ़ लड़ते हुए वह विकसित हुआ था। इशारों-इशारों में ऐसा विषवमन निर्मल वर्मा के चिंतन में आद्यंत बिखरा है, यहाँ सिर्फ़ एक और उदाहरण पर्याप्त होगा। 'हिन्दू' धर्म के बारे में बताने के लिए हमेशा की तरह एक बार फिर ईसाई धर्म का सन्दर्भ लेते हुए वे कहते हैं—'वहाँ मनुष्य का जीवन सेक्यूलर और धार्मिक खण्डों में विभाजित नहीं है, जो सप्ताह में रविवार की सुबह कुछ घंटों के लिए समन्वित है और बाकी दिनों में एक-दूसरे को छूता भी नहीं।' (पृ. 38) गोया केवल हिन्दू हैं जो सातों दिन चौबीसों घंटे (24 × 7) धर्म में डूबे रहते हैं।

बहरहाल, मानववाद पर निर्मल वर्मा के हमले की अगली खेप में उनके समूचे चिंतन का सारतत्त्व छिपा हुआ है—'अगर एक बार हम मनुष्य को पृथ्वी पर रहने वाले अन्य प्राणियों से उच्चतर मान लेते हैं तब हमें तार्किक रूप से किसी एक तरह के मनुष्य यानी यूरोपीय मनुष्य को शेष मानवजाति से उच्चतर मानने से और फिर यूरोपीय सभ्यता के ढाँचे में यूरोपीय मनुष्य की किसी एक छवि या विचारधारा को, फ़ासिज़्म या साम्यवाद को अन्य विचारधाराओं से उच्चतर मानने से कोई नहीं रोक सकेगा।' (पृ. 396)

यह है निर्मल वर्मा का 'तार्किक रूप'। जिस सचाई से आँख मूँदकर वे उसे ख़ारिज करना चाहते हैं वह यह है कि मानव-केन्द्रिकता के साथ-साथ मानवमात्र की एकता और समानता का सिद्धांत मानववाद का केन्द्रबिन्दु है। जहाँ तक फासीवाद का सवाल है वह, तर्क, विवेक और ज्ञानोदय की मानववादी परम्पराओं की कीमत पर ही समाज में स्थान बनाता है। आस्था और मिथक का लगभग वैसा ही गौरवगान करता हुआ, जैसा श्री वर्मा करते हैं।

अब ज़रा सिक्के के दूसरे पहलू पर ग़ौर करें। मनुष्य को भी दूसरे जीव-जन्तुओं की श्रेणी में रख देने पर मानव-समाज में भी मत्स्य न्याय अथवा 'सरवाइवल ऑफ द फिटेस्ट' की प्रासंगिकता से इन्कार नहीं किया जा सकता। क्या निर्मल वर्मा मानव-समाज में जंगल का क़ानून लागू करना चाहते हैं? जार्ज ऑरवेल की एक यादगार अभिव्यक्ति का असर लेते हुए कह सकते हैं कि जहाँ मनुष्य और पशु एक नज़र से देखे जाएँगे वहाँ कोई पशु तो मनुष्य नहीं बन सकेगा, अनेक मनुष्य ज़रूर पशु बना दिए जाएँगे। भारतीयता की नहीं, ब्राह्मणवाद की यह 'अद्वितीय' विशेषता रही है। ज़ाहिर है, निर्मल वर्मा की मूल चेतना ब्राह्मणवादी है, फ़ासिज़्म जिसकी स्वाभाविक और तार्किक परिणति भर है। अपनी तथाकथित 'भारतीयता' को भरसक रहस्यमय और आदर्शीकृत रूप देने के बावजूद यह सत्य उनके अपने वक्तव्यों से ही उजागर हो जाता है। विश्वासों, अनुष्ठानों और 'जातिगत दायित्वों' में इसके धार्मिक गठन का प्रसंग हम देख चुके हैं। अब ज़रा वर्णव्यवस्था को इसमें मिलने वाली केन्द्रीय हैसियत पर ग़ौर करें; 'हिन्दुओं के लिए जब तक "अन्य" किसी तरह अपने या अपने आंतरिक तंत्र में समाविष्ट न हो, वह एक ऐसा संबोधी हो ही नहीं सकता, जिससे अर्थपूर्ण संवाद किया जा सके। अगर अस्पृश्यता की समस्या हिन्दू समाज में विवादास्पद हो सकी तो इसका कारण यह है कि शूद्र वर्ण-व्यवस्था में समाविष्ट हैं लेकिन वे तब भी समाज की परिधि पर बने रहे। वे म्लेच्छों की तरह पराए तो नहीं, लेकिन वे पूरी तरह भीतर के भी नहीं थे।' (पृ. 387)

सवाल यह है कि 'शूद्र', 'म्लेच्छों' की तरह नहीं तो क्या अनार्यों की तरह 'पराए' थे। जाति, वर्ण और नस्ल के गंदे घोल से बनी यह तस्वीर किस भारत की है? शूद्र 'अपने' होते तो इससे अधिक और क्या होता कि अस्पृश्यता विवादास्पद न हो पाती? इसी विवाद का निर्मल वर्मा को दुख है। दलितों के प्रतिरोध को पचाने में उन्हें कामयाबी नहीं मिली। हालाँकि जहाँ कामयाबी मिल गई, उस प्रसंग में उनकी ख़ुशी छुपाए नहीं छुपती, जैसे कि बौद्ध धर्म के मामले में, 'वे पराए होते हुए भी अपने थे और अंततः वे बिलकुल अपने हो गए, और बौद्ध धर्म भारत में लुप्त नहीं, लीन हो गया। दूसरी और इस्लाम और ईसाई धर्म अपने असंदिग्ध पराएपन के कारण आज तक संस्थाबद्ध रूप में भारत में अस्तित्वमान है।' (वही) श्री वर्मा मेहरबानी करके क्या

बताएँगे कि उनके भारत का असली बाशिंदा कौन है?

सच तो यह है कि निर्मल वर्मा की बाजी हमारी जनता में पाए जाने वाले भाँति-भाँति के अंधविश्वासों, रूढ़ियों, कर्मकाण्डों और भाग्यवादी विश्वासों पर लगी हुई है। इनका आदर्शीकरण करके, इन्हें उनकी चेतना को कुन्द करने वाले कारगर औजार में बदलते हुए वे इस देश में अंग्रेज़ों के ही एजेंडे को पूरा कर रहे हैं। यही वजह है कि अंग्रेज़ों के आगमन के प्रसंग में 'पाश्चात्य भविष्योन्मुखता' के बरअक्स 'वर्तमानकाल' की क्षति पर जार-जार आँसू बहाने के बावजूद भूलकर भी वे तब के वर्तमान, मध्यकालीन भारत की उपलब्धियों का उल्लेख नहीं करते। जिन संकीर्ण ब्राह्मणवादी विश्वासों की वकालत वे इतने विश्वास के साथ भारतीयता के रूप में करते हैं उसकी भी यह भारतव्यापी, एकीकृत और वर्चस्वशाली हैसियत अंग्रेज़ों द्वारा निर्मित भारत के वैचारिक 'स्टोरियोटाइप' की देन है जो ब्रिटिश नौकरशाही के माध्यम से फलीभूत हुई थी। उपनिवेशवादियों की मानस-संतान यह ब्राह्मणवाद इसीलिए अपने मूल संस्करण के मुकाबले अधिक जड़ और हिंस्र तथा कम परिष्कृत है। पिछले दो सौ बरसों में इसने एक भी ऐसा दिमाग़ नहीं पैदा किया जिसने भारतीय सभ्यता के किसी भी क्षेत्र में कुछ जोड़ा हो। रहा सवाल वर्तमान का तो इसके एक प्रतिनिधि निर्मल वर्मा का पिलपिला चिंतन सामने है, जिसका आलम यह है कि जहाँ हाथ रख दीजिए वहीं काई की तरह फटता चला जाता है।

इलाहाबाद में 1976 में लगे कुंभ पर अपने बहुचर्चित संस्मरण 'सुलगती टहनी' में निर्मल वर्मा ने अपने आध्यात्मिक विचारों को व्यावहारिक धरातल पर प्रस्तुत किया है। विशुद्ध चिंतन के स्तर पर जो विचार कुछ गरिमामय होने का भ्रम पैदा करते थे, व्यवहार के तल पर उतरते ही वे अचानक हास्यास्पद और बचकाने लगने लगते हैं। कुंभ में आए साधुओं को नशे में ब्रह्मानंद की खोज करते देखकर उनकी प्रतिक्रिया कुछ यूँ होती है। 'चरस और गाँजे की तीखी गंध साँप की तरह डोलती है—उठती है—फुत्कारती हुई मेरी देह को भेद जाती है, बैठो, इन्हीं के साथ बैठ जाओ। भूल जाओ, तुम मनुष्य हो, दिल्ली से आए हो, कहानियाँ गढ़ते हो, यूरोप घूमे हो—बैठ जाओ, इस धुएँ में देह और आत्मा अलग-अलग नहीं हैं—दोनों के बीच कोई परदा नहीं, कोई दीवार नहीं—एक-दूसरे की प्रतिच्छायां हैं।'

मठों और अखाड़ों में रहने वाले इन परजीवी साधुओं से तनिक भी वास्ता रखने वाला व्यक्ति इनके कुंठित, आपराधिक और विमानवीकृत जीवन से भली-भाँति वाक़िफ़ होगा। अगर किसी को यक़ीन न हो तो काँची कामकोटि जाने की ज़रूरत नहीं, सिर्फ़ अयोध्या और हरिद्वार के अखाड़ों का थोड़ा सर्वे कर ले। संगठित धर्मतंत्र के रूप में वे पतन के उस रसातल में जा चुके हैं जहाँ से अब कभी वापस नहीं आ सकते। उनका नैतिक और आध्यात्मिक पुनरुत्थान असम्भव है। इसका पता उनकी जीवन-शैली, उनके सरोकारों तथा उनके बीच छिड़ने वाले आपसी विवादों के स्तर से लगाया जा सकता है।

हाँ, समाज में बर्बरता का नंगा नाच करने की ताक़त अभी उनमें बाक़ी है। लोकतांत्रिक और मानवीय मूल्यों में यक़ीन करने वाले प्रत्येक भारतीय को अभी उनके उन्मादी आंदोलनों का सामना करना है। इसीलिए विचार के क्षेत्र में उनका आदर्शीकरण करके उन्हें शह देने वाली प्रवृत्तियों को जवाब देने में कोई कोताही करना हमारे लिए अक्षम्य है।

बहरहाल, इन विचारशून्य बाबाओं के बीच कुंभ में घूमते हुए निर्मल वर्मा को अनेक अटपटे अनुभव होते हैं लेकिन वे उनसे प्रभावित होने का कोई न कोई रास्ता निकाल ही लेते हैं। घूमते-घूमते वे एक पड़ाव के अंदर गुरुजी के निजी तम्बू तक पहुँच जाते हैं। ये गुरुजी हाल ही में चले सत्ता-संघर्ष के परिणामस्वरूप, सम्भवतः, समझौते के उम्मीदवार के बतौर इस पद तक पहुँचे हैं। उनका विरोधी चेला उन्हें 'मिट्टी का माधो' बताता है जो 'एक चोट में ढेर हो जाएगा', और बदले में समर्थक चेला ललकारता है; 'हमारे महाराज ऊपर से भोले दीखते हैं—भीतर से बम के गोले हैं। सारी माया देखे हैं—कोई हाथ तो लगाए भला।' (वही, पृ. 531) अचानक गुरुजी की नज़र लेखक पर पड़ती है और स्वभावतः किसी आगंतुक के सामने इस चर्चा से बचने के लिए वे उन्हें लेकर बाहर चले आते हैं। निर्मल वर्मा को उनके दर्शन से अत्यधिक शांति मिलती है—'एक ऐसा सकून जो शायद केवल उन लोगों को मिल पाता है, जिनके माँ-बाप पहले गुजर चुके हों।' अंततः बूढ़े गुरुजी उन्हें ताल्सताय जैसे दिखने लगते हैं, जैसा कि सागर तट पर उन्हें गोर्की ने देखा था। संवाद कुल इतना है कि एक अजनबी के सामने अपनी पोल खुलने के डर से अचकचाए गुरुजी दो बार पूछते हैं, 'कभी मुझे पहले देखा है', और एक बार पूछते हैं, 'कहाँ से आ रहे हो?' और अंत में शिविर से बाहर जाने के रास्ते के बाबत पूछते हैं, 'अकेले चले जाओगे या तुम्हारे साथ आऊँ।' इन्हीं निरर्थक संवादों और बाबाओं की वेशभूषा से निर्मल वर्मा अभिभूत हो जाते हैं।

यही उनकी पद्धति है, ऐसे प्रसंगों की उनके लेखन में भरमार है। एक और देख लें, जिससे वे सर्वाधिक प्रभावित हुए थे। मेले में एक छप्पर तले उन्हें चिलम खींचता एक युवा साधु मिलता है जो 'बिलकुल रामकृष्ण परमहंस की तरह' दिखता है। वह उन्हें बुलाता है और पास आने पर 'दुतकारता' है, 'जूते उतारकर आओ'। चिलम से मुँह हटाकर अगली बात वह कहता है, 'तुम्हें कुछ लेकर आना चाहिए था।' निर्मल वर्मा कुछ नहीं समझ पाते तो वह सामने जल रही आग में से कुरेद कर एक अधजली लम्बी सूखी डंडी बाहर निकालता है और कहता है, 'तुम्हें इस लकड़ी को अपने कंधे पर रखकर चलना चाहिए।' उसकी चिलम और उसके सवाल उसकी पोल खोलने के लिए काफ़ी हैं। एक अपटुडेट आदमी को अपनी डाँट खाकर नंगे पाँव आते देख वह मन ही मन मुसकराया होगा, क्योंकि इसकी उसे आदत पड़ चुकी होगी। कुछ लाने वाली बात पर अगर वे अधिक कुछ नहीं, एक पुड़िया गाँजा निकाल कर अर्पित कर

देते तो 'सुलगती टहनी' की नौबत ही न आती। हो सकता है कि एक नया और अनाड़ी चेला पाकर वह जाड़े की रात में उससे अपने अलाव के लिए कुछ लकड़ी ही मँगाना चाहता हो, पर यह सुनते ही निर्मल वर्मा वहाँ से भाग खड़े होते हैं। इस प्रकरण का वे जो मतलब निकालते हैं वह उनकी मनोदशा की मिसाल है—

'मैं चला आया। पीछे मुड़कर भी नहीं देखा। मैं कतरा गया था। ऐन मौके पर किसी विराट चमत्कार से वंचित रह गया था। बहुत देर तक राख और लपटों के बीच उनका स्वर मेरे कानों में गूँजता रहा, जैसे वह बार-बार मुझसे कह रहे हों, लो यह लकड़ी, पेड़ की एक शाख, जिसे सलीब बनाकर जीसस अपने कंधे पर ढोते हुए गोलगोथा के टीले पर चढ़े थे। यह वही टहनी है ...जिस पर कृष्ण बैठे थे, पैर तीर से बिंधे हुए, लहूलुहान, क्षत-विक्षत, हवा में झूलती अनेक शाखाओं के बीच समूची गीता का मर्म खून के कतरों में बूँद-बूँद टपक रहा था...'

(पृ. 538)

हो भी क्यूँ न! एक विवेकानंद अपने रामकृष्ण परमहंस से बिछुड़ जो गया था।

निर्मल वर्मा की कहानियों के प्रायः सभी अध्येताओं ने उन्हें स्मृति का कहानीकार माना है। अगर इसका अर्थ कहानियों का अतीत काल (पास्ट टेंस) में होना है तो यह बात कही जा सकती है। अन्यथा नहीं। दरअसल उनकी कहानियाँ स्मृति का भ्रम खड़ा करती हैं। स्मृति के नहीं, वे स्मृति के मिथकीकरण के रचनाकार हैं। स्मृति में एक विशेष प्रकार की निरंतरता होती है। एक क्रमिक प्रवाह, परस्पर कार्यकारण सम्बन्ध से जुड़ा हुआ। वह चयनपरक होने के बावजूद तर्कसंगत होती है। मिथक में ये सारी चीज़ें सिरे से ही गायब होती हैं। अपने मूल चरित्र में ही यह खंडित, अतर्क्य और रहस्यमय होता है। अतीत के बारे में यह बताता कम, छिपाता ज़्यादा है। हमारी सामूहिक चेतना का नहीं, यह हमारे सामूहिक भ्रमों का प्रतिनिधित्व करता है।

निर्मल वर्मा की रचनाओं के मामले में यह समस्या अधिक गम्भीर हो जाती है, क्योंकि उनकी रचनाओं में सक्रिय मिथक किसी सहज प्रक्रिया की देन नहीं, उनके कठोर दार्शनिक विश्वासों की परिणतियाँ हैं। मनुष्य को चेतना के स्तर पर प्रकृति के दूसरे उपादानों के समतुल्य मानने और चित्रित करने का आग्रह ही उनके पात्रों को इतना निष्क्रिय, उबाऊ और दयनीय बना देता है। वे हाड़-माँस के इंसान नहीं, लेखक के अमूर्त विचारों के पुतले हैं। इनके पात्रों की मूल अवस्थिति को सबसे अच्छे ढंग से नामवर सिंह ने व्यक्त किया है—'निर्मल के मानव-चरित्र प्राकृतिक वातावरण में किसी पौधे, फूल या बादल की तरह अंकित होते हैं गोया वे प्रकृति के ही अंग हैं।'

(अवलोकन, सं. नन्द किशोर आचार्य, पृ. 164)

इन पात्रों की विशेषता यह है कि अपने निहायत संकीर्ण और ओछे दुखों को चुभलाते हुए ये रटे हुए संवादों की तरह बड़ी-बड़ी बातें करते हैं। इसीलिए न तो ख़ुद इनके अंदर कोई आवेग पैदा होता है जो इन्हें कर्मण्यता की तरफ़ ले जा सके, न इनके पाठकों के मन में इनकी दशा के प्रति कोई वेदना या विक्षोभ जन्म लेता है। इन कहानियों को पढ़कर भावुक हो जाने वालों को नामवर सिंह ने उचित ही उनकी अपनी भावुकता से संचालित माना है। इन पात्रों का 'दुख' किसी परिपक्व पाठक के मन में हास्य, खीज, क्रोध, दया इत्यादि तो पैदा कर सकता है, लेकिन सहानुभूति नहीं। इसकी मुख्य वजह यह है कि इनकी पीड़ा का वास्तविक कारण वे परिस्थितियाँ नहीं हैं जिनका ये सामना करते हैं, बल्कि इनकी स्वाभाविक दुर्बलता है जो इनके स्रष्टा के वैचारिक हठ का नतीजा है। मिसाल के तौर पर 'परिन्दे' की लतिका की समस्या यह है कि अपने पूर्व प्रेमी की मृत्यु के बाद उसे लगता है कि अब 'वह क्या किसी को भी चाह सकेगी, उस अनुभूति के संग, जो अब नहीं रही, जो छाया-सी उस पर मँडराती रहती है, न स्वयं मिटती है, न उसे मुक्ति दे पाती है।' इस प्रेत-छाया से वह मुक्ति चाहती है, इसीलिए ह्यूबर्ट के प्रस्ताव से इन्कार नहीं कर पाती। लेकिन मुक्ति की तरफ़ कोई क़दम बढ़ाना उसे गवारा नहीं है। वह मानवीय भावनाओं की गहराई से अछूती है। वह तैरना तो चाहती है, भींगना नहीं चाहती। पहला प्रेम भी बहुत कुछ 'प्लैटोनिक' था। वह प्रेमी से जो कहना चाहती थी, 'कहती नहीं', सिर्फ़ सोचती भर थी—'सोचा था कभी कहूँगी, वह "कभी" कभी नहीं आया...'। इसी वजह से कथाकार की स्थिति भी विडम्बनात्मक हो जाती है। लतिका की रचना उसने ऐंद्रिय संवेदनों के धरातल पर नहीं, वैचारिक तराजू पर तोलकर की है। लेकिन इस चरित्र के प्रति उसे सारी दुनिया की संवेदना चाहिए। वह आसान रास्ता अपनाता है। एक प्रेमी को मारने के बाद दूसरे सम्भावित प्रेमी के सिर पर भी तलवार लटका देता है। लतिका इसे 'नियति' का संकेत मानकर डर जाती है। एक मायने में यह है भी। लेकिन इसका मानवीय नियति से कोई लेना-देना नहीं है, बशर्ते मृत्यु को ही मानवीय नियति का पर्याय न मान लिया जाए। संवेदना जगाने और त्रासदी दिखाने के लिए मृत्यु पर ऐसी निर्भरता कथाकार की रचनात्मक कमज़ोरी का सुनिश्चित साक्ष्य प्रस्तुत करती है।

कथाकार की वैचारिक दृढ़ता का एक प्रमाण यह भी है कि वह मानवीय नियति का संकेत परिन्दों के माध्यम से करना पसंद करता है। आकाश में उड़ने वाले पक्षियों के झुंड को देखकर लतिका को याद आता है, 'हर साल सर्दी की छुट्टियों से पहले ये परिन्दे मैदानों की ओर उड़ते हैं, कुछ दिनों के लिए बीच के इस पहाड़ी स्टेशन पर बसेरा करते हैं, प्रतीक्षा करते हैं बर्फ के दिनों की, जब वे नीचे अजनबी, अनजाने देशों में उड़ जाएँगे ... क्या वे सब भी प्रतीक्षा कर रहे हैं? वह, डाक्टर मुखर्जी, मि.

ह्यूबर्ट—लेकिन कहाँ के लिए, हम कहाँ जाएँगे?'

इस सवाल का जवाब एक दूसरी कहानी के परिन्दे देते हैं—'कव्वे और काला पानी' के पहाड़ी क़स्बे में रहने वाले असंख्य कव्वे। उस क़स्बे के बारे में मान्यता है कि वहाँ के सभी निवासी मरने के बाद कव्वे बनते हैं और इसके बाद मोक्ष प्राप्त करते हैं। इसी तरह भवाली से आने वाले बादल भी यहीं बरस जाते हैं, आगे नहीं जाते। उनके लिए यह क़स्बा काले पानी की तरह है। काला पानी, यानी मुक्ति से पहले का अनिवार्य बसेरा। कव्वों और बादलों के लिए, ज़ाहिर है, मनुष्यों के लिए भी। निर्मल वर्मा की तमाम कहानियों का घटना-स्थल यही 'काला पानी' है। असंख्य योनियों में पृथ्वी पर भटकता मनुष्य, कर्मफलों का हिसाब-किताब करता, अंततः मुक्त होता है। वह कहीं और से आया है, कुछ समय के लिए यहाँ रुका है, फिर कहीं और उड़ जाएगा। यह पृथ्वी उसका 'ट्रांजिट स्टेशन' है, वैसे ही जैसे कव्वों के लिए वह क़स्बा और 'परिन्दों' के लिए बीच का पहाड़ी स्टेशन है। इसलिए 'कव्वे और कालापानी' के कथानायक बाबू का भाई वहाँ बाबा बना बैठा है। जब कथानायक वहाँ पहली बार आने की बात कहता है तब 'केसर-सी लाल और मस्ती में धुत्त' आँखों वाला एक दूसरा बाबा इसीलिए इसकी सचाई पर संदेह करता है। किसी को क्या पता कि वह 'यहाँ' कितनी बार आ चुका है? क़स्बे में अपनी आधी से अधिक ज़िंदगी गुज़ार चुका मास्टर भी अब कव्वा बनने ही वाला है। कहानी में इस बात को लेकर बड़ा रहस्य बुना गया है कि क्यों कथानायक इतने दिनों बाद मिलने के बावजूद अपने भाई के पास दो-चार दिन भी रुकने को तैयार नहीं है, यद्यपि वह कहता है कि घर में 'एक ही संन्यासी काफी' है। स्पष्ट है कि वह कव्वा बनने से डरता है। तब उसका भाई उसे उलाहना देता है—'तुम लिखते हो, लेकिन जब कोई अभूतपूर्व सच्चाई रास्ते में मिल जाती है तो तुम किनारा करके भाग निकलते हो, जैसे जीने का सच्चाई से और सच्चाई का लिखने से कोई नाता नहीं है।' यह है जीवन और सचाई का असली रिश्ता! लेखक के भी क्या जलवे हैं। सचाई उसका पीछा करती है, कभी सुलगती टहनी तो कभी काला पानी बनकर, और वह है कि हर बार साफ़ बच निकलता है।

तो यह है उस प्रश्न का जवाब जो उस दिन लतिका के मन में उठा था, 'हम कहाँ जाएँगे'। निर्मल वर्मा के प्रसंग में कहानी के अंत से कहानी का संदेश न मिलने की शिकायत करने वालों को नामवर सिंह ने जीवन का सत्य पाने के लिए जीवन का अंत कर डालने की उचित सलाह दी थी। कैसा सुखद संयोग है कि स्वयं निर्मल वर्मा पहले से ही इस पर अमल किए हुए थे।

मुक्ति और मोक्ष के प्रश्न को छोड़ भी दें तो मानवीय भावनाओं और रिश्तों का सवाल साहित्य का केन्द्रीय सवाल है। निर्मल भी अपनी कहानियों को उन्हीं के इर्द-गिर्द बुनते हैं। उनकी एक प्रसिद्ध कहानी 'अँधेरे में' का नैरेटर एक बच्चा है जिसकी

माँ उसके पिता के मित्र बीरेन चाचा से, सम्भवतः अपने विवाह के पहले से प्रेम करती थी। शिमला प्रवास के दौरान वह कुछ समय के लिए घर छोड़कर चली जाती है, फिर जैसे गई थी वैसे ही लौट आती है। कहानी बच्चे की नज़र से घटनाओं को बयान करती है। इस कहानी के पात्रों को भी लेखक ने अपनी निरंकुश सत्ता का शिकार बना डाला है। सबसे पहले उसने बच्चे को अतिरिक्त हमदर्दी दिलाने के लिए बीमार कर दिया है। माँ अपने ही राग-रंग में खोई है। पिता 'हाई प्रोफ़ाइल' है, जिससे बच्चे की मुलाकात कभी-कभी ही हो पाती है। यानी बच्चा भरपूर बेचारा है। अब बच्चे की मासूमियत और कथाकार की प्रौढ़ता के बीच संघर्ष होता है और इसका नतीजा यह निकलता है कि बच्चा एक तरफ़ तो अपनी स्वाभाविक नादानी और भोलेपन का परिचय देता है, वहीं कभी-कभी ऐसे सूत्र बोलता है मानो वह कथाकार का 'माउथपीस' हो। समय-समय पर संयोग भी निर्णायक भूमिका निभाते हैं। संयोग से ही उसके हाथ बीरेन चाचा की लाइब्रेरी में वह एलबम आ जाता है जिसमें उसकी माँ का विवाह से पहले का एक फोटो लगा है। फोटो देखकर उसे लगता है—'इस चेहरे में कुछ ऐसा है, जिसका मुझसे कोई सम्बन्ध नहीं, बाबू से कोई सम्बन्ध नहीं। फोटो माँ का था, लेकिन उसमें माँ कहाँ थी?' माँ के चले जाने के बाद वह सोचता है—'पहले मैं हर चीज़ को दूसरे की आँखों से देखता था—और निश्चिंतता थी। अब उनके पीछे एक रहस्य है, डर है जो मेरा अपना है, और जिसे कोई नहीं जानता।'

आशय यह कि ये सत्य कहानी से प्रकट न होकर, दार्शनिक उक्तियों के रूप में सामने आते हैं, यहाँ तक कि एक मासूम बच्चे के मुँह से। कहानी में सब कुछ अकारण होता है। सारे पात्र मनमाने ढंग से स्वतंत्र हैं। वे कभी कुछ करते हैं, कभी कुछ। उनके व्यवहार का सांसारिक स्तर पर कोई स्पष्टीकरण नहीं मिलता। दार्शनिक स्तर पर ऐसा लगता है कि कार्य-कारण की शृंखला को तोड़कर कथाकार ने अपने लिए 'मोक्ष' का रास्ता आसान कर लिया है, लेकिन इससे कहानी की मुश्किल बढ़ गई है। अगर संयोग से वही एलबम बच्चे के हाथ न आ गया होता या माँ के जाने से पहले की आख़िरी रात उसने माँ-पिता की बातचीत न सुन ली होती तो ये सत्य उसकी पहुँच से दूर ही रहते। कहानी में वांछित प्रभाव उत्पन्न करने के लिए मृत्यु के अतिरिक्त संयोग पर निर्भरता निर्मल वर्मा की एक प्रमुख विशेषता है।

कथाकार सिर्फ़ इशारे करता है, कहानी में रिश्तों को बनते-बिगड़ते हुए नहीं दिखाता। ऐसी हालत में इशारे भी ज़रूरत से ज़्यादा करने पड़ते हैं। पशु, पक्षी, प्रकृति और 'नियति' सब पाठक की आँखों में उँगली डालकर बताने लगते हैं, लेकिन इनके पात्रों के मुँह से दो सीधे-सच्चे बोल नहीं निकलते। इस कहानी में भी सब कुछ अनुमान पर निर्भर है। इसीलिए ये सारे पात्र बनावटी और निष्प्राण हैं। इनकी भावनाएँ थोथी हैं, सुख और दुःख का भी बहाना भर है। लेखक के कठोर अनुशासन ने इन्हें इनकी

छाया में बदल दिया है। ये कहानियाँ छाया-नृत्य से अधिक कुछ भी नहीं हैं।

गुड़ खाकर गुलगुले से परहेज की यही प्रविधि 'सूखा' में भी दिखाई पड़ती है। डॉ. देव बहुत साल पहले इस शहर में एक रात रुके थे, रेस्ट हाउस में। तब उनकी मुलाकात शकुन की माँ से हुई थी, इसका कोई उल्लेख कहानी में नहीं है। अब वे दुबारा आए हैं। वे शकुन से उसके घर की अवस्थिति के बारे में पूछते हैं। उधर शकुन की माँ भी अपने तरीक़े से उत्सुक जान पड़ती है। डॉ. देव जो बाहर आने-जाने में इतने अन्यमनस्क हैं, उस अपरिचित-से शहर में अकेले निकल जाते हैं और शकुन के घर भी हो आते हैं, उसकी माँ से मिलकर। पिता की मृत्यु पहले ही हो चुकी है। यही उचित भी था, वरना 'भारतीयता' दरक जाती। मरने से पहले डॉ. देव एक बार यहाँ ज़रूर आना चाहते थे, और उनका ख़याल था कि यह आख़िरी मौक़ा है। अब भी 'रसनिष्पत्ति' नहीं हुई? लीजिए तीन महीने बाद वे भी चल बसे। ज़िंदा रहते तो नौबत डी.एन.ए. टेस्ट तक की आ सकती थी। कहानी पूरी फ़िल्मी है, लेकिन कहा कुछ नहीं गया है, इसलिए हम भी कुछ नहीं कहेंगे।

रिश्ते तभी बनते हैं और भावनाएँ तभी सच्ची और असरदार होती हैं जब वे सांसारिक स्थितियों के बीच अंतःक्रिया के दौरान अस्तित्व में आती हैं। लेकिन निर्मल वर्मा के पात्र तो कभी मानवीय स्थिति के आमंत्रण को स्वीकार ही नहीं करते। आत्मपीड़ा में आनन्द ढूँढ़ते हुए वे दार्शनिक चर्चाओं में लगे रहते हैं। कथाकार का उद्देश्य भी यही है। वह जानता है कि सांसारिक सत्य कुछ भी नहीं है। असली चीज़ है आंतरिक सत्य। इसलिए उसके पात्रों को ग़लत दिशा नहीं पकड़नी चाहिए। सांसारिक समस्याएँ तो निमित्त मात्र हैं, फिर वह सूखा हो या फ़ासिज़्म। नियति के बंधनों से जकड़े मनुष्य को खोज तो चरम सत्य की है। इन पात्रों को हमेशा यह बात याद दिलाई जाती है। इसलिए छोटे-से-छोटे संकट के अवसर पर ये भावुक हो जाते हैं, क्योंकि इन्हें 'बड़ा' संकट याद आ जाता है। यही बड़प्पन इन्हें निष्क्रिय बनाए रखता है।

अंतर्जगत और बहिर्जगत का यह घनघोर असंतुलन उस कलागत रचाव और अन्विति को असम्भव कर देता है जिसकी कल्पना उनकी रचनाओं में की गई है। 'सूखा' में तो यह स्थापित ही कर दिया गया है कि बाहर के सूखे से बड़ा होता है अंदर का सूखा। 'डेढ़ इंच ऊपर' में जर्मन गेस्टापो जब नैरेटर की पत्नी को पैम्फलेट और पर्चियाँ रखने के जुर्म में कभी न लौटने के लिए उठा ले जाते हैं तब नैरेटर की दिलचस्पी का केन्द्र यह बात बन जाती है—'उस रात से पहले तक मैं और वह एक ही कमरे में सोते थे, प्रेम करते थे ... और इसी कमरे में कुछ ऐसी च़ीज़ें थीं जो उसका रहस्य थीं, जिसमें मेरा कोई साझा नहीं था।' किसी मनुष्य की निजता और गोपनीयता के प्रति उसके मन में कोई सम्मान नहीं है, क्योंकि स्वयं मनुष्यता ही उसके लिए बाधा

बन गई है। फ़ासिस्टों के हाथों लोगों का मरना एक तरह से उनकी मुक्ति ही है—'नहीं जनाब, भयानक चीज मरना नहीं है। लाखों लोग रोज मरते हैं और आप चूँ भी नहीं करते। भयानक चीज यह है कि मृत आदमी अपना भेद हमेशा के लिए अपने साथ ले जाता है और हम उसका कुछ नहीं बिगाड़ सकते। एक तरह से वह हमसे मुक्त हो जाता है।' अंत में उसे इस बात से तसल्ली मिलती है कि सम्भवतः उसके हित की सोचकर उसकी पत्नी ने यह सब नहीं बताया होगा, वरना वह जर्मनों की पूछताछ का सामना न कर पाता। विकल्पहीनता की स्थिति में तो वह उनकी मारपीट झेल गया, लेकिन अगर उसके सामने बता देने का विकल्प होता तो उसकी यातना बढ़ जाती।

इस प्रसंग का लब्बोलुवाब यह है कि अगर उसे कुछ पता होता तो वह उसे यातना की नौबत आने से पहले ही उगल देता। पत्नी यह बात जानती थी। लेकिन नैरेटर इस स्थिति का भी आदर्शीकरण करता है—'चुनने की खुली छूट से बड़ी पीड़ा कोई दूसरी नहीं।' यह 'पीड़ा' असुरक्षाजन्य है, और नियति के ग़ुलाम इसका स्वाद नहीं जानते।

अपने पात्रों के वाह्य जीवन-प्रसंगों पर किन्हीं 'विश्वासों, मिथकों और मान्यताओं' को थोपने का कथाकार का आग्रह कैसे उन्हें नितांत आत्मकेन्द्रित और संशयग्रस्त चरित्रों में बदल देता है इसके कुछ और नमूने देख लें। 'माया दर्पण' की तरन युवा इंजीनियर के साथ कुछ वक़्त बिताने के बाद सोचती है कि—'ज़िन्दगी में केवल एक बार जीना होता है और उसे उसके अलावा कोई और नहीं जिएगा।... वह अपनी ज़िन्दगी स्वयं जिएगी... उसे यहाँ अब रहने के लिए किसी का मोह पीछे नहीं खींचेगा...।'

बहुत ख़ूब। उसे ऐसा ही करना चाहिए। लेकिन तभी वह बूढ़े पिता को अपने अतीत के सुनहरे दिनों की एक तस्वीर में खोया हुआ देखती है। उसे 'क्षण भर के लिए भ्रम होता है, क्या बाबू सचमुच वहाँ हैं, जहाँ खड़े दीखते हैं? क्या इस घड़ी उनके संग कोई नहीं?'

है क्यों नहीं! उनका अतीत है। कोई यूरोपीय थोड़े हैं कि वह व्यतीत हो जाएगा। फिर किसी भारतीय कन्या का वृद्ध पिता की सेवा करने, उसकी शाम की बैठक में हर ऐरे-गैरे को हुक़्क़ा-पानी परोसने के बजाय प्रेमी अथवा पति के बारे में सोचना वैसे भी गुनाह है। सो तरन झट समझ जाती है—'बाबू उसे कभी नहीं छोड़ेंगे और वह उनसे कभी अलग नहीं हो सकेगी।' बात अगर इतनी ही होती तो भी गनीमत थी। अपने संशयों के अनुकूल जीने का हक़ सबको है। लेकिन वाह्यजीवन के स्तर पर वह जिन चीज़ों से अभिभूत होती है, वे हैं बाबू का भर्राया गला और आँखों में छलछलाई कातरता। यही लिजलिजी भावुकता इन कहानियों की विशेषता है। यह स्वयं कथाकार के छिछले और रोमानी भाव-बोध की देन है। कहानी अपनी समस्याओं के समाधान

के लिए मानवीय प्रयासों की मांग करती है। लेकिन वैचारिक और संवेदनात्मक कारणों से उन्हें असम्भव कर दिया जाता है। बदले में, कहानी का ढाँचा दोषपूर्ण हो जाता है। एक पहिए की बैलगाड़ी की तरह वह अपने दायरे में निरर्थक चक्कर काटने को अभिशप्त होती है।

अपने विचारों की तरह अपने भाषिक संस्कार के लिए भी निर्मल को अंग्रेज़ों का आभारी होना चाहिए। ऐसा लगता है कि उनके दिमाग़ में आने वाली विचार-तरंगें पहले अंग्रेज़ी वाक्यों में ढलती हैं, फिर वे उनका उल्था करते हैं। यही वजह है कि उनके यहाँ विचित्र से वाक्य दिखाई पड़ते हैं—(शब्दों पर *ज़ोर* हमारा है।)

'जब हम कभी मौत, यातना या दुर्घटना की बात सुनते हैं या सुबह अखबार में पढ़ते हैं तो हमें यह विचार कभी नहीं आता कि ये चीज़ें *हम पर* हो सकती हैं।' ('डेढ इंच ऊपर' कहानी से)।

'जर्मन अधिकारियों की *आँखों में* यह सबसे संगीन अपराध था।' (वही)

'वे मुझे पीटते थे मुझे इसकी *यातना* नहीं थी।' (वही)

'मैंने उसे *काफी* वर्षों बाद पालना शुरू किया था।' (वही)

'उसे डर लगा रहता है कि कहीं आप इस *पर* बेईमानी न कर बैठें और आप इसलिए सहमे से रहते हैं कि कहीं वह आँख बचाकर आप पर न झपट पड़े।' (वही)

यहाँ तिरछे अक्षरों में दिए शब्दों की जगह सही प्रयोग क्रमशः इस प्रकार होंगे—'हमारे साथ', 'दृष्टि में', 'पीड़ा', 'बहुत' और 'के प्रति'।

विस्तार के भय से सिर्फ एक कहानी में अंग्रेज़ी मुहावरे की अनुचित दखलंदाजी से बिगड़े हुए कुछ वाक्यों को यहाँ दिया गया है। ज़ाहिर है कि उनकी भाषा का चरित्र हिन्दी के स्वभाव के विपरीत है। यही वजह है कि निर्मल वर्मा के पात्र चाय और कॉफ़ी पीते नहीं, लेते हैं, वैसे ही जैसे वे निर्णय लेते हैं, करते नहीं। हिन्दी में 'एक' सिर्फ़ संख्यावाची होता है, जबकि अंग्रेज़ी में 'ए' संख्यावाची होने के साथ-साथ किसी श्रेणी (कैटेगरी) का भी बोध कराता है। लेकिन श्री वर्मा इसका प्रयोग 'ए' की तरह हर वाक्य में उस जगह करते हैं जहाँ उसे किसी अंग्रेज़ी वाक्य में होना चाहिए। 'डेढ़ इंच ऊपर' से ही एक उदाहरण लें—'हममें से हर आदमी एक भयभीत बच्चे की तरह बार-बार पीछे मुड़कर देख लेता था कि कहीं उसके पीछे तो नहीं है ... जी हाँ, उन्हीं दिनों यहाँ जर्मन आए थे।' इस वाक्य से यह ध्वनित होता है कि कोई एक विशेष बच्चा है जिसकी तरह हर आदमी पीछे देख रहा है। यहाँ 'एक' की जगह 'किसी' का प्रयोग होना चाहिए। 'उड यू लाइक टू' की तर्ज़ पर बने हिन्दी वाक्य भी अपना अर्थ बदल लेते हैं। निर्मल वर्मा के अनेक पात्र इसी तरह वर्तमान और भविष्य को गड्डमड्ड कर देते हैं। मसलन, अगर उन्हें यह कहना है कि 'मैं चाय पीना चाहता हूँ' तो वे कहेंगे 'मैं

चाय लेना चाहूँगा'। ऐसे तो अभी चाय नहीं मिलेगी। जब चाहेंगे, तब देखा जाएगा।

निर्मल वर्मा के बिम्बधर्मी शिल्प की कुछ थोड़ी-सी रूढ़ियाँ हैं, जिनके अनवरत दुहराव से ये बिम्ब बनते हैं। उनके यहाँ प्रकृति लगभग हर कहीं अपने सहयोगी मानव-चरित्रों के अवसाद-विषाद का संकेत करने के लिए वीरान, उदास, मटमैली, पीली, मुरझाई-सी धूप में धुली, धुंध, कोहरे और सीलन से युक्त होती है, जिसके मौन को पतझर में उड़ते पत्तों की खरखराहट और पहाड़ों की सन्नाटे भरी दुपहर की आवाज़ तोड़ती है। 'तितीरी' या 'ऊनी' धूप का कोई चकत्ता किसी न किसी फाँक से होकर कमरे में आकर ठहर जाता है। अगर रात हुई तो कोई और रोशनी मसलन 'पीली चाँदनी' यहीं काम करती है। हर जलने वाली वस्तु 'धुँधुआती' है और हर आवाज़ करने वाली चीज़ 'रिरियाती' है। किस्सा कोताह यह कि अगर इन रचनाओं पर सचमुच कोई बहस चल सके तो रहस्य का यह सारा आवरण तार-तार हो सकता है, और सचाई बेनक़ाब हो सकती है। बकौल ग़ालिब—

भरम खुल जाये ज़ालिम तेरी क़ामत की दराज़ी का
अगर इस तुर्रा ए पुर पेचोख़म का पेचोख़म निकले

प्रतिरोध की परम्परा में आलोचना

(मैनेजर पाण्डेय का वैचारिक संसार)

'अनभै साँचा' वरिष्ठ आलोचक मैनेजर पाण्डेय के विगत तीस वर्षों के लेखन के चुनिंदा अंशों का संकलन है। यह चयन लेखक ने स्वयं किया है। इसलिए इस संग्रह को उसके समग्र लेखन की महज़ एक झाँकी के रूप में नहीं, उसकी एक प्रतिनिधि तस्वीर के रूप में लिया जाना चाहिए जिसमें उसके आरम्भिक नाक-नक़्श से लेकर बाद की प्रौढ़ छवियाँ भी मौजूद हैं।

इस किताब को पढ़ने के बाद जो सबसे उल्लेखनीय बात पता चलती है वह यह कि रामचन्द्र शुक्ल के प्रति श्रद्धावनत हृदय के बावजूद लेखक का दिमाग़ उसे उनकी विपरीत दिशा में ले जाता है। आत्मगत रूप से लेखक आचार्य शुक्ल का आभारी है, जो पूरी किताब में बिखरे उनके प्रति प्रशंसात्मक उद्‌गारों और उनसे सहमति व्यक्त करने के किसी भी मौक़े को न चूकने की उसकी उत्कंठा से ज़ाहिर है, लेकिन वस्तुगत रूप से किताब के निष्कर्ष हिन्दी साहित्य में आचार्य शुक्ल की वर्चस्वी परम्परा के ख़िलाफ़ जाते हैं। आचार्य शुक्ल के बहाने व्यक्त होने वाला यह द्वन्द्व, दरअसल, हमारे साहित्य और समाज का मूलभूत द्वन्द्व है। यही द्वन्द्व इस किताब को हमारे समय की एक ज़रूरी किताब बना देता है। यहाँ हम इस किताब के इन्हीं अंतर्निहित आशयों को खोलने और उनकी दिशा को स्पष्ट करने का प्रयास कर रहे हैं, ताकि हमारे अपने दिलोदिमाग़ में श्रद्धा और विवेक के बीच छिड़े घमासान का कुछ समाधान हो सके।

आधुनिक हिन्दी साहित्य ने अपनी परम्परा की खोज में प्रायः मध्यकालीन भक्तिकाव्य का आश्रय ग्रहण किया है। तुलसी और कबीर की अगुवाई में दो धाराएँ पहचानी गई हैं जो व्यापक रूप से, आधुनिक परिदृश्य को अपने आवेग से प्रेरित करती हैं। पहली धारा के पुरस्कर्ता रामचन्द्र शुक्ल हैं तो दूसरी के हजारी प्रसाद द्विवेदी। लेकिन लेखक के अनुसार, 'भारतीय समाज के इतिहास, उसकी सांस्कृतिक प्रक्रिया और उसके भीतर उठे भक्ति-आंदोलन से कबीर, जायसी, सूर, तुलसी और मीरा का सम्बन्ध एक जैसा नहीं है। भक्ति आंदोलन और उसके काव्य की यह जटिल समग्रता उस व्याख्याकार को भटकाती है जो किसी एक कवि की सामाजिक-सांस्कृतिक दृष्टि को केन्द्रीय दृष्टि मानकर उसकी सापेक्षता में अन्य कवियों का

मूल्यांकन करता है या एक कवि के भावबोध को दूसरे कवि के भावबोध की कसौटी बनाता है।' (पृ. 5)

सर्वविदित है कि आचार्य शुक्ल ने भक्तिकाव्य को इस्लाम की प्रतिक्रिया माना था जबकि हजारी प्रसाद द्विवेदी ने इसे मूलतः भारतीय परम्परा की देन स्वीकार किया था। इसी के साथ आचार्य शुक्ल के एक प्रमुख अनुयाई रामविलास शर्मा ने इसे लोकजागरण का आंदोलन माना था। लेखक अपनी विशिष्ट शैली में इन धारणाओं के अधूरेपन का संकेत करता है—'कुछ लोग भक्ति आंदोलन को इस्लाम और मुसलमानी शासन की प्रतिक्रिया समझते हैं तो कुछ दूसरे उस पर इस्लाम का अत्यन्त सीमित प्रभाव मानते हैं। जो लोग भक्ति-आंदोलन को लोकजागरण का आंदोलन और जनसंस्कृति की अभिव्यक्ति कहते हैं, वे भी लोकजीवन और जनसंस्कृति के भीतर इस्लाम के सामाजिक और सांस्कृतिक प्रभावों को अस्वीकार नहीं करते। लेकिन आश्चर्य की बात है कि ऐसे सभी आलोचक भक्ति काव्य में उन प्रभावों की अभिव्यक्ति की उपेक्षा करते हैं।' (पृ. 5)

जबकि भक्त कवियों में 'सूर और तुलसी की कविता में उस नयी सांस्कृतिक प्रक्रिया की ओर संकेत है जो उस काल में विकसित हो रही थी। लेकिन भारतीय जीवन में उस वास्तविकता के व्यापक प्रसार और गहरे प्रभाव की समग्रता का जैसा बोध कबीर और जायसी के काव्य में है, वैसा और कवियों के यहाँ नहीं।' (पृ. 5)

इस्लाम के साथ रिश्ते के अलावा भारतीय समाज का वर्णव्यवस्थागत आंतरिक द्वन्द्व भी भक्तिकाव्य में व्यक्त हुआ है जो वैचारिक रूप से निर्गुण-सगुण विवाद में दिखाई पड़ता है। इस प्रसंग में दोनों प्रवृत्तियों के सामाजिक आधारों की स्पष्ट पहचान न करते हुए भी लेखक ने कबीर की उक्ति 'दसरथ सुत तिहुँ लोक बखाना, राम नाम को मरम है आना' पर तुलसी द्वारा गाली-गलौज की भाषा में किए गए प्रहार का उल्लेख करने के बाद जो टिप्पणी की है, उससे तस्वीर काफ़ी साफ़ हो जाती है—'तुलसी जिस वैदिक और पौराणिक परम्परा की रक्षा के लिए निर्गुण की आलोचना करते हैं, उसमें विरोधी विचारों के साथ ऐसा व्यवहार बहुत पहले से होता आया है। उस व्यवहार के अनुसार किसी विरोधी विचार का पहले पूर्ण विरोध किया जाता है। यदि विरोध से वह नष्ट नहीं होता तो उसे विकृत किया जाता है। अगर वह विरोध और विकृति की प्रक्रिया को झेलते हुए जीवित रहता है तो उसके विद्रोही स्वर को दबाकर उसे आत्मसात् कर लिया जाता है। निर्गुण मत से पहले बौद्धदर्शन और लोकायत दर्शन विरोध, विकृति और समाहार की इसी पद्धति के शिकार हो चुके हैं।' (पृ. 7)

कहने का आशय यह कि हमारी परम्परा में एक धारा लोकायत, बौद्ध और निर्गुण सम्प्रदाय की है जिसका विरोध, विकृति और समाहार करने वालों में वैदिक-पौराणिक परम्परा और तुलसी आते हैं। आइए देखें कि तुलसी के यशस्वी प्रशंसक

रामचन्द्र शुक्ल की भक्तिकाव्य के सन्दर्भ में क्या भूमिका है—

'आचार्य रामचन्द्र शुक्ल तुलसीदास के लोकधर्म की कसौटी पर दूसरे भक्त कवियों को परखते हैं, इसीलिए उन्हें "निर्गुण धारा के संतों की बानी में लोकधर्म की अवहेलना छिपी हुई" दिखाई देती है, . . . तात्पर्य यह कि जो भी पहले से चली आती हुई सामाजिक व्यवस्था और मर्यादा को बदलने की प्रेरणा देगा, वह तुलसीदास और शुक्लजी के लोकधर्म का विरोधी होगा। सवाल यह है कि कैसे समाज और कैसी मर्यादा के लिए संतों की बानी खतरा बन रही थी। इसमें संदेह नहीं है कि सामाजिक असमानता और जाति-पाँति के भेदभाव पर टिकी हुई समाज-व्यवस्था और उसकी रक्षा करने वाली मर्यादाओं का विरोध निर्गुण संतों के काव्य में है। वही तुलसीदास को असह्य लगता है और रामचन्द्र शुक्ल को लोकविरोधी। शुक्लजी का लोकधर्म मूलतः ऐसा समाज-दर्शन है जिसमें पहले से स्थापित और स्थिर सामाजिक सम्बन्धों को यथावत् बनाए रखने का आग्रह है।

'भक्तिकाव्य में जहाँ वर्णाश्रमवादी समाज-व्यवस्था, उस व्यवस्था के पोषक शास्त्रों और उन शास्त्रों को धारण करने वाले पण्डितों का विरोध दिखाई देता है, वहाँ आचार्य शुक्ल की भौंहें तन जाती हैं।' (पृ. 9)

इसके बाद मराठी कवि नामदेव, जो सगुण से निर्गुण की तरफ़ गए थे, के प्रति शुक्लजी के स्पष्ट पक्षपातपूर्ण रवैये का ज़िक्र करते हुए कबीर से नामदेव की समानता के प्रसंग में लेखक इस तथ्य का उल्लेख करता है कि नामदेव की कविता में कृष्णलीला के चीरहरण-प्रसंग में एक मुसलमान गोपी भी शामिल है। इसे लेखक 'हिन्दू-मुसलमान एकता की अनुभूति और अभिव्यक्ति' का भक्तिकाव्य में भी विरल उदाहरण मानते हुए टिप्पणी करता है, 'नामदेव की निर्गुण कविता के प्रसंग में आचार्य शुक्ल के आक्रामक व्यंग्य को देखकर यह अनुमान करना कठिन नहीं है कि यदि कृष्णलीला में मुसलमान गोपी को शामिल करने वाली कविता उनके सामने होती तो वे कैसी प्रतिक्रिया करते।' (पृ. 10)

यहाँ शुक्लजी के 'वर्णाश्रमवाद' की मुस्लिम विरोधी, साम्प्रदायिक परिणति के सन्दर्भ में लेखक का मंतव्य बिलकुल स्पष्ट है। इससे कोई फ़र्क़ नहीं पड़ता कि स्वयं शुक्लजी के सामने यह परिणति स्पष्ट थी या नहीं। इसी बिन्दु पर निर्गुण संतों और तुलसी की कविता के परस्पर विरोधी सामाजिक आधारों की पहचान भी साफ हो जाती है। तुलसी का लोक लाख मर्मस्पर्शी होने पर भी भावभूमि के स्तर पर हद से हद उच्चवर्ण का लोक है जबकि निर्गुण संतों का लोक वर्णव्यवस्था में उत्पीड़ित और दलित जनता का।

इस प्रसंग के बाद लेखक भक्तिकाल और लोकधर्म के बीच सम्बन्धों की पड़ताल में उतरता है और मुख्यतः कबीर के माध्यम से लोकधर्म के 'आंतरिक द्वन्द्व'

की पहचान का आग्रह करते हुए ग्राम्शी का साक्ष्य देता है—'किसी भी समाज में एक ही समय में विभिन्न जनसमुदायों के अनुभव से जुड़े अनेक लोकमत हो सकते हैं। ...प्रायः जिसे लोकमत कहा जाता है, उसमें शास्त्रीय धर्म का प्रभाव होता है और वह नवीनता का विरोधी भी होता है।' लेखक के मुताबिक इसीलिए 'कबीर और दूसरे संत कवि शास्त्रमत (जिसे वे प्रायः वेदमत कहते हैं) और उससे प्रभावित लोकमत की आलोचना करते हुए एक नयी नैतिक चेतना और विश्वदृष्टि विकसित करते हैं, जिसे वे प्रायः साधुमत कहते हैं।' (पृ. 12)

कबीर की प्रश्न करने की प्रवृत्ति को रेखांकित करते हुए लेखक यह महत्त्वपूर्ण स्थापना देता है—'कबीर और तुलसी की कविता में एक अंतर यह है कि कबीर की कविता प्रश्न पैदा करती है, जबकि तुलसी की कविता उत्तर देने वाली है।' ऐसे सूत्र वाक्यों को अगर ठीक से न समझा जाए तो ये कुछ ऐसा आभास देते हैं कि कबीर और तुलसी एक-दूसरे के पूरक हैं और कबीर की आकांक्षा तुलसी में फलीभूत हुई थी। क्या सचमुच ऐसा है? अगले ही पेज पर लेखक के शब्दों में देखें—

'कबीर के लोकधर्म में व्यक्ति के आध्यात्मिक उत्कर्ष से अधिक महत्त्वपूर्ण है समाज में मनुष्यत्व का जागरण। . . . कबीर इस आध्यात्मिक सत्य को सामाजिक सत्य बनाते हैं और एक समतामूलक मानवीय समाज के निर्माण की माँग करते हैं। ...तुलसीदास भी भक्ति के क्षेत्र में ऊँच-नीच, जाति-पाँति, स्त्री-पुरुष का भेद नहीं मानते; लेकिन राम की भक्ति के क्षेत्र में ही; सामाजिक जीवन में नहीं; यहाँ तक कि रामराज्य में भी नहीं। वे भक्त समुदाय के बाहर व्यापक समाज में वर्णाश्रम व्यवस्था को ही आदर्श मानते हैं।' (पृ. 14)

स्पष्ट है कि कबीर के प्रश्न भविष्य की राह खोलने वाले हैं और तुलसी के उत्तर उन्हें बन्द करके सामाजिक विषमता के पुराने वर्णवादी रास्ते की ओर ले जाने वाले हैं। कबीर ने भक्ति के दर्शन का उपयोग सामाजिक धरातल पर भी समानता की स्थापना के लिए किया जबकि तुलसी ने उसका उपयोग सामाजिक विषमता के आदर्शीकरण और यथास्थितिवाद के पोषण के लिए किया। ऐसी स्थिति में कबीर आदि निर्गुण संतों के मुकाबले तुलसी को प्रतिगामी मानना ग़लत कैसे है? इस सवाल का सामना होने पर रामविलास शर्मा जैसे विद्वान तुलसी की कविता, जिसका प्रतिनिधि उदाहरण निस्संदेह 'रामचरितमानस' है, के सौन्दर्य को उसके संदेश पर प्रमुखता देना चाहते हैं, लेकिन उनका यह तर्क तब तक नहीं माना जा सकता जब तक सामाजिक विषमता के ख़िलाफ़ चलने वाली जद्दोजहद सफल नहीं हो जाती। सामाजिक विषमता के अतीत की वस्तु बन जाने पर तो तुलसी के काव्य-सौन्दर्य के कारण उन्हें सिर-माथे पर बिठाया जा सकता है, लेकिन जाति-धर्म के आधार पर व्याप्त अमानवीय ग़ैरबराबरी से जूझ रहे हमारे समाज से रामविलास शर्मा की यह माँग विचित्र ही मानी

जाएगी। मैनेजर पाण्डेय को इस बात का एहसास है इसीलिए वे 'रामचरितमानस' के सौन्दर्यपक्ष का उल्लेख करते हुए भी 'विनयपत्रिका' को तुलसी के सशक्त पक्ष के रूप में प्रस्तुत करना बेहतर समझते हैं—'यह सब "रामचरितमानस" में भी है; विशेषतः उसके मानवीय सम्बन्धों के चित्रण, कथा के रचना-विधान और काव्यभाषा की बनावट में। परन्तु उनकी गम्भीर चिंतनशीलता और सहृदयता के एक से बढ़कर एक उदाहरण "विनयपत्रिका" में मिलते हैं। . . . उन्होंने समाज में फैली गरीबी, भुखमरी, अकाल और महामारी के त्रासद यथार्थ का जो चित्रण किया है, उसमें उनकी जनजीवन से गहरी आत्मीयता और व्यापक करुणा व्यक्त हुई है। तुलसीदास के काव्य का यह पक्ष शास्त्रमत से मुक्त एवं लोक-अनुभव से प्रेरित है।' (पृ. 15-16)

भक्त कवियों के सन्दर्भ में भक्ति और प्रेम के सम्बन्ध की सही पहचान भी अब तक नहीं हो सकी है। आमतौर पर तो इस मुद्दे को प्रेममार्ग बनाम ज्ञानमार्ग में अवमूल्यित कर दिया गया है, और 'ढाई आखर प्रेम का' के कवि कबीर को ज्ञानमार्गियों में रखकर दृष्टि की विलक्षणता का परिचय दिया गया है। शुक्र है कि मैनेजर पाण्डेय इस प्रश्न को सही सन्दर्भ में उठाते हैं और इसका उत्तर देने वाला रामचन्द्र शुक्ल का यह वक्तव्य भी ढूँढ़ लाते हैं—'भक्तिमार्ग शुद्ध भावमार्ग या प्रेममार्ग है। उसका आधार मनुष्य की सहज रागात्मिका वृत्ति है। उसकी पद्धति वह प्रेम-पद्धति है जिसे सब लोग स्वभावतः जानते हैं।' (पृ. 16)

आइए देखें कि आचार्य शुक्ल का यह समाधान भी तुलसी के उत्तर की तरह हमें भरमाने और भटकाने वाला तो नहीं है।

आचार्य शुक्ल के इस वक्तव्य के पहले वाक्य में तो भक्ति को प्रेम के समतुल्य माना गया है लेकिन तीसरे वाक्य तक आते-आते व्यंजना में प्रेम की हैसियत पद्धति अथवा साधन की हो जाती है जिसका साध्य, ज़ाहिर है, भक्ति है। जबकि वास्तव में भक्त कवियों (उन कवियों को भक्त नामक अपर्याप्त संज्ञा से पुकारने की वजह सिर्फ़ लोकप्रचलन है) के काव्य में प्रेम स्वयं सर्वोच्च मूल्य की तरह उपस्थित होता है। लेखक ने जायसी का एक दोहा उद्धृत किया है—

तुरकी अरबी हिंदुई, भाषा जेती आहि।
जेहि मँह मारग प्रेमकर, सबै सराहैं ताहि।।

प्रश्न यह है कि प्रेम के मार्ग की मंज़िल क्या है? अगर वह भक्ति का ही मार्ग है, जैसा कि आचार्य शुक्ल का अभिप्राय है, तो प्रेम का वह मार्ग अंततः आध्यात्मिक सत्ता को पाने का साधन बनेगा। जबकि लेखक प्रेम की सामाजिक भूमिका स्थापित करना चाहता है। 'भक्तिकाव्य में प्रेम-भावना' उपशीर्षक के तहत लेख के इस अंश की शुरूआत उसने इस वाक्य से की है—'कबीर जिन मानवीय भावों को लोकधर्म

का आधार बनाकर समाज में मनुष्यत्व की भावना का विकास करना चाहते थे, उनमें सबसे अधिक व्यापक और गम्भीर भाव है प्रेम।' यही नहीं 'भक्त कवियों ने प्रेममार्ग की जिन बाधाओं का वर्णन किया है, वे भी लोकजीवन में प्रेम की अनुभूति की बाधाएँ हैं। जैसे सामाजिक जीवन में प्रेम की अनुभूति शास्त्र और लोक की रूढ़ियों से स्वतंत्र होना चाहती है, वैसे ही जायसी, सूर और मीरा की प्रेमानुभूति विधि-निषेध से स्वतंत्र है। वह शास्त्र के भ्रम और लोक के भय से मुक्त मानवीयता के विकास में सहायक है।'

स्पष्ट है कि सामाजिक समानता के लक्ष्य की प्रतीति प्रेम के माध्यम से होती थी। इस समानता की आंशिक झलक भक्ति के क्षेत्र में भी दिखाई पड़ती थी लेकिन प्रेम वह अकेली भावना थी जो सामाजिक विधि-निषेधों का अतिक्रमण करने की प्रबल प्रेरणा देती थी और सामाजिक बदलाव की भविष्य में स्थित सम्भावना की वर्तमान में अनुभूति करा सकती थी। फिर भी प्रेम की यह भूमिका अबूझ ही बनी रही क्योंकि वह भक्ति का युग था—'मध्यकाल के दार्शनिकों, कलाकारों और कवियों की विश्वदृष्टि के निर्माण में धर्म की लगभग वही भूमिका रही है जो आधुनिक युग में राजनीति की है। उस युग में जीवन-जगत की धार्मिक-परिभाषा सर्वोपरि थी। जीवन की वास्तविकताओं और आकांक्षाओं का अर्थ धर्म की भाषा में ही समझना-समझाना सुगम था।' (पृ. 18)

ज़ाहिर है कि सामाजिक समता की लड़ाई आज के युग में जैसे राजनीति के माध्यम से लड़ी जाती है, उसी तरह मध्ययुग में धर्म के माध्यम से लड़ी जा रही थी। इस संघर्ष की प्रेरणा देने वाली भावना के रूप में मानवीय प्रेम की भूमिका उत्तरोत्तर बढ़ती गई है। फ़र्क़ सिर्फ़ यह है कि सामंती बंधनों से मुक्ति के साथ-साथ आधुनिक युग में धर्म जैसे किसी आवरण के बग़ैर, भावना के साथ-साथ शरीर के वास्तविक धरातल पर भी इसकी उन्मुक्त अभिव्यक्ति होती है। दोनों युगों का उद्देश्य एक है, प्रेरणा भी एक। जिस तरह आधुनिक युग में सामाजिक समता के लक्ष्य को छोड़कर ही राजनीति महज़ सत्ता का खेल बन सकती है वैसे ही मध्ययुगीन विद्रोही कवियों के सन्दर्भ में भक्ति और आध्यात्मिक सत्ता को लाए बिना उस वास्तविक लक्ष्य की प्राप्ति असम्भव थी जिसे हम पहले वर्णाश्रमवाद और सामाजिक विषमता की रक्षा के रूप में देख चुके हैं। इस 'गुप्त लक्ष्य' को पाने के लिए, विरोधी प्रेरणा के मुख्य स्रोत प्रेम के साथ वे तीनों प्रक्रियाएँ अपनाई गई थीं जिन्हें लेखक विरोध, विकृति और समाहार कहता है। विरोध और विकृति के उदाहरण हम देख चुके हैं। अब समाहार का भी एक नमूना देखें—

'भक्तिकाल का प्रेम भक्ति-आंदोलन की विभिन्न धाराओं को आपस में मिलाता है। ... लेकिन उसका सबसे उत्कट और आवेगमय रूप स्त्री-पुरुष के प्रेम में मिलता

है, इसलिए माधुर्य भाव भक्ति की अनुभूति का आदर्श है।' मध्ययुगीन काव्य में प्रेम की केन्द्रीयता इस बात से भी स्थापित होती है कि भक्ति के मुद्दे पर तो विभिन्न सम्प्रदाय आपस में टकराते रहे लेकिन प्रेम पर आमतौर पर सहमति बनी रही। उत्पीड़क और उत्पीड़ित दोनों के प्रतिनिधि जब किसी बात पर सहमत हों तो एक सम्भावना समाहार की भी होती है। सगुण-निर्गुण संघर्ष का समाहार तो तुलसी ख़ुद ही कर गए थे लेकिन स्त्री-पुरुष प्रेम के मामले में रघुवंश की तथाकथित मर्यादा से मर्यादित होने के कारण वे 'तात जनक तनया यह सोई' से चलकर 'प्रियाहीन डरपत मन मोरा' तक ही पहुँच सके। कहने का आशय यह कि उनसे पहले उसी अवधी में जायसी हो चुके थे, लेकिन तुलसी ने अपनी सीमाओं को पहचाना और प्रेम के मामले में कोई महत्त्वाकांक्षी प्रयास नहीं किया। समय का फेर देखिए या फिर लेखक के शब्दों में 'आलोचक बुद्धि का चमत्कार' कि तुलसी की सीमा ही उनकी महाशक्ति बन गई—'नामवर सिंह की यह बात सही है कि "आचार्य रामचन्द्र शुक्ल की दृष्टि में एक तुलसीदास को छोड़कर प्रायः सभी भक्त कवियों का प्रेम ऐकांतिक है।" आचार्य शुक्ल के अनुसार भक्तिकाव्य में जहाँ माधुर्य भाव है, वहाँ प्रेम प्रायः ऐकांतिक है। वह पारिवारिक और सामाजिक मर्यादाओं का अतिक्रमण करता है, इसलिए "लोकवाह्य" है।'

समाहार की विशेषता ही यह है कि इसमें ताक़तवर पक्ष द्वारा अपने विपक्षी के सारतत्त्व का निषेध करके आभूषण की तरह उसे शिरोधार्य कर लिया जाता है। निर्गुणपंथ को तो वर्णाश्रमवाद ने, जो ब्राह्मणवाद का पर्याय है, मध्यकाल में ही निस्तेज करके 'अपना' लिया था, लेकिन प्रेम की परिवर्तनकामी भूमिका को चुनौती देने के लिए उसे विक्टोरियाई नैतिक मानदण्डों के सहारे भारतीय परम्परा को पुनर्परिभाषित करना पड़ा। तब कहीं जाकर आचार्य शुक्ल प्रेम की 'पारिवारिक और सामाजिक मर्यादा' की रक्षक भूमिका का आविष्कार करके तुलसी में उसे प्रतिष्ठित कर सके। यथास्थिति और ब्राह्मणवाद की यह कितनी बड़ी सेवा थी इसकी कल्पना इसी से की जा सकती है कि अतीत, वर्तमान और भविष्य तक में परिवर्तन की सबसे बड़ी प्रेरणा को उन्होंने उसकी राह में सबसे बड़ी बाधा बनाकर बिठा दिया। इसके नतीजे कितने दूरगामी रहे इसे एक अन्य उदाहरण में देखें—

'1986-87 में कुछ आगे-पीछे इतिहास और आलोचना की दो पुस्तकें आई हैं—रामस्वरूप चतुर्वेदी की "हिन्दी साहित्य और संवेदना का इतिहास" और रामविलास शर्मा की—"नयी कविता और अस्तित्ववाद" का नया संस्करण। दोनों में "कहीं त्रिलोचन नहीं।" ... दोनों पुस्तकों में एक और समानता है। केदारनाथ अग्रवाल दोनों को पसन्द हैं; रामस्वरूप चतुर्वेदी के लिए प्रगतिवादी काव्य की अकेली उपलब्धि और रामविलास शर्मा की दृष्टि में क्रान्तिकारी यथार्थवाद के अग्रदूत।' (पृ. 105)

त्रिलोचन के बहिष्कार की वजह जो रही हो, लेकिन केदारनाथ अग्रवाल को

अंगीकार करने का कारण वही है जिसके चलते दो विरोधी शिविरों, प्रगतिवाद और आधुनिकतावाद के ये आचार्यगण आज हिंदुत्ववादियों के सबसे बड़े प्रेमभाजन बन गए हैं। प्रेम का वही 'लोकाभिमुख, सामाजिक और अनैकांतिक' स्वरूप जिसे इन दोनों आचार्यों ने प्रेम का 'भारतीय रूप' माना है और दाम्पत्य प्रेम की संज्ञा दी है। लेखक इस प्रसंग में तो अधिक कुछ नहीं कहता, लेकिन कुछ ही देर बाद उसकी प्रतिक्रिया सामने आती है—'आश्चर्य की बात है कि आजकल हिन्दी में प्रेम कविता के बारे में एक नया रूढ़िवाद पनप रहा है, वह भी मार्क्सवाद के नाम पर। प्रेम को स्वकीय-परकीय के खानों में बाँटकर प्रेम कविता पर रीतिवादी ढाँचा लादने की कोशिश हो रही है। कहा जा रहा है कि कविता में स्वकीया प्रेम ही प्रगतिशील है। फिर तो ऐसी प्रगतिशीलता का अगला कदम सती-प्रथा का समर्थन ही होगा।' (पृ. 112-13)

यह राम और सीता के प्रेम का आदर्श था जिसे समूची भारतीय परम्परा का आदर्श घोषित किया गया। तुलसी ने तो राम के सत्तारूढ़ होने के बाद की कथा पर चुप्पी साध ली और अग्निपरीक्षा जैसे प्रसंगों के लिए क़िस्से गढ़ लिए, लेकिन काश आचार्य शुक्ल की लोकोन्मुख दृष्टि मिथिला की स्त्रियों द्वारा आज भी गाए जाने वाले लोकगीतों पर पड़ी होती जिनमें राम को ऐसे अत्याचारी राजा के रूप में कोसा जाता है जिसने उनकी निर्दोष बेटी सीता को गर्भावस्था में घर से निकालकर जंगल में छोड़ दिया था ताकि उसका राज्य निष्कंटक रह सके। समूची भारतीय काव्य-परम्परा में तुलसी के राम और सीता की तरह, विवाह के बाद ही होने वाले और हमेशा अव्यक्त ही रहने वाले 'प्रेम' का कोई दूसरा उदाहरण नहीं मिलता। इस सम्बन्ध की अनन्यता इसे आदर्श के बजाय अपवाद ही सिद्ध करती है। रहा सवाल परस्पर पहचान का तो इतिहास का न्याय देखिए कि तब के छूटे त्रिलोचन ने अंततः इन आचार्यों का साथ 'पांचजन्य' के पन्नों पर जा पकड़ा। तुलसी ने कहा भी है—

एक घड़ी आधी घड़ी आधी में पुनि आध
तुलसी संगत साधु की कटै कोटि अपराध

ब्रिटिश उपनिवेशवादियों की प्रेरणा से हमने अपने मध्यकाल की सभ्यता और संस्कृति से ख़ुद ही तौबा कर ली। क्षतिपूर्ति के रूप में हमें दमकता हुआ प्राचीन भारत मिला—द वंडर दैट वाज़ इण्डिया। प्राचीन भारतीय संस्कृति की महानता, विशेषकर उसकी बहुश्रुत उदारता और सहिष्णुता का परिचय देने वाला एक लेख है—'क्या आपने वज्र-सूची का नाम सुना है?' इसके कुछ अंश देखें—'वज्र-सूची अश्वघोष की रचना है। ... अश्वघोष केवल महान कवि और नाटककार ही नहीं हैं, वे बौद्ध दर्शन की तेजस्वी आलोचनात्मक चेतना की परम्परा के प्रवर्तक और क्रांतिकारी सामाजिक चिंतक भी हैं। ... वज्र-सूची को छोड़कर अश्वघोष की कोई रचना मूल संस्कृत रूप

में उपलब्ध नहीं है ... अश्वघोष की कृतियाँ कभी इस देश में अत्यन्त लोकप्रिय थीं। फिर धीरे-धीरे वे यहाँ से गायब हो गईं। कृतियों के गायब होने की यह प्रक्रिया केवल अश्वघोष तक सीमित नहीं रही है। इसके शिकार दूसरे बौद्ध दार्शनिक और कवि भी हुए हैं। नागार्जुन, आर्यदेव, असंग, बसुबंध, दीङनाग, धर्मकीर्ति, शांतिदेव आदि की अधिकांश रचनाएँ इस देश से गायब हो गईं ... बौद्धों के अतिरिक्त चार्वाक, आजीवक और अन्य अनेक भौतिकवादी-अनात्मवादी विचारकों की रचनाएँ भी अब इस देश में नहीं मिलतीं। ... विरोध, विकृति और समाहार की इस सर्वग्रासी प्रक्रिया का शिकार चार्वाक, आजीवक और बौद्ध ही नहीं, कबीर जैसे कवि भी हो चुके हैं। वैदिक-पौराणिक परम्परा की यह प्रवृत्ति इस देश में आलोचना की संस्कृति का स्वभाव बन गई है।' (पृ. 168, 69, 70)

आचार्य शुक्ल के सन्दर्भ में हम इस स्वभाव की एक बानगी देख चुके हैं। अब उनके योग्य अनुयाई रामविलास शर्मा की सांस्कृतिक दृष्टि का नमूना देखें—जब 'डॉ. रामविलास शर्मा कहते हैं कि "संस्कृत साहित्य, सब नहीं तो अधिकांश, हमारा राष्ट्रीय साहित्य है।" और यह भी कि "महाभारत और पुराण भारतीय राष्ट्रीयता के आदिस्रोत हैं।" तब वे बौद्ध-साहित्य को भारत के राष्ट्रीय साहित्य में शामिल नहीं करते' क्योंकि 'डॉ. रामविलास शर्मा के अनुसार वाल्मीकि और व्यास की एक उपलब्धि है बौद्ध मत को निर्मूल करना। ... क्या परम्परा की इस छँटाई में संकीर्ण सांस्कृतिक दृष्टि के साथ-साथ धार्मिक विद्वेष भी सक्रिय नहीं है?' (पृ. 170)

दरअसल, पौराणिक स्रोतों की बुनियाद पर खड़े राष्ट्रवाद की सांस्कृतिक दृष्टि इसी धार्मिक विद्वेष से संचालित होती है। दूसरे शब्दों में इसे 'सांस्कृतिक राष्ट्रवाद' भी कह सकते हैं जिसका अर्थ होता है साम्प्रदायिक राष्ट्रवाद। वज्र-सूची के साथ इस पौराणिक धारा ने ऐसा सलूक किया क्योंकि 'वज्र-सूची जाति-प्रथा के अमानवीय भेदभाव के विरुद्ध दो-टूक शैली और बेलौस भाषा में गम्भीर बहस करने वाली रचना है। ... विवाद की इस कला और दृष्टि का विकास दर्शन में नागार्जुन तथा धर्मकीर्ति की कृतियों में मिलता है और सरहपा तथा कबीर की कविता में भी।' हिन्दू धर्म की उदारता और सहिष्णुता का जो मिथक बना हुआ है उसके पीछे 'विरोध, विकृति और समाहार' की यही प्रक्रिया है जिसका एक चरण विध्वंस भी है जो लोकायत जैसे आरम्भिक भौतिकवादियों पर आज़माया गया था।

आधुनिक युग में वज्र-सूची की खोज और पहचान की कोशिशों को लेखक विभिन्न समाजों में हुए नवजागरण से जोड़कर देखता है और कुछ रोचक नतीजे निकालता है। बंगला में राजा राममोहन राय ने 1829 में इसका अनुवाद शुरू किया, लेकिन वह अधूरा ही रह गया। इसके बाद बंगला के बारे में कोई सूचना किताब में नहीं मिलती। इसे लेकर सर्वाधिक गहमागहमी मराठी में रही—'19वीं सदी के मध्य

से मराठी में अश्वघोष की वज्र-सूची के अनुवाद और विवेचन का क्रम शुरू हुआ जो आज तक चल रहा है। ... महाराष्ट्र में वज्र-सूची की चिन्ता वहाँ जाति-प्रथा के विरुद्ध संघर्ष और आंदोलन की चेतना से जुड़ी हुई है, इसलिए महाराष्ट्र में जब भी जाति-प्रथा के ख़िलाफ़ आंदोलन तेज हुआ है, तब वज्र-सूची के अनुवाद और विवेचन के काम में भी तेजी आई है।' जबकि 'हिन्दी में वज्र-सूची का केवल एक अनुवाद छपा है। वह भी 1985 में। ... हिन्दी में वज्र-सूची की उपेक्षा केवल एक किताब की उपेक्षा नहीं है। वह भारतीय समाज में सामंतवाद के सबसे मज़बूत और घिनौने अवशेष जाति-प्रथा की उपेक्षा है ... असल में हिन्दी नवजागरण का बुद्धिवाद जाति-प्रथा का सामना होने पर सहमा-सा दिखाई देता है।' यही नहीं 'हिन्दी के नवजागरणकालीन लेखन में जाति की भावना को मिटाने की कोशिश के बदले कई बार जाने-अनजाने उसे जगाने के प्रमाण मिलते हैं। आचार्य रामचन्द्र शुक्ल का ''हिन्दी साहित्य का इतिहास'' हिन्दी नवजागरण की चेतना की एक उपलब्धि है, लेकिन उसमें कवियों और लेखकों का परिचय देते समय प्रत्येक की जाति ज़रूर बताई गई है।' (पृ. 175-76)

बहरहाल, नवजागरण की चेतना में सक्रिय प्रतिरोधी परम्परा को रेखांकित करना लेखक नहीं भूलता। यह परम्परा राहुल सांकृत्यायन और हजारी प्रसाद द्विवेदी में अभिव्यक्त होती है। राहुल जी ने 'वोल्गा से गंगा तक' में 'प्रथा' नामक कहानी में 'अश्वघोष के व्यक्तित्व, विचार और रचनाशीलता के निर्माण की प्रक्रिया की पुनर्रचना करते हुए, वज्र-सूची के लेखन के ऐतिहासिक सन्दर्भ और प्रेरणास्रोत की ओर संकेत किया है।' जबकि आचार्य द्विवेदी ने 'हिन्दी साहित्य की भूमिका' में वज्र-सूची को किसी उच्चवर्गीय कवि के जातिप्रथा पर 'उग्रतम आक्रमण' के उदाहरण के रूप में स्थान दिया है। इस प्रसंग में लेखक द्विवेदी जी की पथप्रदर्शक भूमिका को रेखांकित करते हुए रामविलास शर्मा की स्थापनाओं को भी बिना उनका नाम लिए याद करता है—'द्विवेदी जी हिन्दी के ऐसे अकेले आलोचक हैं, जिन्होंने हिन्दी साहित्य की इस सचमुच मूलगामी परम्परा के निर्माण में बौद्ध दर्शन और साहित्य के योगदान को स्वीकार करते हुए उसका गम्भीर विवेचन किया है। द्विवेदी जी उन लोगों से एकदम अलग हैं, जो ऋग्वेद और तुलसीदास को ही हिन्दी जाति की उपलब्धि मानते हैं, लेकिन इन दोनों के बीच के अश्वघोष और कबीर को जान-बूझकर भूल जाते हैं।' (पृ. 177) इन दोनों स्थितियों के बीच सम्बन्ध को लेखक उसी प्रकार विनम्रतापूर्वक 'एकदम अलग' होना कहता है जैसे कबीर और सूर के प्रश्नोत्तर प्रसंग को उसने दोनों के बीच का 'अंतर' कहा था। वास्तव में ये एक दूसरे की विपरीत और वैकल्पिक स्थितियाँ हैं जिसकी सूचना एक ही वाक्य बाद मिल जाती है—'डॉ. नामवर सिंह जिसे दूसरी परम्परा कहते हैं, वह अगर पहली परम्परा से केवल भिन्न ही नहीं है, बल्कि उसके विरोध में विकल्प बनकर खड़ी परम्परा है तो फिर, उसका निश्चय ही एक महत्त्वपूर्ण आधार बौद्ध दर्शन

और साहित्य है।' हिन्दी में वज्र-सूची के अनुवाद के आठ वर्षों बाद 1993 में लिखे गए इस लेख का शीर्षक ही इस क्षेत्र की जागृति और सरोकारों के बारे में बहुत कुछ कह जाता है।

इस विवेचन से ऐसा लग सकता है कि मैनेजर पाण्डेय आचार्य शुक्ल और उनके अनुयाइयों के प्रति अत्यन्त कठोर हैं और इस लेख के आरम्भ में उनके प्रति श्रद्धा की जो बात कही गई थी, वह निराधार है। लेकिन ऐसा नहीं है। हम इस बात को दुहरा दें कि लेखक आचार्य शुक्ल और डॉ. शर्मा के प्रति अत्यन्त सद्भावना से भरा हुआ है। इसके बावजूद अगर इन विभूतियों के बारे में कुछ असुविधाजनक निष्कर्ष निकलकर आते हैं तो यह लेखक की सद्भावना के बावजूद सत्य के प्रति उसकी निष्ठा की वजह से है। हाँ, इस सद्भावना के कुछ वस्तुगत कारण भी हैं जैसा कि मुक्तिबोध के आलोचना कर्म पर विचार करते हुए अपनाए गए लेखक के रुख़ से प्रकट होता है—

'मुक्तिबोध ने अपने आलोचनात्मक संघर्ष के दौरान ही रचना और आलोचना से सम्बद्ध विभिन्न समस्याओं के बारे में जो महत्त्वपूर्ण और मौलिक चिंतन किया है, उसके आधार पर वे आचार्य रामचन्द्र शुक्ल के बाद हिन्दी के सबसे बड़े साहित्य-विचारक सिद्ध होते हैं।' (पृ. 214) यहाँ दोनों के 'बड़प्पन' की बात से यह पता नहीं चलता कि दोनों एक ही परम्परा में हैं, या नहीं। उसी प्रकार जैसे 'बाद' से यह पता नहीं चलता कि यह दोनों के कद का अनुक्रम है या केवल कालक्रम। आगे चलकर दिए गए इस वक्तव्य में भी लेखक उतना ही पर्दा उठाता है जितना कि वह दिखाना चाहता है—'क्या यह महज संयोग है कि कामायनी के रहस्यवाद, श्रद्धावाद और आनंदानुभूतिशील अद्वैतवाद का विरोध आचार्य रामचन्द्र शुक्ल भी करते हैं और मुक्तिबोध भी? मुक्तिबोध छायावाद और कामायनी के सन्दर्भ में नंददुलारे वाजपेयी का विरोध करते हुए आचार्य शुक्ल से काफी कुछ सहमत दिखाई देते हैं।' (पृ. 219)

भक्तिकाव्य और छायावाद के मूल्यांकन के अलावा मुक्तिबोध ने अपने समय में सक्रिय कलावादी विचारधारा से संघर्ष किया था। कलावाद की एक प्रमुख मान्यता 'जीवनानुभूति और सौंदर्यानुभूति का अलगाव और उनकी समानांतरता' है जिसका अर्थ होता है कि 'सौन्दर्य-प्रतीति का सामाजिक दृष्टि से कोई सम्बन्ध नहीं है, बल्कि सामाजिक दृष्टि सौन्दर्य-प्रतीति में बाधक ही है।' मुक्तिबोध ने इस धारणा का खण्डन करते हुए सौंदर्यानुभूति को 'जीवन के सार रूप का प्रगाढ़ मार्मिक अनुभव' बताया। इस प्रसंग में भी वे शुक्ल जी के साथ हैं—'आचार्य रामचन्द्र शुक्ल ने जीवनानुभूति और काव्यानुभूति की एकता को स्वीकार करते हुए रचनाकारों के लिए आत्मबोध के साथ-साथ जगतबोध अर्जित करने पर बल दिया था। मुक्तिबोध भी जीवनानुभूति और सौंदर्यानुभूति की एकता स्वीकार करते हैं और रचनाकार को आत्मचेतस् होने के साथ-

साथ विश्वचेतस् होने की सलाह देते हैं।' (पृ. 226)

यही वह ज़मीन है जहाँ मार्क्सवादी आलोचना रामचन्द्र शुक्ल से मिलती है। कलावाद शीतयुद्ध के दौर में साम्राज्यवाद की सहायक विचारधारा थी, जिसका उल्लेख किताब में बारम्बार हुआ है। मूलतः यह कला को समाज से अलगाने वाली दृष्टि थी। आचार्य शुक्ल की 'लोकदृष्टि' इसके ख़िलाफ़ थी, इसलिए व्यापक हित में कार्यनीतिक दृष्टि से इस मिलन को अनुचित नहीं कहा जा सकता। लेकिन शीतयुद्धोत्तर दौर में साम्राज्यवाद ने अपना चोला बदल लिया है। यह 'सभ्यताओं के संघर्ष का युग' है। इस नए दौर की पटकथा में इस्लामी और कन्फ्युशियन सभ्यताओं के ख़िलाफ़ हिन्दुत्व की नियति पश्चिमी सभ्यता (पढ़ें अमरीकी साम्राज्यवाद) के साथ बँधी हुई है। इसीलिए 'हिन्दू सभ्यता' के वर्तमान उन्नायकों ने भारत की सत्ता पर क़ाबिज़ होने के बाद इसकी स्वतंत्रता और सम्प्रभुता को दिन-दहाड़े, डंके की चोट पर अमरीका के हाथों गिरवी रख दिया है। तब साम्राज्यवाद के एजेंट हाशिए पर रहकर मार्क्सवाद से मोर्चा ले रहे थे, इसलिए समाज-विमुख विचार का आश्रय लेना उनकी मजबूरी थी। अब वे समाज और सत्ता के केन्द्र में मौजूद हैं। परिस्थितियाँ पूरी तरह बदल गई हैं। दुश्मन हज़ारगुना अधिक ताक़तवर होकर सामने आ चुका है। और हम हैं कि आज भी लकीर के फ़क़ीर बने हुए हैं। जबकि सोचने की बात यह थी कि पिछले दौर में हमारे सहारे की लाठी बनने वाली विचारधारा इन बदली हुई परिस्थितियों में क्या भूमिका निभा रही है। यह सच है कि रामचन्द्र शुक्ल और रामविलास शर्मा को सपने में भी इलहाम नहीं रहा होगा कि उनके विचारों का कभी ऐसा दुरुपयोग होने की नौबत आएगी। यही नहीं, जब कभी उनके सामने धार्मिक कट्टरता का प्रश्न आया तो उन्होंने इसकी निन्दा ही की। लेकिन वैचारिक परम्पराओं की भूमिका इतिहास में व्यक्तियों की सदिच्छाओं से परे अपने स्वतंत्र गति-नियमों से नियंत्रित होती है। मैनेजर पाण्डेय के विश्लेषण से पर्याप्त स्पष्ट है कि आचार्य शुक्ल अपनी तमाम सकारात्मकताओं के बावजूद बुनियादी तौर पर उसी सवर्ण-सामंती-ब्राह्मणवादी परम्परा के विचारक की भूमिका में हैं जिसने आज साम्प्रदायिक फ़ासीवादी स्वरूप ग्रहण करके साम्राज्यवाद की ग़ुलामी शुरू कर दी है। आज ज़रूरत इस सचाई को आत्मसात करने और इसके अनुरूप नयी रणनीति बनाने की है। तभी हम आचार्य शुक्ल की सकारात्मकताओं का विकास भी कर सकेंगे। दूसरे शब्दों में, अपने इन महान पूर्ववर्तियों के प्रति वही रुख़ अपनाने की ज़रूरत है जो मुक्तिबोध ने 'कामायनी' के सन्दर्भ में प्रसाद के प्रति अपनाया था, जिसका लेखक ने समुचित आकलन भी किया है।

हिन्दुत्ववादियों की राय में कला को समाज से स्वतंत्र रखने की कोई अहमियत नहीं। वे उसे समाज और संस्कृति की सेवा में लगाना चाहते हैं, बेशक समाज और संस्कृति की उनकी अपनी परिभाषा के अनुसार। कला को वे सत्ता की चेरी बनाना

चाहते हैं, इसलिए पुरानी लड़ाइयों में लगे घावों को सहलाते रहने के बजाय ईमानदार कलावादियों को भी लोकतांत्रिक मूल्यों के पक्ष में आमंत्रित करना चाहिए। कलावाद का जन्म भी कुछ ऐसी ही परिस्थितियों में 19वीं सदी में हुआ था। स्थितियों में आए इसी बदलाव के कारण कलावाद के अमरीकापरस्त हिस्से तेज़ी से हिन्दुत्व कैम्प में जा रहे हैं। ग़ौरतलब है कि वे वहाँ जाकर साहित्य की प्रतिक्रियावादी सामाजिक भूमिका की खोज शुरू करते हैं और अपनी पुरानी प्रतिज्ञाएँ भूल जाते हैं।

बहरहाल, यह किताब चूँकि मैनेजर पाण्डेय के तीन दशक लम्बे आलोचनात्मक लेखन के चुनिंदा अंशों का संग्रह है, इसलिए इसमें पुराने युगों की छायाओं का पड़ना अपरिहार्य है। ऐसी ही एक छाया तब दिखाई पड़ती है जब लेखक भक्तिकाल के बारे में मुक्तिबोध के आलोचकीय निर्णय के विरोध में खड़ा होता है। — 'मुक्तिबोध के अनुसार, सगुण भक्तिधारा के माध्यम से उच्चवंशी उच्चजातीय वर्गों का सांस्कृतिक प्रभुत्व स्थापित हुआ ... नामवर सिंह भी मुक्तिबोध के इस मत से सहमत हैं कि भक्ति आंदोलन में सगुणधारा के प्रभाव का विस्तार "उच्चवंशी उच्चजातीय वर्गों के प्रभुत्व" का प्रसार है और वही भक्ति-आंदोलन की शिथिलता तथा समाप्ति के लिए दोषी है।' इसके बाद यह बताते हुए कि 'नामवर सिंह के अनुसार सगुण काव्य की मुख्य कमज़ोरी शास्त्र सापेक्षता है', लेखक सवाल करता है कि 'आख़िर सगुण काव्य में शास्त्र-सापेक्ष क्या है—सूर का वात्सल्य और श्रृंगार? मीरा का प्रेम और विद्रोह? या तुलसी का आत्मनिवेदन और आत्मसंघर्ष? ... अगर हम यह मान भी लें कि सगुणधारा ने निर्गुणधारा को समाप्त कर दिया तो हमारे सामने एक और सवाल आ खड़ा होगा कि सगुणधारा को किसने समाप्त किया? असल में निर्गुण, सूफी और सगुण अर्थात् पूरा भक्ति-आंदोलन जिस सामंती समाज-व्यवस्था के विरुद्ध खड़ा हुआ था, वह अधिक शक्तिशाली साबित हुई।' (पृ. 28-29)

लेखक के इस सवाल-जवाब पर आने से पहले स्वयं मुक्तिबोध का इस बारे में और क्या कहना है, यह देखना ज़रूरी है, 'क्या यह एक महत्त्वपूर्ण तथ्य नहीं है कि कृष्णभक्ति शाखा के अन्तर्गत रसखान और रहीम जैसे हृदयवान मुसलमान कवि बराबर रहे आए, किन्तु रामभक्ति शाखा के अन्तर्गत एक भी मुसलमान और शूद्र, कवि, प्रभावशाली और महत्त्वपूर्ण रूप से अपनी काव्यात्मक प्रतिभा विशद नहीं कर सका।' इसी के बाद मुक्तिबोध उच्चवर्गीय-उच्चजातीय प्रभुत्व की अपनी उपर्युक्त धारणा व्यक्त करते हैं। स्पष्ट है कि यहाँ मुक्तिबोध का आशय पूरी सगुण धारा से नहीं, केवल रामभक्ति शाखा से है जिसके प्रतिनिधि निर्विवाद रूप से तुलसीदास हैं। लेखक तुलसीदास के सन्दर्भ में 'आत्मनिवेदन और आत्मसंघर्ष' की बात उठाता है, लेकिन उनकी शास्त्र-सापेक्षता से वह भली-भाँति अवगत है और इसी किताब में उसका वर्णन निम्न शब्दों में कर चुका है—'वे "नाना पुराण निगम आगम" के पंडित हैं और संस्कृत

काव्य की विशाल परम्परा के मर्मज्ञ भी। शास्त्रमत या वेदमत उनकी काव्यदृष्टि का अनिवार्य अंग है। ... ''रामचरितमानस'' के संस्कृत स्रोतों पर ध्यान दें तो स्पष्ट होगा कि यह कविता में अनुवाद की कला का अनन्य उदाहरण है।' (पृ. 15)

शास्त्र सापेक्षता से इन्कार करने के इस रक्षात्मक तर्क के अलावा लेखक ने इस प्रसंग में एक आक्रामक तर्क भी दिया है—'इस निर्गुण बनाम सगुण के विवाद में जाति और वंश वाला मुक्तिबोध का तर्क विचित्र है और उससे नामवर सिंह की सहमति आश्चर्यजनक। नामवर सिंह ने हजारीप्रसाद द्विवेदी के प्रसंग में लिखा है कि ''किसी लेखक के दृष्टिकोण को उसे पैदा करने वाले जाति, वर्ग या समाज के आधार पर निर्धारित करने का प्रयास फूहड़ समाजशास्त्र है।'' अगर यह मान्यता सही है तो केवल हजारीप्रसाद द्विवेदी के प्रसंग में ही नहीं, कबीर, सूर, मीरा और तुलसी के प्रसंग में भी सही होगी। ऐसी स्थिति में निर्गुण और सगुण कवियों के दृष्टिकोण को उनके वंश और जाति के आधार पर निर्धारित करने का प्रयास भी ''फूहड़ समाजशास्त्र'' ही है।' (पृ. 25)

इससे पहले कबीर के सन्दर्भ में लेखक लिख चुका है—'ऐसी माँग वे ही कर सकते थे; क्योंकि वे समाज के उस हिस्से से आए थे, जिसके जीवन में सामाजिक विषमता की लगातार मार की पीड़ा ही सबसे बड़ी सचाई थी। इसीलिए वे सामाजिक समता को लोकधर्म का सबसे बड़ा मूल्य मानते हैं।' (पृ. 14) यही नहीं, 'वज्र-सूची' के प्रसंग में लेखक हजारीप्रसाद द्विवेदी के इस वक्तव्य से भी सहमत है—'पर संस्कृत की पुस्तकें साधारणतः ऊँची जातियों के लोगों द्वारा लिखी गई होती हैं जिनमें लेखक केवल तटस्थ विचारक की भाँति होता है, स्वयं नीच कहे जाने वाले वंश में उत्पन्न नहीं होने के कारण उसमें भुक्तभोगी की उग्रता और तीव्रता नहीं होती। सहजयान और नाथपंथ के अधिकांश साधक तथाकथित नीच जातियों में उत्पन्न हुए थे, अतः उन्होंने इस अकारण नीच बनाने वाली प्रथा को दार्शनिक तटस्थता के साथ नहीं देखा। कबीरदास के विषय में यही बात ठीक है।' (पृ. 176-77)

ज़ाहिर है कि कबीर और तुलसी के सन्दर्भ में जाति का जो महत्त्व होगा, वह हजारीप्रसाद द्विवेदी के सन्दर्भ में नहीं। आधुनिक युग और मध्ययुग के बीच का अंतर हम धर्म के प्रसंग में देख चुके हैं। कुछ वैसा ही मामला जाति का भी है। फिर मुक्तिबोध या नामवर सिंह जाति को न तो निर्णायक मानते हैं, न उससे कोई निष्कर्ष निकालते हैं। वे बस मर्ज़ के लक्षण के रूप में देखते हैं। दरअसल, यहाँ भी लेखक का कार्यनीतिक आग्रह उसकी सहज वैचारिक राह का रोड़ा बन गया है अन्यथा तुलसी के बारे में मुक्तिबोध से वह इस आधार पर सहमत होता है, 'आश्चर्य की बात है कि आजकल प्रगतिवादी क्षेत्रों में तुलसीदास के सम्बन्ध में जो कुछ लिखा गया है, उसमें जिस सामाजिक-ऐतिहासिक प्रक्रिया के तुलसीदास अंग थे, उसको जान-बूझकर

भुलाया गया है।' (पृ. 239)

व्यावहारिक आलोचना की परम्परा को पुनर्परिभाषित करने के अलावा मैनेजर पाण्डेय ने इसके सैद्धांतिक पक्ष पर भी समुचित ध्यान दिया है। 'आलोचना और इतिहास' शीर्षक निबन्ध में साहित्य और इतिहास का सम्बन्ध इन शब्दों में व्यक्त हुआ है, 'समकालीन रचनाशीलता से उत्पन्न साहित्यविवेक इतिहास की नयी व्याख्या को सम्भव बनाता है और इतिहासविवेक से नयी रचनाशीलता की सार्थकता का बोध होता है। ... आलोचना में रचना को एक सौन्दर्यबोधी वस्तु के रूप में ही देखा-परखा जाता है, लेकिन इतिहास में उसे एक सोद्देश्य मानवीय क्रिया और रचनात्मक घटना के रूप में भी समझने का प्रयत्न होता है।' (पृ. 37-38)

'उपन्यास का समाजशास्त्र' शीर्षक निबन्ध में लेखक बालज़ाक के सन्दर्भ में एंगेल्स के इस प्रसिद्ध कथन—'यथार्थवाद लेखक के (प्रतिगामी) विचारों के बावजूद प्रकट हो सकता है', के प्रसंग में कहता है कि 'इन बावजूदवादियों में जार्ज लुकाच भी शामिल हैं।' 'बावजूदवाद' में 'बावजूद' का अर्थ बदलकर हो जाता है, 'वजह से'। बालज़ाक तथा ताल्सताय के सन्दर्भ में यथार्थवाद की विजय का रहस्य खोजते हुए लुकाच ने पाया कि लेखक की ऊपरी विश्वदृष्टि अर्थात विचारधारा और अन्तर्दृष्टि अर्थात संवेदना में द्वन्द्व होता है और इस द्वन्द्व में अन्तर्दृष्टि की विजय ही यथार्थवाद की विजय का कारण बनती है। दो दृष्टियों में द्वन्द्व के इस सिद्धांत के माध्यम से लुकाच प्रगतिशील विश्वदृष्टिकोण में निहित विडम्बना का विस्तार से उद्घाटन करने के बाद रचनाकार की विचारधारा और रचना की विचारधारा में अंतर करते हुए रचनाकर्म का प्रमाण रचना को ही मानने का आग्रह करता है और उसकी विचारधारा (जो उसके रूप से लेकर अंतर्वस्तु तक व्याप्त होती है) के यथार्थ से सम्बन्ध की खोज को वस्तुपरक आलोचना दृष्टि के लिए आवश्यक बताता है। रचना के स्वरूप के निर्धारण में रचनाकार की विश्वदृष्टि उसकी कलादृष्टि तथा रचना और उसके पाठक की ऐतिहासिक अवस्थिति अहम भूमिका निभाती है। 'जिस यथार्थवादी रचना में सामाजिक यथार्थ की जटिल समग्रता और इतिहास प्रक्रिया में परिवर्तनशील यथार्थ के विकास की दिशा का बोध नहीं होता, तात्कालिक अनुभवों से आगे बढ़कर उनके व्यापक संदर्भों की खोज नहीं होती, जीवन के तथ्यों में निहित सत्य की पहचान नहीं होती और अभिव्यंजना की प्रचलित प्रवृत्तियों तथा शैलियों से आगे बढ़कर नए आविष्कारों की कोशिश नहीं होती, वह रचना अपने समय में भी पाठकों को प्रभावित नहीं करती। ऐसी रचना कालजयी क्या होगी?' ज़ाहिर है कि ऐसी रचना को पहचानने के लिए आलोचना के पास भी कम से कम इतनी सम्पत्ति तो होनी ही चाहिए।

लेखक लुकाच की मान्यताओं पर विस्तार से बात करने का कारण इस लेख में एक जगह यह बताता है कि हिन्दी में लुकाच की तरह सोचने वाले बहुत से लोग

हैं। लेकिन उन 'लोगों' की पहचान खुलती है जाकर मुक्तिबोध वाले लेख में—'डॉ. शर्मा का यह भी कहना है कि कई बार कृति की विचारधारा और विषय-वस्तु में अंतर्विरोध होता है। इस बात के अनेक उदाहरण दुनियाभर के साहित्य में मिलते हैं। लेकिन कठिनाई यह है कि डॉ. शर्मा रचना में यथार्थबोध और विचारधारा के अंतर्विरोध को आकस्मिक नहीं मानते, वे ललित कलाओं को (जिनमें साहित्य भी शामिल है) विचारधारात्मक रूपों में गिनना ही ग़लत मानते हैं। इससे ऐसा लगता है कि डॉ. शर्मा के अनुसार यथार्थबोध और विचारधारा में शाश्वत अंतर्विरोध होता है।' (पृ. 238) शायद इसी समझदारी के चलते डॉ. शर्मा तुलसी को आदर्श कवि घोषित करते हैं।

इस लेख का समापन रूस के तीस और चालिस के दशक में सक्रिय और 'स्तालिनकालीन आतंकवाद' का शिकार हो गए महत्त्वपूर्ण आलोचक मिखाइल बाख़्तिन की चर्चा से होता है। बाख़्तिन के अनुसार, 'रचना के अंतर्जगत में वाह्य जगत अंतर्निहित होता है और लेखक की चेतना में दूसरों की चेतनता बनी रहती है। ... उपन्यासकार का लक्ष्य वस्तु की पुनर्प्रस्तुति नहीं है। उसके लिए वस्तु तो स्वरों की अनेकता का वह केन्द्र-बिन्दु है, जिसमें उसका अपना स्वर भी शामिल है। इन स्वरों की अभिव्यक्ति के लिए ही उपन्यासकार वस्तु या यथार्थ का सहारा लेता है।' (पृ. 65-66) बाख़्तिन की इन मान्यताओं के आधार पर उपन्यास की सामाजिकता की नयी व्याख्या की अपार सम्भावनाएँ बनी हुई हैं।

आलोचना और समाजशास्त्र के रिश्ते के कुछ अनछुए पहलुओं का उद्‌घाटन प्रख्यात समाजशास्त्री श्यामाचरण दुबे पर लिखे गए लेख 'अपने समय और समाज से जुड़ी बौद्धिकता' में होता है, विशेषकर भारतीयता की तलाश के प्रसंग में—'दुबे जी ने लिखा है कि अगर हमें "भारतीयता की तलाश आगे बढ़ने के लिए करनी है, पीछे जाने के लिए नहीं" तो उस विवेक-यात्रा के लिए कुछ सावधानियों को ध्यान में रखना होगा। एक तो यह कि हम इतिहास को समग्रता में देखें। दूसरे, इतिहास के असुविधाजनक सत्यों से मुँह न मोड़ें, और तीसरे, यह स्वीकार करें कि जातीय स्मृतियों के साथ कई बार जातीय दुराग्रह भी जुड़ जाते हैं। ... इन सावधानियों के साथ-साथ भारतीयता की तलाश के लिए कुछ भ्रमों से भी मुक्त होना ज़रूरी है। उनमें से पहला भ्रम भारत के जगतगुरु होने का है। दूसरा भ्रम भारतीय समाज-व्यवस्था को आदर्श मानने का है। तीसरा भ्रम यह है कि हमारे पास आदर्शों का विशाल खजाना है, जबकि उन आदर्शों का हमारी ज़िन्दगी से कोई रिश्ता नहीं रह गया है। ये तीनों भ्रम यूरोप के प्राच्यविद्याविदों और भारतविदों की देन हैं।' (पृ. 252)

भारत में परम्पराओं की विविधता और उनके अंतर्विरोधों के प्रसंग में दुबे जी की इस चेतावनी का उल्लेख करते हुए कि 'राष्ट्रीय मुख्यधारा में सबके विलय की नीति विघटनकारी सिद्ध होगी', लेखक सवाल करता है—'क्या यह आश्चर्य की बात

नहीं है कि जो लोग वर्तमान में धार्मिक संघर्ष और हिंसा की राजनीति के सहारे भारत के भविष्य पर कब्जा करना चाहते हैं, वही भारत की खोज में निकलते हैं तो अतीत में उन्हें केवल समरसता ही दिखाई देती है।' यहाँ एक बार फिर रामविलास शर्मा याद आते हैं जिन्होंने सुदूर अतीत के सामाजिक संघर्षों के तमाम साहित्यिक साक्ष्यों को प्रकृति से मनुष्य के संघर्ष का रूपक मानकर समरसता के इस आग्रह की पुष्टि की है। किमाश्चर्यम्।

उपन्यास को राष्ट्रीय रूपक मानने के बेनेडिक्ट एंडरसन और फ्रेडरिक जेम्सन के मतों का उल्लेख करते हुए लेखक इसे यथार्थवाद-विरोधी रवैया मानता है—'यथार्थवाद और रूपकवाद यथार्थ के बारे में मूल रूप से परस्पर विरोधी दृष्टिकोण हैं। यथार्थवाद इतिहास में व्यक्ति के अनुभवों और उन अनुभवों की भौतिक-सामाजिक परिस्थितियों को महत्त्व देता है, जबकि रूपक में व्यक्ति और भौतिक परिस्थितियों का केवल संकेत, माध्यम या बहाने के रूप में प्रयोग होता है। रूपक व्यक्तियों, वस्तुओं और घटनाओं को देशकाल और इतिहास से मुक्त रूप में प्रस्तुत करता है।'

असल में, चीज़ों को इस तरह एक-दूसरे के ख़िलाफ़ रख देने पर रचनाकार के साथ-साथ पाठक के विकल्प बहुत सीमित हो जाते हैं। लेखक जिसे 'रूपकवाद' कहता है, वह एक परम्परागत शिल्प है जिसकी उपेक्षा कम से कम तीसरी दुनिया के समाजों में नहीं की जा सकती। जादुई यथार्थवाद और फ़ैंटेसी जैसी प्रविधियाँ यथार्थ के उच्चतर धरातल पर सम्भव होती हैं, जिनसे वंचित होकर हम उसी सतही यथार्थवाद पर आश्रित हो जाएँगे जिसे किताब में 'दर्पणवाद' और 'प्रतिबिंबनवाद' कहकर याद किया गया है। यथार्थ को व्यक्त करने में भाववादी शिल्प की उपयोगिता को लेखक ने मुक्तिबोध के सन्दर्भ में स्वीकार भी किया है। वस्तु और शिल्प का द्वन्द्व रचना में गुणात्मक परिवर्तन ला सकता है। राष्ट्रीय रूपक होना उपन्यास के लिए अनिवार्य नहीं हो सकता, लेकिन अगर ऐसा है तो इसे उसकी विशेषता मानना चाहिए, दोष नहीं। इस सन्दर्भ में लेखक ने मिखाइल बाख़्तिन को उद्धृत करते हुए जो कुछ कहा है वह इस मसले की नज़ाकत का पता देता है—'दुनिया भर के उपन्यास के इतिहास से साबित होता है कि उपन्यास का रूप अत्यन्त लचीला, गतिशील, बहुआयामी और प्रयोगधर्मी होता है, इसीलिए मिखाइल बाख़्तिन ने उपन्यास के सिद्धांतकारों को चेतावनी देते हुए कहा था कि उपन्यास का वह प्रत्येक सिद्धांत उलझाव का शिकार होता है जो उसे कुछ स्थायी विशेषताओं और विचारधारात्मक बंधनों में बाँधना चाहता है।' (पृ. 148)

इस लेख में उपनिवेशवाद की कोख से आधुनिक राष्ट्रवाद के जन्म, उपन्यास के साथ उसके रिश्ते, उपनिवेशवाद-विरोधी राष्ट्रवाद की भी आंतरिक मामलों में दमनकारी प्रवृत्ति का भारत के ठोस सन्दर्भ में विवरण दिया गया है। आज़ादी की लड़ाई

के दौरान सामाजिक विषमता को समाप्त करने की अम्बेडकर की लड़ाई की गाँधी द्वारा अवहेलना पर प्रेमचन्द और भगत सिंह के नज़रियों में समानता का उल्लेख करते हुए लेखक प्रेमचन्द के उपन्यास 'कर्मभूमि' और 'गबन' के हवाले से इस दमनकारी राष्ट्रवाद के प्रति उनके आक्रामक रवैये का परिचय देता है। इस प्रसंग में उद्धृत फ्रैंज फैनन की यह चेतावनी अतीत, वर्तमान और भविष्य में भी राष्ट्रवाद के बारे में अपनी राय क़ायम करने में हमारी मदद कर सकती है—'अगर साम्राज्यवाद विरोधी संघर्ष के समय राष्ट्रीय चेतना को सामाजिक चेतना नहीं बनाया जाता तो भविष्य मुक्ति का नहीं, उपनिवेशवाद के बदले हुए रूप का होगा।' (पृ. 153)

ज़ाहिर है कि उपनिवेशवाद के जिस नए दौर का सामना हम आज कर रहे हैं उसकी ज़िम्मेदारी से हमारे नवजागरण और राष्ट्रीय आंदोलन की वे धाराएँ मुकर नहीं सकतीं जिन्होंने सामाजिक विषमता को मिटाने के लक्ष्य को उचित महत्त्व नहीं दिया था। इस अप्रिय निष्कर्ष को स्वीकार किए बिना हम वर्तमान दौर में भी पिछली भूलों को दुहराने से नहीं बच सकते। लेखक ने इस किताब में इन सवालों को उठाया तो ज़रूर है, लेकिन उसे तार्किक निष्कर्षों तक ले जाने का काम अभी बाक़ी है। लेखक की क्षमता और उसके सरोकारों को देखते हुए उससे यह उम्मीद कुछ अधिक नहीं जान पड़ती।

किताब के अंत में उत्तर संरचनावाद और दलित लेखन के बारे में दिए गए दो इंटरव्यू संकलित हैं। इनमें भी लेखक के मूलभूत सरोकारों का विस्तार दिखाई पड़ता है। सबसे पहले हिन्दी में बहुनिंदित उत्तरसंरचनावाद के बारे में यह टिप्पणी देखें—'उत्तर-संरचनावादियों ने एक महत्त्वपूर्ण काम यह किया कि जो स्वतः सिद्ध बातें थीं, मान्यताएँ थीं, उन पर उन सभी ने सवाल खड़े किए और यह जो सवाल खड़े करने की प्रक्रिया है, वह ज्ञान के क्षेत्र में विकास की बहुत महत्त्वपूर्ण प्रक्रिया होती है। ... फूको की एक बहुत प्रसिद्ध मान्यता है कि ज्ञान और सत्ता का बहुत गहरा सम्बन्ध होता है, "नालेज इज पावर"। इस बात को यूरोप में जितना ठीक से समझा जा सकता है, उससे ज़्यादा ठीक से हिन्दुस्तान में समझा जा सकता है। यहाँ युगों से जो ब्राह्मण हैं वे ज्ञान के माध्यम से सत्ता को नियंत्रित करते आए हैं। ... आप पुराने ब्राह्मणों को छोड़ दीजिए, पर जो आधुनिक युग के "इंटेलेक्चुअल" हैं, बौद्धिक हैं, वे भी आधुनिक युग के ब्राह्मण ही हैं, चाहे वे किसी भी जाति से आते हों।' (पृ. 266)

अब एक दूसरी महत्त्वपूर्ण मान्यता देखें—'संरचनावादियों ने रचना से लेखक को अलगाकर अपनी दृष्टि रचना पर केन्द्रित की, लेकिन उत्तर संरचनावादियों ने यह कहा कि जो रचना है, वह अपने आप में कोई बहुत सुनिश्चित चीज़ नहीं है, उसका अर्थ भी सुनिश्चित नहीं है। ... हर पाठक अपने लिए रचना की पुनर्रचना करता है। इसका मतलब है, अपने अनुसार अर्थ की खोज करना।' (पृ. 267) इसके बाद

लेखक कालिदास और ब्रेख़्त की कविता के, सन्दर्भ के अनुसार नए आशय ग्रहण करने का उदाहरण देते हुए इन नए दृष्टिकोणों से साहित्य को हुए लाभ को स्वीकार करता है। रचना के स्वरूप की अनिश्चितता से निकले 'विकेंद्रीकरण' और 'विखंडन' के सूत्रों की उपयोगिता पर बात करते हुए लेखक अंततः तीनों महत्त्वपूर्ण उत्तर संरचनावादी विचारकों रोला बार्थ, फूको और देरीदा के क्रमशः जापानी, चीनी तथा भारतीय विचार-परम्पराओं से सचेत सम्बन्धों का हवाला देता है और बौद्ध भाषाचिंतनपरम्परा से देरीदा की संसक्ति का उल्लेख करता है। इस सम्बन्ध में वह देरीदा के भाषा-चिंतन और 'ध्वनि' सिद्धांत के 'बहुत दूर तक मेल' का उल्लेख करते हुए भारतीय काव्य-चिंतन के विकास की सम्भावना व्यक्त करता है। मसलन भारतीय द्वैतवाद से उपजे 'ध्वनि' के मुताबिक व्यंजना उत्कृष्ट काव्य है, जबकि अभिधा हीनतर काव्य है, लेकिन देरीदा की अद्वैतवादी पद्धति के सहारे अभिधा और व्यंजना को समान महत्त्व देकर विकसित किया जा सकता है।

यह इंटरव्यू 1992 में दिया गया है जिस समय उत्तर आधुनिकता और उसकी एक शाखा उत्तर संरचनावाद के प्रति हिन्दी में क्षोभ और आशंका का माहौल व्याप्त था। सम्भवतः इसीलिए लेखक ने इसके कुछ सकारात्मक पक्षों की चर्चा को उपयोगी पाया होगा, लेकिन अब इसे किताब में सम्मिलित करते हुए इसके कुछ नकारात्मक आशयों का संकेत भी आवश्यक था। ख़ास तौर पर इसकी सबसे भ्रामक अवधारणा का, जिसे लेखक ने इन शब्दों में व्यक्त किया है—'देरीदा के लिए पाठ केवल साहित्य तक सीमित नहीं है। वे समाज, संस्कृति और इतिहास की घटनाओं को भी पाठ मानते हैं।' (पृ. 269)

ज़ाहिर है कि जैसे साहित्यिक कृति का पाठ अनिश्चित है और हर पाठक उसकी अपने-अपने ढंग से रचना कर सकता है, उसी प्रकार सामाजिक और ऐतिहासिक परिघटनाओं की व्याख्या भी अपने-अपने ढंग से की जा सकती है और सबकी सब समान रूप से वैध होंगी। यह नज़रिया ग़ुलामी, यातना और अपमान के शिकार समाजों और इसके लिए ज़िम्मेदार ताक़तों, दोनों के दृष्टिकोणों को समान रूप से वैध मानकर दरअसल अत्याचारियों और लुटेरों की सेवा करता है। इसके सवालों की रोशनी में आधुनिक युग की भयावह सीमाओं को स्वीकार करना और उन्हें तोड़ना तो ठीक है, लेकिन इसके अपने निष्कर्षों के प्रति तनिक-सी भी उदारता आत्मघाती साबित हो सकती है।

दलित लेखन के बारे में दिए गए इंटरव्यू का शीर्षक 'केवल राख ही जानती है जलने का अनुभव' बहुत कुछ कह देता है। राष्ट्रवाद तथा संरचनावाद की ही तरह आधुनिकता की एक विकसित अवस्था मार्क्सवाद की भारतीय सन्दर्भ में हुई विभिन्न परिणतियों में से एक पर विचार करते हुए लेखक रामविलास शर्मा का नाम लिए बिना

कहता है कि 'ऐसे मार्क्सवादा वर्ण-व्यवस्था और जाति-प्रथा का विरोध करने वाले प्रत्येक व्यक्ति और विचार का विरोध करते हैं। उनकी नज़र में बुद्ध, राहुल और अम्बेडकर इतिहास के अपराधी हैं, क्योंकि वे जाति-व्यवस्था के विरोधी हैं। क्या यह हिन्दी-क्षेत्र के मार्क्सवाद—और ख़ासतौर से साहित्य में सक्रिय मार्क्सवाद—पर सवर्णवाद का प्रमाण नहीं है?' (पृ. 286)

'हिन्दी आलोचना में साहित्य के मूल्यांकन की एक दृष्टि यह भी है, जो प्रत्येक रचना में जातीय चेतना की खोज और पहचान पर ज़ोर देती है। लेकिन दलित साहित्य के प्रसंग में इस दृष्टि की सीमा यह है कि उसकी जाति की धारणा के अन्तर्गत दलितों की कोई विशेष पहचान नहीं है। यही नहीं, जातीय स्मृति में दलितों के शोषण, दमन और यातना की स्मृति के लिए कोई जगह नहीं है।' (पृ. 289)

बहरहाल, लेखक दलित साहित्य के आंदोलन से आशान्वित है और उसे उम्मीद है कि इसके मूल्यांकन के लिए वैकल्पिक सौन्दर्यशास्त्रीय मापदण्ड भी इसी प्रक्रिया में तैयार होंगे। ब्राह्मणवाद की विरोध, विकृति और समाहार की रणनीति का ज़िक्र करते हुए वह दलित लेखकों को इससे सावधान रहने की ताक़ीद करता है और जनांदोलनों के साथ जुड़ने पर प्रतिरोधी विचारों को मिलने वाली शक्ति और सार्थकता का संकेत करता है।

लेखक की शैली आमतौर पर 'अंडरटोन्स' में अपनी बात कहने की है, लेकिन जब वह भारतीय समाज और साहित्य की वर्चस्वशाली परम्परा पर कटाक्ष करता है तो उसका तेवर देखते ही बनता है। इसी तरह प्रतिरोध की परम्परा का निर्माण करने की उसकी तत्परता भी उल्लेखनीय है। यह बात सही है कि वह 'शैतान को भी उसका हिस्सा देने' के सिद्धांत का समर्थक है और प्रभुत्वशाली परम्परा के प्रतिनिधियों के सामने कुछ अधिक ही मुक्तहस्त हो जाता है। ग़ौर करने की बात यह है कि वह उन्हें भेंट में जो भी रत्न-आभूषण चढ़ाता हो, लेकिन जब उन पर वार करता है तो वह वज्रपात की तरह होता है। उसके आरोपों के कटघरे में दाग़ी बनकर खड़े होने के बाद वे इस काबिल नहीं रह जाते कि उन उपहारों का लुत्फ़ उठा सकें। यही इस किताब की उपलब्धि और इसका संदेश है।

अतीत की प्रेतछायाओं के बीच

(वीरभारत तलवार का नवजागरण-चिंतन)

बीसवीं सदी के आख़िरी दशक में नव उपनिवेशवादी आर्थिक नीतियों, और 'लोकतंत्र' के चारों बहुप्रचारित खम्भों के शिखंडी चरित्र के चलते फ़ासिस्ट ताक़तों द्वारा किए गए बाबरी मस्जिद विध्वंस समेत अनेक कारणों से तमाम बुद्धिजीवियों का ध्यान महान भारतीय राष्ट्र की सहसा रंग बदलती त्वचा की ओर चला गया। जल्द ही आज़ादी, संप्रभुता, नागरिक अधिकार, धर्मनिरपेक्षता और लोकतंत्र खोखले शब्द भर रह गए जिनका इस्तेमाल अपनी सुविधानुसार कोई कहीं भी कर सकता था। मेहनत से खड़ी की गई आलीशान इमारत को असमय ही ढहता देख अधिकांश लोगों में पहले तो अविश्वास और फिर करुण विलाप की भावना जगी, लेकिन अनेक विचारकों और रचनाकारों ने इसकी बुनियाद को टटोलना ज़रूरी समझा ताकि दुर्घटना की असली वजह का पता लगाया जा सके। इस सिलसिले में सहज ही लोगों का ध्यान 19वीं सदी के नवजागरण की तरफ़ गया जिसमें आधुनिक भारतीय राष्ट्र की नींव पड़ी थी। इस बेचैन तलाश का नतीजा यह निकला कि अतीत से आने वाली जो आवाज़ें अब तक टुकड़ा-टुकड़ा क़तरों के रूप में हमारे कानों में पड़ती थीं और निरर्थक कोलाहल में गुम हो जाती थीं, अनायास ही वे इतिहास की कड़ियों की तरह एक-दूसरे से जुड़ गईं और यह राज़ फ़ाश हो गया कि जिसे हमने दुर्घटना समझा था, वह दरअसल घर-वापसी थी। नवजागरण की धाय ने हमारे राष्ट्र को शैशव में हिन्दू राष्ट्रवाद की जो घुट्टी पिलाई थी वह रक्त बनकर उसकी शिराओं में प्रवाहित होती रही और अनुकूल आबोहवा में अपने असल रंग में प्रकट हुई। लेकिन यह भी हमारे नवजागरण की सबसे बड़ी विशेषता नहीं थी। इसकी सबसे महत्त्वपूर्ण और बुनियादी विशेषता थी इसका औपनिवेशिक चरित्र। इसके हिन्दू राष्ट्रवाद का चेहरा-मोहरा उपनिवेशवादी रणनीति के अंतर्गत तराशा गया था। इसकी आधुनिकता का औपनिवेशिक चेहरा तो किसी हद तक पहचाना जाता है लेकिन इसके अतीतोन्मुख ओर पुरातनपन्थी दृष्टिकोण को अक्सर देसी राष्ट्रवाद के समतुल्य मान लिया जाता है। सच तो यह है कि अलग-अलग भंगिमाओं के बावजूद ये दोनों प्रवृत्तियाँ औपनिवेशिक आधारों पर ही संगठित हुई थीं जिसकी अचूक पहचान इनके इतिहास बोध—प्राचीनता का गौरवगान, मध्ययुग

से नफ़रत और अंग्रेज़ों के शासन को ईश्वर का वरदान मानना—में मिलती है। 1857 के बाद हुए हमारे तथाकथित नवजागरण का यही चरित्र था जिसके चलते साम्प्रदायिक ताक़तें लगातार फलती-फूलती गईं और अंग्रेज़ न केवल अपने हितों की रक्षा करने में कामयाब रहे, बल्कि हमारे देश को बाँटने में भी उन्हें सफलता मिली। यह प्रक्रिया कभी थमी नहीं और आर्य समाज तथा हिन्दू महासभा से होती हुई अंततः आर.एस.एस के नेतृत्व में संगठित हुई सांप्रदायिक राष्ट्रवादी शक्तियाँ आज एक बार फिर अमरीकी साम्राज्यवाद से मुकाबले की घड़ी में देश को अंदर से खोखला करने और तोड़ने का कुचक्र रच रही हैं। जद्दोजहद के इस दौर में वीरभारत तलवार ने अपनी किताब 'रस्साकशी' के ज़रिये हस्तक्षेप किया है और भारतीय राष्ट्र के बारे में प्रचलित तमाम भ्रमों का निवारण किया है।

श्री तलवार ने इस किताब का उपशीर्षक रखा है—19वीं सदी का नवजागरण और पश्चिमोत्तर प्रांत। नवजागरण शब्द का प्रयोग वे आधुनिक युग में होने वाले धार्मिक सामाजिक सुधार के रूप में करते हैं तथा पश्चिमोत्तर प्रांत का अर्थ है 19वीं सदी का आगरा, मेरठ, रुहेलखण्ड, कानपुर, इलाहाबाद, बनारस और बलिया का इलाका। इसी में अवध को जोड़कर बाद में संयुक्त प्रांत या युक्त प्रांत बनाया गया था जो आगे चलकर उत्तर प्रदेश कहलाया। लेखक के अनुसार 'नवजागरण की नजर से यही प्रांत (हिन्दी-उर्दू प्रदेश में) महत्त्वपूर्ण था।' समूची 19वीं सदी में हिन्दू तथा मुस्लिम भद्रवर्ग की बीच ब्रिटिश समर्थन, जो मुख्यतः सरकारी नौकरियों के रूप में मिलता था, पाने के लिए हिन्दी और उर्दू के बहाने चली कश्मकश इस नवजागरण की सबसे बड़ी ख़ासियत है। इसी को लेखक 'रस्साकशी' नाम देता है।

इस तरह यह किताब उन बुनियादी तंतुओं की खोज करती है जिनसे हमारे आधुनिक मन की संरचना की बुनावट हुई है। परम्परा से हम यह समझते रहे हैं कि हमारे हिन्दी-उर्दू भाषी इलाक़े का नवजागरण 1857 के महान स्वाधीनता संग्राम की परम्परा को आगे बढ़ाने वाला था। रामविलास शर्मा ने इसका साम्राज्यवाद विरोधी-सामंतवाद विरोधी परिप्रेक्ष्य निर्मित किया और भारतेन्दु हरिश्चन्द्र की अगुवाई में इसे एक गरिमामय नाम दिया 'हिन्दी नवजागरण'। हालाँकि आरम्भ से ही इस अवधारणा पर कुछ संदेह उठते रहे, लेकिन समय के साथ वे प्रश्न इसके नाम से अधिक जुड़ गए और भारतेन्दु, उनके मण्डल और उनकी अगुवाई में चले आंदोलन की प्रगतिशील अंतर्वस्तु पर आम सहमति बनती गई। यहाँ तक कि उसी परम्परा में आने वाले महावीर प्रसाद द्विवेदी और रामचन्द्र शुक्ल पर साहित्यिक दायरे में अपेक्षाकृत अधिक सवाल उठे, पर आधुनिक ओर जनतांत्रिक मूल्यों के जनक की भारतेन्दु की हैसियत बनी रही।

इस किताब के बारे में एक मज़ेदार तथ्य यह है कि लेखक ने यथासम्भव 19वीं सदी के नवजागरण की सकारात्मकताओं और आज के दौर में उनकी प्रासंगिकता को

रेखांकित करने की कोशिश की है। इस सिलसिले में वह आर्यसमाज को कहीं-कहीं समूचे भारतीय नवजागरण की सबसे प्रभावशाली धारा भी करार देता है, लेकिन यथार्थ के प्रति सत्यनिष्ठा के कारण आर.एस.एस. को उसकी तार्किक परिणति मानने से भी नहीं हिचकता। इसलिए वस्तुगत रूप से इस किताब का महत्त्व इस बात में निहित है कि इसने पहली बार आधुनिक भारतीय राष्ट्र की बुनियाद में निहित साम्प्रदायिक आग्रहों का खुलासा करके हमें बताया है कि राष्ट्रनिर्माण का वैकल्पिक मार्ग ही तलाशना होगा। हम जिस रास्ते पर चल रहे हैं यह किताब उसकी ग़लत दिशा का संकेत करती है, और इस प्रकार हमें सही रास्ता तलाशने के लिए प्रेरित करती है।

इस किताब में लेखक ने भारतेन्दु को उनके युग की दूसरी शख़्सियतों ख़ासकर राजा शिवप्रसाद सितारेहिन्द, सर सैय्यद अहमद और दयानन्द सरस्वती के समानांतर रखकर देखा है और नवजागरण की प्रक्रिया में भारतेन्दु की भूमिका की विशिष्टता को समझने की कोशिश की है। इसकी शुरूआत होती है हंटर आयोग के सामने दिये भारतेन्दु के बयान से। लेखक के ही शब्दों में, 'हंटर कमीशन को दिया भारतेन्दु का बयान मुझे क्या मिला, अंधे के हाथ बटेर लग गई।' (पृ. 11)

ग़ौरतलब है कि 1882 में भारत की औपनिवेशिक सरकार ने भारतीयों की शिक्षा से सुधारों के नाम पर, अपना नियंत्रण घटाने तथा भारतीयों की भागीदारी बढ़ाने (ताकि सरकार पर वित्तीय बोझ कम हो) के घोषित इरादे से डब्ल्यू.डब्ल्यू. हंटर की अध्यक्षता में एक शिक्षा आयोग बनाया था। हंटर ने एक प्रश्नसूची तैयार करके शिक्षा और सामाजिक जीवन में कार्यरत प्रभावशाली लोगों के उस पर बयान लिए ताकि शिक्षा में वांछित बदलावों पर प्रतिक्रिया की टोह मिल सके। नवजागरण में शिक्षा की भूमिका निर्णायक थी और उसमें भी सबसे महत्त्वपूर्ण था उस पर नियंत्रण—औपनिवेशिक या राष्ट्रीय—का सवाल। भारतेन्दु ने आश्चर्यजनक रूप से औपनिवेशिक नियंत्रण के पक्ष में राय दी। इससे भी अधिक अचंभित करने वाले वे तर्क हैं जो वे अपनी राय के पक्ष में देते हैं। उन्हें देखने पर यह साफ़ हो जाता है कि यह एक ख़ास तरह का दिमाग़ है जो अपने देशवासियों को बेहद गिरी हुई नज़र से देखता है और औपनिवेशिक प्रभुओं के बारे में अत्यन्त उच्च विचार रखता है। इसके पीछे महज़ कोई द्वन्द्व, अंतर्विरोध या कार्यनीति नहीं है।

हंटर आयोग के सामने बयान देते हुए भारतेन्दु ने कहा, 'वह समय अभी नहीं आया है कि सरकार देहाती इलाक़ों में प्राथमिक शिक्षा देने के लिए हिन्दुस्तानियों के निजी प्रयत्नों पर निर्भर करे। सरकार अगर शिक्षा देने से पीछे हट गई—चाहे अप्रत्यक्ष रूप से ही सही—तो शिक्षा के काम को भारी नुकसान पहुँचेगा। इस देश के लोग लम्बे समय से हिन्दू राजाओं और मुसलमान सम्राटों के निरंकुश शासन में रहते आए हैं जिससे ग़ुलामी और परनिर्भरता उनके स्वभाव में बस गई है। अंग्रेज़ सरकार के

उपकारी शासन से उनके अंदर स्वतंत्र विचार और आज़ादी का भाव पैदा होने में अभी बहुत समय लगेगा।... भारत में सभ्यता का युग अभी शुरू ही हुआ है लिहाजा शिक्षा के क्षेत्र में सरकार द्वारा हाथ खींचना अभी सही नहीं होगा।' (पृ. 17)

भारतेन्दु ने आयोग की प्रश्नावली का जवाब खूब सोच-समझकर विस्तार से लिखित रूप में दिया था। यह उनके समय की सर्वोच्च सत्ता के सामने उनकी आधिकारिक अभिव्यक्ति थी, जो व्यापक महत्त्व रखती है। निश्चय ही ब्रिटिश शासन पर उनकी आस्था तत्कालीन भारतीय भद्र वर्ग, जिसके वे प्रतिनिधि थे, के विचारों और हितों के अनुकूल थी, इसके बावजूद शिक्षा को लेकर उनके विचार यथार्थ के अनुरूप नहीं थे। मोटे तौर पर इसी भद्र वर्ग का प्रतिनिधित्व करने वाले नवजागरण के दूसरे नेताओं तथा संस्थाओं ने शिक्षा देने के अपने प्रयास किए थे जो काफी सफल भी रहे थे। बंगाल में आधुनिक शिक्षा पिछले पचास वर्षों से, ख़ासकर ईश्वरचन्द्र विद्यासागर के प्रयत्न से चल रही थी। भारतेन्दु के समकालीन दयानन्द ने आधुनिक ज्ञान-विज्ञान का समावेश करते हुए भी किसी देसी शिक्षाविद की तरह हिन्दुओं की धार्मिक और सामाजिक प्रथाओं का विरोध करते हुए स्त्रियों और दलितों समेत समाज के सभी वर्गों को शिक्षित करने के आंदोलन को जन्म दिया। भारतेन्दु के एक-दूसरे समकालीन सर सैय्यद अहमद भी यूरोपीय सभ्यता के कम बड़े प्रशंसक नहीं थे, लेकिन उन्होंने शिक्षा पर सरकारी नियंत्रण को कभी पसंद नहीं किया। पश्चिमोत्तर प्रांत में राजा शिवप्रसाद सितारेहिन्द की सरकारी अधिकारी के रूप में निभाई गई भूमिका को अगर छोड़ दें तो सर सैय्यद हिन्दी-उर्दू प्रदेश में शिक्षा आंदोलन के सबसे बड़े सूत्रधार थे। जब भारतेन्दु यह बयान दे रहे थे तब तक वे अलीगढ़ कालेज समेत दर्जनों स्कूलों की स्थापना कर चुके थे और आधुनिक ज्ञान-विज्ञान की किताबों का अनुवाद करने के लिए 'साइंटिफिक सोसाइटी' क़ायम कर चुके थे।

स्त्री-शिक्षा के महत्त्वपूर्ण मसले पर बयान देते हुए भारतेन्दु ने लड़कियों को स्कूल भेजने में संभ्रांत लोगों की अनिच्छा की बात कही थी। लेकिन शूद्र और दलित जातियों की लड़कियों को, जो विजयानगरम के महाराजा द्वारा संचालित 'बाला पाठशाला' में बड़ी तादाद में पढ़ती थीं, 'स्वेच्छाचारी और अपने बाप-ससुर के नाम को डुबोने वाली' कहते हैं क्योंकि बाज़ार में काग़ज़ पेंसिल ख़रीदते समय 'लुच्चे लोग उन पर बोली ठठोली बोलते हैं।' (पृ. 220) उनका यह दृष्टिकोण उनके बलिया वाले भाषण में भी इन शब्दों में प्रकट होता है, 'लड़कियों को भी पढ़ाइए, किन्तु उस चाल से नहीं जैसे आजकल पढ़ाई जाती हैं जिससे उपकार के बदले बुराई होती है। ऐसी चाल से उनको शिक्षा दीजिए कि वह अपना देश और कुलधर्म सीखें, पति की भक्ति करें और लड़कों को सहज में शिक्षा दें।' ऐसी स्थिति में जब स्त्री-शिक्षा की प्रतीकात्मक शुरूआत भर हुई थी उससे 'उपकार के बदले बुराई' देखना किसी परले दर्जे के रूढ़िवादी के लिए ही सम्भव था।

स्त्रियों को पढ़ने के लिए घर से बाहर भेजने के विकल्प के रूप में उस युग में ईसाई महिलाएँ संभ्रांत घरों के जनाने में जाकर पढ़ाया करती थीं। भारतेंदु के मुताबिक ये महिलाएँ 'धार्मिक सिद्धांतों और स्वतंत्र विचारों को दिमाग़ में बैठाने की कोशिश करती हैं जिससे देशी स्त्रियों में शिक्षा की चाह पैदा होने के बजाय उससे विरक्ति होती है।' लेखक के अनुसार भारत के दूसरे प्रांतों में, ख़ासकर बंगाल में स्त्रीशिक्षा का प्रारम्भिक विकास ईसाई मिशनरियों ने किया था। वहाँ उनसे पढ़ने वाले ईसाई नहीं बन गए थे। दरअसल भारतेन्दु जैसे लोग धार्मिक सिद्धान्तों की वजह से नहीं, स्वतंत्र विचारों की वजह से स्त्री शिक्षा का विरोध कर रहे थे। जिस पश्चिमी शिक्षा को पुरुषों के लिए वे उचित मानते थे, उसे स्त्रियों के लिए नुक़सानदेह क़रार देते थे। अपने इसी पूर्वाग्रह का परिचय देते हुए आगे उन्होंने 'प्रेमसागर', 'विद्यांकुर' और 'इतिहासतिमिरनाशक' जैसी कृतियों को लड़कियों के लिए नैतिक दृष्टि से हानिकारक बताया।

स्त्री-शिक्षा की राह में जब भारतेन्दु दुनिया भर के किन्तु-परन्तु जमा कर रहे थे, बंगाल में जे.ई.डी. बेथून और ईश्वरचन्द्र विद्यासागर, पंजाब में दयानंद सरस्वती और महाराष्ट्र में ज्योतिबा फुले सच्ची सामाजिक निष्ठा का परिचय देते हुए तमाम मुसीबतें सहकर स्त्री-शिक्षा का आंदोलन खड़ा कर चुके थे। लेखक ने उनके प्रयत्नों का विस्तृत और विश्वसनीय विवरण दिया है। भारतेन्दु का इस क्षेत्र में योगदान एक असफल प्राथमिक स्कूल खोलने तक सीमित रहा। स्त्री-शिक्षा के मुद्दे पर उनकी पत्रिका 'बालाबोधिनी' ने भी नियमपूर्वक स्त्रियों को पढ़-लिखकर अपनी परम्परागत भूमिका ही अच्छी तरह निभाने का उपदेश दिया। चार साल तक निकली इस मासिक पत्रिका के एक भी अंक में स्त्रियों के किसी अधिकार की चर्चा नहीं की गई, न ही उन्हें ज्ञान-विज्ञान की रोशनी में विचार करने की प्रेरणा दी गई। यहाँ तक कि श्रृंगारिक रचनाएँ भी इससे बहिष्कृत थीं। परम्परागत स्त्रीधर्म की शिक्षा देने वाली 'बालाप्रबोध' जैसी रचनाओं के अलावा 'जोन ऑफ आर्क' जैसी महान ऐतिहासिक नायिका का जीवनवृत्तांत लेखक की इस टिप्पणी के साथ छपा था कि 'जो स्त्रियाँ अपना स्त्रीधर्म छोड़कर देवियों जैसी वीरता दिखाने की कोशिश करेंगी, उनकी दुर्गति ऐसी ही होगी जैसी जोन की हुई।' (पृ. 213)

अंततः लेखक का यह निष्कर्ष ग़ौरतलब है कि 'हिन्दी नवजागरण के लेखकों के सामने स्त्रियों की समस्याएँ नहीं थीं। उनके लिए खुद स्त्री ही एक समस्या थी जिस पर हर हाल में काबू पाना था।' सम्भवतः इन्हीं वजहों से '19वीं सदी के नवजागरण ने पश्चिमोत्तर प्रांत में किसी लेखिका को जन्म नहीं दिया, जबकि उसी दौर में बंगाल, महाराष्ट्र और पंजाब में कई महत्त्वपूर्ण लेखिकाएँ सामने आईं जिन्होंने स्त्री प्रश्न पर पुरुष-सुधारकों से अलग नज़रिया रखा।' बाल-विवाह और विधवा-विवाह के मसलों पर भी भारतेन्दु मण्डल के लेखकों का रवैया व्यवहारतः मुँह में राम बगल में छूरी वाला ही साबित होता है।

इन सामाजिक प्रश्नों के अलावा मुख्य रूप से इतिहास, भाषा, लिपि और धर्म

के प्रश्न पश्चिमोत्तर प्रांत के नवजागरण में छाए रहे। लेखक नवजागरण के दौरान उभरी इतिहास-लेखन की उस प्रवृत्ति की चर्चा करता है 'जिसमें मुस्लिम शासनकाल को अँधेरे और यातना का काल मानते हुए मुस्लिम-पूर्व हिन्दू काल को हर तरह से गौरवान्वित किया जा रहा था। इस प्रवृत्ति के उदाहरण भारतीय नवजागरण के नेताओं में कम से कम 1858 से मिलने शुरू हो जाते हैं। रायल एशियाटिक सोसाइटी बनने, पुरातात्विक खोजें होने और प्राचीन संस्कृत ग्रंथों का पता लगने के साथ ही अंग्रेज़ी इतिहासलेखन पद्धति के प्रभाव से भारत में इतिहास लेखन की जो आधुनिक पद्धति शुरू हुई, उसमें मुस्लिम शासन को हर तरह से बुरा बतलाने और मुस्लिम पूर्व हिन्दू अथवा प्राचीन आर्य इतिहास को गौरवपूर्ण मानने की प्रवृत्ति ने इतनी मज़बूती से पैर जमाए कि लम्बे समय तक वह भारतीय इतिहास लेखन और स्कूली पाठ्यपुस्तकों में मौजूद रही और आज भी बहुत से लोगों के सामान्य बोध का अंग बनी हुई है।' असल में यह सामान्य बोध सिर्फ़ बहुत से लोगों का नहीं, हम सबका है और पिछले दो सौ वर्षों में बना है जबकि इससे पहले के साक्ष्य इसकी पुष्टि नहीं करते। भारतीयों के इतिहास-बोध पर क़ब्ज़ा करने में ब्रिटिश उपनिवेशवादियों को मिली इस कल्पनातीत सफलता ने कैसे अमरीकी साम्राज्यवाद की राह हमवार की है, इसे हम आज खुली आँखों देख रहे हैं। 'इतिहासलेखन की इस हिन्दूवादी चेतना की पहली अभिव्यक्ति हिन्दी में "इतिहासतिमिरनाशक" में हुई जिसमें मध्यकालीन मुस्लिम शासकों के अत्याचारों के भयानक विवरण एक के बाद एक लगातार मिलते हैं।' (पृ. 62) सरकारी नौकरियों पर आधारित हिन्दू-मुस्लिम साँझे भद्रवर्ग के बीच विभाजन का सैद्धान्तिक आधार तैयार करने वाली यह किताब लिखने के अलावा राजा शिवप्रसाद सितारेहिन्द ने सरकारी कामकाज में फ़ारसी की जगह नागरी लिपि के प्रयोग की माँग करके उस हिन्दी नवजागरण की बुनियाद रखी थी, बाद में जिससे उन्हें बहिष्कृत कर दिया गया।

1868 में युक्तप्रांत सरकार को एक मेमोरेण्डम देकर राजा शिवप्रसाद ने नागरी लिपि को हिन्दू अस्मिता के साथ जोड़ा; कबीर, सूर, तुलसी, बिहारी का हवाला देकर इसकी सांस्कृतिक श्रेष्ठता का उद्‌घोष किया और अरबी-फ़ारसी के प्रचलित शब्दों के साथ नागरी लिपि में हिन्दी लागू करने की माँग की। यहाँ लिपि का सम्बन्ध सरकारी नौकरियों के विशाल तंत्र पर क़ब्ज़े से था। फ़ारसी लिपि से बचपन से ही परिचित होने के कारण मुसलमान हिन्दुओं के मुकाबले कुछ लाभ की स्थिति में होते थे। युक्त प्रांत में 14% आबादी वाले मुसलमान कुल 35% सरकारी नौकरियों पर क़ाबिज़ थे। मुस्लिम विरोध के आधार पर हिन्दी और हिन्दू का अभिन्न सम्बन्ध स्थापित करने वाले राजा शिवप्रसाद की भाषा नीति फिर भी लचीली थी क्योंकि उन्होंने आम बोलचाल में घुल-मिल गए अरबी शब्दों का समर्थन किया जबकि आगे चलकर भारतेन्दु ने जो 'हरिश्चन्द्री हिन्दी' चलाई उसमें तो अक्सर हिन्दी के भी आमफ़हम शब्दों को निकाल

कर यथासम्भव संस्कृत के शब्द प्रयत्नपूर्वक भरे गए।

रामचन्द्र शुक्ल लिखते हैं, 'राजा शिवप्रसाद मुसलमानी हिन्दी का स्वप्न ही देखते रहे कि भारतेन्दु ने स्वच्छ आर्य हिन्दी की शुभ्र छटा दिखाकर लोगों को चमत्कृत कर दिया।' (पृ. 77) इस भाषाई साम्प्रदायिकता के शिकार देवकीनंदन खत्री और अयोध्याप्रसाद खत्री भी हुए। उस दौर की सर्वाधिक पढ़ी गई किताबों 'इतिहासतिमिरनाशक' और 'चन्द्रकांता' दोनों पर हिन्दी के बजाय उर्दू की कृति होने का आरोप लगाया गया। खड़ी बोली की उर्दू से निकटता के चलते ही काव्यभाषा के रूप में भारतेन्दु मण्डल ने लगातार ब्रजभाषा का समर्थन किया और आगे चलकर अयोध्या सिंह उपाध्याय 'हरिऔध' ने हिन्दी का जो पहला काव्य 'प्रिय-प्रवास' लिखा उसकी भाषा खड़ी बोली की पुरानी परम्परा के मुकाबले हास्यास्पद होने की हद तक संस्कृतनिष्ठ, अकाव्यात्मक और बोझिल थी।

लेखक के मुताबिक, 'शिवप्रसाद ने उस प्रवृत्ति का लगातार विरोध किया जो हिन्दी-उर्दू का अलगाव दूर करने के बजाय उसे और बढ़ावा दे रही थी।... गदर के बाद युक्तप्रांत में जब हिन्दी में पहली बार इतिहास-भूगोल जैसे आधुनिक विषयों की पढ़ाई शुरू हुई, जिसकी पहले से कोई परम्परा नहीं थी, तब इन पाठ्यपुस्तकों की भाषा का स्वरूप कैसा हो, यह सवाल बहुत महत्त्वपूर्ण था। ...देवकीनंदन खत्री का यह ख्याल बेबुनियाद नहीं था कि "यदि 'राजा शिवप्रसादी हिन्दी' प्रकट न हुई होती, तो सरकारी पाठशालाओं में हिन्दी के चन्द्रमा की चाँदनी मुश्किल से पहुँचती।" ' (पृ. 81)।

युक्त प्रांत में 19वीं सदी के नवजागरण में अग्रणी भूमिका निभाने वाली संस्थाएँ ब्रह्मोसमाज, आर्य समाज तथा कायस्थ महासभा जैसे कुछ जातीय संगठन थे। इनके सुधार प्रयासों का विरोध करने वालों में भारतेन्दु मण्डल के सदस्य सबसे आगे थे। 1887 में विभिन्न क्षेत्रीय सामाजिक आंदोलनों को जोड़कर बनी सोशल कांफ्रेंस के रानाडे, भंडारकर और आगरकर जैसे नेताओं को, होटलों में ठहरने और खाने-पीने के कारण, 'होटलिए' कहते हुए बालकृष्ण भट्ट ने धर्म की रक्षा के लिए सोशल कांफ्रेंस के शीघ्र 'मूलोच्छेद' की माँग की थी। (पृ. 146) प्रताप नारायण मिश्र सोशल कांफ्रेंस की प्रतिष्ठा से आकर्षित होकर 1889 में इसके सम्मेलन में गए। वहाँ जब बारह वर्ष से कम आयु की पत्नी के साथ संभोग को जुर्म ठहराने वाले सहवास बिल और मृत पति की सम्पत्ति में विधवा के हक़ का समर्थन करते हुए प्रस्ताव पास किए गए तथा विधवा की मर्जी के बिना उसके केश काटने को ज़ुर्म मानने की वकालत की गई तो नाराज़ होकर 'ब्राह्मण' में लेख लिखकर 'सुधारों के लिए रानाडे जैसे नेताओं को अयोग्य ठहराते हुए उन्होंने इस काम की ज़िम्मेदारी ब्राह्मण पण्डितों, मौलवियों और बिरादरी के चौधरियों को सौंप देने का सुझाव दिया', क्योंकि 'समाज में नए विचारों और सुधारों का प्रचार सफलतापूर्वक वे ही लोग कर सकते हैं, 'जिनके चरित्र समाज की रीति-नीति से विरुद्ध न हो।' ' (पृ. 147-148) कहना अनावश्यक है कि कोरे

सिद्धांत के स्तर पर भले ही ये लेखक सामाजिक सुधारों का समर्थन करते हों, लेकिन व्यवहार में इनकी नीति उन्हें असम्भव कर देने की ही थी।

'19वीं सदी के उत्तरार्द्ध में बनारस-इलाहाबाद को केन्द्र बनाकर जो तीन बड़े आंदोलन चले, वे नागरी लिपि, हिन्दी-भाषा और गोरक्षा के सवाल पर थे। ...मुख्य लड़ाई हिन्दू-मुस्लिम भद्रवर्ग के बीच विशेषाधिकारों पर कब्जा करने और अपनी सांस्कृतिक श्रेष्ठता कायम करने की रही। ...19वीं सदी के हिन्दी लेखक जिन संगठनों में सक्रिय थे, वे नवजागरण के तात्कालिक विरोध में बनी संस्थाएँ थीं जिन्हें 19वीं सदी खत्म हो जाने के बाद याद रखना भी ज़रूरी नहीं समझा गया।' (पृ. 157) बनारस की सबसे प्रभावशाली संस्था 'काशी धर्म सभा' थी, जिसके अध्यक्ष काशी नरेश और सेक्रेटरी भारतेन्दु थे। इस सभा के पण्डितों ने वेदों में मूर्तिपूजा के सवाल पर दयानन्द से शास्त्रार्थ किया था। हिन्दी नवजागरण का एक दूसरा संगठन 'मध्य भारत हिन्दू समाज' था, जिसका उद्देश्य प्रांतीय स्तर पर हिन्दुओं को संगठित करना था। बालकृष्ण भट्ट इसके सक्रिय सदस्य थे। इसने स्त्री शिक्षा का तो समर्थन किया, लेकिन बाल-विवाह रोकने के लिए आए सहवास बिल का कड़ा विरोध किया। हिन्दी नवजागरण की सबसे बड़ी संस्था 'श्री भारत धर्ममहामण्डल' थी जिसके नेता मदनमोहन मालवीय थे। बालमुकुंद गुप्त और प्रताप नारायण मिश्र के अलावा अनेक लेखक इससे जुड़े थे। इस संगठन की सदस्यता पाने के लिए विधवा-विवाह का विरोधी होना एक ज़रूरी शर्त थी। यह संगठन जातिप्रथा का भी समर्थक था।

लेखक के मुताबिक हिन्दी नवजागरण में भारतेन्दु ही किसी हद तक आर्यों और ब्राह्मों की देखादेखी वैष्णव धर्म में सुधारों के बारे में दिलचस्पी दिखाते थे, लेकिन दो क़दम चलते ही उल्टी दिशा में मुड़ पड़ते थे। मूर्तिपूजा के सवाल पर उन्होंने 'दूषण मलिका' में लिखा, 'मूर्तिपूजा का यद्यपि इस लोक में कुछ फल न हो तथापि परलोक में इसका फल सत्य हुआ तो आप फिर महापाप के भागी हुए और जो न सत्य हुआ तो हम लोगों की कुछ हानि नहीं बल्कि शिष्टाचार मानने से हमारी प्रशंसा ही होगी।' प्रताप नारायण मिश्र ने मूर्तिपूजा का समर्थन करते हुए छूआछूत और जातिप्रथा तथा सांप्रदायिक संकीर्णता का स्वतःसिद्ध सत्यों की तरह उपयोग किया—'उन्होंने लिखा कि ठाकुर जी के मन्दिर में ब्राह्मण तक बिना नहाए नहीं जा सकते और मूर्ति को उच्च जाति का हिन्दू भी नहीं छू सकता, ऐसी हालत में हम देवमूर्तियों को उन कपड़ों से क्यों सजाते हैं जो विलायत के कोरियों का बुना हुआ है और खलीफा जी के द्वारा सूई में थूक लगा-लगा के सिया जाता है, "क्या देश के कपड़ा बुनने वाले और हिन्दू दरजी मर गए हैं?" ' (पृ. 167) अब अगर आज संघ गिरोह के उन्मादी अभियानों में इस आह्वान की अनुगूँज सुनाई पड़े तो कोई क्या कर सकता है?

वसुधा डालमिया ने भारतेन्दु के धार्मिक चिंतन के विकास की तीन मंज़िलों का

ज़िक्र किया है (1) वल्लभ सम्प्रदाय तक सीमित, (2) वल्लभ सम्प्रदाय में रहते हुए विभिन्न वैष्णव सम्प्रदायों में एकता के लिए सक्रिय, तथा (3) हिन्दुओं के विभिन्न सम्प्रदायों के बीच समझौता कर एक राष्ट्रीय आर्यधर्म की योजना पर कार्यरत। लेखक के अनुसार, 'यह रूपरेखा सामान्यतः सही होने पर भी वसुधा डालमिया इस तथ्य की उपेक्षा करती हैं कि भारतेन्दु द्वारा विभिन्न वैष्णव सम्प्रदायों और विभिन्न हिन्दू सम्प्रदायों की एकता का प्रयत्न कागज पर ही ज्यादा था। सामाजिक क्षेत्र में अपनी कल्पनाओं को लागू करने के लिए भारतेन्दु ने "तदीय समाज" के सीमित प्रयोग को छोड़कर और कोई प्रयास नहीं किया। भारतेन्दु की राष्ट्रीय आर्यधर्म की कल्पना में मौजूद मुस्लिम विरोधी सांप्रदायिकता का जिक्र भी वे दबी जुबान से ही करती हैं।' (पृ. 171) आरम्भिक अवस्था को छोड़ दें तो वैष्णव गोसाइयों के यौन शोषण और दुराचार के ख़िलाफ़ नवजागरण युग में हुई सबसे बड़ी घटना 'महाराजा लाइबेल केस' के प्रभाव में भारतेन्दु भी वैष्णव धर्म में घुस आई बुराइयों को भगाना चाहते थे, पर वे वैष्णव धर्म में किसी बुनियादी परिवर्तन के लिए तैयार न थे। उन्होंने वैष्णव गुरुओं के दुराचरण की निन्दा की, लेकिन उसकी बुनियाद में स्थित गुरुओं के असीमित विशेषाधिकारों पर हमला करने के बजाय वे उनका 'जीव और ईश्वर के बिचवई' के रूप में आदर्शीकरण करते रहे। गुरुओं से तो चरित्रवान बनने की अपील की, और उनके चंगुल में फँसने के लिए श्रद्धालुओं को दोषी ठहराया। इसके विपरीत दयानन्द ने न केवल इस दुराचरण की बुनियाद, गुरु की हैसियत पर चोट की थी बल्कि जीव और ईश्वर के बीच किसी 'बिचवई' की सम्भावना से इन्कार कर दिया था।

जहाँ तक एक आर्यधर्म की स्थापना का सवाल है, यही एक ऐसा बिन्दु था जहाँ आर्यसमाज और हिन्दी नवजागरण में पूर्ण सहमति थी। लेखक का कथन है, 'हिन्दू राष्ट्रवाद की विचारधारा के बीज 19वीं सदी के धार्मिक नवजागरण में बोए गए थे। आज राजनीतिक हिन्दुत्व के सभी संगठन जब यह दावा कर रहे हैं कि "हमारे यहाँ हिन्दुत्व को राष्ट्रीयता से अलग नहीं किया जा सकता" तो वे 19वीं सदी के भद्रवर्गीय द्विज हिन्दुओं के नवजागरण से निकली विचारधारा को ही दोहराते हैं। इस विचारधारा को सुसंगत ढंग से व्यक्त करते हुए प्रतापनारायण मिश्र कहते हैं, "हम हिन्दू हैं और यह देश हमारा स्थान है। ...हम यहाँ के मुख्य निवासी हैं। दूसरे लोग केवल गौण रीति से भारतीय कहलावेंगे, पर मुख्य भारतीय हमी हैं ... हमारी ही उन्नति, अवनति का नाम भारत की उन्नति अवनति है, था और होगा।" यहाँ प्रतापनारायण मिश्र उस धार्मिक लोकतंत्र का समर्थन नहीं करते, जिसकी माँग वे आर्यसमाजियों के ख़िलाफ़ हिन्दूसमाज के अंदर करते थे। इस तरह घूम-फिरकर मिश्र जी वहीं पहुँचते हैं जहाँ आर्यसमाजी, भारतेन्दु और भट्ट जी पहले ही पहुँचे हुए थे। यह इन लेखकों की भिन्नता के बीच एकता थी।' (पृ. 191)

'पश्चिमोत्तर प्रांत में हिन्दी नवजागरण का शायद ही कोई नेता होगा जिसने मुसलमानों का विरोध करते हुए उनसे अलग रहने की इच्छा न प्रकट की हो। अगर राजा शिवप्रसाद ने मुसलमानों का सिन्धु पार करना भारतवासियों के लिए अभिशाप का दिन माना, तो भारतेन्दु हरिश्चन्द्र ने भी गोरक्षा का मुद्दा उठाते हुए कुछ इसी ढंग की बात कही। बलिया वाले भाषण में हिन्दू-मुसलमान को एक साथ चलने के लिए कहना सद्भावनापूर्ण होने पर भी बहुत सार्थक नहीं लगता, क्योंकि जिन मुद्दों के कारण उस वक़्त हिन्दू-मुसलमान एक साथ नहीं चल पा रहे थे, भारतेन्दु ने उसमें भी उन पर विचार नहीं किया। पर जब भी ऐसे मुद्दे आते, जैसे गोरक्षा का मुद्दा, तो भारतेन्दु मुसलमानों से अलगाव के लिए बेचैन हो उठते। मुसलमानों से अलग हो पाने में हिन्दुओं की असमर्थता से परेशान होकर उन्होंने लिखा, ''कचहरी के अमला, वकील, मुख़्तार, वेश्या और कारीगर, इन विविध रूपों में हम लोगों से मिल वे ऐसे हो रहे हैं कि छूटना कठिन।'' भारतेन्दु कोई ऐसा माई का लाल ढूँढ़ना चाहते थे, जो ''इन कष्टों को सहकर इनका सहवास, इनका व्यवहार और इनका सम्बन्ध छोड़ दे।'' (पृ. 293) दुर्भाग्य से, भारतेन्दु की इस 'पैशनेट अपील' के पक्ष में हवा तेज़ से तेज़तर होती गई और हिन्दी नवजागरण की यह चिर आकांक्षा अंततः पूरी हुई।

इन तकलीफ़देह वाक़ियों के बारे में पढ़ते और सोचते हुए इस बात से कुछ तसल्ली मिलती है कि लेखक ने इस दौरान बिहार में हुए नवजागरण को धर्मनिरपेक्ष आधारों पर संगठित होता हुआ पाया है, 'कुछ लोग अपनी कल्पना में रूसी जाति जैसी बड़ी ''हिन्दी जाति'' में बिहारियों को शामिल मानकर चलते हैं। हिन्दी को हिन्दू धर्म से जोड़ने वाले पहले लेखक डॉ. राजेन्द्रलाल मित्र ने भी पश्चिमोत्तर प्रांत के हिन्दुओं के साथ बिहारियों के प्रजातीय, धार्मिक, सांस्कृतिक और भाषाई सम्बन्धों की घनिष्ठता पर ज़ोर दिया था। इसलिए ताज्जुब की बात है कि जिस समय पश्चिमोत्तर प्रांत में मुस्लिम-विरोधी हिन्दी जाति के गठन का प्रयास चल रहा था, उसी समय बिहार के भद्रवर्गीय हिन्दू और मुसलमान एक ही बिहारीपन की भावना से भरकर आपस में सहयोग कर रहे थे। 19वीं सदी के आख़िरी दशकों और 20वीं सदी के पहले दशक में शिक्षित बिहारी भद्रवर्गीय नेतृत्व में जो आंदोलन चल रहा था, वह न धार्मिक सुधारों के लिए था, न हिन्दी-उर्दू का विवाद था। वह था बंगाल से बिहार को अलग करने का आंदोलन। बिहार का नवजागरण यही आंदोलन था।' (पृ. 306) इस आंदोलन में अली इमाम, मु. फ़ख़रुद्दीन, सच्चिदानंद सिन्हा, ख़ुदाबख़्श ख़ाँ, मज़रुल हक़, सैय्यद हसन इमाम आदि नेताओं की भूमिका की छानबीन करते हुए लेखक ने यह नतीजा निकाला है कि 'पश्चिमोत्तर प्रांत में, जहाँ हिन्दू और मुस्लिम भद्रवर्ग शुरू से अलगाववादी रास्तों पर चले और ''मुस्लिम लीग'' कायम करके मुस्लिम भद्रवर्ग ने मुसलमानों के लिए अलग निर्वाचन और आबादी में अपने अनुपात से ज्यादा सीटों के

विशेषाधिकार की माँग उठाई, वहीं इसके विपरीत बिहारी मुस्लिम भद्रवर्ग ने मुस्लिम लीग के अंदर उनकी अलगाववादी माँगों का विरोध किया और ''हिन्दू कांग्रेस'' के साथ चलने पर जोर दिया।' सांस्कृतिक जीवन में इस एकता के ब्योरे देता हुआ लेखक 1872 से 1922 तक चले व्यापक प्रसार संख्या वाले बिहार के पहले हिन्दी साप्ताहिक 'बिहार बंधु' के संस्थापक केशवराम भट्ट द्वारा उर्दू-हिन्दी और हिन्दू-मुसलमान विवाद के उस दौर में अपने दोस्त मुंशी हसन अली, जो कादियानी सम्प्रदाय के प्रचारक रह चुके थे और उर्दू में कई उपन्यासों के अलावा इस्लामिक रचनाओं के लेखक तथा हिन्दी के अच्छे ज्ञाता थे, को 'बिहार बंधु' का पहला सम्पादक नियुक्त करने की घटना का ज़िक्र करता हुआ यह मार्मिक टिप्पणी करता है, 'पश्चिमोत्तर प्रांत में हमें हिन्दी लेखकों-सुधारकों के ऐसे गहरे मुस्लिम दोस्त दिखाई नहीं देते।'

19वीं सदी में पश्चिमोत्तर प्रांत में हुए इस हिन्दी-हिन्दू नवजागरण की विभिन्न धाराओं का मेल 'गोरक्षा आंदोलन' में हुआ जिसमें मुख्य रूप से नेतृत्वकारी भूमिका दयानन्द सरस्वती और भारतेन्दु की थी। इस आंदोलन में जिन दो किताबों ने महत्त्वपूर्ण भूमिका निभाई वे थीं—1880 में छपी दयानन्द की 'गौकरुणा निधि' और 1881 में छपी भारतेन्दु की 'गो महिमा'। दोनों के दृष्टिकोण में समानता और अंतर उल्लेखनीय है—'सबसे महत्त्वपूर्ण समानता दोनों किताबों गें गोहत्या के लिए मुख्यतः मुसलमानों को दोषी ठहराना है। ... फर्क यह है कि दयानन्द की किताब ऐसे आधुनिक आंदोलनकारी की है जो अपने मुस्लिम-विरोधी आग्रहों के बावजूद खुद को, जहाँ तक हो सके, गैर-साम्प्रदायिक रूप में पेश करने की कोशिश करता है और सारे मामले को किसी धर्मविशेष के बजाय पूरे राष्ट्र की आर्थिक समस्या के रूप में रखना चाहता है। ऐसा करने के लिए वह जरूरी तर्क देता है, आँकड़े जुटाता है। जबकि भारतेन्दु की किताब ऐसे आंदोलनकारी की है जिसका मुस्लिम-विरोध स्पष्ट झलकता है। यह आंदोलनकारी समस्या को सिर्फ भावनात्मक दृष्टि से देखता है; तर्क और आँकड़ों के बजाय भावुकतापूर्ण अपीलें करता है और अंधविश्वासों से भरी ब्राह्मणवादी प्रथाओं की दुहाई देता है। ... दयानन्द ने गाय की महिमा को एक खेतिहर देश के आर्थिक उत्पादन में उसकी भूमिका के कारण माना जो ज्यादा विवेकशील दृष्टिकोण था, जबकि भारतेन्दु द्वारा जमा किए गए श्लोकों में गाय की महिमा से ज्यादा ब्राह्मणों को गाय दान में देने के माहात्म्य का वर्णन था।' (पृ. 338-39)

'हिन्दी भाषा और लिपि के अलावा भारतेन्दु ने अपने जीवन में सबसे बड़ा आंदोलन गोरक्षा के लिए ही किया। पश्चिमोत्तर प्रांत के हिन्दू नवजागरण के दौरान हुए ये तीनों बड़े आंदोलन अंग्रेज़ों के नहीं, मुसलमानों के ख़िलाफ़ हुए।' (पृ. 344) इस आंदोलन में समाज सुधारों के समर्थक और विरोधी दोनों एकजुट थे। दरअसल, 'हिन्दी और नागरी को हिन्दुत्व का प्रतीक 19वीं सदी में 1860 के बाद बनाया गया

जबकि गाय सदियों से हिन्दुओं की धार्मिक भावना का विषय थी। हिन्दी या नागरी के प्रतीक से सिर्फ शहरों के शिक्षित समुदायों को गोलबंद किया जा सकता था, जबकि गाय का प्रतीक शहरी और देहाती, शिक्षित और अशिक्षित सबको समान रूप से गोलबंद करने की क्षमता रखता था।' (पृ. 333-4)

गोरक्षा का मुद्दा 19वीं सदी के अंतिम दशकों में पहली बार 1881-82 में तथा दुबारा 1891-92 में हिन्दी और नागरी के साथ जुड़े हुए मुद्दे के रूप में उठाया गया। पहली बार यह हिन्दी लेखकों और सम्पादकों का वैचारिक प्रयास अधिक रहा, लेकिन आख़िरी दशक में इसमें बड़े पैमाने पर हिंसक दंगे हुए जो दूसरे राज्यों में भी फैल गए। ग़ौरतलब है कि हिन्दी, नागरी और गोरक्षा के ये तीनों मुद्दे कांग्रेस की उत्पत्ति के साथ ही इसके अधिवेशनों में उठाए जाने लगे थे। इस दौरान आंदोलनकारियों का उपनिवेशवाद समर्थक नज़रिया तथा उनमें उर्दू और मुसलमानों का मिथकीय चरित्र गढ़ने की प्रवृत्ति पर लेखक ने विस्तार से प्रकाश डाला है। ये मिथ आज भी हमारे राष्ट्रीय जीवन में स्थापित हैं और बहुत हद तक जनमत तथा राजनीति को प्रभावित कर रहे हैं। अंततः मैकडॉवेल नामक हिन्दू समर्थक लेफ्टिनेंट गवर्नर ने 1900 में नागरी के दावे को स्वीकृति देकर इस आंदोलन पर सफलता की मुहर लगा दी। लेखक के अनुसार, 'इस रास्ते की मंजिल 1947 में सामने आई। स्वतंत्र भारत में सरकारी दफ्तरों और अदालतों से फारसी लिपि वाली उर्दू को निकाल बाहर किया गया, पर उसकी जगह हिन्दी ने नहीं, अंग्रेजी ने ली। केन्द्र में आज हिन्दी वैसी ही दूसरी राजभाषा है, जैसे 1900 ई. में युक्तप्रांत में नागरी दूसरी लिपि थी। तब वह उर्दू के बाद थी, आज वह अंग्रेजी के बाद है।' इस तथ्य से लेखक निष्कर्ष निकालता है कि यह समूचा आंदोलन न तो जनभाषाओं के विकास का था न आम जनता के हितों का, जिनके नाम पर यह चलाया गया। आज की अदालती और सरकारी कार्यवाही लगभग समूची ही अंग्रेजी में चल रही है और आम लोगों की पहुँच से 19वीं सदी के मुकाबले कहीं अधिक दूर है। हिन्दू भद्रवर्ग अंग्रेजी सीख कर अपने ही पिछड़े हुए तबकों को पछाड़कर अपना 'कैरियर' बनाने की फिराक में रहा है। हिन्दी की पारिभाषिक शब्दावली जो बनाई गई वह हिन्दी के गले में फाँसी का फंदा बन गई। यह सब कुछ 'हिन्दी आंदोलन के भद्रवर्गीय चरित्र के छल-कपट' के चलते हुआ। 'एक ओर सांस्कृतिक राष्ट्रवाद की दुहाई, दूसरी ओर पश्चिम के साम्राज्यवाद के आगे समर्पण। यह चारित्रिक विशेषता क्या 19वीं सदी में हिन्दी आंदोलन के अंदर भी किसी-न-किसी स्तर पर मौजूद नहीं थी?' (पृ. 388)

लेकिन इस नवजागरण में ऐसा नहीं कि सब कुछ नकारात्मक ही था। लेखक के मुताबिक इसका एक सकारात्मक पक्ष भी है—'धर्म और परम्पराओं के प्रति नवजागरण का तीव्र आलोचनात्मक रवैया जो इन दिनों इतना दुर्लभ हो गया है। अपने धर्म के बुनियादी सिद्धांतों के बारे में, सदियों पुरानी धार्मिक प्रथाओं और पूज्य धर्मग्रन्थों के बारे में नवजागरण के नेताओं ने खासकर ब्राह्मोसमाजियों और आर्यसमाजियों ने, जिस निर्भीकता से सवाल उठाए, उनकी आलोचना की, उन्हें खारिज किया—वह एक महान सराहनीय बौद्धिक इतिहास है। मौजूदा दौर में, जब बात-बात पर धार्मिक

भावनाओं के आहत होने का शोर उठाकर किसी भी तरह की धार्मिक आलोचना को असम्भव बना दिया गया है—नवजागरण की यह मूल्यवान विरासत, अपने धर्म के प्रति बुद्धि-विवेकसम्मत आलोचना का निर्भीक स्वर—19वीं सदी के मुकाबले आज और भी ज्यादा जरूरी हो गया है।' (पृ. 404)

बहरहाल, उस दौर के साहस की प्रशंसा करते हुए हमें यह अवश्य ध्यान रखना चाहिए कि उस साहस के लिए शक्ति कहाँ से मिलती थी। आर्यसमाज ने हिन्दुओं की बहुत सारी सामाजिक बुराइयों की आलोचना की, वेदों को अपौरुषेय और तर्कोपरि ठहराकर शेष मत-मतांतरों को ख़ारिज कर दिया और गोरक्षा के मुद्दे पर आक्रामक मुस्लिम विरोधी अभियान चलाकर आर्य जातीयता या हिन्दू राष्ट्रवाद की नींव भी रख दी। ऐसे में यह देखना होगा कि वेदों को स्थापित करने के लिए बाक़ी सभी धाराओं पर किया गया उनका प्रहार कहीं हिन्दुओं के अन्दर के बहुलता-वैविध्य-बोध का अंत करके उन्हें कट्टर साम्प्रदायिक बनाने वाला तो नहीं साबित हुआ। ख़ासतौर पर तब जब लेखक स्वयं यह देखता है कि '1940 के दशक में उसके बहुत से कार्यकर्ता राष्ट्रीय स्वयंसेवक संघ में शामिल होते गए और आर्यसमाज के मंदिरों-दफ्तरों में संघ की शाखाएँ लगने लगीं। उस वक़्त आर्यसमाज के नेताओं ने इस विकासक्रम को रोकने की एक कोशिश जरूर की थी, लेकिन वह कोशिश औपचारिक थी। पचास साल बाद आर्यसमाजी नेता भी आज उसी मुकाम के करीब पहुँच रहे हैं जहाँ उनके कार्यकर्ता पहुँचे थे। भारतीय नवजागरण की सबसे मुख्य और प्रभावशाली विचारधारा की यह परिणति एक कटु सत्य है।' (पृ. 403)

दरअसल, इस पूरे मामले की कुंजी मुग़लकाल और ब्रिटिश राज के मूल्यांकन में है। अगर मुग़लकाल बुनियादी तौर पर हिन्दू-मुस्लिम संघर्ष का दौर है तो निश्चय ही वह पतन और अंधकार का युग है जिससे मुक्ति दिलाने वाले अंग्रेज़ हैं। इसके विपरीत अगर बुनियादी तौर पर वह हिन्दू-मुस्लिम के बीच द्वन्द्वात्मक सामंजस्य और तालमेल का दौर है तो भारतीय इतिहास में अंग्रेज़ों की भूमिका उन शातिर लुटेरों की है जिन्होंने इसकी सम्पत्ति ही नहीं लूटी, इसके अतीत, वर्तमान और भविष्य पर भी कोलतार फेर दिया। 19वीं सदी के नवजागरण में अंग्रेज़ों के सुनियोजित प्रयासों के चलते, जिनके पर्याप्त साक्ष्य इस किताब में मौजूद हैं, पहली धारणा बलवती हुई और 1857 की पराजय के बाद तो इसको चुनौती देने वाली कोई धारा ही नहीं दिखाई पड़ती। हमारा समूचा राष्ट्रीय मानस इसी इतिहास बोध के ताने-बाने से बुना गया है। साम्प्रदायिक और फ़ासिस्ट उभार, जो हम आज देख रहे हैं, इसी दृष्टिकोण की स्वाभाविक, तार्किक और अनिवार्य परिणति है।

हमारे इतिहास के इस अधखुले अध्याय की गहन समीक्षा करने के बाद लेखक उपसंहार वाले हिस्से में वर्तमान हालात के बारे में कुछ ऐसी टिप्पणियाँ करता है जिनसे

कुछ ग़लतफ़हमियाँ पैदा हो सकती हैं। 19वीं सदी में हिन्दी और नागरी को प्रशासनिक स्वीकृति दिलाने की माँग को एक लोकतांत्रिक मांग मानते हुए वह पश्चिमोत्तर प्रांत के हिन्दू अभिजात तबकों द्वारा अपनी हैसियत बढ़ाने के लिए इसका एक प्रतीक के रूप में इस्तेमाल करने और उद्देश्य पूरा हो जाने के बाद उनसे मुँह मोड़ लेने को इतिहास की सामान्य प्रक्रिया मानता है और ऐसे ही कुछ और उदाहरण भी देता है। समस्या तब पैदा होती है जब वह इस सूत्र के सहारे वर्तमान की व्याख्या करता है—'मुस्लिम भद्रवर्ग कमजोर होकर भी आत्मविश्वास की कमी और एक सकारात्मक दृष्टिकोण के अभाव में, उर्दू के नाम पर कुछ अलगाववादी माँगें अब भी बीच-बीच में उठाता रहता है। लिहाजा यहाँ 19वीं सदी का ऐतिहासिक एजेण्डा किसी-न-किसी रूप में—बदले हुए मुद्दों या प्रतीकों के जरिए—आज भी जारी है।' (पृ. 401)

लेखक बीसवीं सदी में ख़ासकर आज़ादी (और बँटवारे) के बाद उर्दू के साथ हुई नाइंसाफ़ी को स्वीकार करता है, पर उर्दू के हक़ में उठने वाली आवाज़ों को उतनी सहानुभूति भी नहीं देता जितनी 19वीं सदी के हिन्दी आंदोलन को मिली थी। 19वीं सदी के उर्दू समर्थक मुस्लिम भद्रवर्ग का अपने विशेषाधिकारों की रक्षा का रवैया ही लेखक के दृष्टिकोण की पृष्ठभूमि में है। दूध का जला छाछ भी फूँक-फूँक कर पीता है। लेकिन ध्यान रहे कि प्रतीक के रूप में कभी इस्तेमाल हो जाने भर से कोई लोकतांत्रिक आकांक्षा ख़त्म नहीं हो जाती। न ही इससे यह पता चलता है कि ऐसा इस्तेमाल उसकी अनिवार्य नियति है। अच्छी चीज़ों का सही इस्तेमाल करने वाली ताक़तें जब कमजोर होती हैं तो उनका ग़लत इस्तेमाल होता ही है। हिन्दी और उर्दू का सवाल आज भी निर्णायक महत्त्व का है और उसे प्रतीक भर मान लेना भद्रवर्गीय नज़रिए का विरोध करते-करते उसी का शिकार हो जाना है।

इसी तरह भाषा के सवाल पर औपनिवेशिक साज़िश का हवाला देने के बावजूद उससे फैली धुंध में फँस जाने का ख़तरा दिखाई पड़ता है—'19वीं सदी में हिन्दी और उर्दू को हिन्दुत्व और इस्लाम का प्रतीक बनाने के लिए बाकायदा बरसों तक प्रयास किए गए जबकि एक-डेढ़ सदी पहले तक उर्दू नाम की कोई भाषा नहीं थी और हिन्दी जुबान अरबी-फारसी शब्दों से मिश्रित उस भाषा को कहते थे जिसमें ज्यादातर मुसलमान शायरी करते थे और हिन्दू उससे दूर रहकर अपनी ब्रजभाषा में कविता करते थे।' (पृ. 398) यहाँ जिस 'हिन्दी जुबान' की चर्चा की गई है उसी का नाम आगे चलकर उर्दू पड़ा। अब अगर यह 'हिन्दी जुबान' मुसलमानों की और ब्रजभाषा हिन्दुओं की काव्यभाषा थी ही तो 19वीं सदी में अलग से प्रयास करने की क्या ज़रूरत थी? सच तो यह है कि 19वीं सदी में गिलक्रिस्ट जैसे ब्रिटिश प्रशासकों ने फोर्ट विलियम कालेज के माध्यम से आधुनिक हिन्दी के साथ-साथ इस मिथ को भी जन्म दिया था। वरना न ब्रज और अवधी में कविता करने वाले मुसलमानों की कमी थी, और न हिन्दी/हिन्दवी/उर्दू में

कविता करने वाले हिन्दुओं की। यह परम्परा आज भी ख़त्म नहीं हुई है।

हिन्दी के शुद्धतावादी आंदोलन की असलियत को जाहिर करने के बाद लेखक उर्दू समर्थकों को आड़े-हाथों लेता है और नागरी लिपि में हिन्दी-उर्दू के मेलजोल से बनी हिन्दुस्तानी की वकालत करता है, जो उचित ही है। लेकिन इस नेक मिशन में उर्दू की फ़ारसी लिपि की कुर्बानी ज़रूरी जान पड़ती है, क्योंकि—

1. 'फारसी लिपि और कठिन अरबी, फारसी शब्दावली, इन दो वजहों से उर्दू को हिन्दू-मुसलमानों की साझी जुबान मानना तो दूर रहा वह सभी मुसलमानों की भी साझी जुबान नहीं बन सकती। अलगाव पर जोर देने वाले ज्यादातर हिन्दू-मुस्लिम भद्रवर्गीय नेताओं, दोनों ने ही गाँधी जी की सुझाई हिन्दुस्तानी का यह कहकर विरोध किया था कि हिन्दुस्तानी एक गढ़ी हुई भाषा है। अगर हिन्दुस्तानी एक गढ़ी हुई भाषा है तो उतनी ही गढ़ी हुई आधुनिक हिन्दी और उर्दू भी हैं।' (पृ. 389)
2. 'फारसी लिपि और कठिन अरबी-फारसी शब्दावली के सहारे बनावटी ढंग से उर्दू को एक अलग भाषा के रूप में कायम रखने की सारी कोशिशों के बावजूद उर्दू आज अपनी मौत मर रही है।' (पृ. 400)

यहाँ यह स्पष्ट होना चाहिए कि हिन्दुस्तानी को लेकर जो विवाद संविधान सभा से लेकर गाँधी-नेहरू-टण्डन तक छिड़ा, वह आज़ाद भारत की सरकारी भाषा की हैसियत के लिए था। लेकिन लेखक यहाँ उर्दू पर उसकी सम्पूर्णता में विचार करके अपनी राय दे रहा है। सीधा-सा तर्क है कि अगर लिपि की क़ुर्बानी दे देने से भाषा को 'अपनी मौत मरने से' बचाया जा सके तो इसी में समझदारी है। दूसरा मुद्दा कठिन अरबी-फ़ारसी शब्दों का है। यहाँ फिर सवाल उठेगा कि इस कठिनाई का निर्धारण कैसे होगा, उर्दू के अपने पैमाने से या फिर किसी और मानदण्ड पर उसे खरा उतरना होगा। ज़ाहिर है कि इस तर्कप्रणाली से खुद उर्दू के हक़ में यह ज़रूरी हो जाएगा कि व्यापक स्वीकृति के लिए वह जनमानस की भाषिक रुचियों और अपेक्षाओं पर खरी उतरकर दिखाए। व्यवहार में इसका परिणाम यह होगा कि हिन्दी में अपने कुछ शब्दों को छोड़कर उर्दू हमेशा के लिए लुप्त हो जाएगी।

दरअसल, यह नज़रिया उस ग़लतफ़हमी का नतीजा है कि उर्दू भी हिन्दी की तरह 19वीं सदी में बनावटी ढंग से तैयार की गई थी। उर्दू नाम ज़रूर 18वीं सदी में प्रचलन में आया, लेकिन उसकी परम्परा में ख़ुसरो को आमतौर पर पहला बड़ा कवि माना जाता है। मुग़लकाल में चल रही प्राक् पूँजीवादी प्रक्रिया में बन रहे बड़े बाज़ारों में जनसमुदाय के मेलजोल से पैदा हुई इस भाषा में ब्रिटिश योजना से प्रभावित होकर 19वीं सदी में भले ही कुछ शुद्धीकरण की प्रवृत्ति आई हो, लेकिन सामान्यतया इसका स्वभाव आम लोगों

के लबोलहजे में भाषा को ढालकर रवानी पैदा करना रहा है, और यही इसकी लोकप्रियता की वजह है। इस मामले में आज भी हिन्दी इसके मुकाबले नहीं ठहरती।

अगर शासक-अभिजातवर्गीय नीतियों को ही पैमाना मान लिया जाए तो आज हिन्दुस्तान में हर अच्छी चीज़ अपनी मौत मर रही है, जिसमें हिन्दी भी शामिल है। उर्दू का तो बाक़ायदा क़त्ल किया जा रहा है। बेहतर यही होगा कि इस मामले में कोई शार्टकट न तलाशा जाए और उर्दू तथा हिन्दी को दो लिपियों में लिखी जाने वाली एक ही भाषा मानकर (जो वह है) उसके पुनरुद्धार को हिन्दुस्तान के उस आगामी नवजागरण का एक केन्द्रीय प्रश्न बनाया जाए, जिसे लेखक ने उचित ही हिन्दुस्तान के दलित-मेहनतकश समुदाय की सृजनात्मकता को उन्मुक्त करने वाला, जातिप्रथा, साम्प्रदायिकता और पितृसत्ता का विनाश करने वाला और साम्राज्यवाद के ख़िलाफ़ सुसंगत संघर्ष छेड़ने वाला नवजागरण माना है।

नामवर सिंह ने 'हंस' की वार्षिक गोष्ठी में आज के नज़रिए से 19वीं सदी को देखने का प्रश्न इस किताब के सन्दर्भ में उठाया है। उनका कहना है कि इस तरह कहीं हम अपनी विरासत हिन्दुत्ववादियों के हाथों में तो नहीं सौंप रहे हैं। 'राष्ट्रीय सहारा' में छपे अपने एक इंटरव्यू में श्री तलवार भी 'उन्नीसवीं सदी के वास्तविक परिप्रेक्ष्य में नवजागरण को रखकर देखने में रह गई कुछ कमी' को स्वीकार करते हैं।

दरअसल, इस परिप्रेक्ष्य की सबसे खटकने वाली कमी, बल्कि इसका अधूरापन यह है कि यह अंग्रेज़ों की प्रेरणा से हुए हिन्दी आंदोलन पर तो विस्तार से प्रकाश डालता है, लेकिन उसी 19वीं सदी में भारतीय समाज में अंतर्निहित परम्परागत धाराओं की सक्रियता और गतिशीलता को पूरी तरह अनदेखा कर जाता है। नागरी और गोरक्षा आंदोलन की 'इतिहास प्रवर्तक' भूमिकाओं का वर्णन तो है, लेकिन उसी समाज में हुए 1857 जैसे महाविद्रोह का ज़िक्र तक नहीं है।

जहाँ तक आज के चश्मे से अतीत को देखने का प्रश्न है, मौजूदा हालात में इससे पूरी तरह बचना असम्भव-सा है जैसा कि ख़ुद नामवर सिंह की विरासत सम्बन्धी आशंका से पता चलता है। आग्रह तथ्यों से सत्य की तलाश का होना चाहिए। तात्कालिक रूप से कुछ भी लगे, लेकिन अंततः यही रास्ता साम्प्रदायिकता का समूल विनाश करने में सक्षम होगा। हाँ, 19वीं सदी के नज़रिए को आज के हालात पर लागू करने से हर हाल में बचना होगा, क्योंकि यह हमें कहीं नहीं पहुँचा सकता।

आंतरिक आशय

मेरा उसी से उन दिनों होता मिलन यदि
तो व्यथा उसकी स्वयं जीकर
बताता मैं उसे उसका स्वयं का मूल्य
उसकी महत्ता!
व उस महत्ता का
हम सरीखों के लिए उपयोग,
उस आन्तरिकता का बताता मैं महत्त्व!!

–मुक्तिबोध

आधुनिकता के आंतरिक आशय

(ज्ञानरंजन की कहानियाँ)

साठ का दशक भारतीय समाज में कुछ नयी हलचलें लेकर आया था। इनमें राष्ट्रीय आंदोलन की देन आज़ादी से मोहभंग का स्वर प्रमुख था। संसदीय राजनीति के स्तर पर इसकी अभिव्यक्ति सात राज्यों में संविद सरकारों के बनने और सत्ता पर कांग्रेसी एकाधिपत्य के टूटने में हुई थी। इसकी संकेंद्रित और समग्र अभिव्यक्ति नक्सलबाड़ी विद्रोह में हुई, जिसने समाज, राजनीति और संस्कृति के क्षेत्र में औपनिवेशिक-ब्राह्मणवादी-साम्प्रदायिक परियोजना के सामने मैकाले निर्मित आधुनिक चेतना की सौ से भी अधिक वर्षों से जारी समर्पणवादी नीति को मूलगामी चुनौती दी। राजनीति की ही तरह संस्कृति के क्षेत्र में भी इस विद्रोह की अनुगूँज पूरे देश में साफ़-साफ़ सुनी गई। हिन्दी साहित्य पर भी नक्सलबाड़ी का प्रभाव पड़ा और यह पहले जैसा नहीं रह गया। इस प्रभाव को लेकर बहुत कुछ लिखा गया है, और अब इससे आम तौर पर इन्कार नहीं किया जाता, भले ही कोई इसे सकारात्मक माने अथवा नकारात्मक।

बहरहाल, हम यहाँ इस परिघटना के एक दूसरे पहलू पर विचार करेंगे जो प्रायः अलक्षित रहा है। इतिहास की जो प्रक्रियाएँ इन सामाजिक-राजनीतिक परिवर्तनों को सम्भव कर रही थीं वे दशकों पहले से साहित्य को भी परिवर्तित कर रही थीं। साहित्य में यह परिवर्तन प्रायः समाज की पिछड़ी हुई औपनिवेशिक-सामंती चेतना के बरक्स सुसंगत आधुनिक-लोकतांत्रिक संवेदना के रूप में आया। शमशेर और मुक्तिबोध ने कविता के क्षेत्र में इसका स्पष्ट साक्ष्य प्रस्तुत किया। इस संवेदना की विशेषताएँ थीं:— (1) पिछड़ी हुई सामुदायिक चेतना के मुकाबले वैयक्तिक चेतना, यद्यपि सामाजिक सन्दर्भ में, (2) भाववादी, अशरीरी वायवीयता के मुकाबले मांसल ऐंद्रियता, (3) सम्बन्धों में भावुकता और अधिकार भावना के मुकाबले निस्संगता और विवेकपरकता, तथा (4) व्यक्तिचरित्रों के वस्तु (ऑब्जेक्ट) के रूप में बाहरी दबावों से संचालित होने के बजाय इनका स्वयं विषय (सब्जेक्ट) के रूप में अपनी आंतरिक अनुभूतियों से संचालन, और अपने किए की ज़िम्मेदार स्वीकार करने की उनकी क्षमता। कहने की आवश्यकता नहीं कि ये मूल्य बने-बनाए रूप में अचानक कहीं से नहीं आ गए, बल्कि पुराने मूल्यों की आलोचना से निर्मित अवकाश में इन्होंने धीरे-धीरे आकार ग्रहण किया।

साठोत्तरी दौर की कहानियों ने पुराने मूल्यों के ख़िलाफ़ विद्रोह किया। इनमें से ज़्यादातर प्रयासों का अवसान पुरानी संवेदना से अलग न हो पाने के कारण उथली वैचारिकता और रूपवाद में हुआ। इस दौरान ज्ञानरंजन की कहानियों ने पिछड़ी हुई संवेदना से पीछा छुड़ाने में कामयाबी पायी। आधुनिक-लोकतांत्रिक चेतना का वाहक होने के कारण ये कहानियाँ साठ के दशक के ऑरकेस्ट्रा का एक केन्द्रीय और सुरीला स्वर हैं।

ज्ञानरंजन की एक आरम्भिक कहानी 'अमरूद का पेड़' उनकी कहानियों की मूल विषयवस्तु को काफ़ी हद तक व्यक्त कर देती है। घर में बच्चों और युवाओं की उम्मीदों का केन्द्र बनकर उभरा अमरूद का पेड़ लम्बी जद्दोजहद के बाद अंततः माँ की 'रूढ़ि और अशुभ के मिथ्या भय' का शिकार हो जाता है। पिता बेटे को पत्र में लिखते हैं, 'माँ के बाएँ फेफड़े में जो धब्बा था, वह पुनः उभर आया है। यह सब किसी अशुभ ग्रह-नक्षत्र का परिणाम है। ...इधर तुम्हारी माँ अमरूद का पेड़ काटने को कहती हैं। सब लोग उसे अशुभ बता रहे हैं'।

बेटे को, जो कहानी का नैरेटर भी है, लगता है, 'हमारे घर तथा निकटतम संबंधियों के यहाँ नयी पीढ़ी काफी बड़े अनुपात में आधुनिक हो चली है। ...माँ पर छा जाने वाला स्वाभाविक भय हमें नागवार गुजरता क्योंकि ऐसा लगता जैसे माँ हम लोगों के अन्दर पैदा होने वाले नए और बलिष्ठ खयालों के प्रति असहयोग कर रही है।'

दोनों पक्ष, पिछड़ा और आधुनिक, आमने-सामने हैं। कथाकार का पक्ष स्पष्ट है। कहानी में अमरूद का पेड़ भले ही कट गया हो, जीवन में वह उसे बचा लेना चाहता है।

पीढ़ियों के सन्दर्भ में आधुनिकता की बात करने पर भी यह कहानी यांत्रिक सरलीकरण का शिकार होने से बच गई है। पिछड़ी चेतना के प्रतिनिधियों को उनकी सशक्त धारा में रखकर देखने के कारण यह सम्भव हो सका है। कथाकार बड़े आराम से उन्हें अप्रासंगिक और हास्यास्पद पोंगापंथियों के रूप में प्रस्तुत कर सकता था, लेकिन तब यह आधुनिक और प्रगतिशील संवेदना के प्रतिकूल पड़ता। अपने विरोधियों का अशक्त और हास्यास्पद रूप में चित्रण रचनात्मक शक्ति नहीं, कमज़ोरी की अचूक निशानी है।

'माँ अजमेर में जेल काट चुकी हैं—लम्बा जेल। सत्याग्रह के दिनों में। पिताजी ख़ुद राजनैतिक-सामाजिक उदारता वाले आदमी हैं। हमारी एक बुआ ने विवाह नहीं किया और पढ़ने-लिखने में ही उन्होंने अपनी जिन्दगी डुबो दी और समाज उन्हें कोई चुनौती देने का साहस नहीं कर सका।'

राष्ट्रीय आन्दोलन और सामाजिक सुधारों की धारा से आने वाले माँ-पिता का यह हश्र जितना दुखद था उतना ही अवश्यंभावी। आज़ाद हिन्दुस्तान में औपनिवेशिक आधुनिकता की इस धारा के सबसे बड़े प्रतीक नेहरू थे।

एक और आरम्भिक कहानी 'मनहूस बंगला' में भी पिछड़ापन अपने से अलग किसी रायबहादुर के मनहूस बंगले में निवास करता है। 'बंगले के अन्दर गड़ जाने से पता चलता है कि इसमें दादा-बाप, नाती-पोतों या एक पीढ़ी का दूसरी पीढ़ी से सन्नाटे भरा चुप्पा झगड़ा चल रहा है। लगता है कि इन झगड़ों के पीछे महज पारिवारिक यानी दाल-रोटी के सन्दर्भ ही नहीं, वरन् सभ्यता के उपकरणों की अंगीकृति और स्वीकृति की बहुत सारी समस्याएँ हैं।' यही सभ्यतागत आयाम इन कहानियों में आए संघर्ष की विशेषता है। पीढ़ी-अंतराल अथवा दाल-रोटी के सन्दर्भ इसके अंतर्गत ही हैं।

अपनी शुरूआती कहानियों में ज्ञानरंजन पिछड़ेपन और आधुनिकता के बीच टकराव को बुनियादी भूमिका प्रदान करते हैं—दोनों के स्याह-सफ़ेद प्रतिनिधियों के माध्यम से। आधुनिकता का हामी नैरेटर पिछड़ेपन की स्थितियों पर से पर्दा उठाता है, और उसकी परम्परा की पहचान करता है। स्वतंत्रता-सेनानी और रायबहादुर मूल्यों के स्तर पर साझा करते पाए जाते हैं। लेकिन जल्द ही उसे इस समस्या के सर्वग्रासी चरित्र का एहसास होता है। इसके साथ ही कहानी का 'फ़ोकस' बदल जाता है। परायों को छोड़कर वह अपनी निर्मम पड़ताल में गहरे उतर जाता है। आत्मवाची गद्य पर तब व्यक्तिवादी होने का सन्देह किया गया था जबकि यह आत्मनिरीक्षण की देन था।

आमतौर पर भारतीय समाज और ख़ास तौर पर हिन्दी-उर्दू भाषी इलाक़े के पिछड़ेपन का मूल कारण उसकी एक-तिहाई से अधिक आबादी का भूमिहीन खेतिहर मज़दूर की सामंती ग़ुलामी की अवस्था और शेष का अधिकांशतः लघु कृषक अर्थव्यवस्था के संकीर्ण दायरे में रहना है। ज्ञानरंजन की कहानियों का सीधा सरोकार इसी दूसरे तबक़े से है। औपनिवेशिक व्यवस्था की उपज हमारा यह किसान समुदाय (चेतना के स्तर पर) अपने समाज के पैरों में पड़ी मज़बूत सामंती बेड़ी की भूमिका निभाता है। तंगनज़री और उथलेपन से इसका ख़ास नज़दीकी रिश्ता है। सवर्ण-हिन्दू-पुरुष दृष्टि से नियंत्रित इस किसान-चेतना का विस्तार क़स्बों और शहरों में भी हुआ है। हमारा मध्यवर्ग इसका सबसे आसान शिकार बना क्योंकि उसके रीति-रिवाज, मान्यताएँ और स्मृतियाँ कृषक जीवन की ही थीं। आज़ादी के एक दशक के अन्दर इसी मध्य अथवा निम्न मध्यवर्ग की नयी पीढ़ी, आधुनिकता का दावा करने के बावजूद उसके लिए ज़रूरी संघर्ष करने में अपने को अक्षम पा रही थी। अपनी ज़मीन की शक्ति से विच्छिन्न लेकिन उसकी सीमाओं से आबद्ध इस तबक़े का आधुनिक संस्कार करने वाली भौतिक प्रेरणाओं के स्रोत सूखने लगे थे। राष्ट्र के आर्थिक जीवन में गतिरोध आ गया था। ज्ञानरंजन की कहानियों में आने वाले एक जैसे नौजवान इसी तबक़े से आते

हैं। उनके सपनों, संघर्षों, व्यथाओं, विसंगतियों और क्षुद्रताओं में भागीदारी लेखक को प्रिय है। अटूट निस्संगता और निर्मम आत्मालोचना के साथ वह इसे अंजाम देता है।

सहज उपलब्ध सत्य से आगे बढ़कर ज्ञानरंजन के कथाकार ने जब संश्लिष्ट यथार्थ के क्षेत्र में प्रवेश किया तो पीढ़ीगत आधुनिकता का उसका विचार गुम हो गया। नयी पीढ़ी का अपने हाव-भाव में विद्रोही यह युवक पुरानी परम्पराओं और रीतियों पर प्रश्नचिह्न ज़रूर लगाता है, मगर उनकी पिछड़ी हुई अंतर्वस्तु के दायरे में रहकर ही। चीज़ों के प्रति उसका अपना नज़रिया दकियानूस और संकीर्ण बना रहता है। ज्ञानरंजन का समूचा परवर्ती कथा-साहित्य इसी समस्या पर अपने को केन्द्रित करता है। अगर अब तक उसके इस स्वर को पहचाना नहीं जा सका है तो इसके लिए ज्ञानरंजन की कलात्मकता के साथ-साथ वही सर्वग्रासी पिछड़ापन ज़िम्मेदार है जिसने बावजूद तमाम प्रयत्नों के हिन्दी समाज को अपने नागपाश में जकड़ रखा है।

स्त्री के प्रति दृष्टिकोण को किसी ने उचित ही प्रगति का बैरोमीटर कहा है। सामाजिक मूल्यों के क्षेत्र में आने वाला कोई भी बदलाव सबसे पहले स्त्री-पुरुष सम्बन्धों में व्यक्त होता है। साठोत्तरी कहानियों में बहुधा आने वाले यौन सन्दर्भों का यही अभिप्राय है—

'क्या करता ''स्वीट ड्रीम'' वाले पलँग से सुस्त, पैंट की जेब में हाथ डाले हुए मैं उतर गया। शायद यह स्त्री, मैंने इसी तैश में सोचा, अपने को चरित्रवान लगाती है। इस प्रसंग में कि आखिर मैं उसका कैरेक्टर क्यों खराब करने पर लगा हूँ मैंने यह तय किया कि जब दुनिया में सभी स्त्रियाँ चरित्रवान हैं तो एक के चालू हो जाने से क्या बिगड़ता है।' ('छलाँग' शीर्षक कहानी से।)

ये नौजवान प्रायः प्रेम में पड़ते हैं। प्रेम इनके लिए आंतरिक आवेग के रूप में कम, 'रस्मे दुनिया, मौक़ा और दस्तूर' बनकर अधिक आता है। ज़ाहिर है कि यह उथला, रूमानी प्रेम यथार्थ की आँच का सामना नहीं कर पाता। बात-बेबात दिलों के टूटने और जुड़ने का सिलसिला जारी रहता है। ख़ुदा न ख़ास्ता अगर शादी हो गई तो समझिए शामत आ गई। इसका एक नमूना 'हास्यरस' नामक कहानी में दिखाई पड़ता है। विवाह करके न्यायालय की सीढ़ियों से उतरते हुए नायक की हालत ख़स्ता है और उसे लगता है कि उसने मूर्खतावश अपने ही पैरों पर कुल्हाड़ी मार ली है—'यह कितना दुर्भाग्यपूर्ण है कि मैं भूल गया कि अपनी 1958 की डायरी में मैंने स्त्रियों के सम्बन्ध में क्या-क्या लिखा था। वैसे वे बातें बुरे वक़्त में लिखी गई थीं। तब, जब पता चला था कि बचपन से प्रेम करने वाली एक लड़की एकाएक गलत हो गई है और तबीयत छटक-छटक जा रही है। परन्तु वे बातें बिलकुल सच थीं और मेरा दावा है कि उन पर अमल किया जा सके तो संसार में कोई भी व्यक्ति स्त्रियों का शिकार नहीं हो सकता। लेकिन अब मैं क्या करूँ, 1958 की डायरी लेकर रोऊँ या सर पटकूँ।'

यहाँ 1958 का सन्दर्भ ग़ौरतलब है। साठोत्तरी पीढ़ी के इस युवक के लिए पुराने स्त्रीविरोधी निष्कर्ष ही प्रासंगिक बने हुए हैं। उसके लिए स्त्रियाँ या तो 'चालू' हैं या 'चरित्रवान'। वे एकाएक 'गलत' हो जाती हैं और पुरुषों को उनका 'शिकार' बनने से बचना चाहिए। उनका 'कैरेक्टर खराब' किया जा सकता है। कौन कह सकता है कि इक्कीसवीं सदी के भूमण्डलीकृत ग्राम में जा मिलने को आतुर हमारा समाज आज भी इन दुराग्रहों पर हठपूर्वक अड़ा हुआ नहीं है।

'आत्महत्या' शीर्षक कहानी के पहले वाक्य 'वह तत्पर हो गया कि आज वह आत्महत्या कर लेगा' से ही यह स्पष्ट है कि वह और चाहे जो कर ले, आत्महत्या नहीं कर सकता। हमारे इस कमज़र्फ़ दोस्त का स्थाई भाव है चंचलता। प्रेम ही नहीं मृत्यु के प्रति भी उसका दृष्टिकोण रूमानी है। 'फिर उसका मर जाना ही ठीक है, क्योंकि कोई उसे इस संसार का एक अत्यधिक पीड़ित व्यक्ति मानने को तैयार नहीं होता। सब उसकी उपेक्षा करते हैं।'

वह अपने किन्हीं प्रबल आंतरिक आग्रहों या वाह्य परिस्थितियों की किन्हीं कठोर विवशताओं के चलते नहीं, महज़ इस वजह से आत्महत्या को तत्पर है कि समाज उसकी पीड़ा को मान्यता नहीं देता, जबकि 'उसने अपने प्यार को लोगों के लिए... औ... और...' सम्भवतः अपनी प्रेमिका के लिए क़ुर्बान कर दिया। स्पष्ट है कि प्रेम की ही तरह वह आत्महत्या के अपने इरादे का भी किसी बड़े उद्देश्य के लिए 'परित्याग' कर देगा। उसने अपने सूटकेस से प्रेमपत्रों का एक पैकेट निकालकर फ्लश के रास्ते बहा दिया, लेकिन बगल में रखी अपनी तुकबंदियों को सुरक्षित रहने दिया, ज़ाहिर है, उसके बाद, साहित्य का अनमोल दस्तावेज़ बनने और समाज को उसकी हृदयहीनता की सज़ा देने के लिए।

'इस हरकत के बाद वह आत्महत्या का और मजबूत भाव अपने अन्दर महसूस करने लगा।' ... बमुश्किल फंदा तैयार करने और काफ़ी उहापोह के बाद वह अपने को विश्वास दिला पाता है कि 'उसके मरने का एक अर्थ है। ...उसके मन में मृत्यु का अत्यधिक स्वागत है और वह इस दूषित जालिम समाज की भर्त्सना करने वाले, एक मर्मस्पर्शी तथा चुनौती से भरे वक्तव्य को लिखने के बाद आत्महत्या कर लेगा।' जैसी कि अपेक्षा थी 'मानवमुक्ति के विराट भाव को अपनी आत्महत्या से संबंधित करने वाले ऐतिहासिक वक्तव्य जिसमें उसकी आत्मा की तलफलाहट की अभिव्यक्ति हो ताकि भविष्य में उसे अनिवार्य रूप से विभिन्न स्थानों में संकलित किया जाय' को लिखने के प्रयत्न में आत्महत्या का उसका निश्चय हवा हो जाता है। 'ऐतिहासिक वक्तव्य' अनलिखा ही रह जाता है।

'एक नमूना सार्थक दिन' शीर्षक कहानी में 'वह' नामक पात्र के एक दिन की गतिविधियों का विस्तृत ब्यौरा दिया गया है। एक पढ़े-लिखे नौजवान की दिनचर्या की

निरर्थकता का नमूना होने के अलावा इसकी सार्थकता के कुछ और भी कारण हैं, जैसा कि हम आगे देखेंगे।

वह डंक्टन हाउस नामक इमारत से निकलकर अपने एक अंग्रेज़ी प्राध्यापक मित्र, जिसे तेज़ उभरते बुद्धिजीवी के रूप में शहर में जाना जाता है, से मिलने उसके घर जाता है। वहाँ अपनी बहसों और लतीफ़ों के प्रदर्शन से सन्तुष्ट होकर उसे लगता है कि उसके दोस्त उसे बहुत गम्भीरता से लेते हैं। वह इस निर्णय पर पहुँचता है कि 'उसके अधिकांश दोस्त मूर्ख, पिछड़े और निहायत मामूली हैं। उसे उनसे ज़्यादा नहीं लगना चाहिए।' वापसी के रास्ते में वह महँगी विदेशी सिगरेट 'मक्रोनी' का एक पैकेट ख़रीदता है और घर पहुँचकर उसे अपनी बैठक की टेबिल पर रखते हुए अपने को विश्वास दिलाता है कि वह अनजाने में ऐसा कर रहा है। अपने कुछ परिचितों के आने पर वह 'मक्रोनी' की ओर उनका ध्यान आकर्षित करने के लिए नौकर को बुलाकर उसे हटाने के लिए कहता है। आगंतुकों को कुछ अल्पज्ञात कलाकारों के जीवन के क़िस्से और कुछ कविताएँ सुनाकर मुग्ध करने के बाद वह आज के दिन पर सन्तोष की साँस लेता है।

अपनी विशिष्टता का मिथक बनाने और ख़ुद उस पर यक़ीन करने को व्याकुल यह नौजवान अकेला होने पर 'चेनस्मोकिंग सरीखी हरकत' करता है। कुछ न सूझने पर किसी विदेशी अंग्रेज़ी पत्रिका में यौन स्वच्छंदता विषयक लेख पढ़ने लगता है, फिर अन्दर जाकर भाभी से, कम से कम 'जब कोई पढ़ता-लिखता रहे तब न भौंकने' को कहता है। इस लेख में व्यक्त विचारों को न समझ पाने वालों को भेड़ समझकर सन्तुष्ट होता है और खिड़की से किसी देहाती आदमी को सड़क पर देखकर बस इतना ही सोचता है कि 'बेचारा बिलकुल हिन्दुस्तानी आदमी लगता है।' शाम को टहलने के लिए बाहर निकलते समय घर के सामने लगे सब्ज़ी के पौधों से निगाह फेरते हुए सोचता है कि 'हमारे घर वाले भी कोई कम बैकवर्ड नहीं हैं। ये पुराने खेतिहर संस्कारों के लोग क्या उन्नति करेंगे?'

खेतिहर संस्कारों और औपनिवेशिक मानसिकता के क़ैदी का यह सम्पूर्ण व्यक्ति चित्र है। 'डंक्टन हाउस' से निकला हुआ यह नौजवान अपने गरिमाहीन, खोखले और विभाजित व्यक्तित्व के प्रति आक्रोश नहीं, करुणा जगाता है। अपने पाखंड का सबसे पहला और बदतरीन शिकार वह ख़ुद है। यह उसका अपना चुनाव नहीं, उसके परिवेश से उसे मिली वह सौगात है जिससे इन्कार करने का विकल्प उसके पास था ही नहीं। 47 में मिलने वाली तथाकथित आज़ादी के बाद ग़ुलाम संस्कारों का सांकेतिक प्रतिरोध भी नहीं बचा था। यह आज़ादी भी अजीब थी जो अपने बच्चों को ग़ुलामी की भाषा, मानसिकता और संस्कार दे रही थी। आज़ादी के बाद बड़े पैमाने पर उगाई गई, मिश्रित प्रजाति की यह फ़सल आज कैसी लहलहा रही है।

'फेंस के इधर और उधर' नामक कहानी में फेंस के इधर रहने वाले नैरेटर 'मैं' के परिवार में कोई भी फेंस के उधर आने वाले नए पड़ोसियों के प्रति अनासक्त नहीं रह पाता क्योंकि 'हम लोग इज्जतदार हैं। बेटी-बहू का मामला, सब कुछ समझना पड़ता है।' जबकि 'बड़े शहरों में एक-दूसरे से ताल्लुक न रख, अपने में ही जीने की जो विशेषता देखने को मिलती है, कुछ उन्हीं विशेषताओं और संस्कारों के लोग हमारे नए पड़ोसी लगते हैं।'

यह कहानी व्यक्तिगत स्वतंत्रता के विचारमात्र का निषेध करने वाले खेतिहर-सामुदायिक जीवन-मूल्यों का विस्तार से उद्घाटन करती है। अपने पड़ोसी के निजी जीवन में ताक-झाँक करने का अपना जन्मसिद्ध, पावन कर्तव्य निभाने वाला यह चरित्र चौपालों और क़स्बों तक सीमित नहीं है, बल्कि शहरों में भी बहुतायत से पाया जाता है। महानगरीय जीवन में इसके लिए कम अवकाश मिलता है, इसलिए वह उसका घोर निंदक है। नए पड़ोसी की लड़की अपनी शादी में विदाई के वक़्त बिलकुल नहीं रोती। कथावाचक 'मैं' के पिता 'एक प्रशस्ति' उपस्थित करते हैं, 'पहले जमाने में लड़कियाँ गाँव की हद तक रोती थीं। जो नहीं रोतीं, उन्हें मारकर रुलाया जाता था... आदमी का दिल मशीन हो गया है, मशीन।'

कहानी के 'फेंस' पर भी एक नज़र डालना ज़रूरी है। यह मिट्टी की एक फुट ऊँची मेड़ भर है जिसके कटे-फटे हिस्सों से खिलवाड़ करते हुए साइकिल पर बैठे-बैठे इसे पार किया जा सकता है। पहले वाले पड़ोसी के यहाँ ख़ूब आना-जाना था, लेकिन उन्मुक्त हँसी हँसने वाले और अपनी लड़की को आवारा लड़कों से डरकर संकुचित रहना न सिखाने वाले नए पड़ोसी के आने के बाद यह रास्ता बंद हो गया। पिछड़ेपन और आधुनिकता के बीच की विभाजक रेखा भी ऐसी ही है—नामालूम, अपरिभाषित, लेकिन अनुल्लंघ्य।

मृतप्राय जीवन-मूल्यों को श्रद्धांजलि देने वाली एक और महत्त्वपूर्ण कहानी 'पिता' है। सामंती समाज की आधारभूत इकाई संयुक्त परिवार के मुखिया की भूमिका निभाने के लिए बने पिता काल के प्रवाह में एक ऐसे परिवार में जा पड़े हैं जिसका हर सदस्य उनकी भूमिका को ख़ारिज करने पर तुला है। अपने बच्चों से उनका सबसे कठोर मतभेद व्यक्तिगत सुख की अवधारणा को लेकर होता है। पुरानी ग्राम-अर्थव्यवस्था की उपज, सामुदायिक जीवनशैली में लोगों के सुख-दुख के प्रति जितना गहरा सरोकार था उससे कहीं अधिक सुख के व्यक्तिगत होने पर आपत्ति थी। निजी सुख की माँग किसी विद्रोह से कम न थी, जिसे अनुकूल परिस्थिति में सख़्ती से दबा दिया जाता था।

लेकिन यहाँ परिस्थिति पूरी तरह प्रतिकूल है। परिवार कर हर सदस्य पिता पर सामान्य सुविधाओं को अपना लेने के लिए ज़ोर डालता है। कोई उन्हें बाथरूम में

चलकर नए शावर के नीचे नहाने के लिए कहता है, कोई घर में, पंखे में सोने के लिए तो कोई अच्छे दर्ज़ी से महँगा सूट सिलवाने के लिए। बहरहाल, विपरीत परिस्थितियों में भी पिता ने हथियार नहीं डाला है। वे ख़म ठोंककर अकेले ही धारा के विरुद्ध खड़े हैं। सौदा-सुलफ़ में एक-एक पैसे की कंजूसी करने के अलावा वे घर के बाहर चोर की आहट लेते हुए गर्मी की रातें बिताते हैं। रात में पेड़ से टपकने वाले आमों की आहट के सहारे अँधेरे में ही उन्हें बीनकर रख लेते हैं। भूलकर भी शावर या वाशबेसिन का इस्तेमाल नहीं करते। बाहर के नल पर ही कुल्ला-स्नान कर लेते हैं। उनका एक नौकरीपेशा बेटा जब अपनी बहन की पढ़ाई के लिए 50 रुपये महीने भेजने लगता है तो दो वर्ष बाद वे उसे उसके नाम की पासबुक थमाते हैं जिसमें 1200 रुपये जमा हैं। केवल रामायण और गीता पढ़कर उन्होंने जीवन काट दिया है। यह एक हारी हुई लड़ाई है, इसके बावजूद वे इसे दुगुने उत्साह से लड़ते हैं। उनका यही संघर्ष उनके प्रति सहानुभूति जगाता है। वे ठीक-ठीक नहीं जानते कि उनका समय उन्हें छोड़ गया है, इसलिए वे अपने समय को नहीं छोड़ते।

इस कहानी का दूसरा पक्ष यानी नैरेटर पुत्र भी कम महत्त्वपूर्ण नहीं है। पिता के पुरातनपंथ का आलोचक होने भर से उसे आधुनिक मान लेना ग़लत होगा। पिता के लिए तो व्यक्तिगत सुख का विचार, वह जैसा भी हो, एक परायी दुनिया से आई हुई चुनौती है, लेकिन पुत्र के लिए वह अपने क्षुद्र मंतव्यों को पूरा करने के साधन से अधिक कुछ नहीं है, जिस पर कभी पिता के कष्टों से दुखी होने तो कभी उनके बुढ़ापे को नकारने के पाखण्डी और अश्लील आग्रह का पर्दा पड़ा है। वह ज्ञानरंजन की अधिकांश कहानियों के नायक जैसा ही है—ढुलमुल और अस्थिर, बेपेंदी का लोटा। उसे अपने कमरे का पंखा पुराना लगता है और इसी साल ख़रीदे नए पैडस्टल की याद आती है जो आँगन में दादी माँ के लिए लगता है। फिर उसे तेज़ चलते बिजली के मीटर की याद आती है। फिर पैसे ख़र्च होने की। लेकिन वह अपने को भरोसा दिलाता है कि उसकी परेशानी का सबब पिता का कष्ट है, अपनी सुविधा नहीं— 'पैसे खर्च हो रहे हैं, लेकिन पिता की रात कष्ट में ही है।' अंततः उसे इस स्थिति पर 'रोष' आता है, 'हमें क्या, भोगें कष्ट।' वही भाई, बहन के लिए भेजे 12 सौ रु. को इकट्ठा पाकर ख़ुश हो उठता है।

कोई आश्चर्य नहीं कि सतही जीवन के आग्रही ऐसे पुत्रों पर पिता का व्यक्तित्व भारी पड़ता है। वे आजीवन पिता से 'व्यावहारिक' होने की माँग करते हुए क्षुब्ध प्रतिक्रियाएँ व्यक्त करते रहेंगे, लेकिन उनके जीवन मूल्यों के मुक़ाबले कभी कोई दमदार रवैया नहीं अपना सकेंगे, क्योंकि छोटे-मोटे लोभ-लालच के अलावा, जो उन्हें कमज़ोर ही करते हैं, उनके पास दरअसल कोई विकल्प है ही नहीं। सच तो यह है कि सैद्धांतिक स्तर पर वे ख़ुद भी इन्हीं मूल्यों के आगे समर्पण कर देते हैं। हमारे नैरेटर

की हालत देखिए, 'वह विषादग्रस्त हुआ और अनुभव करने लगा, हमारे समाज में बड़े-बूढ़े लोग जैसे बहू-बेटियों के निजी जीवन को स्वच्छंद रहने देने के लिए अपना अधिकांश समय बाहर व्यतीत किया करते थे, क्या पिता ने भी वैसा ही करना तो नहीं शुरू कर दिया? उसे पिता के बूढ़ेपन का खयाल आने पर सिहरन हुई। फिर उसने दृढ़ता से सोचा, पिता अभी बूढ़े नहीं हुए हैं।'

'हमारे' समाज में बहू-बेटियों को अपने निजी जीवन में कितनी 'स्वच्छंदता प्राप्त है, वह भी बड़े-बूढ़ों की दी हुई, इस पर अलग से कुछ कहने की ज़रूरत नहीं। इस तर्क-प्रक्रिया का खोखलापन और इसकी निःसारता पिता की वृद्धावस्था से इसके इन्कार में प्रकट होती है। स्पष्ट है कि यह नौजवान खेतिहर जीवन-मूल्यों का समर्थन ही नहीं करता, बल्कि उनका आदर्शीकरण भी करता है, और इसीलिए पिता का कभी सामना नहीं कर पाता। आधुनिक जीवन की ललक और पुराने मूल्यों के मोह के बीच त्रिशंकु बना यही नौजवान ज्ञानरंजन की कहानियों का मुख्य पात्र है।

वस्तुगत भारतीय स्थितियों में खेतिहर-क़स्बाई-निम्नमध्यवर्गीय संवेदना का एकमात्र विकल्प दिखाई पड़ता है उच्चवर्गीय-अभिजात-भावबोध। भारतीय समाज के आधुनिक रूपांतरण की यह सबसे उलझी हुई गुत्थी है। 1857 के बाद भारतीय संस्कृति और परम्परा की औपनिवेशिक व्याख्या को यथावत स्वीकार कर लेने और फलस्वरूप अपनी ज़मीन की इहलौकिक, ऐंद्रिय और भौतिक प्रेरणाओं से कट जाने के बाद आज हमारे सामने एक तरफ़ कुँआ है और दूसरी तरफ़ खाई। अपने समाज की धड़कन से जुड़े हर रचनाकार को किसी न किसी रूप में इस गुत्थी से उलझना ही पड़ता है।

ज्ञानरंजन की कहानियों में यह द्वन्द्व शुरू से ही रहा है, लेकिन इसका चरम रूप जाकर कहीं 'घंटा' में व्यक्त हुआ। इस कहानी का नायक दो बुराइयों में से एक को चुनने की मजबूरी आ पड़ने पर उच्चवर्गीय 'रेस्तराँ' को लात मारकर 'पेट्रोला' को चुनता है। अपने वर्ग को छोड़कर भाग खड़े होना हमेशा आसान होता है। उसमें टिककर उसे रूपांतरित करने की जद्दोजहद कठिन। इस कठिन विकल्प को चुनने का फैसला करते ज्ञानरंजन कहीं से भी 'पेट्रोला' के बारे में कोई भ्रम नहीं फैलाते, बल्कि उसका रेशा-रेशा उधेड़ देते हैं। कितने अफ़सोस की बात है कि इस कहानी को इसके गौण आशयों में ही पहचाना जा सका है, और 'पेट्रोला' को गौरवान्वित करने की हद तक ग़लत समझा गया है। कहानी की आरम्भिक पंक्तियाँ हैं—

' "पेट्रोला" ऐसी जगह थी जिससे नागरिकों को कोई सरोकार नहीं था। जहाँ तक हम लोगों का प्रश्न है, हमारी नागरिकता एक दुबले हाड़ की तरह किसी प्रकार बची हुई है। उखड़े होने के कारण लग सकता था, समय के साथ सबसे अधिक हम हैं लेकिन हक़ीक़त यह है कि बैठे-बैठे हम आपस में ही फुँफकार लेते हैं, हिलते नहीं हैं। हमारे

शरीर में लोथड़ों जैसी शान्ति भर गई है। ...हम लोगों के शरीर में संत मलूकदास इस कदर गहरा आसन मारकर जमे हुए थे कि भेड़िया-धसान हमेशा चालू रहा। ऐसा लगता, ''पेट्रोला'' की जिन्दगी से बाहर चले जाना काफ़ी मुश्किल हो गया है।'

कुंदन सरकार के 'रेस्तराँ' से तो फिर भी जान बचाकर भागा जा सकता है, पिट-पिटाकर निकला जा सकता है, लेकिन 'पेट्रोला' से संत मलूकदास के शिष्य इन अजगरों का निकलना कैसे होगा? सच तो यह है कि 'पेट्रोला' का यह गतिहीन और मुर्दा जीवन अगर ऐसा ही बना रहता है तो उसका कोई भविष्य नहीं। नैरेटर 'मैं' में थोड़ी गति इसलिए है क्योंकि वह अभी इसमें पूरी तरह समाहित नहीं हुआ है।

यह 'पेट्रोला' और कुछ नहीं, 'कफ़न' के घीसू-माधो का डेरा है। गाँव से शहर आने के बाद अब उन्हें वैसी नीची नज़र से नहीं देखा जाता। 'बैठकबाज़ों की उनकी कुत्सित मंडली' में अनेक बुद्धिजीवी और साहित्यकार भी शामिल हो गए हैं। इन्हें 'बीवी-बच्चों, समाज और देश-दुनिया से शायद ही कोई ताल्लुक रह गया' है। इससे मुँह मोड़कर, कुंदन सरकार का 'घंटा' बन जाने वाले 'नैरेटर' की 'रेस्तराँ' में व्यक्त कुछ प्रतिक्रियाओं से 'पेट्रोला' की अभिरुचियों का पता चलता है—

'मैंने ध्यान दिया हॉल में दो प्रकार की महिलाएँ थीं। कुछ बिलकुल डाँगर चिरईजान और कुछ जिन्हें देखकर लगता था कि बाल्टी भर के हगती होंगी।'

'मादर... मेरा दिमाग़ एकदम से कड़क हो गया, आखिर तुम लोग कब तक गुलाब बने रहोगे और कब तक हम इकसठ-बासठ करते रहेंगे।'

'हरमजदगी उसकी आँखों और स्तनों पर देखी जा सकती थी।'

'देश के लिए मोटी पगार काटते इन तर लोगों और संगीत-नायिका बनी बैठी नखास की इस रंडी को कुछ भी परवाह क्यों हो। यह समझती है कि सारा देश जैसे नारी के एक सेंटीमीटर वाले ''अमुक'' प्रदेश में ही घुसड़ जाने का इंतजार कर रहा है।'

अपने सर्वश्रेष्ठ रूप में भी ये भावनाएँ निम्नमध्यवर्गीय भड़ाँस से अधिक कुछ नहीं हो सकतीं। 'रेस्तराँ' के नकारात्मक ही सही, गतिमय जीवन में तो फिर भी ये कुछ क्रिया-प्रतिक्रिया को प्रेरित कर सकती हैं, लेकिन पेट्रोला की जड़ता में ये कैसी आत्मघाती हो सकती हैं इसकी कल्पना सहज ही की जा सकती है। इसीलिए 'घंटा' का वापस 'पेट्रोला' में आना कहीं से आश्वस्त नहीं करता।

'बहिर्गमन' 'घंटा' का ही विस्तार है। 'घंटा' के नायक को, जो पहले भी 'पेट्रोला' में पूरी तरह खप नहीं पाता था, 'रेस्तराँ' से बग़ावत करके 'पेट्रोला' में विलीन हो जाना मंज़ूर नहीं हुआ। दूसरे शब्दों में कहें तो ज्ञानरंजन की कहानियों के जिस द्वन्द्व के चरम पर पहुँचने की चर्चा हमने 'घंटा' के सन्दर्भ में की थी, उसकी परिणति से उसका समाहार नहीं हो सका। तब कथाकार ने वैकल्पिक परिदृश्य की रचना की।

यही 'बहिर्गमन' है।

'बहिर्गमन' की आरम्भिक पंक्तियाँ हैं—'कस्बे के अन्दर सर्वथा निश्चित कुछ थोड़े से कार्यक्रम थे। इनमें कभी कोई परिवर्तन नहीं होता था। खूब आराम के साथ सुबह होती थी और उतने ही आराम से दिन का पटाक्षेप होता था। ...अधिकांश लोग अपनी रोजमर्रा जिन्दगी में सोये हुए से चुपचाप और शान्त चल रहे थे।'

यह क़स्बा 'पेट्रोला' का ही विस्तृत रूप है। इसकी जगह कोई गाँव अथवा शहर भी हो सकता था। 'घंटा' कहानी का नायक कथावाचन की ज़िम्मेदारी किसी दूसरे व्यक्ति को देकर, जो हमेशा की तरह 'पेट्रोला' की तरफ़ से बोलता है, स्वयं मनोहर के रूप में प्रकट होता है। वह क़स्बे का 'सबसे अधिक परेशान, बेचैन और उत्पीड़ित युवक' है। उसके 'ख्वाबों ने उसे तमाम लोगों के लिए बेहद अटपटा बना दिया' है। वह लोगों से 'जबरदस्ती भिड़ जाता... कहता, बाहर निकलो, वहाँ एक अग्रगामी संसार है। लोग मूड़ हिलाकर हाँ करते और हुक्का गुड़गुड़ाने लगते। अधिक से अधिक यह होता कि लोग उसकी भाषा को विस्मयपूर्वक सुनते थे।'

आख़िरकार एक दिन उसे शहर में कोई काम मिल जाता है और वह अपनी जगह को 'पिछड़ी और मरी हुई' कह कर चला जाता है। ध्यान रहे कि वह कमाकर लाने के लिए शहर नहीं जा रहा, जिस पर लोगों की राल टपकती रहती है, बल्कि हमेशा के लिए क़स्बे को छोड़कर जा रहा है। खेतिहर संस्कार इसे कभी हज़म नहीं कर सकता। उसके जाने पर कथावाचक 'मैं' की टिप्पणी देखिए—'अपनी जगह बेमिसाल होती है और आदमी टूटा हुआ पत्ता नहीं है, यह बात मनोहर अपनी पकी अवस्था के बावजूद क्यों नहीं समझ सका? मनोहर का छोड़ना छूटने की करुणा-जैसा नहीं लगा। छोड़ना, छप्पर और पेट की मजबूरियों में उजड़-जाने जैसा भी नहीं था। वह गुमनाम लोभ से पराभूत, अज्ञात दुनिया के प्रति चमत्कृत एक बेबुनियाद भागमभाग थी।'

वही 'टिपिकल' किसान मानसिकता, जिसके लिए अपना खेत, अपनी जाति और अपना गाँव दुनिया की पवित्रतम वस्तुएँ, सन्देह से परे सत्ताएँ हैं। आइए, मनोहर के पलायन के कारण उस पर आरोप-पत्र की शक्ल में विद्वानों द्वारा बार-बार पेश की गई इन पंक्तियों को ज़रा ग़ौर से देखें।

अपनी जगह बेमिसाल हो या न हो, उससे कोई अन्तर नहीं पड़ता। आदमी निश्चय ही टूटा हुआ पत्ता नहीं होता, लेकिन मनोहर अपने सचेत निर्णय के चलते—वह ग़लत हो या सही—एक जगह से दूसरी जगह जा रहा है, इसलिए उस पर यह बात लागू नहीं होती। टूटा हुआ पत्ता तो वह तब होता जब 'छप्पर और पेट की मजबूरियों में उजड़कर' ऐसा करता, जिसके लिए कथावाचक हमदर्दी और करुणा से

भरा हुआ है। जीते जी लाश में बदल जाने से बचने का लोभ गुमनाम हो या बदनाम, उचित है। अज्ञात दुनिया के प्रति उपेक्षा और तिरस्कार तथा ज्ञात दुनिया के प्रति अहोभाव रखना कूपमंडूकों और अजगरों की ही सच्ची पहचान है। ज़ाहिर है कि यह 'भागमभाग' नहीं, बल्कि उस पर की गई शंका है जो बेबुनियाद है। कुल मिलाकर यह अपने चंगुल से बच निकले एक व्यक्ति के प्रति 'पेट्रोला' का 'रिस्पांस' है।

जैसा कि अपेक्षित था, मनोहर शहर में सफल होने के साथ ही खोखला होता चला जाता है। कोढ़ में खाज की तरह उसे कुंदन सरकार मिलता है, इस बार सोमदत्त बनकर। सोमदत्त की 'जेब में दूसरों को तड़पा देने वाला, बल्कि कुचल देने वाला विश्व-बाजार था।' वह उसे बताता है कि यह पूरा देश ही 'पेट्रोला' है। इस देश से बाहर निकलना होगा। वह विस्तार से उसे लंदन के जीवन के बारे में, वहाँ की स्त्रियों के बारे में बताता है। वह मनोहर की महत्त्वाकांक्षाओं को ख़ूब हवा देता है। मनोहर अपने तरीक़े से इसका प्रतिरोध भी करता है, लेकिन अंततः टूट जाता है। उसमें जीवन की सुख-सुविधाओं, रोमांच और साहसिकता के लिए दुर्निवार आकर्षण जाग उठता है। वह विदेश जाने को तैयार हो जाता है। कथावाचक समुद्रतट पर खड़ा उसके जहाज को जाते हुए देखता रहता है।

यह परिदृश्य नं. दो है। पहले में 'भेड़िया-धसान' है तो दूसरे में अन्धी सुरंग। 'पेट्रोला' में दम का घुटना उतना ही निश्चित है जितना कि 'विश्व-बाजार' में उसका टूटना। ज्ञानरंजन के कथा-संसार के साथ-साथ भारतीय समाज की भी यही केन्द्रीय विडम्बना है। यह द्वन्द्व चरम पर तो पहुँचा, लेकिन हल न हो सका। न साहित्य में, न समाज में। ज्ञानरंजन के कथाकार को ऐतिहासिक नियतिवाद की बैसाखियाँ भी मंज़ूर न थीं। सो, अपने समय और समाज के केन्द्रीय प्रश्न को उठाकर वे ख़ामोश हो गए। हिन्दी जगत से इसके उत्तर की अपेक्षा थी। लेकिन वह ख़ुद ही एक विराट 'पेट्रोला' था। विश्व-बाज़ार से आशंकित भी और उसके लिए लालायित भी। बहरहाल, आज हमारा यह 'पेट्रोला' लाज-शर्म तजकर विश्व-बाज़ार में लीन होने की तैयारी कर रहा है। सब के सब सोमदत्त के बताए रास्ते पर चल पड़े हैं। हमारा समाज एक साथ पूर्व आधुनिक और उत्तर-आधुनिक दोनों हो गया है। प्रश्न यह है कि क्या किसी पिछड़े हुए समाज में सच्ची आधुनिकता (अपने समस्त मूलभूत और सकारात्मक मूल्यों के साथ) प्रगति की अनिवार्य शर्त और गारंटी नहीं है। हम आज इन्हीं सवालों से रूबरू हैं। ज्ञानरंज़न की कहानियों की बुनियादी तलाश भी यही है।

इंसानी रिश्तों में दर्ज बदलाव

(रवीन्द्र कालिया की कहानियाँ)

ज्ञानरंजन और रवीन्द्र कालिया दोनों की कहानियों के नौजवान निम्न मध्यवर्ग से आते हैं, लेकिन ज्ञान के पात्र जहाँ छोटे शहर या क़स्बों से आते हैं वहीं कालिया के आमतौर पर महानगरीय पृष्ठभूमि के होते हैं। सिक्के के दो पहलुओं की तरह एक की कहानियाँ अपनी पृष्ठभूमि से ग्रहण किए गए पिछड़ेपन के संस्कारों की कठोर आलोचना को उद्यत होती हैं तो दूसरे की, आधुनिकता की समस्याओं का उद्घाटन करते हुए भी उसके सकारात्मक तत्त्वों को जज़्ब करने की क्षमता का प्रदर्शन करती हैं। ज्ञानरंजन का पाला क़स्बाई और किसान जीवन के संस्कारों, कर्मकाण्डों और स्मृतियों से पड़ता है जबकि कालिया औद्योगिक सभ्यता से आधुनिक संवेदना को ग्रहण करते हुए उसी के सहारे उसका सामना करते हैं।

'बड़े शहर का आदमी' में औद्योगिक सभ्यता की यांत्रिक जीवन-शैली से त्रस्त दो नौजवान हैं। इनमें से एक पी.के. आत्महत्या के सही मौक़े की तलाश में जेब में 'सुसाइड नोट' और 'स्लीपिंग पिल्स' रखे रहता है। दूसरा यानी नैरेटर 'वह' ये चीज़ें उसकी जेब से निकालकर फेंक देता है, क्योंकि 'घर में जहर रखा हो तो मुझे बेचैनी होती है और फिर क्या भरोसा,' यानी उसे डर है कि किसी कमज़ोर क्षण में कहीं वह ख़ुद न ज़हर खा ले। आधुनिक महानगरीय आपाधापी और भागमभाग में मानवीय तत्त्व के लिए अवकाश कम से कम होते चले जाने की थीम पर लिखी गई इस कहानी का कथ्य, ज़ाहिर है, प्रगतिशील है। लेकिन किसी कला-रचना के मामले में महज़ विचार, उद्देश्य या निष्कर्ष पर्याप्त नहीं होते। उन्हें किस तरीक़े से कला का विषय बनाया गया है, उनके साथ कैसा 'ट्रीटमेंट' हुआ है, यह प्रायः निर्णायक महत्त्व की चीज़ साबित होती है। इसी वजह से प्रगति के घोषित इरादे से लिखी गई कोई रचना लेखक की पिछड़ी हुई संवेदना के चलते प्रतिगामी भूमिका में खड़ी हो सकती है, और कभी-कभी पिछड़ी हुई वैचारिक स्थिति के चलते ग़लत निष्कर्षों तक पहुँचने वाली रचना में भी विपरीत संवेदना के कारण आधुनिकता के तत्त्व शक्तिशाली होकर उभर सकते हैं। जेनुइन कलारचना की एक ख़ासियत यह है कि वह अपने रचनाकार की इच्छा से अधिक अपने समय की इच्छा का ध्यान रखती है।

बहरहाल, इस कहानी में ऐसा कोई द्वैत नहीं है। आधुनिक संवेदना और प्रगतिशील दृष्टि के मेल का यह एक विरल उदाहरण है। 'उसके' हाथ में अपने 'सुसाइड नोट' की स्लिप देखकर पी.के. की प्रतिक्रिया पिछड़ेपन और आधुनिकता के फ़र्क़ को बयान करती है—

' "तुम मेरे कोट की तलाशी लेते हो?" वह तैश में आ रहा था।' पिछड़ी हुई संवेदना का कोई युवक ज्ञानरंजन की कहानी 'आत्महत्या' के नायक की तरह लम्बा-चौड़ा घोषणा-पत्र जारी करने की सोचता ताकि इतिहास में उसकी आत्महत्या अमर हो सके। अपने निर्णय की ज़िम्मेदारी वह ख़ुद नहीं लेता, समाज पर थोपता। अगर उसके साथ रहने वाला कोई और मौजूद होता तो आत्महत्या से अधिक उसकी दिलचस्पी इस बात में होती कि वह दूसरा व्यक्ति किसी तरह उसके सुसाइड नोट को पढ़ ले ताकि उसे पता चले कि उसके बिलकुल आस-पास कितनी बड़ी घटना घटने वाली है। इसके बाद आत्मदया, सहानुभूति और लिजलिजी भावुकता का समारोह मनाया जाता। लेकिन यहाँ एक व्यक्ति है जो एक बार आत्महत्या का असफल प्रयास कर चुका है और कभी भी मौक़ा पाकर दुनिया से विदा हो सकता है, वह इस बात पर तैश में आ जाता है कि उसके कोट की तलाशी क्यों ली गई।

बातचीत आगे बढ़ती है लेकिन पी.के. इस आघात से उबर नहीं पाता। 'पी.के. रुआँसा हो गया था, और काँपती हुई आवाज में बार-बार कह रहा था, "तुम मेरी तलाशी लेते हो?" '

पुरानी कहानियों के अभ्यस्त पाठक और समीक्षक जब पी.के. के इस आग्रह को नहीं समझ पाते तो वे इसे ऊटपटांग हरकतों के बट्टे-खाते में डाल देते हैं। दरअसल, पी.के. के लिए उसके कोट की तलाशी उसके निजी जीवन में ताक-झाँक है, अपने बारे में किए गए उसके फ़ैसले में दखलंदाज़ी है, आधुनिक जीवन के 'कोड ऑफ कंडक्ट' का उल्लंघन है। यह तथ्य कि उसकी निजता को सम्मान के क़ाबिल नहीं समझा गया, उसे असंतुलित कर सकता है। अब इसके बाद, मृत्यु भी उसके लिए निरर्थक हो सकती है, जीवन से तो वह पहले ही मुँह मोड़ चुका है।

तो क्या वह अपने अहं की अभेद्य दीवारों से घिरा स्वार्थी और आत्मकेन्द्रित व्यक्ति है? कतई नहीं। वह उतना ही सरल, निश्छल और पारदर्शी है जितना कि कोई और हो सकता है। वह अपने दोस्त की 'कंडीशंड' दिनचर्या पर व्यंग्य करता है। फिर उसे लगता है कि उसने उसे नाराज़ कर दिया है। वह बात बदलकर उसे अच्छी लगने लायक़ बात करने लगता है। आत्महत्या के पहले प्रयास में पकड़े जाने पर पुलिस स्टेशन ले जाए जाने से बच कर ख़ुश होते हुए वह कहता है—'ले जा रहे थे। लेकिन लोग जल्दी में थे। कितनी अच्छी बात है। लोग जल्दी में रहते हैं।'

हाँ, एक व्यक्ति के नाते उसके कुछ अधिकार हैं। और वह किसी भी क़ीमत पर उन्हें छोड़ने को तैयार नहीं। उसने जान देने का फ़ैसला ही इसलिए किया है कि औद्योगिक सभ्यता उसके व्यक्तित्व को कुचलकर नाम-रूपहीन इकाई बना देने पर, उसकी विशिष्टताओं को मिटा कर उसे सामूहिक उत्पाद का अंग बना देने पर आमादा है। यह कोई आदर्श प्रतिरोध भले न हो, पलायन भी नहीं है। अपनी मान्यताओं पर अडिग रहने के कारण पूँजीवाद की बलिवेदी पर आत्मबलिदान के उसके फ़ैसले को बदलना, काश सम्भव होता। आधुनिकता की श्रेष्ठ परम्परा के इन प्रतिनिधियों को अगर आगे का रास्ता नहीं सूझ रहा था तो उसके लिए किसान-चेतना से ग्रस्त हमारी प्रगतिशीलता भी कुछ-न-कुछ ज़िम्मेदार है, जिसने व्यक्तित्व के 'एसर्शन' और व्यक्तिगत सरोकारों को बिलकुल सिरे से ख़ारिज कर दिया था।

रहा सवाल जेब का तो उसमें दोस्तों का हाथ डालना ऐसी कोई बड़ी बात नहीं, बशर्ते इरादा जासूसी का न हो। तलाशी प्रकरण का समाधान अपने लिए वह कुछ यूँ करता है—'पी.के. कुछ देर बड़बड़ाता रहा, कुछ देर चुप रहा, फिर संयत स्वर में बोला, "मुझे यकीन है, तुमने तलाशी न ली होगी। तुमने सिगरेट ढूँढ़ने के लिए जेबें टटोली होंगी।" '

'सिर्फ एक दिन' में, जो रवीन्द्र कालिया की पहली कहानी है, यह नौजवान 'मैं' बेरोज़गार है। इसके पिता इसे सुनाकर ज़ोर-ज़ोर से अख़बार में 'सिच्युएशन वेकेंट' का कॉलम पढ़ते हैं। इसका 'सुखद परिणाम' यह निकलता है कि उसे इन कॉलमों से वितृष्णा हो जाती है। अख़बार में अगर विचारोत्तेजक सामग्री का अभाव हो तो उसे नींद-सी आने लगती है और अगर ऐसी सामग्री अधिक हुई तो वह नींद की गोलियाँ खाकर सो जाता है। किसी नौकरी की अर्ज़ी देने के लिए वह अपने दोस्त गुलाटी के साथ घर से बाहर निकलते हुए रॉक्सी में दोपहर गुज़ारने और कॉफ़ी पीने का इरादा करता है।

रॉक्सी में उसे अपने कॉलेज की सहपाठिनी सरोज मिल जाती है जो अब अम्बाला में लेक्चरर हो गई है। वह उसे अपने साथ बैठने का अनुरोध करती है तो वह सोचता है, 'छोटी-सी बात के लिए सरोज वहाँ बैठने का अनुरोध कर रही है—उस बात के लिए, जिसे मैं पहले से जानता हूँ।'

वह बात क्या हो सकती है? कोई भूला-बिसरा अव्यक्त प्रेम! पुरानी संवेदना के लिए यह इसकी आदर्श स्थिति है। कहानी में इसके पहले या बाद उस बात की फिर कोई चर्चा नहीं हुई है। तो क्या कथाकार महज़ चुस्त जुमले उछालता है, जिनका कोई अर्थ नहीं होता? हम इसे आगे देखेंगे।

इसी बीच उसे ख़ामोश पाकर सरोज को लगता है कि वह बोर हो रहा है, और

तब वह कुछ बातें करने लगती है। इसी बातचीत के दौरान वह सोचता है, 'उसे यह नहीं मालूम कि मेरी जैसी स्थिति में जीने वाले व्यक्ति के लिए बोरडम कोई समस्या नहीं रहती और दूसरे बोरडम चुप्पी का पर्याय नहीं।'

सरोज के लिए कही गई यह बात कहानी के उन पाठकों पर भी लागू होती है जो कालिया की कहानियों में चुटकुलेबाज़ी और बोरडम के अलावा और कुछ खोज नहीं पाते। पहले तो यह देखें कि बोरडम या ऊब का कारण क्या होता है। कोई व्यक्ति तभी बोर होता है जब या तो वह जिस स्थिति में है उसका कोई अर्थ न हो, या फिर उस अर्थ को समझने की उसमें क्षमता न हो। साठ के बाद की स्थितियाँ अर्थहीन थीं, इसे कोई नहीं मानता। आरोप इन नौजवानों पर नासमझी और अगम्भीरता का है।

साठोत्तरी पीढ़ी का यह बेरोज़गार नौजवान कहता है कि बोरडम उसके लिए कोई समस्या नहीं है। समस्या दरअसल उनकी है जो चुप्पी को बोरडम यानी नासमझी का पर्याय समझते हैं। यथार्थ उसके लिए इतना सुपरिचित और क़दम-क़दम पर सहज उपलब्ध है कि अब डंके की चोट पर कहने जैसा कुछ नहीं बचा। इस यथार्थ का बयान उसके समूचे व्यवहार, उसकी एक-एक भंगिमा और प्रतिक्रिया में हो रहा है। बकौल ग़ालिब :

है कुछ ऐसी ही बात जो चुप हूँ
वरना क्या बात कर नहीं आती

इन मुद्दों की जाँच-पड़ताल करने के लिए आइए कहानी पर एक नज़र फिर डालें। कहानी 'मैं' नामक पात्र के इस बयान से शुरू होती है कि नींद तो अख़बार वाले के अख़बार फेंकने के साथ ही खुल गई थी, लेकिन उसने आँखें नहीं खोली थीं क्योंकि ''मैं इस परिणाम पर पहुँच चुका हूँ कि आँखें खुलते ही खुमारी काफूर हो जाती है.....।'' '

इस नौजवान को 'आँख खुलने' और 'खुमारी के काफूर होने' का अनुभव है। इन मुहावरों का प्रयोग हिन्दी में अर्से से होता रहा है और साठ के दशक के युवाओं के सन्दर्भ में ये और भी सुनिश्चित अर्थ ग्रहण करते हैं। यह है नेहरू युग का भ्रम टूटना और यथार्थ से अवगत होना। इसके लिए बहुत सिद्धांत जानने की ज़रूरत नहीं पड़ती। उसकी अपनी जीवन-स्थिति और रोज़-ब-रोज़ मिलने वाली दीन-दुनिया की अख़बारी सूचनाएँ ही इसके लिए पर्याप्त हैं। कहानी में आगे वह नेहरू युग के नारों की पैरोडी करके और विधानसभा को नींद लेने की जगह बताकर अपने आशयों को और स्पष्ट कर देता है। आँख खुलने के बावजूद खुमारी में झूलना तत्कालीन समाज का एक कटु यथार्थ है। मोहभंग है, लेकिन परिवर्तन की कोई उम्मीद दिखाई नहीं पड़ती। अंधराष्ट्रवाद का बोलबाला है। कांग्रेस के मूल्यांकन के सवाल पर कम्युनिस्ट पार्टी टूट चुकी है। प्रगतिशीलों में नेहरू का क़सीदा पढ़ने की होड़ है। अख़बार पढ़ते समय किसी न किसी

बहाने सो जाने की वजह भी वही है, जो उसकी चुप्पी की वजह है। विचारहीन चीज़ों में रम नहीं पाता और विचारोत्तेजक चीज़ें उसे गहराई तक अशांत कर डालती हैं। एक संवेदनशील नौजवान की सब कुछ देखते-समझते हुए भी कुछ न कर पाने की विवशता से उपजी, बहरा कर देने वाली यह चुप्पी अपने युग को कटघरे में खड़ा कर रही थी। कोई आश्चर्य नहीं कि उसके युग ने इसे सुनने से इन्कार कर दिया।

बदली हुई संवेदना की रचना कैसे अपने पाठकों से बदली हुई रुचि की, बदले हुए दृष्टिकोण की माँग करती है, जिससे चीज़ों के अर्थ बदल जाते हैं, इसे समझने के लिए यह अंश देखें :

सरोज ने प्याली से शक्कर निकालते हुए कहा, 'मुझे भी पापा की वजह से जॉब मिल गया। मैनेजिंग कमेटी पर पापा का होल्ड न होता, तो मुझे कौन पूछता! बहुत कम्पटीशन था, पी.एच.डी. तक पहुँचे हुए थे।'

'मेरी पैंट की जेब से एप्लिकेशन फार्म बाहर झाँक रहे थे, मैंने हाथ से उन्हें जेब में अच्छी तरह छिपा दिया। मुझे इस विषय पर बात करने से घृणा हो रही थी। सरोज ने शायद मुझे आश्वासन देने के लिए ही यह बात कही थी। मैंने कॉफ़ी सिप करते हुए गुलाटी से कहा, ''गुलाटी साहब, कापूचिनो आपके सामने है।'' मैं ख़ुश था कि पोस्टल आर्डर खरीद कर यहाँ नहीं आया।'

'मैं' को सरोज की बातचीत से घृणा क्यों होती है? पुरानी रुचि का जवाब होगा कि सिफ़ारिश की चर्चा से एक बेरोज़गार नौजवान को घृणा होगी ही, लेकिन उसे इसका इज़हार नहीं करना चाहिए। आख़िर बेचारी लड़की उसके सामने शेखी मारना नहीं, उसे आश्वासन देना ही चाहती है।

बेशक सिफ़ारिश बुरी चीज़ है लेकिन तब तक यह इतनी आम हो चुकी है कि 'मैं' अगर उससे घृणा करेगा तो घृणा से ही मर जाएगा। नफ़रत तो उसे इस आश्वासन से है, लिजलिजी-पिलपिली हमदर्दी से। वह गर्व का पात्र न हो, ईर्ष्या का पात्र न हो, लेकिन सहानुभूति का पात्र होना तो उसके लिए मौत से भी बदतर है। सरोज के पास बैठते समय ही उसे पता था कि वह उससे सहानुभूति जताकर अपनी 'इंसानियत' का प्रदर्शन करने से नहीं चूकेगी। वह छोटी-सी बात यही थी।

उपरोक्त 'आश्वासन' देते समय सरोज 'मैं' के प्याले से शक्कर निकाल रही थी। इससे पहले उसने प्याले में शक्कर डाली थी और बकौल 'मैं', 'मेरी प्याली शक्कर से एक-चौथाई भर गई थी', वह कहता है—'क्षमा कीजिए, मैं सिर्फ एक चम्मच लेता हूँ।'

हमदर्दी की चाशनी का भी अपना शक्कर होता है। सरोज अपनी आदत से मजबूर है। उसने एक शक्कर निकाली तो दूसरी उड़ेल दी। अब इसका क्या हो? यह

नौजवान विद्रोही भले न हो, समझौतापरस्त भी नहीं है। वह अपना प्रतिवाद दर्ज कराने से कभी नहीं चूकता। उसे ख़ुशी होती है कि वह पोस्टल आर्डर ख़रीद कर यहाँ नहीं आया। एक बार फिर बेतरतीब लगने वाली बात। दरअसल, उसने तय कर लिया है कि चारों लोगों की 'कापूचिनो' कॉफ़ी का बिल ख़ुद देगा। सरोज ने उससे हमदर्दी जताकर उसे कॉफ़ी पिलाने का अधिकार खो दिया है। अगर वह पोस्टल आर्डर ख़रीदकर आया होता तो पैसे कम पड़ सकते थे, क्योंकि घर से चलते समय उसकी योजना केवल गुलाटी के साथ कॉफ़ी पीने की थी।

उठने से पहले सरोज एक बार फिर 'मैं' के रोज़गार की चिंता करती है—'खैर, छुट्टियों के बाद तो बहुत-सी जगहें निकलेंगी।'

'सरोज को सहानुभूति से लथपथ देखकर मुझे यहाँ बैठने की ग़लती महसूस होने लगी।

'मैंने अपने सम्बन्ध को कॉफ़ी की परिधि में सीमित रखने की गरज़ से कहा, ''कहिए, कॉफ़ी कैसी रही?''

'कॉफ़ी भी अच्छी रही और वक़्त भी खूब गुज़रा। सरोज ने कहा।

'सरोज के चेहरे पर सहसा फीकापन आ गया था।'

कॉफ़ी भी अच्छी थी और वक़्त भी ख़ूब गुज़रा, तो चेहरा क्यों फीका पड़ गया? क्योंकि हमदर्दी का मोल चुकाने वाला नहीं मिला। और यह फीकापन गायब कैसे हुआ? हमदर्दी के पात्र पर दस का नोट खर्च करने से मिलने वाले क्षुद्र आत्मसंतोष से।

'मैं बिल चुकाने का निश्चय कर चुका था, परन्तु बैरे ने बिल की प्लेट मेरे सामने नहीं रखी। मैंने बटुआ निकालने के लिए जेब में हाथ डाला, परन्तु मेरा हाथ एप्लिकेशन फार्म वाली जेब में चला गया। मैं दूसरी जेब टटोलता कि इतने में सरोज ने दस का एक नया नोट प्लेट में रख दिया और उसके चेहरे का फीकापन जाता रहा।'

'मैं' मात खा गया, लेकिन कोई बात नहीं। यह तो आए दिन का क़िस्सा है। समाज में आधुनिक संवेदना के ग्राहक हैं ही कितने? वह धूल झाड़कर उठ खड़ा होगा और दुबारा संघर्ष का ऐलान करेगा। जैसा कि वह गुलाटी से कहता है—'शटअप नाउ। हम कॉफ़ी फिर से पिएंगे।'

'नौ साल छोटी पत्नी', पत्नी के पूर्व प्रेमी को सहजता से लेने वाले उदार पति की कहानी नहीं है। उस सूरत में यह एक पुरानी कहानी ही होती। यह भावुकता से आधुनिकता के रिश्ते को स्पष्ट करने वाली कहानी भी नहीं है, क्योंकि यह रिश्ता कालिया की हर कहानी में पर्याप्त स्पष्ट है। दरअसल यह विवाह-पूर्व और विवाहेतर प्रेम की आधुनिक दृष्टि से व्याख्या करने वाली कहानी है। इस मसले की नज़ाकत

को देखते हुए यह भावुकता और पुरानी नैतिकता का सपाट निषेध नहीं, उससे एक लम्बी जिरह है।

कहानी तृप्ता के पूर्व प्रेमी सोम के उससे मिलकर जाने के बाद शुरू होती है। तृप्ता उसके पुराने पत्रों का बंडल खोलकर पढ़ रही है कि उसका पति कुशल आ जाता है। वह इन पत्रों को पहले ही पढ़ चुका है। इसके बाद कुशल की छेड़-छाड़, मज़ाक और शरारतों का लम्बा सिलसिला चलता है। तृप्ता इसके विरुद्ध रक्षात्मक और भयभीत जान पड़ती है, जबकि कुशल इस मामले से अनभिज्ञता जताने के साथ-साथ आक्रामक ढंग से विवाह-पूर्व प्रेम को 'डिफेन्ड' करने पर तुला हुआ है। वह तृप्ता को ऐसे सम्बन्धों की सहजता का यक़ीन दिला देना चाहता है, लेकिन परिणाम उल्टा निकलता है। इस मामले में कुशल की बढ़ी हुई रुचि से तृप्ता आशंकित हो उठती है। अंत में मौक़ा पाकर अपना भेद खुलने के भय से वह उन पत्रों को जला डालती है और रो पड़ती है। कहानी का अन्तिम वाक्य है—'सिगरेट सुलगाकर भी वह तृप्ता को चुप कराने का साहस न बटोर सका, उसे लग रहा था, तृप्ता का रोना बिल्कुल जायज़ है।'

कोई चाहे तो कहानीकार से यह सवाल पूछ सकता है कि 'क्यों भाई, यह रोना क्यों जायज़ है। जबकि न तो उसे अपने पत्रों को जलाने की ज़रूरत थी न भयभीत होने की। उसने कोई गुनाह तो किया नहीं था।'

सम्भवतः लेखक का जवाब होगा—'क्योंकि वह ''नौ साल छोटी पत्नी'' है।'

कहानी का मर्म इसी नुक्ते में छिपा हुआ है। तृप्ता की विडम्बना का कारण उसके और कुशल के बीच उम्र ही नहीं, रुचि, मनोदशा और संवेदना का भी भारी अंतर है। आशय यह है कि विधि और नैतिकता का विधान चाहे जो हो, अगर दाम्पत्य के किसी पहलू में अंतर है, अवकाश है, तो बाहर की हवाएँ उसे अवश्य भरेंगी—उसी मात्रा में जिस मात्रा में यह 'स्पेस' है। 'रहिमन भरी सराय लखि पथिक आपु फिरि जाय', लेकिन सराय में कुछ कमरे खाली हों तो पथिक भला क्यों फिरने लगा?

कहानी के अंतिम वाक्य पर लौटें, सिगरेट न हुआ झाड़ू हो गया जिससे साहस बटोरा जाता है। सिगरेट का एक और प्रयोग देखें—'पहले तो कुशल के जी में आया कि तृप्ता को चुप करवाया जाये और उसी बहाने प्यार भी किया जाये, परन्तु उसने महसूस किया कि बिना सिगरेट के कश खींचे प्यार नहीं किया जा सकता, भावुक तो बिल्कुल नहीं हुआ जा सकता। कुशल जानता है कि तृप्ता भावुकतारहित प्यार को स्वीकार नहीं करेगी।'

हम पहले देख चुके हैं कि कालिया के इस मुख्य चरित्र के लिए भावुकता को बर्दाश्त करना कितना मुश्किल रहा है, फिर प्रेम करने के लिए ख़ुद भावुक होने में तो उसे लोहे के चने चबाने पड़ते होंगे। मुश्किल दायित्व निभाने के ऐसे मौक़ों पर कभी-कभी कोई चीज़ अपने को पुख़्ता करने का बहाना बनती है। वह च्यूंगम, पान या

तम्बाकू भी हो सकती थी। यहाँ सिगरेट है। 'एक प्रामाणिक झूठ' नामक कहानी में भावुक होने के लिए अतिरिक्त ताक़त, झूठ बोलने और एक दुनियादार सहकर्मी को बेवकूफ बनाने से मिलती है। अपने चारों तरफ़ उमड़ रहे पिछड़ेपन के महासागर को पार करने के लिए यह पात्र सिगरेट का इस्तेमाल चप्पू की तरह करता है।

मुश्किल यह है कि तृप्ता भावुकता के बिना प्रेम स्वीकार नहीं करती और कुशल को रूठने-मनाने में दिन ज़ाया करने की अपेक्षा दुकान पर बैठकर टाइप करना अधिक उपयोगी लगता है। वह अपने लिए एक अलग खाट खरीदना चाहता है, तो तृप्ता बुशशर्ट, किताब, टूथब्रश, टाफियाँ और लॉलीपाप। खाट के प्रस्ताव का विरोध होने पर वह कहता है—'कई बातें अभी तुम्हारी समझ में नहीं आ सकतीं। तुम अभी बच्ची हो। कई बार तो तुम्हारे मुँह से दूध की बू भी आती है।' इसके बाद उसे देखकर कुशल के दिमाग़ में छायावादी कवियों की पंक्तियाँ तैरने लगती हैं, जिन्हें पकड़ने के बजाय वह उससे कहता है कि भविष्य में शेव बनाने और स्नान करने के लिए वह उसे कभी न कहे। उसकी इच्छा होगी तो वह ख़ुद ही स्नान कर लेगा।

ज़ाहिर है कि अपनी निजता और एकांत कुशल की प्राथमिकताओं में हैं। कहानी के पहले ही वाक्य में सूचना मिलती है—'मदन को नसीहत का मौका न देने के लिए वह प्रायः दुकान के बाहर जाकर खाँसा करता है।' इधर तृप्ता है कि मुस्कराने पर भी टोक देती है और चुप रहने पर भी।

दोनों के बीच मौजूद भारी अंतराल के कारण ही इस नोक-झोंक के अंत में कुशल अपने को असहज स्थिति में पाता है। उसे पता चल जाता है कि तृप्ता के अंतर के कुछ कोनों को छू पाने में वह बिलकुल असमर्थ है। अगर वह परिपक्व होती तो अपनी नादानी और भीरुता के लिए ख़ुद ज़िम्मेदार होती। अब इस बेमेल शादी के लिए कुशल अपने को अकेले ज़िम्मेदार पाता है। सर्टिफ़िकेट में उसकी उम्र देखकर कुशल को लगा था कि 'अनजाने में उससे चूज़ा ज़िबह हो गया।' किसी अंधे और आँख वाले में टक्कर होने पर ग़लती तो आँखवाले की ही मानी जाएगी। ऐसी स्थिति में तृप्ता का भय उतना ही जायज़ है जितना कि सोम से उसका प्रेम।

तृप्ता और सोम के बीच शारीरिक सम्बन्ध का कोई संकेत कहानी नहीं देती। इसकी वजह पुरानी नैतिकता नहीं है। कहानी में व्यक्त अंतराल मानसिक स्तर तक सीमित है। इसका विस्तार शारीरिक स्तर तक नहीं हुआ है। जब तक ऐसा नहीं होता, तृप्ता का प्रेम अशरीरी ही बना रहेगा। कहानी के तर्क और आधुनिक नैतिकता, दोनों का यही तक़ाज़ा है। पत्नी के प्रेमी को सहजता से लेने की उदारता तो पुरानी कहानी में भी सम्भव थी, लेकिन यह विवेक नयी संवेदना का हासिल है।

कहानी में एक जगह कुशल तृप्ता से पूछता है कि वह तीस बरस की कब होगी? तृप्ता बदले में पूछती है कि क्या वह उसे बूढ़ी देखना चाहता है। वह कहता

है—'नहीं, बूढ़ी नहीं, लेकिन बच्ची भी नहीं। काश! तुम तीस साल की होती।'

कुशल तृप्ता के सामने प्रेम के आंतरिक औचित्य की स्थापना करना चाह रहा था। उसने अपने तरीक़े से इसकी कोशिश की लेकिन अपनी बात उसे समझा न सका। उसने इसका कारण तृप्ता की कम उम्र को समझा। कुछ वर्षों बाद जब यह समस्या दूर हो गई, उसने अपनी असफलता को सफलता में बदलने की एक और कोशिश की। 'डरी हुई औरत' शीर्षक कहानी में वह गौतम के रूप में प्रकट हुआ और तृप्ता तुलना के रूप में। कुशल टाइपराइटर पर 'सोम डरपोक था कि तृप्ता डरपोक थी' टाइप करता था। उसके मन में कहीं 'मूँछों वाले भावुक' सोम के प्रति खीज के साथ यह पुरुषोचित विचार भी था कि अगर सोम की जगह वह ख़ुद रहा होता तो तृप्ता कुछ अधिक साहसी हो पाती। इस बार उसने अपनी पत्नी तुलना के प्रेमी की भूमिका अपने ही प्रतिरूप ख़ुशवंत को दे डाली। अब कोई ग़म नहीं।

कहानी एक इतवार को घटती है। गौतम ख़ुशवंत के यहाँ छुट्टी मनाने का वादा कर आया है और अब ख़ुद सेमिनार लिखने का बहाना करके तुलना को अकेली वहाँ जाने को कहता है।

तुलना पहले नाराज़ होती है, फिर कहती है—'आपको अच्छा लगेगा मेरा अकेले ख़ुशवंत के यहाँ जाना!' 'तुम कमला-विमला जैसी बातें क्यों कर रही हो? ज़रा सोचो, तुम्हें अकेला देखकर ख़ुशवंत कितना ख़ुश होगा?' गौतम ने तुलना को चिढ़ाने के आशय से कहा, 'सारा दिन चहकता फिरेगा।'

'तुलना वाकई चिढ़ गई, मगर अंदर ही अंदर उसे यह अच्छा भी लग रहा था। दूसरे कमरे में जाते-जाते इतना ज़रूर कह गई, "मुझे कभी उम्मीद नहीं थी, आप इस स्तर पर उतर आएँगे। ...... कितना अच्छा होता अगर आपको सेमिनार न लिखना होता!" '

तुलना की भूमिका तृप्ता के मुक़ाबले ख़ासी आगे बढ़ी हुई है। पहले नाराज़गी दिखाने के बाद वह इसका अभिनय भी नहीं करती। अंत में वह जो कुछ कहती है उसका मतलब सिर्फ़ इतना है कि 'अगर आपको सेमिनार लिखना है तो आप मेरे साथ जा ही नहीं सकते।'

गौतम तुलना को ख़ुशवंत की ही भेंट की हुई साड़ी पहनने की सलाह देता है। तैयार होने के बाद तुलना झेंपने लगती है।

'मैं तो कहती हूँ, हम इकट्ठे चलते' उसने कहा—'मुझे अकेली जाने में संकोच हो रहा है। ख़ुशवंत भी नाराज़ होगा।'

'कह देना गौतम एक ज़रूरी काम से नहीं आ पाया। मेरे लिए सिगार ज़रूर

लेती आना।'

तुलना अपने रोमांच को संकोच समझ रही है और ख़ुशवंत के नाराज़ होने का तो प्रश्न ही नहीं उठता।

तुलना की उहापोह के बीच गौतम को याद आता है कि एक बात को बार-बार पूछना तुलना की पुरानी आदत है। एक ज़माना था, वह पूछा करती थी, सच बताइए—मैं आपको अच्छी लगती हूँ? फिर पूछने लगी आप लेक्चरशिप छोड़कर कोई ऐडमिनिस्ट्रेटिव जॉब क्यों नहीं करते? फिर पूछने लगी, आप महत्त्वाकांक्षी क्यों नहीं हैं? फिर पूछने लगी, आपके कॉलेज में को-एजूकेशन क्यों है? फिर एक दिन जब ख़ुशवंत का तबादला दिल्ली हो गया तो पूछा—ख़ुशवंत विवाह क्यों नहीं कर लेता?

कहानी से यह पता नहीं चलता कि ख़ुशवंत ऐडमिनिस्ट्रेटिव जॉब में है कि नहीं, लेकिन लेक्चरशिप पर व्यंग्य करना उसे भी प्रिय है। जब तुलना उसके साथ घर लौटती है तो गौतम को ऊँघता हुआ पाकर वह कहता है—'मास्टरी में आदमी पढ़ा सकता है या ऊँघ सकता है। वी हैड ए नाइस टाइम।'

इधर 'गौतम को उम्मीद थी, ख़ुशवंत उसके न आने पर अफ़सोस प्रकट करेगा। ख़ैर, यह बात भी उसे बुरी नहीं लगी, क्योंकि वह महसूस कर रहा था कि उसका अपना वक़्त भी अच्छा बीता है।'

समय तो सबका अच्छा बीता, लेकिन अलग-अलग तरीक़ों से। इन्हीं तरीक़ों के अलगाव में गौतम और तृप्ता के बीच का अंतराल छिपा है। ख़ुशवंत गौतम से कहता है, 'तुमने आज एक बहुत अच्छा प्रोग्राम मिस किया।' इधर गौतम जो छुट्टी के रोज़ एकांत के मोह में घंटों बाथरूम में नहाया करता था, उसको आज खुली छूट मिली थी। वह जी भरकर नहाया। बदन की गर्मी और हवा के स्पर्श से उसने तौलिए का काम लिया। कॉफ़ी पी। सहगल का एक गाना सुना और फिर यह सोचते हुए कि 'शादी का मतलब यह क्यों होता है कि साँस लेने वाले दो अलग-अलग प्राणी उमर भर हर क्षण साथ ही रहें', स्टडी रूम में बंद हो गया। वहाँ पढ़ते-पढ़ते उसकी आँख जो लगी, वह तुलना और ख़ुशवंत के आने पर ही खुली।

विवाहित होने के बावजूद गौतम के लिए निजता व एकांत बड़े एंबिशन हैं, जिसकी गुंजाइश हमारे समुदायधर्मी समाज में कम से कमतर है। तुलना के लिए ऐडमिनिस्ट्रेटिव जॉब और स्मार्टनेस से हीन व्यक्ति एंबिशस नहीं होता। वह कहती है, 'देखिए आपके सिर के बाल कितने जल्दी झर गये हैं। ख़ुशवंत भी तो आपका क्लास-फेलो ही था मगर देखने में कितना स्मार्ट लगता है?' ख़ुशवंत के अविवाहित होने के कारण के बारे में वह पहले ही पूछताछ कर चुकी है। उसके यहाँ जाने के लिए वह शुरू से ही उतावली थी। कहानी का पहला ही वाक्य है, 'तुलना यह हरगिज़ नहीं

चाहती थी कि गौतम तो सोया रहे और वह नहा-धोकर तैयार हो जाये।' इसका अर्थ मात्र इतना है कि वह ख़ुशवंत के घर जाने को उत्सुक तो थी, लेकिन ऐसा दिखना नहीं चाहती थी।

गौतम ने उसे सिगार लाने को कहा था। लौट कर वह कहती है, 'सच गौतम, मुझे याद था, फिर भी भूल गई।' ख़ुशवंत कहता है—'मुझे ख़ुशी है तुलना भूल गई।'

तुलना केवल सिगार लाना नहीं भूली, वह सबक भी भूल गई, जो गौतम उसे तब से याद कराने की कोशिश कर रहा था, जब वे दोनों तृप्ता और कुशल थे। इस बार याद था, फिर भी भूल गई। इसी पर व्यंग्य करते हुए ख़ुशवंत अपनी ख़ुशी ज़ाहिर करता है। वह उसके साथ रहने पर भी उन्मुक्त नहीं हो सकी और लौटने पर धीरे-धीरे अपराध-बोध से ग्रस्त होती चली गई। उसे अपना घर पराया सा लगने लगा और वह इसे बर्दाश्त नहीं कर सकी। दुबारा सबके साथ बाहर निकलने के लिए वह सफेद सूती साड़ी पहनकर तैयार होती है और मेज़ से हल्का सा टकरा जाने पर घुटना थामकर औंधी हो जाती है। गौतम चापलूसी के अंदाज़ में घुटना दबाता है। फिर यूँ ही इधर-उधर आयोडेक्स लगाता है, हालाँकि घुटने पर चोट का कोई निशान नहीं है।

तुलना भी अंततः तृप्ता के ही हश्र को प्राप्त हुई। कथाकार ने समझ लिया कि भारतीय समाज के स्थापित मानमूल्यों को चुनौती दिए बिना कोई औरत ईमानदारी और साहस के साथ नहीं जी सकती, चाहे उसकी उम्र कुछ भी हो।

इसी ज़मीन पर कुछ भिन्न कोण से लिखी गई कहानी है 'पत्नी'। गुरुतेज शहर में काम करता है। उसकी पत्नी भरपाई गाँव में हर साल लड़कियाँ जनती है। सपने में शेर देखकर ख़त में लिखवाती है कि इस बार ज़रूर लड़का होगा। उसका शरीर ढल गया है। गुरुतेज घर आने पर उसके प्रति विरक्ति-सी अनुभव करता है। उसे बार-बार फूलपती की याद आती है। दूर के रिश्ते में वह उसकी साली लगती है और उससे उसका कुछ स्नेह-सम्बन्ध भी रहा है। भरपाई उसके विकर्षण को महसूस करती है, वह उसे दूसरी शादी कर लेने को कहती है और फूलपती को बुला भेजती है। इस पर गुरुतेज कहता है, 'तुम पागल हो गई हो। तुम्हारी तो सोने-सी देह थी।'

रात में गुरुतेज रबड़ी लेकर पहुँचता है। भरपाई ने उसकी लाई हुई अँगिया पहन रखी है। खाते वक़्त दोनों एक-दूसरे की ओर खिंचने लगते हैं कि फूलपती आ जाती है। भरपाई बच्चों को देखने के बहाने वहाँ से हट जाती है। फूलपती गुरुतेज से एक पुराना खेल दुहराने को कहती है। वह दालान में जाकर छुप जाती है और आवाज़ लगाती है—'जीजा जी ढूँढ़िये भी, जीजा जी ढूँढ़िये भी।' गुरुतेज उठकर बच्चों के बीच लेटी भरपाई के पास चला जाता है।

इस कहानी में पति और अपने बीच अंतराल को महसूस करके पत्नी उसे मौक़ा

देती है कि वह चाहे तो दूसरा रिश्ता क़ायम कर ले। पति अंततः ऐसा नहीं कर पाता। पिछली कहानियों से इसका अंतर केवल पति और पत्नी की भूमिकाओं की अदला-बदली का नहीं है। इसमें पत्नी का प्रस्ताव क्रुद्ध स्वर लिए हुए है। इसकी एक वजह तो उसका स्त्री होना ही है। हमारे समाज में तलाक का अर्थ पुरुष और स्त्री दोनों के लिए एक नहीं होता। पुरुष के लिए आमतौर पर यह खुल-खेलने की छूट होता है, जबकि स्त्री के लिए नए समर की शुरूआत। इसके अलावा दोनों के बीच का अंतराल भी प्राकृतिक अथवा स्वाभाविक नहीं है। इसके लिए गुरुतेज ज़िम्मेदार है। अगर वह पत्नी को बच्चे पालने व प्रतीक्षा में दिन गिनने के लिए गाँव में छोड़कर साल-साल भर के लिए शहर न जाता तो उसकी 'सोने सी देह', माटी न होती। गुरुतेज भी जानता है कि 'एक उम्र की बात दूसरी उम्र में दुहरायी नहीं जा सकती।' इसीलिए वह फूलपती को दालान में 'ढूँढ़ने' जाने के बजाय बच्चों के बीच लेटी भरपाई के सिरहाने खड़ा, तारों की तरफ़ 'उल्लू की तरह घूरता रहा।'

ये कहानियाँ इंसानी रिश्तों की प्रकृति का नया निर्धारण करती हैं, नैतिकता के नए प्रतिमानों की वकालत करती हैं।

'इतवार नहीं' शीर्षक कहानी में नौकरी-पेशा रवि को उसकी कजिन एस.एस. का एक्सप्रेस ख़त मिलता है। एस.एस. का तकियाकलाम यह वाक्य है—'ज़िन्दगी के बारे में राय बदली?' इस ख़त में मंजीत की शादी की ख़बर है। किसी ज़माने में, रवि मंजीत को लेकर सेंटीमेंटल था और एस.एस. ने एक बार उसके पोर्टफोलियो में पड़े, मंजीत के ख़तों के हिज्जे भी दुरुस्त किये थे। महीने की बीस तारीख़ है और रवि के पास दोपहर के खाने भर के पैसे बचे हुए हैं। उसकी योजना है कि वह आज अपने मित्र जयदेव, जो किसी ऊँचे पद पर है, से कुछ उधार लेगा। दफ़्तर पहुँचने की हड़बड़ी के बीच बस-स्टैण्ड पर वह ख़त पढ़ जाता है, जिसमें बिना किसी भूमिका के उपरोक्त सूचना और तकियाकलाम है। रवि को हैरानी होती है कि मंजीत के बारे में एस.एस. का ख़त पढ़कर वह भावुक होने के बजाय दार्शनिक होता जा रहा है।

बमुश्किल बस में चढ़कर किसी तरह भागते-दौड़ते वह समय से दफ़्तर पहुँचने में सफल होता है और गिद्ध की तरह झपटकर रजिस्टर पर दस्तख़त कर देता है। उसे राहत मिलती है कि अब बॉस का सामना नहीं करना पड़ेगा। उसका मन एक बार फिर एस.एस. का ख़त पढ़ने को होता है और वह तुड़ा-मुड़ा एक्सप्रेस ख़त निकाल लेता है कि उसका एक सहकर्मी बड़े रोमांटिक अंदाज़ में उससे पूछता है, 'क्यों भई, आज क्या बात है, सुबह-सुबह नीले ख़त पढ़ रहे हो?' ख़त बिना पढ़े जेब के हवाले कर वह जवाब देता है, 'एक बिल अनपेड रह गया था। उसी का तीसरा रिमाइंडर है।' एक दूसरा सहकर्मी आकर पूछता है, 'गुरु, वह किसका ख़त था?' रवि सोचता है कि अब वह यूरिनल में जाकर ख़त पड़ेगा। तभी बॉस के यहाँ से बुलावा आ जाता

है। पता चलता है कि जल्दी-जल्दी में उसने मिस मेहता के नाम के सामने दस्तख़त कर दिया था, और मिस मेहता ने इसे उसकी शरारत मान लिया है। इस ग़लती के एवज़ में उसे सोलह पृष्ठों के टाइप की ग़लतियाँ जाँचनी पड़ती हैं। थककर जब वह बॉस के केबिन से अपनी सीट पर आता है तो मिस मेहता को देखकर उसे ख़याल आता है कि लड़कियाँ कितनी जल्दी ग़लतफ़हमी पाल लेती हैं। वे भूल और शरारत का अंतर भी नहीं समझतीं। उसका छोटा अफ़सर उसे सलाह देता है कि अच्छा खाना खाने के लिए उसे शादी कर लेनी चाहिए। उसने भी ऐसा ही किया था। वह अच्छे खाने के लिए शादी करने से इन्कार कर देता है। बदले में छोटा अफ़सर भी उसे कुछ काम सौंप देता है। रवि सोचता है कि अच्छा है, आज इतवार नहीं है। इतवार होता तो वह एस.एस. का ख़त लेकर 'बीते हुए दिनों से चिपका' पड़ा रहता। ख़त का हल्का-सा बोझ अब भी उसके दिमाग़ पर है। कहानी के अंतिम वाक्य में वह निश्चय करता है कि 'एस.एस. का ख़त अब वह शाम को पढ़ेगा, जयदेव को पढ़वाएगा और अगर हो सका तो दोनों मिलकर मंजीत पर ठहाके लगाएँगे।'

दिनचर्या में छिपी कहानी के सूत्रों को रेखांकित करते ही उसका सत्य कौंध उठता है। कहानी एस.एस. के प्रश्नवाचक तकियाकलाम का उत्तर है। मंजीत के प्रति सेंटीमेंटल होने से लेकर उस पर ठहाका लगाने तक की यात्रा में ज़ाहिर है, ज़िन्दगी के बारे में रवि की राय बदल चुकी है। इतवार नहीं, कार्यदिवस का होना इस बदलाव में उसके काम की भूमिका को रेखांकित करता है। शहरी नौकरीपेशा जीवन के तमाम तनाव, दफ़्तर की निरंकुश अफ़सरशाही, अपनी पिछड़ी हुई चेतना के चलते दूसरों के मामले में अपनी नाक घुसेड़ने को आतुर सहकर्मियों और अच्छे खाने के लिए शादी करने की टुटपुंजिया मानसिकता से जूझने की प्रक्रिया में भी उसे इस बात से राहत मिलती है कि वह 'बीते दिनों' यानी अतीत के प्रति मोहग्रस्त होने से बच गया। आधुनिक, नौकरीपेशा के जीवन की विसंगतियों पर हिन्दी में लिखी गई तमाम कहानियों से इसका स्वर अतीत के मुक़ाबले वर्तमान के निःसंशय समर्थन के चलते अलग है। आमतौर पर ऐसी कहानियों की प्रकृति नॉस्टैल्जिक हो जाने की होती है।

कालिया की बहुचर्चित कहानी 'काला रजिस्टर' की अन्तिम पंक्तियाँ हैं—'फिर उसने केबिन की तरफ़ देखा। उसे लगा, केबिन अभी महफ़ूज़ है। क्या वह अकेला केबिन को फोड़ पाएगा! लिफ्ट पकड़ने के बजाय वह सीढ़ियाँ उतरता चला गया। यह सोचने में उसका दिमाग़ साथ नहीं दे रहा था कि क्या वह केबिन को फोड़ पाएगा या ख़ुद फूट जाएगा।'

निरंकुश सत्ता के विरुद्ध विद्रोह के आरम्भ की अपरिहार्य वैयक्तिकता और इसके परिणाम की अनिश्चितता से उपजी आशंका जो प्रायः ग़ैरज़िम्मेदारी और खिलंदड़ेपन के आवरण में लिपटी हुई थी, इन दो विशेषताओं के चलते यह कहानी

अपने युग का मुहावरा बनने में सफल रही।

सदी के आख़िरी दशक में जिस 'नेहरूवीय स्वप्न' का औपचारिक अवसान हुआ, उसे मूल्यों के क्षेत्र में पहली सीधी साहित्यिक चुनौती साठोत्तरी कहानी ने दी थी। स्वतंत्रता के मोहक स्वप्न और कड़वे यथार्थ के बीच होश सँभालने वाली पीढ़ी के पास मोहासक्त होने के लिए कुछ था भी नहीं। उसने भाँप लिया था कि दाल में काला नहीं, काले में ही दाल है। ग़ौरतलब है कि हिन्दी साहित्य में उस समय इस बात पर बहस चल रही थी कि 'नेहरूवीय मूल्य' आधुनिक थे या कि प्रगतिशील। इसका अपवाद मुक्तिबोध और शमशेर की कविताएँ थीं, जिनमें सत्ता के निरंकुश चरित्र का अक्स उभर रहा था। प्राचीन सामाजिक विचारों, मान्यताओं, प्रथाओं और संस्थाओं पर यह मूल्यप्रणाली वैसे ही निर्भर थी, जैसे ब्रिटिश अफ़सरशाही, दण्ड-संहिता और शिक्षा-व्यवस्था पर आज़ाद भारत। यह पश्चिम के औपनिवेशिक कचरे की उपज थी, उसके श्रेष्ठ तत्त्वों की नहीं।

अब सहज ही यह सवाल उठता है कि इस पीढ़ी का विद्रोह वैयक्तिक क्यों था। इसका उतना ही सरल उत्तर है कि व्यक्ति ही भविष्य की सामाजिक धाराओं के पहले प्रतिनिधि होते हैं। यह एक सामान्य सत्य है। विशिष्ट परिस्थितियों में व्यक्ति की भूमिका भी बदलती है, और उसका महत्त्व थी। आधुनिक युग की स्थापना में सामंती सामुदायिकता के ख़िलाफ़ निभाई गयी व्यक्ति की क्रांतिकारी भूमिका से हम वाक़िफ़ हैं। भारत में अब भी सांस्कृतिक स्तर पर यह प्रमुख चुनौती बनी हुई है। पूँजीवाद के परवर्ती दौर में अपने स्वस्थ पहलुओं की रक्षा करने के लिए व्यक्ति को व्यक्तिवाद से भी जूझना पड़ा। आज बहुराष्ट्रीय कम्पनियों के प्रभुत्व वाले भूमण्डलीकरण के दौर ने व्यक्ति को नामरूपहीन सामूहिक उत्पाद में बदल दिया है। राजनीतिक और आर्थिक क्षेत्र में ही नहीं, सांस्कृतिक क्षेत्र में भी उसने सामंती सामुदायिकता से एकता स्थापित कर ली है। हमारे समाज में व्यक्ति की गरिमा और उसके व्यक्तित्व को नष्ट करने की कोशिशें अकल्पनीय हदों तक हो रही हैं। ऐसी स्थिति में स्वस्थ व्यक्तिमत्ता की स्थापना के लिए जारी जद्दोजहद ने बुनियादी महत्त्व की भूमिका अपना ली है।

साठोत्तरी पीढ़ी के युवाओं के स्वप्न टूट चुके थे, लेकिन इसके कुछ अग्रगामी तत्त्व ही प्रतिष्ठान से टकराने का साहस जुटा सके। शेष के पास खोने के लिए बहुत कुछ था, इसलिए वे कुछ भी दाँव पर लगाने को तैयार न थे। 'काला रजिस्टर' में इसके केन्द्रीय पात्र के सहकर्मी भी उसी पीढ़ी के हैं लेकिन वे सत्ता के प्रतीक केबिन के ख़िलाफ़ संघर्ष में उसका साथ देने को तैयार नहीं हैं। यहाँ तक कि वे उसके साथ कार्यालय या लिफ़्ट में भी देखे जाने से डरते हैं। 'भैंगा' नामक इस पात्र को केबिन का कोपभाजन बनाने वाली एक ख़ास वजह 'दफ़्तर में हुई मज़दूरों की हड़ताल को उसका समर्थन' भी बनी थी। दरअसल उसे स्वयं विद्रोह करने की ताक़त भी वहीं से

मिल सकती थी—मध्यवर्ग के प्रतिनिधि को सर्वहारा के आंदोलन से। बहरहाल इस एकजुटता के निर्णायक बिंदु तक आगे बढ़ने की वस्तुगत स्थितियाँ कहानी में, और सम्भवतः तत्कालीन समाज में भी मौजूद नहीं थीं। अपनी बग़ावत के इकलौतेपन को समझते हुए यह पात्र इतनी जल्दी 'मत-विभाजन' नहीं चाहता। इसीलिए वह लिफ़्ट छोड़कर उतरने के लिए सीढ़ियों को चुनता है और अपने सहकर्मियों के आगे कोई धर्मसंकट नहीं खड़ा करता।

कहानी में उत्पीड़ित पात्रों को भैंगा, पहला मोटा, दूसरा मोटा, छोटा, मँझला आदि नामों से सम्बोधित किया गया है। इन नामों की अमूर्तता ग़ौरतलब है। ये आम आदमी हैं। औद्योगिक सभ्यता ने इनसे इनका व्यक्तित्व छीन लिया है। पुराने ज़माने में यही काम जातिसूचक संज्ञाएँ करती थीं। इनके अलावा चार पात्र और हैं—केबिन, काला रजिस्टर, छायाजी और क्रान्ति। इनमें अन्तिम दो भी आम लोगों में फैली प्रवृत्तियाँ ही हैं। पहली सत्ता की छाया है और दूसरी क्रान्तिकारी लफ़्फ़ाजी करके अपना उल्लू सीधा करने की प्रवृत्ति।

केबिन का अर्थ है कुर्सी, सत्ता या पुरानी शब्दावली में सिंहासन। इसका ठंडा आतंक सर्वव्याप्त है। यह अन्य पात्रों की तरह व्यक्तित्वों के विलोप का प्रतीक नहीं है। यह उनका विकसित रूप, संस्था है—सत्ता-प्रतिष्ठान। उसकी व्यवस्था का संचालक है काला रजिस्टर। यह केबिन के दमन के हर शिकार को पहले ही गुनहगार ठहरा देता है ताकि वह सिर उठाने की न सोच सके। इसका नाम मनुस्मृति से लेकर संविधान तक कुछ भी हो सकता है, बशर्ते यह जनता के ख़िलाफ़ बनने वाले हर काले क़ानून को दर्ज करने और लागू करने को तैयार रहे। सत्ता का यह 'संसदीय' खेल जिस इमारत में खेला जाता है उसमें 'घुसते ही आत्मा मर जाती है और दफ़ना दी जाती है।' कहने की ज़रूरत नहीं है कि अमूर्तन का सफल इस्तेमाल करते हुए लेखक एक कार्यालय की घटनाओं को न केवल अफ़सरशाही बल्कि समूची व्यवस्था को बेनक़ाब कर देने वाली कहानी में बदल देता है।

'चाल' नामक कहानी में एक निम्न-मध्यवर्गीय चाल है, जिसमें प्रकाश और किरण रहते हैं। वे पति-पत्नी हैं। प्रकाश इंजीनियरिंग करके बेरोज़गार है, किरण किसी कॉलेज में पढ़ाती है। उसके कॉलेज के गुणवंतराय नामक व्यक्ति ने उससे अश्लील बातचीत करने की कोशिश की, जिससे वह बेहद तनावग्रस्त है। प्रकाश उसके कॉलेज जाने तक बिस्तर में पड़ा रहता है और उसके जाने के बाद गुणवंतराय को सबक सिखाने के लिए प्रधानमंत्री और शिक्षामंत्री से शिकायत करने से लेकर उसकी बिटिया का अपहरण कराने और इस प्रकार किसी लोकप्रिय फिल्म के निर्माण योग्य 'थीम' तैयार करने तक की योजनाएँ बनाता रहता है। इसी बीच उसका एक धनाढ्य दोस्त शिवेन्द्र दो लड़कियों के साथ आता है और प्रकाश और किरण को रात की पिकनिक

पर चलने का न्योता देता है। किरण पहले रुखाई बरतती है, लेकिन बाद में उन लोगों का टिफिन तैयार करती है और ख़ुद जाने से विनम्रतापूर्वक इन्कार कर देती है। प्रकाश भी उनके साथ नहीं जाता। किरण उससे शिकायत करती है कि उससे इतना भी नहीं हुआ कि वह कॉलेज आ जाता। इसी बिन्दु पर प्रकाश अपने दोस्त के प्रति उसके व्यवहार से ख़ुद को खिन्न पाता है, और चुपचाप सो जाता है। तनावग्रस्त किरण हमदर्दी की तलाश में उसके पास आती है और उसे सहवास के लिए उकसाती है। प्रकाश निष्क्रिय पड़ा रहता है। आवेशित किरण क्रुद्ध हो उठती है और उसके असहयोग के बावजूद अपने शरीर को उसके ऊपर बार-बार पटकती है और उत्तेजना के चरम बिन्दु को छू लेती है।

इस दौरान प्रकाश के इन्कार करने पर किरण कहती है, 'नहीं, तुम सो नहीं सकते। जब मेरा मन ठीक नहीं होता, तुम उस समय कुछ सोचते हो? ..... तुम भी दूसरे गुणवंतराय हो। तुममें और पाल में भी कोई विशेष अंतर नहीं है। हमेशा स्त्री पर हावी रहना चाहते हो। तुम चाहते हो, वह तुम्हारे सामने रोती रहे और तुम उसके आँसू पोंछकर बड़प्पन दिखाते रहो। ......तुम्हें यही घमण्ड है न कि तुम पुरुष हो। मुझसे ताक़तवर हो, मुझसे श्रेष्ठ हो। यही समझते हो न? हर पुरुष यही समझता है। मगर मैं आज तुम्हारे दिमाग़ में सदियों से बैठी यह ग़लतफ़हमी निकाल दूँगी।'

पुरुष के दिमाग़ में बैठे इस श्रेष्ठताबोध की वजह स्त्री के साथ सम्बन्ध में उसकी सक्रिय भूमिका है। स्त्री चाहे या न चाहे वह उससे सम्बन्ध बना सकता है। जबकि स्त्री ऐसा नहीं कर सकती। यह प्राकृतिक विषमता हमारे समाज में स्थापित पुरुष-वर्चस्व को क़ायम रखने में कैसी निर्णायक भूमिका निभा रही है इसके लिए किसी प्रमाण की ज़रूरत नहीं। काम-सम्बन्ध में किसी स्त्री की पहल की सम्भावना मात्र उसकी कटुतम सामाजिक भर्त्सना के लिए पर्याप्त है। स्त्रियों को ही नहीं, पुरुषों को दी जाने वाली हर गाली भी किसी न किसी स्त्री के ही ख़िलाफ़ होती है। तथाकथित भारतीय संस्कृति में स्त्री को क्षमा की मूर्ति माना गया है। वे और कुछ हो भी नहीं सकतीं, क्योंकि वे 'वीरभोग्या' हैं। दया और क्षमा छोड़कर अगर वे ज़रा भी चीं-चपड़ करने की कोशिश करेंगी तो पुरुषों के पास बलात्कार का शाश्वत, प्रकृति-प्रदत्त अधिकार मौजूद है। किरण यहाँ पुरुषों के इसी विशेषाधिकार का प्रतिकार कर रही है। वह प्रशांत से बलात्कार नहीं कर रही। वह ऐसा कर ही नहीं सकती, हालाँकि अगर वह ऐसा कर पाती तो बेहतर संतुलन स्थापित हो सकता था। वह तो केवल पुरुष पर अपनी निर्भरता को ख़त्म करने की कोशिश कर रही है। यह उसकी मुक्ति का, स्त्री जाति की मुक्ति का ऐलान है, जिसके बिना मानव-मुक्ति की कल्पना भी नहीं की जा सकती। प्राकृतिक कारणों से आयी विषमता को दूर करने के लिए प्रकृति को ठेंगा दिखाना पड़े, तो इसमें भी कोई हर्ज नहीं।

पुरुषों के मामले में यह भ्रम प्रायः बना रहता है कि स्त्री-विरोधी लोग अत्याचारी क़िस्म के होते हैं और सुशिक्षित, उदार और भावुक लोग ऐसा नहीं करते होंगे। दरअसल स्त्री-विरोधी हिंसा समाज में स्थूल और सूक्ष्म दोनों स्तरों पर घटित होती है। स्थूल हिंसा शारीरिक स्तर पर होती है और सूक्ष्म हिंसा मानसिक स्तर पर। बलात्कारियों को ताज पहनाने वाला हमारा यह समाज बलात्कार की शिकार स्त्री को आजीवन लांछित रखता है। समाज का यह मनोविज्ञान और उसे निर्मित करने वाले तत्त्व साहित्य के विषय हैं। बलात्कारी को सज़ा देना साहित्य के अधिकार क्षेत्र से बाहर पड़ता है। उसका दायित्व बलात्कार को सम्भव करने वाली सामाजिक-मानसिक स्थिति और उसके पाखण्ड को परत-दर-परत उद्घाटित करके समाज में इसके ख़िलाफ़ चल रही प्रक्रियाओं को शक्ति देना है। सूक्ष्म हिंसा के उदाहरण और भी हैं। बलात्कार के डर से स्त्रियों को हमेशा भयभीत रखना, उसे अपने पैरों पर खड़ा न होने देना, उसे गीली मिट्टी के लोंदे की तरह देखना जिसे चाक पर चढ़ा कर मनचाही आकृति दी जानी है, उसे अपने लिए नहीं, दूसरों के लिए जीने की शिक्षा देना आदि ऐसी सूक्ष्म हिंसा के कुछ नमूने हैं। यह सब कुछ जितनी सद्भावना के साथ किया जाता है उतना ही नुक़सानदेह है, क्योंकि उसका उतना ही अधिक असर पड़ता है। दूरगामी परिणामों को देखते हुए सूक्ष्म हिंसा स्थूल हिंसा से कम ख़तरनाक नहीं होती।

कहानी में गुणवंतराय किरण के प्रति कुछ अश्लील टिप्पणियों के रूप में स्थूल हिंसा करता है लेकिन किरण प्रशांत को भी उस जैसा ही मानती है जबकि वह आदि से अंत तक इसी वजह से गुणवंतराय के प्रति क्रोध से भरा हुआ है। इसकी वजह वह पुरुष मानसिकता है जो प्रकाश में जड़ जमाए हुए है। किरण जब उससे अपने साथ हुई घटना के बारे में बताती है तो वह पूछता है—'तुम मुझसे कुछ छिपा तो नहीं रही हो?' फिर वह सोचता है—'उस हरामखोर ने ज़रूर चुम्बन वगैरह ले लिया होगा, जो अब यह इतना परेशान हो रही है और बार-बार मुँह पर साबुन पोत रही है।'

इसके बाद प्रकाश का समूचा गुस्सा हास्यास्पद होकर रह जाता है क्योंकि वह सामंती चेतना की उपज है, लोकतांत्रिक चेतना की नहीं। गुणवंत राय पर उसका क्रोध इसलिए नहीं है कि उसने किरण के आत्मसम्मान और उसकी गरिमा को ठेस पहुँचायी। यह काम तो मन-ही-मन वह भी कर रहा है। वह इस बात से क्षुब्ध है कि उसने उसकी 'चीज़' पर हाथ डालने की जुर्रत की। लोकतांत्रिक विरोध की शुरूआत अन्याय के ख़िलाफ़ आवाज़ उठाने से होती है, परिणाम चाहे जो हो। सामंती प्रतिशोध की भावना दुश्मन को नेस्तनाबूत कर देने से कम पर राज़ी नहीं होती। प्रकाश के हालात इसकी इजाज़त नहीं देते, इसलिए वह अपने दिवास्वप्नों में इसकी क्षतिपूर्ति करता है। पूरे दिन इसी मानसिक संघर्ष में पड़ा-पड़ा वह थक जाता है। किरण की पहल का जवाब देने में वह अपने को असमर्थ पाता है क्योंकि उसके मन में गुणवंतराय को मज़ा न चखा

पाने का अपराधबोध है। लेकिन उसका अवचेतन इस वजह को स्वीकार नहीं करता। इसके लिए भी किसी न किसी प्रकार किरण को यानी एक स्त्री को ही ज़िम्मेदार ठहराना उसकी अपनी शुद्धि के लिए आवश्यक है। तब वह कल्पना करता है कि किरण के एक दूसरे पुरुष शिवेन्द्र के साथ अच्छा व्यवहार न करने के कारण वह खिन्न है। कहानी में किरण का शिवेन्द्र से रिश्ता ख़ासा लोकतांत्रिक और उन्मुक्त है। दोनों एक दूसरे को 'फ्रॉड' कहते हैं। शुरूआती खीज के बाद किरण अफ़सोस भी ज़ाहिर करती है और उसके लिए टिफ़िन भी तैयार करती है। शिवेन्द्र को किरण से कोई शिकायत नहीं है, लेकिन प्रकाश को है, क्योंकि यह उसकी औचित्य-स्थापना के लिए ज़रूरी है।

बहरहाल, कहानी में वे कारण भी मौजूद हैं जो प्रकाश की इस हालत के लिए ज़िम्मेदार हैं। वह प्रतिभाशाली और कल्पनाशील नौजवान है। बेकारी के घुन ने उसके अन्दर की स्वस्थ विकास की सम्भावनाओं को चट कर लिया है। एक बार उसे एक आकर्षक सरकारी फोल्डर मिला था—'आर.यू. प्लानिंग टु सेटअप ए स्माल स्केल इंडस्ट्री?' वह आन्दोलित हो उठा था। इसने ड्राईसेल, बैट्री एलिमिनेटर, इंटर कम्यूनिकेशन सेट, ट्रांजिस्टर आदि बनाने की कई योजनाओं के प्रारूप तैयार कर लिए थे। लेकिन जब वह ऋण के लिए बैंक मैनेजर के पास पहुँचा तो उसे इन योजनाओं की हक़ीक़त मालूम पड़ी। उसने प्रकाश को बताया कि यह सब 'पेपर एनकरेजमेंट' है, और इसीलिए हिन्दुस्तान में काग़ज़ का अकाल पड़ गया है। इन परिस्थितियों में जितना संघर्ष करना चाहिए था, प्रकाश नहीं कर पाता, और हाथ पर हाथ रखकर बैठ जाता है। कभी-कभी यह सत्य भी उसकी अंतरात्मा से उभर आता है। गुणवंतराय से बदला लेने की हवाई योजनाओं के बीच वह अचानक बुदबुदा पड़ता है—'शट-अप प्लीज़! तुम कुछ नहीं करोगे। बीवी की डाँट खाओगे और अजगर की तरह पड़े रहोगे। ......दादर स्टेशन जाकर कुलीगिरी क्यों नहीं करते? अभी-अभी किसके सामने शेखी बघार रहे थे? बोलो! बोलो!'

किरण प्रकाश की तुलना पाल से भी करती है। पाल फ़िल्में डायरेक्ट करने बम्बई आया था, लेकिन उनका अनुवादक बनकर रह गया। यह काम भी उसकी ख़ूबसूरत पत्नी मिसेज पाल लाकर देती है। अपने अच्छे दिनों के ज़ेवर-कपड़ों में बन-सँवर कर मिसेज पाल दस-ग्यारह बजे दिन में निकलती है और देर रात गए घर लौटती है। उसे देखते ही पाल कटखना हो उठता है। फिल्म 'मीत' के डायरेक्शन के दिनों को याद करता हुआ वह सोचता है :

'उन दिनों बाँठिया उसके पीछे-पीछे घूमता था, जरीवाला के चक्कर में न आकर बाँठिया से अनुबंध कर लिया होता, तो आज नक्शे दूसरे होते। पाली हिल पर फ्लैट होता, यही हरामजादी मिसेज पाल दुम हिलाते हुए चापलूसी करती। आज इसे गरीबी से नफ़रत हो गयी है, मुझसे विरक्ति और बच्चों से एलर्जी।'

पाल गुणवंतराय और प्रकाश के बीच की कड़ी है। 'उसके पास अगर टेलीफ़ोन, टाइपराइटर और खूबसूरत बीवी न होती तो वह भूखों मर जाता।' वह अपनी खूबसूरत बीवी को टेलीफ़ोन या टाइपराइटर की तरह इस्तेमाल करता है, लेकिन उसे गरीबी से नफ़रत करने की इजाज़त भी नहीं देना चाहता। उसकी 'मानवीय माँग' की अमानवीयता इसी तथ्य में निहित है। गरीबी की मार ने मिसेज पाल को बाज़ार में बिकने की वस्तु बना दिया है, उसकी आत्मा का अपहरण करके उसे लगभग यंत्र में बदल दिया है। लेकिन पाल की माँग है कि इसके साथ-साथ वह ममतालु माँ और पतिव्रता पत्नी की भूमिका भी निभाती रहे।

पूरी कहानी में मिसेज पाल एक भी शब्द नहीं बोलती। घर में रहने पर वह अधलेटी कोई उपन्यास पढ़ती है या शून्य में ताकती है। इस तरह वह यथार्थ में खोए हुए अपने आत्मतत्त्व को कल्पना-जगत में तलाशती है। वह एक भयानक अवस्था में जीती है। उसका परिवेश, पति और बच्चे जिसके अंग हैं, उसको यथास्थिति के मुताबिक अनुकूलित कर देने पर तुले हुए हैं और वह अपने को बचाने को जी-जान से जूझ रही है। दिन भर घर से बाहर रहने और रात में बच्चों के सो जाने के बाद आने के पीछे उसकी इस परिवेश से पलायन की इच्छा भी है। अंततः वह इसकी हताश कोशिश में न जाने किस भ्रम की सृष्टि करके घर छोड़कर चली जाती है। पाल के अनुसार उसने जाते वक़्त कहा था कि ज़िन्दगी में पहली बार उसने जाना है कि प्यार क्या है? बहरहाल, उसका भ्रम चार दिन भी नहीं टिकता और वह लौट आती है। घर उसका छूट गया और बाज़ार की वह बन नहीं पाई। उसकी बेचैन तलाश का कोई अंत नहीं। भारतीय नारी की नियति भी उससे कुछ अलग नहीं। सीता-सावित्री और विश्व-सुंदरियों के दो छोरों के बीच अपनी राह तलाशती भारतीय नारी का एक चेहरा किरण का है और दूसरा मिसेज पाल का।

चाल की स्त्रियाँ भी पुरुषों के ही मूल्य-मानदण्डों को स्वीकार करती हैं। मिसेज पाल से सहानुभूति रखने वाला वहाँ एकमात्र व्यक्ति है, हिजड़ा कृष्णा। बच्चों का विश्वास है कि वह सामान्य पुरुष है। एक पुरुष जो न केवल स्त्री का वेष धारण करता है, बल्कि उपभोग्य होने की उनकी नियति में भी साझा करता है। मिसेज पाल चाल में केवल उसी से बात करती है और रात को लौटने पर टैक्सी का किराया पास न होने पर उसी से लेती है। नारी-मन का रहस्य जानने के लिए पुरुष को उसकी तकलीफ़ों में हिस्सेदारी करनी होगी। अभिभावक की मुद्रा छोड़कर हमराज़ की भूमिका अपनानी होगी तभी दोनों मुक्ति की राह के हमसफ़र बन सकेंगे। इस पात्र का यही आशय है।

इस निम्नमध्यवर्गीय चाल की पृष्ठभूमि में स्थित मैदान में हफ्ते में छः दिन ड्रैंगो दादा की हुकूमत चलती है। जुआ से लेकर ख़ून तक सारे अपराध होते हैं और सातवें दिन मरी हुई मछलियों का रोशनी से जगमगाता हुआ बाज़ार लगता है। फ़ैक्ट्रियों की

बिजली औद्योगीकरण का भ्रम पैदा करती है और कुत्ते और सियार भी आदमियों की तरह रोते हैं।

ग़ौर से देखने पर क्या यह भारतीय समाज का ही सच्चा चित्र नहीं लगता?

'हथकड़ी' में रवीन्द्र कालिया उसी समस्या से टकराते हैं जिससे ज्ञानरंजन 'घंटा' और 'बहिर्गमन' में टकराये थे। वर्गांतरण की समस्या से। जिस ज़मीन में जड़ें हैं उसमें ज़िन्दगी की गति और हरारत नहीं मिलती, और उससे बाहर निकलते ही प्रवाह इतना तेज़ है कि पाँव उखड़ जाते हैं। भारतीय समाज में घर और बाज़ार का यह द्वन्द्व किसी भी आधुनिक रचनाकार के लिए केन्द्रीय चुनौती बन कर आता है—

'बीच कमरे में एक दरी बिछी थी, जो जगह-जगह से सिगरेट के टुकड़ों से जल चुकी थी। बीच-बीच में मित्रों की कै के सूखे हुए धब्बे थे। साहनी के कमरे के बाद ''केसरी'' हम लोगों का स्थाई अड्डा था। वहाँ हम लोगों को सस्ती और उधार चाय मिल जाती थी। देर तक जमे रहने पर भी वहाँ कोई टोकता न था। अपने चुन लिए जाने के अपमान में मैं हफ़्तों साहनी के कमरे की सीढ़ियाँ चढ़ने की जुर्रत नहीं कर पाया। ......वह तो कई दिन बाद शर्मा ने मुझे ख़बर दी कि ''केसरी'' में मेरे चुनाव की ख़बर पहुँचते ही साहनी ने घोषणा कर दी, ''मेरे उससे अप्राकृतिक सम्बन्ध हैं..... अब वह साला मेरे चंगुल से निकल गया।'' '

नेहरूवीय आधुनिकता के रैपर में लिपटी पिछड़ी सामुदायिकता के शिकार इन जड़, दिग्भ्रमित और अराजक युवाओं का अड्डा 'केसरी', हमारा वही जाना-पहचाना 'पेट्रोला' है। अपने चंगुल से बच निकलने वालों के लिए इसके शब्दकोष में क्षमा नहीं है। इस मामले में यह पुरानी जातिव्यवस्था या आधुनिक माफ़िया की तरह है। लेकिन यह अंततः एक (अप) सांस्कृतिक प्रवृत्ति है। यह भरी पंचायत में मौत की सज़ा नहीं सुनाती। यह अधिक गम्भीर अपराध करती है। शरीर के बदले यह चरित्र की हत्या करती है। सच्ची आधुनिकता और प्रगति के विरोधियों का सबसे बड़ा हथियार है चरित्रहनन। स्त्रियों के प्रति दृष्टिकोण के साथ यह दूसरा सबसे महत्त्वपूर्ण विभाजक बिन्दु है, जो मानव-विरोधी शक्तियों को मानवीय पक्ष से अलगाकर उनकी साफ़ पहचान कराता है। यह ऐसा तेज़ाबी परीक्षण है जो सात तालों में छिपी कुत्सा को भी सामने ला खड़ा करता है। समाज की प्रगति से जुड़ी कोई प्रवृत्ति अपने दुश्मन का भी पर्दाफ़ाश करती है, चरित्रहनन नहीं, क्योंकि उसका सारा प्रयत्न मनुष्य के विवेक और उसकी सुरुचि पर निर्भर होता है। इधर पिछड़े मूल्यों की वाहक प्रवृत्तियाँ मौका मिलने पर अपने दोस्त का भी चरित्रहनन करने से बाज़ नहीं आतीं, क्योंकि उनका दाँव मनुष्य की कुरुचि और तुच्छता पर लगा होता है।

'घंटा' और 'बहिर्गमन' के मुख्य पात्रों की तरह हथकड़ी का 'मैं' केसरी के परिवेश में फिट नहीं हो पाता और रात को घर जल्दी लौटने की ज़िद करता है। उसके दोस्त इस वजह से उसका तिरस्कार भी करते हैं। 'बहिर्गमन' में बाहर जाने का बहाना विदेश के आकर्षण का औपनिवेशिक संस्कार बनता है, जबकि 'हथकड़ी' में भारतीय प्रशासनिक सेवा में चयन। यह भी कम औपनिवेशिक नहीं। बहरहाल, 'बहिर्गमन' का विषय वर्गांतरण की प्रक्रिया की कश्मकश है जबकि 'हथकड़ी' वर्गांतरण के बाद की कथा है।

'हथकड़ी' में 'मैं' नामक पात्र के प्रशासनिक सेवा में चयन के बाद उसके जीवन में कुछ दिनों के लिए उसकी पत्नी की भूतपूर्व क्लासमेट राधा का प्रवेश होता है। राधा निरे वर्तमान में 'मैं' से शारीरिक सम्बन्ध बनाती है। घटनाक्रम में 'मैं' का दोस्त अदीब इस पर प्रश्नचिह्न लगा देता है, और 'मैं' अपनी ही दृष्टि में अपराधी बन जाता है।

प्रश्न उठता है, क्यों? क्या विवाहेतर सम्बन्ध अपने आप में ही अपराध हैं या इसकी कोई और वजह है? 'नौ साल छोटी पत्नी' और 'डरी हुई औरत' में तो पति ख़ुद भी अपनी पत्नी के सम्भावित प्रेमी पर आपत्ति नहीं करता। क्या इसका अर्थ यह समझें कि कथाकार ऐसी स्थिति में स्त्रियों को अग्निपरीक्षा में खरी दिखाना चाहता है और पुरुषों को व्यभिचारी। ऐसा नहीं लगता क्योंकि 'पत्नी' का गुरुतेज फूलपती से सम्बन्ध को राज़ी नहीं होता, और ख़ुद राधा भी विवाहिता है। जहाँ तक अंतराल की बात है, 'हथकड़ी' के पति-पत्नी के बीच पर्याप्त अंतराल आ चुका है। राधा के बालों से शैम्पू की महक पाकर 'मैं' सोचता है—

'जहाँ तक सुधा का सवाल है, मैंने कभी इस बात पर भी ग़ौर नहीं किया था कि वह कितने दिनों में शैम्पू करती है। रोज़ नहाती भी है, या नहीं। सुधा की स्थिति इससे भी गई—गुज़री थी। उसने ध्यान देना छोड़ दिया था कि मेरी जेब में रूमाल है या नहीं; मैं शेव बनाता हूँ या नहीं; मैं चड्डी बदलता हूँ या नहीं।'

ऐसी स्थिति में कोई विवाहेतर सम्बन्ध अपराधबोध का विषय क्यों होना चाहिए?

इस सवाल का जवाब खोजते हुए हम प्रेम की आंतरिकता और स्त्री-पुरुष सम्बन्ध की तह में थोड़ा और गहरे उतरते हैं। 'नौ साल छोटी पत्नी' और 'डरी हुई औरत' के सन्दर्भ में हमने दाम्पत्य में मौजूद अंतराल को विवाहेतर सम्बन्ध का कारण माना था, लेकिन यह केवल नकारात्मक कारण है, इसलिए अपने आप में पर्याप्त नहीं। सराय में रुकने के लिए पथिक के पास अपने कारण भी होने चाहिए, नहीं तो रास्ते में जहाँ ठौर मिला वहीं रुकने लगे, तो हो चुकी यात्रा। स्त्री-पुरुष सम्बन्ध के बारे में आधुनिक दृष्टि का कहना है कि प्रेमविहीन हर शारीरिक सम्बन्ध व्यभिचार है और

शारीरिकता से परे कोई सम्बन्ध प्रेम नहीं है। नकारात्मक और सकारात्मक दोनों बिन्दुओं के आधार पर इस सम्बन्ध का परीक्षण करें तो शायद 'मैं' के अपराधी होने की वजहों का कुछ खुलासा हो सके।

पति-पत्नी के बीच आए अंतराल की बानगी हम ऊपर देख चुके हैं, लेकिन इससे किसी निष्कर्ष पर पहुँचने से पहले हमें यह पता लगाना होगा कि यह अंतराल कब आया और क्यों।

विवाह के एक वर्ष के बाद सपत्नीक इलाहाबाद आने पर 'मैं' बताता है कि अभी उसका हनीमून चल रहा है। उस समय ड्राइव करते-करते वे दोनों अचानक लौटकर घंटों के लिए कमरे में बंद हो जाया करते थे। सुधा में आत्मिक और शारीरिक सौन्दर्य का अनूठा मेल है। इस मामले में राधा उसके आगे कहीं नहीं टिकती। वह भाषा से प्रेम करती है, जबकि राधा नफ़रत। राधा जैज़ और कैलिप्सो के प्रति अपनी पसंदगी का इज़हार करती है, लेकिन उसके व्यक्तित्व को देखते हुए अश्वेतों के जीवन की पीड़ा और उसके उल्लास की सांगीतिक अभिव्यक्तियों जैज़ और कैलिप्सो से उसके किसी गहरे सम्बन्ध की उम्मीद भी बेमानी है। 'मैं' उसे हर कदम पर सुधा से कमतर पाता है लेकिन उसके साथ उसे 'रुटीन' टूटने का सुख भी मिलता है। 'सचिवालय की दीवारों और फाइलों के बाहर भी कोई ज़िन्दगी हो सकती है, उसकी कल्पना मैं खो चुका था। धरती या आसमान की तरफ़ मैंने बरसों बाद देखा था।'

यह परिवर्तन 'मैं' के जीवन में तब आया जब वह लखनऊ में एक महत्त्वपूर्ण मंत्रालय में संयुक्त सचिव बना, बड़ा बंगला और नौकर-चाकर हो गए, यानी जब वह अपने ही शब्दों में 'एक संतुष्ट शूकर का जीवन' बिताने लगा।

कालिया की कहानियों का वह नौजवान जिसने कभी कहा था कि 'मेरी जैसी स्थिति में जीने वाले व्यक्ति के लिए बोरडम कोई समस्या नहीं रहती,' पहली बार ऊब और एकरसता का शिकार होता है। ज़ाहिर है जीवन-स्थिति के बदल जाने के कारण। लेकिन इसके लिए कोई और नहीं, वह ख़ुद ही ज़िम्मेदार है। नौकरशाही की मशीन का पुर्ज़ा होकर अगर उसने मानवीय संवेगों को खो दिया तो आश्चर्य कैसा! नौकरी में जाने के बावजूद उसके सामने दूसरे रास्ते भी थे, लेकिन उसे 'मुख्य सचिव की आवाज़ बेगम अख़्तर की आवाज़ से अधिक सुरीली' लगी। अदीब से बेगम अख़्तर का एल.पी. भेंट में पाकर अपने को दुनिया के शिखर पर महसूस करने वाली सुधा जैसी ज़हीन लड़की, जो 'मैं' की भाषा से उसकी ओर आकर्षित हुई थी, अगर उससे बेनियाज़ हो गई तो इसका पूरा श्रेय केवल 'मैं' को जाता है। ऐसी नाज़ुक स्थिति पर कोई 'संतुष्ट शूकर' ही ऐसी टिप्पणी कर सकता है—'सुधा के लिए मेरा पद और मेरे लिए सुधा का सौन्दर्य स्टेटस सिंबल बनकर रह गया था।' उसके अंतर की नमी सूख गई थी और उसमें बंजर फैल गया था। अब अगर वहाँ हरियाली नहीं बची तो

इसमें पौधों का क्या क़सूर?

कहने का आशय यह कि इन दोनों के जीवन में आया यह अंतराल न तो प्राकृतिक है, न परिस्थितिजन्य। यह 'मैं' की अनुचित और अमानवीय (शूकरोचित) प्रवृत्ति के कारण है। इसलिए अगर वह 'रुटीन बदलने' के लिए विवाहेतर सम्बन्ध की इजाज़त चाहेगा तो तर्क, न्याय और विवेक पर आधारित आधुनिक मूल्य उसे इसकी इजाज़त नहीं देंगे।

रहा सवाल 'मैं' और राधा के बीच प्रेम का, प्रेम न सही लगाव के किसी भी तंतु का तो, वह वहाँ वैसे ही सिरे से ग़ायब है जैसे गधे के सिर से सींग।

'मैं' के 'केसरी युग' के शायर मित्र अदीब से राधा भाषा के प्रति नफ़रत का इज़हार करने के साथ-साथ 'लैंग्वेज से ज़्यादा कम्युनिकेट करने' जैसी खोखली बातें करती है क्योंकि शायरी उसके पल्ले नहीं पड़ती। राधा के साथ रहने पर अदीब बेचैन दिखता है तो 'मैं' को लगता है कि वह शराब के लिए परेशान है। फिर वह 'नीट' ही कुछ पैग चढ़ाने के बाद एक ही साथ 'गुड नाइट' और 'गुड मार्निंग' दोनों कहकर सोने चला जाता है।

'प्रेमक्रीड़ा' के उपरांत दोनों के बीच वार्तालाप का एक महत्त्वपूर्ण टुकड़ा है—'मैं इस वक़्त पूरे वाल्यूम पर सोल मकोसा सुनते हुए सोना चाहती हूँ। जब मैं, बहुत ख़ुश होती हूँ या बहुत उदास, तो यही करती हूँ।'

'इस वक़्त तुम बहुत ख़ुश हो या बहुत उदास?'

'इस वक़्त मैं बहुत हल्का महसूस कर रही हूँ।'

और मैं कैसा महसूस कर रहा है? किंचित भावुक होते हुए वह कहता है—'हो सकता है, अब जीवन में हम लोग फिर कभी न मिलें।'

'क्यों नहीं हो सकता? यह भी हो सकता है, कुछ दिनों बाद हम दोनों को एक दूसरे की याद भी न आये।' मैं को लगता है कि वह उससे अधिक व्यावहारिक है, अधिक शक्तिशाली।

सच पूछिए तो प्रेम का दावा इनमें से किसी का है भी नहीं। राधा उसके साथ 'प्रेमक्रीड़ा' करके हल्की हो लेती है और 'मैं' व्यावहारिकता और शक्ति की 'ब्यूरोक्रेटिक' भाषा में ही सोचता रह जाता है।

'मैं' के पास विवाहेतर सम्बन्ध का कोई औचित्य नहीं है। उसने अपनी आत्मा सचिवालय के हवाले की थी, उसका शरीर ख़ुद-ब-ख़ुद उसका क़ैदी हो गया। इसी का नतीजा था यह पतन। लेकिन उहापोह ने उसका दामन कभी पूरी तरह नहीं छोड़ा। लखनऊ के लिए ट्रेन पकड़ने के बाद आख़िरकार उसकी आत्मा झिंझोड़ी जाती है और बेचैन हो उठती है। अदीब ने रात में विदा होते समय उसकी जेब में वही पुरानी घड़ी

डाल दी थी जो पिछली इलाहाबाद यात्रा पर सुधा ने उससे भाई-बहन का नेह-सम्बन्ध जोड़ते समय उपहार में दी थी। इसीलिए राधा से मिलकर अदीब बेचैन था। सुधा के अधिकार क्षेत्र में हुए अतिक्रमण में वह अपने को भी भागीदार पा रहा था। सो उसने वह उपहार लौटाकर सुधा के साथ वह नाता निभा पाने में अपनी असमर्थता व्यक्त की थी। 'मैं' जब ट्रेन में उस घड़ी को पाता है तो उसका आंतरिक संघर्ष तेज़ हो जाता है। वह घड़ी उसे अपने पुराने विचारों की याद दिलाती है, और वह अपनी ही नज़रों में अपराधी ठहरता है। घड़ी उसे हथकड़ी जैसी लगती है।

सातवें दशक के आरम्भ में, जब कालिया ने कहानियाँ लिखनी शुरू की, आज़ाद भारत के सर्वोच्च प्रतीक नेहरू थे। नेहरूयुगीन औपनिवेशिक आधुनिकता ने सभी बुराइयों; तानाशाही, वंशवाद, अंधराष्ट्रवाद और साम्प्रदायिकता तक को किसी न किसी बहाने प्रश्रय दिया। कालिया की कहानियों ने इस आधुनिक दिखने वाली स्थिति की पिछड़ी हुई अंतर्वस्तु को बेनक़ाब किया था और सुसंगत आधुनिक मूल्यों की पहचान करने की कोशिश की थी। यही कोशिश विराट सामाजिक फ़लक पर नक्सलबाड़ी के विद्रोह ने भी की थी। 1857 के बाद,औपनिवेशिक मूल्यों के ख़िलाफ़, सही मायने में आधुनिक राष्ट्र निर्माण के लिए, यह सबसे बड़ा जेहाद था। विद्रोह के आवेग में अपने वास्तविक आशयों की पहचान आसान नहीं होती। इसमें कभी-कभी समय लगता है। नक्सलबाड़ी की धारा दमन, बिखराव और विचलन के असंख्य टेढ़े-मेढ़े रास्तों से गुज़रते हुए एक बार फिर अपने को संगठित करने की कोशिश में जूझ रही है। क्या कालिया की कहानियों में कोई विकास हुआ? क्या वे अपने वास्तविक आशयों को पहचान सकीं? कम से कम इस हद तक अवश्य कि उन्होंने आज़ाद भारत की तमाम बुराइयों के लिए स्वाधीनतासंग्राम-सेनानियों की सर्टिफिकेटधारी समूची पीढ़ी को, प्रकारांतर से आज़ादी के मूल्यों को ही, ज़िम्मेदार माना, और उनका सकारात्मक निषेध करने वाली धारा की पहचान की। 'बुढ़वा मंगल' का यह अंश देखें:

'सोचा था कि आज आराम से सोऊँगा।' अटैंडेंट बोला।

'आज कोई ख़ास बात थी?'

अटैंडेंट मुसकराया और बोला कि ख़ास बात यह थी कि आज ट्रेन में कोई स्वाधीनता सेनानी नहीं चल रहा।

'स्वाधीनता सेनानी क्या सोने नहीं देते?'

'मेरा अनुभव है कि कोई स्वाधीनता सेनानी चलता है तो कोच से कोई न कोई चीज़ ग़ायब हो जाती है। कभी कम्बल, कभी चादर, कभी तौलिया। पिछली बार तो एक सेनानी सामान में कैबिन का लम्बा-चौड़ा परदा बाँध कर ले जा रहा था।'

'कहीं तुम मुझे स्वाधीनता सेनानी तो नहीं समझ रहे?' बूढ़े ने खिसियाते हुए पूछा। ......बूढ़े को कडंक्टर की बात सुनकर लगा जैसे वह देश की सबसे भ्रष्ट पीढ़ी से ताल्लुक रखता है। जैसे यह देश को आज़ादी दिलाने वाली पीढ़ी न होकर, चोर, लुटेरों और अपराधियों की पीढ़ी हो। उसे हल्की-सी ख़ुशी भी हुई कि वह स्वाधीनता सेनानी नहीं है। .....बूढ़ा कुछ देर तक हक्का-बक्का सा अटैंडेंट को घूरता रहा, फिर उसने मन की बात उससे पूछ ही ली, 'तुम क्या नक्सलवादी हो।'

'मैं तो एम.ए. पास महज़ एक चतुर्थ श्रेणी कर्मचारी हूँ। घूस देने के लिए और पैसा होता तो आज स्टेशन मास्टर होता।'

दोनों इस देश के आम आदमी हैं, जो अपने सहज वार्तालाप में बड़ी सचाइयों को व्यक्त कर रहे हैं। इस कहानी का नब्बे वर्षीय बूढ़ा अपने लिए रोज़ मुश्किल होते हालात में भी बिना 'नास्टैल्जिक' हुए जीने के बहाने ढूँढ़ लेता है, अपने मनोजगत में एक नयी दुनिया की सृष्टि करता है जिसमें प्रेम सम्भव है, उस जैसे बूढ़े के लिए भी। हर दृष्टि से साधारण जीवन बिता कर यहाँ तक पहुँचा वह बूढ़ा अपने एकाकी संघर्ष में पाठक को कैसे शामिल करता है और आधुनिक संवेदना का कलात्मक व्यवहार कैसा होता है, इसे कहानी पढ़कर ही जाना जा सकता है।

रूसी आलोचक बेलिंस्की ने बिलकुल ठीक कहा था कि महत्त्वपूर्ण कृतियाँ या तो अपने युग का सवाल होती हैं या उनका जवाब। दरअसल, संक्रमण के दौर में वे पुराने युग का जवाब होती हैं और नए युग का सवाल। कालिया की कहानियाँ जिस सचाई को मज़बूती से रेखांकित करती हैं, वह यह है कि आधुनिकता की राह कितनी भी कठिन और रपटीली हो, पिछड़ेपन की सुरक्षा में नहीं रहा जा सकता। अपनी ही ज़मीन पर आधुनिकता और प्रगति की राह बनाने को तत्पर ये कहानियाँ मनुष्य की गरिमा पर ज़ोर तो देती ही हैं, इंसानी रिश्तों के सन्दर्भ में उनकी नयी व्याख्या भी करती हैं। मानव-विरोधी शक्तियों के चौतरफ़ा उभार के इस दौर में हमारे लिए वे ख़ास तौर पर अर्थपूर्ण हो सकती हैं।

धारा के ख़िलाफ़ तैरने का रिवाज

(हरि भटनागर की कहानियाँ)

उन्नीसवीं सदी में अंग्रेज़ों ने भारत में पूँजीवाद का जो औपनिवेशिक मॉडल स्थापित किया था उसकी जो कुछ भी सकारात्मकता हो सकती थी, वह तब के नवजागरण में व्यक्त हुई थी। बीसवीं सदी के आते-आते हमारे रचनाकारों के सामने इसका विनाशकारी रूप प्रकट हो गया और उन्होंने इसका पर्दाफ़ाश करने में कोई हिचक नहीं दिखाई। हिन्दी में इस अभियान की अगुवाई प्रेमचन्द ने की थी। 'गोदान' समेत अपनी अनेक कृतियों में ब्रिटिश राज के कल्याणकारी स्वरूप के मिथ की धज्जियाँ उड़ाने के लिए उन्होंने व्यापक सामाजिक फ़लक पर उन विनाशकारी आर्थिक प्रक्रियाओं का चित्रण किया जो भारतीयों के लिए तबाही और बर्बादी का उपहार ला रही थीं। लेकिन प्रेमचन्द की निगाह मनुष्य के अंतर्मन में भी गहरे उतरी हुई थी। उन्होंने साफ़ देख लिया था कि यह व्यवस्था न केवल भारतीयों की भौतिक सम्पत्ति को लूटती है, बल्कि ब्राह्मणवाद के साथ मिलकर यह उनकी आत्मा से मानवीय वृत्तियों का अपहरण करके उन्हें वस्तुतः अमानव बनाकर छोड़ती है। स्वाधीनतापूर्व भारत में इस अपवित्र शासकवर्गीय गठजोड़ की अचूक समझ रखने के कारण ही प्रेमचन्द अपने समय में औरों से बहुत आगे दिखाई पड़ते हैं।

हमारी सत्ता और व्यवस्था का अमानवीय चरित्र आज़ादी के बाद और निखरता गया। सातवें-आठवें दशक में इसके ख़िलाफ़ प्रतिरोध संघर्ष फूटते रहे, लेकिन अस्सी तक आते-आते यह उनका दमन करने में कामयाब रही और एक तरफ़ अमरीका और दूसरी तरफ़ आर.एस.एस. जैसी ताक़तों से हाथ मिलाकर अपने बर्बर रूप में प्रकट हुई। समाजवाद लाने और ग़रीबी हटाने के झूठे नारे भी बीते युग के अवशेष बन गए तथा देश साम्राज्यवादपरस्ती और साम्प्रदायिक उन्माद की दिशा में चल पड़ा। सदी के अंतिम दशक में यह प्रक्रिया नयी आर्थिक नीति की स्थापना और बाबरी मस्जिद विध्वंस के रूप में परवान चढ़ी। इसी रास्ते पर आगे बढ़ते हुए आज हमारे शासक वर्ग ने भारत को अमरीकी लठैत के रूप में खड़ा करके दुनिया में उसका 'मान बढ़ाया' है, और गुजरात जैसे क़त्लेआम को अंजाम देकर देश की 'एकता और अखण्डता' की रक्षा की है।

कुल मिलाकर मौजूदा हालात यही बता रहे हैं कि उन्नीसवीं सदी में भारतीय सामंतवाद के साथ मिलकर जो औपनिवेशिक पूँजीवादी व्यवस्था थोपी गई थी, वह आज़ादी के बाद भी बदस्तूर जारी रही और अब अपनी चरम परिणति को प्राप्त हो रही है। मनुष्य के अमानवीकरण का जो अभियान इसने तब छेड़ा था, अब वह भी शबाब पर आ चुका है, जिसकी गवाही देश के चप्पे-चप्पे पर फैली ख़ून, आग और बारूद की गंध दे रही है। ध्यान रहे कि इस अमानुषिकता की अभिव्यक्ति सिर्फ़ कभी-कभी घटने वाले चरम आपराधिक कुकृत्यों में नहीं होती, बल्कि अंधी स्वार्थपरता और भोगवाद पर आधारित इसकी कार्यप्रणाली हर दिन, हर पल मनुष्य की संवेदना को कुंद करने में लगी रहती है जिसकी परिणति आत्यन्तिक घटनाओं में दीख पड़ती है। हिन्दी कहानी की तरफ़ से यह कहा जा सकता है कि प्रेमचन्द के समय से लेकर अब तक इसने मानव-आत्मा पर पड़ने वाले पक्षाघाती प्रभावों की शिनाख़्त की है और स्फूर्तिदायक प्रेरणाओं को उकेरा है। समग्रता में यह विषय विस्तृत अध्ययन की माँग करता है, लेकिन हरि भटनागर के रूप में समकालीन हिन्दी कहानी के पास एक ऐसा लेखक मौजूद है जिसने आरम्भ से ही इस मुद्दे को अपनी रचनात्मक जद्दोजहद की विषयवस्तु बनाया है। हरि भटनागर की कहानियों की जाँच-परख के माध्यम से हम इस मामले में किसी हद तक हिन्दी कहानी की शक्ति और सीमा की पहचान कर सकते हैं।

लगभग दो दशक पहले हरि भटनागर की कहानी छपी थी 'सगीर और उसकी बस्ती के लोग', जो बाद में इसी नाम से प्रकाशित उनके पहले संग्रह में संकलित हुई। इसकी आरम्भिक पंक्तियाँ हैं—'अब्बा मरा तो सगीर पशोपेश में पड़ गया। अब वह किसके साथ काम पर जाए? पेट कैसे भरे? नाल लगाने का काम ऐसा है जो अकेले नहीं किया जा सकता।'

रोज़ बमुश्किल कमाने और खाने वाले तबके के मासूम बच्चे के लिए पिता की मौत इस शक्ल में सामने आती है। बस्ती में सभी ऐसे ही किसी न किसी हुनर के सहारे बाज़ार में बैठे हैं, जिसकी माँग दिनों-दिन कम होती जा रही है। ऐसे में सगीर को काम देने का मतलब है उसकी और उसकी माँ की रोटी का इंतज़ाम करना। किसी-किसी तरह करके वह ज़हीर उस्ताद के पास जाता है जो नाल लगाने के काम में माहिर हैं। वे उसे अपना शागिर्द बना लेते हैं।

पाँच-छः महीने में वह इस काम में माहिर हो जाता है, लेकिन ज़हीर मियाँ दमे के पुराने रोग के चलते जब खाट पकड़ लेते हैं तो ग्राहक भी उसे बच्चा जान उसके पास नहीं आते और फिर 'सगीर के घर का चूल्हा दोनों जून भिनभिनाता और उसकी अम्मी उदास बैठी रहती।'

माँ के अलावा अब उसे उस्ताद का भी ध्यान रखना था। उसने चाय की दुकान पर काम किया, लेकिन इससे तीनों के पेट भरने का भी इंतज़ाम न हो सका। रिक्शा

चलाने की कोशिश करने पर रिक्शा मालिकों ने उसकी कच्ची उमर और कमज़ोर कलाइयों का मज़ाक उड़ाया। भूखे पेट नाल लगाने का बस्ता लेकर वह दुनिया जहान में भटकता रहता और मनोरंजक दृश्यों पर झल्लाता हुआ पुराने दिनों को याद करता जब अब्बा के ज़िंदा रहने पर वह कभी-कभी इनका आनन्द ले लिया करता था।

इसी बीच उसकी नज़र नदी के घाट पर पिकनिक मनाने आए लोगों के बीच एक बच्चे के करतबों पर पड़ती है और वह चकित होकर उसे देखता रह जाता है। उनके लौट जाने के बाद वहाँ से उसे सॉस की एक आधी भरी बोतल और एक केक मिलता है, जिन्हें दिखाने पर बस्ती में कोई नहीं बता पाता कि वे क्या चीज़ें हैं और उन्हें खाया जा सकता है कि नहीं। खीज कर वह उन चीज़ों को उठाकर फेंक देता है। सॉस की बोतल फूट जाती है जिससे निकले गाढ़े पदार्थ को एक कुत्ता पहले सूँघता है फिर चाटने लगता है। सगीर की तीव्र इच्छा होती है कि उस कुत्ते को भगा दे और ख़ुद उस चीज़ को चाटने लगे।

सीधे-सादे ब्योरे वाली यह शुरूआती कहानी कुछ मामलों में हरि भटनागर की कहानी-कला की अधिकांश बुनियादी बारीकियों को समेटे हुए है। अपने हाथ के हुनर के भरोसे सरे-बाज़ार बैठे लोग, विशेषकर बच्चे, समय के साथ अप्रासंगिक होते हुए श्रमिक और दस्तकार, रोज़ी-रोटी की तलाश में मारे-मारे फिरते, अपनी तमाम मानवीय विशेषताओं को नामालूम तरीक़े से गँवाते और पशुओं के साथ स्पर्द्धा करते मासूम लोग, जो बीच-बीच में चेतते हैं और अपने आत्मिक जागरण का यत्न भी करते हैं, लेकिन परिस्थितियाँ उन्हें निगलने को मानो हर क़दम पर तैयार बैठी मिलती हैं। आप चाहें तो कह सकते हैं कि हरि भटनागर की तमाम कहानियाँ सगीर और उसकी बस्ती के लोगों के बारे में हैं।

नवें दशक की ही एक अविस्मरणीय कहानी है 'मेज़, कुर्सी, तख़्ता, टाट'। यह ख़लील और जलील नाम के बाप-बेटे की कहानी है। अण्डा बेचने वाला ख़लील कभी किताब-चोरी के मामले में फँसकर पुलिस के चक्कर में पड़ गया था। बाद में उसे किताब-चोरों ने कुछ और झूठे लफड़ों में फँसवा दिया। नतीजतन वह हरेक से नफ़रत करने लगा और गालियाँ बकने लगा। आस-पड़ोस के लोग उसकी इस आदत से तंग आकर उसकी अक्सर पिटाई करने लगे। पिटने के बाद उसके सामने उसका मासूम बच्चा जलील पड़ता और अस्वस्थ मनोदशा तथा नशे की हालत में उसका सारा ग़ुस्सा जलील पर उतरने लगा। इन बातों की याद उसे तब आती है जब वह बीमारी का शिकार होकर, लाचार, कमरे में जा पड़ता है। उसका हाल पूछने वाला वहाँ न तो कोई है, न किसी के आने की उम्मीद है। जलील को वह पहले ही मार-पीटकर निकाल चुका है।

सख़्त बीमारी में तीन-चार दिन भूखे-प्यासे निढाल पड़े रहने के बाद आस-पड़ोस

के लोग जलील को बुला लाते हैं और पास की एक चाय की दुकान में काम करते हुए वह खलील की देखभाल और दवा-दारू कराने लगता है। ख़लील ख़ुदा का शुक्रिया अदा करता है और अपनी हरकतों को याद करके आँसू बहाता है, लेकिन उसकी बीमारी ख़त्म होने का नाम नहीं लेती। धीरे-धीरे जलील उसकी तरफ़ से बेज़ार होकर उस पर झल्लाने लगता है और अपने दोस्त काले के साथ मिलकर अवैध धंधे में लग जाता है। अब उसके घर आने का कोई समय नहीं रहा। वह जब भी आता एक काग़ज़ में लिपटा रोटी का पुलिंदा ख़लील की तरफ़ यूँ फेंकता है जैसे कूड़े पर फेंक रहा हो। ख़लील को यह तरीक़ा बहुत नागवार लगता, लेकिन भूख से मजबूर होकर वह रोटी खा लेता। इन्हीं हालात में वह घटना होती है जिससे उसके होश फ़ाख़्ता हो जाते हैं। जलील पड़ोस की कंजर टोले की एक लड़की पर फ़िदा हो जाता है और एक दिन उसे लेकर अपनी कोठरी में आता है। दोनों प्रेम-क्रीड़ा करने के बाद साथ लाया हुआ रोटी-गोश्त खाते हैं, फिर अपने बाल और लिपस्टिक ठीक करके जब लड़की चलने लगती है तो उसे कोने में पड़े टाट की हरकत के बीच ख़लील की शक्ल दिखाई पड़ती है। वह बुरी तरह चौंक जाती है और जलील से कहती है, उसने उसे बताया क्यों नहीं कि कमरे में कोई और है। इस पर जलील ठठाकर हँसते हुए कहता है—'कहाँ क्या है रे? कुछ तो नहीं, मेज़, कुर्सी, तख़्ता, टाट ही तो है यहाँ। वह भी कबाड़ का।' ख़लील पसीना-पसीना हो जाता है।

कहानी में पहले ख़लील और बाद में जलील की क्रूर संवेदनहीनता के जैसे प्रसंग हैं, बड़े आराम से उन्हें घृणित पात्रों की श्रेणी में रखा जा सकता था, या कम से कम वे हास्यास्पद हो सकते थे, लेकिन यथार्थ पर कथाकार की बारीक पकड़ का ही नतीजा है कि कहीं भी ये पात्र जुगुप्सा या क्रोध नहीं जगाते। उनके आसपास के हालात, उनके साथ गुज़री घटनाएँ और उनके प्रयासों की विफलताएँ, सब मिलकर मानो इस नियति की तरफ़ उन्हें ठेलती हैं। दूसरी ओर वे कहीं भी न तो आत्मदया का इज़हार करते हैं, न पाठक की भावुकता को अपील करते हैं।

इन पात्रों के रवैये का एक नमूना ज़हीर मियाँ का वह जवाब है जो वे सगीर को तब देते हैं जब वह उनसे सॉस की बोतल के बारे में पूछने जाता है—'हम क्या जानें बेटा! साठ बरस की उमर हो गई, कभी मनमाफ़िक लुकमे न मिले ... ख़ुदा से रोज़ भीख माँगता हूँ कि जो रूखा-सूखा देता है उसमें कटौती तो न करे, मुला ... क़िस्मत में भूखा मरना लिखा है तो ख़ुदा ही क्या कर सकता है...'

यहाँ ख़ुदा को बरी करने के लिए क़िस्मत का सहारा ज़रूर लिया गया है, लेकिन उन ज़मीनी सचाइयों की शिनाख़्त का बहाना बनकर ही जो एक संवेदनशील और तीमारदार बेटे को ऐसे युवक में बदल देती है जिसे सम्भोग के समय कमरे में बाप की मौजूदगी का एहसास तक नहीं होता।

इसी दौर की एक बहुचर्चित कहानी 'सेवड़ी रोटियाँ और जले आलू' है जिसमें प्रेस में कम्पोजीटर का काम करने वाले आदमी के घर नगीना सेठ के यहाँ से बायना के रूप में पकवान आते हैं जिन्हें देखकर उसकी स्त्री ख़ुश हो जाती है और उत्साह से आदमी की प्रतीक्षा करती है। आदमी रात को काम से निचुड़ा हुआ लौट कर आता है और यंत्रवत उस खाने को मीड़कर खा जाता है। रोज़ की तरह उसे यही लगता है कि ये सेवड़ी रोटियाँ और जले आलू हैं। यहाँ प्रेमचन्द की कहानी 'कफ़न' की याद आती है। जिस समाज में हाड़तोड़ मेहनत करने वाले खाने का स्वाद तक भूल जाते हैं उसमें उनसे अच्छे तो जलील जैसे लोग हैं, जो चाहे पल भर की ही सही, अपनी ज़िंदगी जीने के लिए इस पाखण्डी समाज के सड़े हुए क़ानून-क़ायदों की परवाह नहीं करते।

दूसरे संग्रह की एक लगभग अलक्षित रही कहानी है 'उसके गले का राम'। इस छोटी-सी कहानी में हिन्दू-मुस्लिम रिश्तों की कई पर्तें इस नज़ाकत से गुँथी हैं कि हड़बड़ी में पढ़ने पर इसे थोक के भाव लिखी जा रही साम्प्रदायिक सौहार्द की बनावटी कहानियों से अलगाना मुश्किल हो सकता है।

कहानी में एक मुसलमान, मज़दूर-सा दिखने वाला व्यक्ति है जो गर्मी के मौसम में किसी का पता पूछता मध्यवर्गीय हिन्दू नैरेटर 'मैं' से मिलता है, लेकिन मुसलमानों के प्रति समाज में प्रचलित तमाम पूर्वाग्रहों को समेटे 'मैं' तिरस्कार के साथ उसकी उपेक्षा कर देता है। 'मैं' को वह दुबारा पड़ोस के रग्घू, जिसकी घरवाली उसके यहाँ बर्तनं माँजती है,के झोपड़े के सामने इत्मीनान से बैठकर बीड़ी पीते और उससे बतियाते दिखता है। बाद में रग्घू बताता है कि वह उसी के गाँव का रहने वाला है, पास के क़स्बे में रहकर मज़दूरी करता था, दंगों में उसके बीवी-बच्चे मारे गए और अब वह यहाँ कोई काम-धंधा करना चाहता है। एक ही गाँव के दो गरीबों की एक-दूसरे का दुख-दर्द समझने की क्षमता को खाया-अघाया, शहरी, बिचौलिया तबके का आदमी 'मैं' नहीं समझ पाता और रग्घू को आदेश देता है कि इसे अपने पास मत ठहराना, क्योंकि 'यह मुसलमान है। जानते ही हो, मुसलमान किसी के नहीं होते। अब गदर हुई तो तुम्हारी जान लेगा ही, हम लोगों पर भी हाथ बढ़ाएगा।'

रग्घू जब उसकी आशंकाओं को स्वीकार नहीं कर पाता तो वह हेकड़ी दिखाता है और उसे धमकाता है, जिस पर वह 'मुसलमान' को हटाने पर राज़ी हो जाता है, लेकिन अगले ही दिन 'मैं' देखता है कि वह उसे मैदान में रिक्शा चलाना सिखा रहा है। वह रग्घू को बुलाकर एक बार फिर धमकाता है। कुछ रोचक संवादों के बाद रग्घू अंततः हार मान लेता है और मना करने के बावजूद 'मैं' उसकी जेब में कुछ रुपए ठूँस देता है। दो-तीन रोज़ बाद यह देख कर वह स्तब्ध रह जाता है कि अपने झोपड़े के पास की खाली जगह पर रग्घू उस मुसलमान का झोपड़ा डाल रहा है। 'मैं' को देखकर

वह अपने झोपड़े में घुस जाता है और बाहर नहीं निकलता।

अंततः क्रोध में 'मैं' रग्घू की घरवाली को अपने घर का काम छुड़ा देता है जिस पर उसकी पत्नी उससे झगड़ा करती है। दूसरी कोई बाई न मिलने पर झख मारकर उसे रग्घू की घरवाली के पास उसे बुलाने जाना पड़ता है और दूने मेहनताने पर वह राज़ी होती है। लौटते समय वह उसी मुसलमान से टकरा जाता है। उसे पहचानकर मुसलमान की, टकराने से पैदा हुई घबराहट जाती रहती है और वह दोनों हाथ जोड़कर कहता है, 'राम-राम बाबूजी'। उसका राम-राम 'मैं' के गले में फंदे की तरह लगता है और वह कोई जवाब नहीं दे पाता।

सभी जानते हैं कि 'राम-राम' और 'सलाम' किसी एक सम्प्रदाय के लोगों तक सीमित अभिवादन नहीं हैं, और गरीब तब़के के लोगों, ख़ासकर गाँव से जुड़े लोगों के बीच व्यापक तौर पर प्रचलित हैं। कहानी का मुसलमान सहज भाव से ही अभिवादन करता है, लेकिन नैरेटर को लगता है, जैसे राम पर उसका एकाधिकार टूट रहा है। यहाँ कुछ लोग गाँवों में फैल रही साम्प्रदायिकता और दलित-पिछड़ों द्वारा दंगों में निभाई जाने वाली भूमिका का उल्लेख करना चाहेंगे। बेशक, गाँव के गरीब लोग, ख़ासकर नौजवान, जीवन की हताश परिस्थितियों में उच्चवर्गीय साम्प्रदायिक तत्त्वों के हाथों में कभी-कभी खेल जाते हैं, लेकिन इससे कोई इन्कार नहीं कर सकता कि सौहार्द की पुनर्स्थापना भी सबसे पहले उन्हीं के बीच होती है,क्योंकि फ़साद से होने वाले नुक़सान को रोज़ कमाने-खाने वालों से बेहतर कोई नहीं जान सकता। हो सकता है कि दंगे के दौरान रग्घू और उसकी पत्नी जैसे लोग भी ज्वार में बह जाएँ या किसी से कुछ पैसे पाकर उसमें कूद भी पड़ें, लेकिन इसके गरीब-विरोधी चरित्र को भी सबसे पहले वही पहचानते हैं। शांति और सौहार्द का सवाल उनके समूह की रोज़ी-रोटी से जुड़ा होता है, इसलिए व्यक्तिगत हितों के परे उनकी सामूहिक प्रवृत्ति इसकी तरफ़ होती है। नफ़रत के कीटाणु संक्रामक होते हैं, लेकिन दीर्घजीवी नहीं होते। प्रेम और सौहार्द के कीटाणु भी संक्रामक होते हैं और एक बार जड़ जमा लेने पर वे दीर्घायु हो सकते हैं, क्योंकि हमारी स्मृति और परम्परा में उनका मज़बूत आधार होता है। इसीलिए साम्प्रदायिक ताक़तें इन्हें नष्ट करने की अथक चेष्टा करती हैं, वरना उनका अस्तित्व ख़तरे में पड़ सकता है।

'नाम में क्या रखा है' शीर्षक कहानी भी साम्प्रदायिक विद्वेष की स्थिति में मध्यवर्गीय मानस के विभिन्न आयामों को रेखांकित करती है। उन्माद की लहर किस तरह बेरोकटोक बढ़ती है और अपने निर्माताओं को भी परे धकेलती, कूल-किनारों को तोड़ती, आत्मघाती तेवर अपना लेती है, इसका अच्छा चित्रण इस कहानी में देखने को मिलता है। गौरी बाबू जैसे लोग जो घृणा के आधार पर विवेकहीन लोगों को संगठित करते हैं, अंततः उसी विवेकहीनता की रौ में अप्रासंगिक हो जाते हैं। उन्माद का तर्क

सबसे अलग होता है, और उसके लिए किसी बच्चे का मुसलमानों जैसा नाम ही उससे शत्रुता के लिए काफ़ी हो सकता है।

बीसवीं सदी का अंतिम दशक भारतीय लोगों के लिए साम्प्रदायिक, जातिगत और आर्थिक, तीनों स्तरों पर कुछ कड़वी और त्रासद अनुभूतियों के लिए यादगार रहा है। हमारे रचनाकार भी इस दौर में अपनी-अपनी प्रवृत्तियों के अनुरूप परिपक्व हुए हैं और अपनी मंज़िलों की तरफ़ बढ़े हैं। हरि भटनागर के तीसरे संग्रह 'बिल्ली नहीं, दीवार' में संकलित कहानियाँ इस बात की पुष्टि करती हैं।

इस नज़रिए से संग्रह की सम्भवतः सबसे उल्लेखनीय कहानी 'खोट' है। बमुश्किल चार पेज की इस नन्हीं-सी कहानी में नैरेटर 'मैं' अपनी छोटी बच्ची के साथ खेल रहा है कि दरवाज़े पर खड़खड़ाहट होती है। वह देखता है, तो पता चलता है कि फाटक से मुँह सटाए छः-सात साल की एक लड़की है जो पड़ोस की झुग्गी से आई है। 'मैं' उसे मुँह की भावभंगिमा से डराकर भगाना चाहता है, लेकिन वह हाल ही में पेंट हुए फाटक की छड़ को दाँतों के बीच लेने में मशगूल है। फिर नैरेटर उसे बुरी तरह से दुत्कारकर भगाने का प्रयास करता है, लेकिन इसी बीच वह छड़ को दाँतों से चाभने में सफल हो जाती है, और फिर थोड़ा परे हटकर खड़ी हो जाती है। 'मैं' को उसके उस 'साहसिक' करतब पर हँसी आती है लेकिन उसकी लड़की सिल्लू को वह बुरी लगती है। नाम पूछने पर वह अपना नाम 'फूलन' बताती है, लेकिन फूलन देवी के बारे में उसे कुछ पता नहीं है। इसके बाद फिर नैरेटर भगाने के लिए उसे डपटता है, लेकिन वह रिरियाकर रोटी माँगने लगती है। उसका रिरियाना उसे अच्छा नहीं लगता, वह रोटी के साथ केले और सेव भी ले आता है, और लड़की को बिना रिरियाए साहस के साथ माँगने को कहता है, लेकिन वह और दीन होती जाती है। सिल्लू उस पर ख़फ़ा हो जाती है, लेकिन 'मैं' कोशिश करता रहता है और अंततः हारकर उसकी तरफ़ सब सामान फेंक देता है।

यथार्थ और आकांक्षा के द्वंद्व की यह एक यादगार कहानी है, जिसे ग़ैरमामूली कुशलता के साथ बुना गया है। झुग्गी से आई वह मासूम लड़की फाटक के ताज़े और भड़कीले रंग से आकर्षित होती है। वह थोड़ी देर उनसे खेलती है, लेकिन जीवन की अमानवीय स्थितियों ने उसे दीनता और याचना का ऐसा पाठ पढ़ा दिया है जिसे भूल पाना मुश्किल है। अपनी विद्रोही परम्परा की स्मृति से जुड़ने की उसके माँ-बाप की इच्छा उसके नाम से ज़रूर व्यक्त होती है, लेकिन इससे अधिक कुछ नहीं। संतान के जन्म और नामकरण के क्षण का उन्मेष भले ही उन्हें फूलन की याद दिला गया हो, लेकिन उनका जीवन शायद उन्हें इतनी भी मोहलत नहीं देता कि वे बच्ची के सामने फूलन की चर्चा करें, या उसे बता सकें कि उसके नाम का मतलब क्या है।

दूसरी तरफ़ उस नैरेटर की मध्यवर्गीय सदिच्छा है जो बच्ची के साहस पर ख़ुश

भी होता है और उसे बार-बार झिड़कता भी रहता है। उसका नाक-नक़्श और उसकी आँखें देखकर तथा नाम फूलन सुनकर पहले तो वह मुस्कराता है, फिर उसे दुत्कारने लगता है। वह उसकी रिरियाहट के कारण उससे घृणा-सी करने लगता है और अपनी टुटपुँजिया प्रवृत्ति के अनुरूप लोभ-लालच देकर उसकी यह आदत छुड़ाना चाहता है। अपने इस जोश में वह विकृत क़िस्म का उत्साह दिखाता है और उस बच्ची से रिरियाहट छोड़ने का पुरज़ोर आग्रह करता है, मानो उसके सामने यह विकल्प सचमुच मौजूद हो और उसके चुनने भर की देर हो। उसकी बेटी, सिल्लू की मानसिकता इसी मध्यवर्गीयता को विस्तार देती दिखाई पड़ती है।

पहले संग्रह की एक ऐसे ही प्लॉट पर लिखी कहानी 'मैं हारा' से इसकी तुलना दिलचस्प हो सकती है। उसमें झुग्गी के दो लड़के चारदीवारी फाँदकर अहाते में लगे अमरूद के पेड़ से अमरूद तोड़कर खाते हैं, नैरेटर के आने पर उसे आपस में 'फटफट' सम्बोधन देते हैं और बुरी तरह से पिटने के बाद भी न तो दीन होते हैं, न अगले दिन फिर अमरूद तोड़ने से बाज़ आते हैं। नैरेटर उसमें भी अन्त में हार मान लेता है, लेकिन दोनों ही पक्ष उस कहानी में अधिक सहज और मानवीय भूमिका में दीख पड़ते हैं।

मानव-सभ्यता के विकास की ऐतिहासिक स्मृति को सँजोए और उसकी राह में आई सबसे बड़ी बाधा पर विचारमग्न और एकाग्र, एक अविस्मरणीय कहानी है— 'जंग', जिसे हरि भटनागर के कथा लेखन की एक उपलब्धि कहा जा सकता है। इस कहानी की ख़ासियत यह है कि इसमें मनुष्य और प्राणिजगत के लोग अपनी भूमिकाओं की अदला-बदली कर लेते हैं, और बिल्कुल अंत में जाकर मनुष्य को अपनी भूमिका का आभास होता है।

इस कहानी में एक चिरैया और एक चिरौटा है। चिरैया के गर्भवती होने पर वे एक आदमी के घर घोंसला बनाने जाते हैं। आदमी 'पिन्नाया रहता जैसे कोई बोले तो झगड़ पड़ेगा, घंटों दिमाग़ ख़राब किए रहेगा, कुछ नहीं कर पाएगा तो बच्चों को लतिया डालेगा, उनकी किताबें-कॉपियाँ फाड़ डालेगा, पत्नी के झोंटे हिलाकर सिर दीवाल से टकरा देगा ... ऐसी कई सारी हरकतें वह कर गुज़रेगा ... माथा छोटा है और उस पर सिर के खिचड़ी बाल ऐसे खड़े हैं कि लंगूर बंदर की याद आती है।'

आशय यह है कि कहने को वह आदमी ज़रूर है, लेकिन उसकी गतिविधियाँ तर्क और विवेक के मानवीय दायरे से परे प्रकृति की अंधी शक्तियों की ही याद दिलाती हैं। घोंसला अभी अधूरा ही बना है कि वह देख लेता है और उसे उजाड़ कर ज़मीन पर फेंक देता है। उल्लेखनीय है कि कथाकार उसकी हरकतों के स्पष्टीकरण के लिए 'घर की दिक़्क़तों या पेचीदा नौकरी' जैसे किसी कारण की सम्भावना व्यक्त करके स्वयं विवेकपरकता का दामन न छोड़ने का संकेत करता है, लेकिन कहानी में उस किरदार

की शक्ल और अक्ल दोनों मानवपूर्व अवस्थाओं की ही याद दिलाती हैं। इस पर चिरैया और चिरौटे का संक्षिप्त वार्तालाप प्रेम, करुणा, औचित्य, संतुलन, न्याय और विवेकबुद्धि का एक सुंदर नमूना है—

'चिरैया ने कहा—"यह तो बहुत ही नाकिस है, कमीन!"

'चिरौटे की आँखों में जवाब था—"देख लो!"

'—"ज़रा भी मरदूद को रहम नहीं आया, मैं पेट से हूँ, अंडे देने वाली हूँ!"

'चिरौटे की आँखों में वही जवाब था।

'—"इसके तो कीड़े पड़ेंगे जानहार के!"

'—"छोटी गाली दे रही हो!"

'—"इसके तो सब मर जाएँ!"

'चिरौटे ने उसकी चोंच पर पंजा रखा, बोला—"न, ऐसी बद्दुआ न दो, बच्चों ने क्या बिगाड़ा है, वे तो बेचारे इस फाड़खाऊँ से ख़ुद परेशान होंगे।" '

लगातार पन्द्रह दिन तक चिरौटा घोंसला बनाता रहा और अपने आंतरिक आवेगों के वशीभूत वह आदमी उन्हें 'भयंकर चीख-गुहार के बीच' बिखेरता रहा। चिरौटे और आदमी के बीच पन्द्रह दिनों तक चला यह मैराथन संघर्ष मनुष्य और प्रकृति के बीच चलने वाले संघर्ष की याद दिलाता है। सोलहवें दिन, मानो प्रकृति ने मनुष्य की अदम्य जिजीविषा के सामने सिर झुका दिया हो, आदमी यकायक चीख पड़ा—'मर साले! मैं हारा, तू जीता! आगे से तुझे जो करना है, कर!'

प्रकृति से जूझते हुए ही मनुष्य ने क़दम-ब-क़दम रास्ता बनाया और सभ्यता की नींव डाली, लेकिन सभ्यता के साथ ही उसके अंदरूनी संघर्ष भी उभरने लगे। आगे चलकर वर्ग, लिंग, धर्म, जाति, राष्ट्र, नस्ल, रंग जैसे जितने भी सही-ग़लत कारण हो सकते थे, मनुष्य ने आपस में लड़ने और एक-दूसरे से भय खाने के लिए तलाश लिए। आज जब भौतिक उपलब्धियों के मामले में मानव-सभ्यता अपने चरमोत्कर्ष की तरफ़ जाती हुई प्रतीत हो रही है, एक-दूसरे के प्रति भय और शत्रुता के चलते पैदा हुए युद्धोन्माद पर राष्ट्रवाद का लबादा चढ़ाकर मनुष्य ने अपने विनाश की भी भरपूर तैयारी कर ली है। कहानी में इस ऐतिहासिक सचाई को व्यंजित करता हुआ चिरौटा घोंसला बनते ही उस पर आए 'संकट' को भाँप लेता है और 'शत्रु' से फ़ैसलाकुन जंग के लिए कमर कस लेता है। अपनी मनःस्थिति को वह इन शब्दों में व्यक्त करता है—'एक दूसरा चिरौटा हमें बेदख़ल करना चाह रहा है और हमें उजाड़ देना चाहता है। जब तक मैं उसे भगा नहीं दूँगा, चैन से नहीं बैठूँगा।' यहाँ 'चिरौटा' की जगह राष्ट्र-धर्म, जाति अथवा नस्ल रख दें, तस्वीर ख़ुद-ब-ख़ुद साफ़ हो जाएगी।

असल में, होता यह है कि उसकी नज़र आदमी के आईने पर पड़ जाती है और उसमें अपनी ही छवि देखकर वह उसे पराया और दुश्मन समझ बैठता है। वह 'दुश्मन' के साथ ज़ोर आज़माइश कर रहा होता है कि आदमी आ जाता है और उसकी हरकत उसे गुदगुदा जाती है। वह चिरौटे को इस व्यर्थ की क़वायद से बचाने के लिए आईने पर पहले अपनी धोती और बाद में बनियान डाल देता है, लेकिन धुन का पक्का चिरौटा अपने घोंसले और बाल-बच्चों की रक्षा के लिए उस चालाक शत्रु से, जो (मानो आतंकवाद की अमरीकी परिभाषा के अनुसार) खुले मैदान में नहीं लड़ता, बल्कि छिपकर वार करता है, आर-पार की जंग ठान लेता है। इसका नतीजा तब सामने आता है जब आदमी धोती और बनियान की दुर्दशा पर खीझकर चिरौटे को मारने के लिए उठता है—

'जो नज़ारा सामने था, हैरत में डालने वाला था। धोती और बनियान नीचे ज़मीन पर गिरी पड़ी थीं। चिरौटे की चोंच से बेतरह लहू बह रहा था, लेकिन वह वार पर वार किए जा रहा था, बिना रुके। जब चोंच से वह वार करने में पूरी तरह असमर्थ हो गया तो उसने पंजे चलाने शुरू किए और अब पंजे भी घायल थे...।'

चिरौटे को आईने में पड़ने वाले प्रतिबिम्ब से उलझा देखकर हमेशा आगबबूला रहने वाले आदमी के मन में पहली बार कुछ अलग अनुभूति हुई थी और वह मुस्करा पड़ा था। यह अनुभूति उसकी चेतना पर भी रचनात्मक असर डाल गई थी, जिसके परिणामस्वरूप उसने आईने को ढँककर चिरौटे को बचाने की कोशिश की थी। चिरौटे की इस कारवाई ने मानो उसके व्यक्तित्व में सुषुप्त मानवीय अंतश्चेतना को जागृत कर दिया हो और चिरौटे की नियति में उसने अपनी नियति का आभास पा लिया हो। चिरौटे के माध्यम से हुई यह अनुभूति उसे ऐतिहासिक स्मृति से सम्पन्न कर जाती है और वह रूपांतरित हो जाता है। इसके बाद वह त्रासद घटना उसके मनोरंजन का विषय नहीं रह जाती। कहानी का अंतिम वाक्य है—'आदमी मुस्कुराया; लेकिन वह खुलकर मुस्कुरा न सका।'

उग्र राष्ट्रवादी उन्माद और एकध्रुवीय वैश्वीकरण की अंधी दौड़ के इस युग में जब नयी विश्व-व्यवस्था का रोडरोलर सारे ही मानवीय मूल्यों और मर्यादाओं को कुचलता हुआ चारों दिशाओं में घूम रहा है, अपने मानवीय सारतत्त्व को दुबारा पाने के संघर्ष में इस ऐतिहासिक स्मृति की भूमिका निर्णायक होगी, इसे दुहराना ज़रूरी नहीं।

हरि भटनागर की कहानियों की एक विशेषता यह है कि वे गरीबी का कोई स्टीरियोटाइप नहीं बनातीं और न ही उसका आदर्शीकरण करती हैं। दो जून की रोटी पाने को अपना जीवन खपाते इन लोगों के लिए सहानुभूति बटोरने का कोई अतिरिक्त

प्रयास इन कहानियों में नहीं दीख पड़ता। पहले संग्रह की कहानी 'मुग़ालता' हो या तीसरे संग्रह की 'नशा हिरन', परिस्थितिवश, बिना अपराधबोध से ग्रस्त हुए उनके महिला पात्र अपने जिस्म का सौदा तक मंज़ूर कर लेते हैं, लेकिन दोनों ही कहानियों के मध्यवर्गीय पुरुष पात्र ऐसे में अपने को असहज स्थिति में पाते हैं। जीवन की त्रासद स्थितियाँ किसी मज़दूर को उसके बच्चे से बेगाना कर देती हैं, (मुन्ने की उमर) तो किसी को लाख कोशिश के बाद भी घर का रास्ता नहीं मिलता (घर कहाँ है)। इन कहानियों में अमीरों की सोहबत का असर पत्नी पर होते देख तैश में किराए का घर छोड़कर निकल पड़ने और दिमाग़ ठंडा होने पर लौटने का निर्णय करने वाले आदर्शवादी सम्पादक गंगा ठाकुर जैसे लोग हैं (ज़हर) तो अपने को पनाह देने वाले शुभचिंतक की रातों की निगरानी करके उसकी मर्दानगी पर शंका करने वाले बेरोज़गार नौजवान (जानवर नहीं हुआ जाता) भी हैं।

मज़दूर बच्चों के जीवन में उमंगों और सपनों की अनुपस्थिति कैसी उदासी ला देती है, इसका पता तब चलता है जब 'हुलिया' कहानी में मोटर गेराज में काम करने वाला एक बच्चा संयोगवश आईने में अपने पैर को एक 'मैला सने चैला' के रूप में देखता है और अपना 'हुलिया दुरुस्त करने, एक बेहतर इंसान बनने' का निश्चय करता है। साबुन रगड़ कर और नहा-धोकर जब वह पहनने के लिए अपनी इकलौती नीली कमीज़ निकालता है तो पाता है कि उसमें चूहों ने बड़े-बड़े छेद कर दिए हैं। ज़ाहिर है कि उसका यथार्थ उसके अभियान को इससे अधिक छूट देने को तैयार नहीं है, लेकिन उसकी कल्पना उसका साथ देती है, और उसे अचानक 'एक छोटा-सा झिलमिल सुनहरा शाल' मिल जाता है, जिसे ओढ़ कर वह अपने को शाहरुख़ खान समझने लगता है। अपनी बस्ती में नक़्शा मारने के बाद वह पैसे वालों की कालोनी में निकल पड़ता है, और उसे महसूस होता है कि वहाँ भी लोगों ने शाहरुख़ खान के रूप में उसे स्वीकार कर लिया है। अपनी खोई हुई दुनिया की भरपाई वह इस मार्मिक फ़ैंटेसी के माध्यम से करता है। कुछ लोग शाहरुख़ खान बनने के सपने पर नाक-भौं सिकोड़ सकते हैं, लेकिन मुझे लगता है कि जब तक उस बच्चे में सपना देखने की क्षमता बाक़ी है, तब तक उम्मीदें ख़त्म नहीं हुई हैं।

ऐसे ही, एक मज़दूर और उसकी पत्नी-बच्चे के आपसी लगाव की कहानी है 'फ़ाख़्ता'। पति पाँच महीने बाद आज घर आ रहा है। महीने भर से बीमार बच्चा खटोले पर सो रहा है। पत्नी खाना बनाने से पहले घर की सफ़ाई कर, बदन पर दो लोटे पानी डाल, शीशे के सामने आ खड़ी होती है। 'शीशा धुँधला था। लेकिन एक कोना ऐसा था जहाँ से वह मांग काढ़ लेती और बिन्दी लगा लेती।' यह शीशा उसकी ज़िन्दगी की तरह है, उसमें भी अपने को ढूँढ़ पाना मुश्किल है, लेकिन वह किसी न किसी तरह स्नेह, अनुराग, प्रणय और केलि के माध्यम से अपनी राह बना लेती है। बच्चे

और पत्नी की हालत से पति अचम्भित और परेशान है। पत्नी उसे नहाने के लिए ख़ुद के भूखे होने का हवाला देकर प्रेरित करती है। खाते समय फिर उसका ध्यान बच्चे की तरफ़ चला जाता है। उसके दिल को सुकून देने के लिए वह इधर-उधर की बातें करती है, फिर अंततः फ़ाख़्ता के हवाले से पिछली बार की गई प्रेम-क्रीड़ा की याद दिलाती है। आदमी भी उसका जी रखने को उसकी बातों में बहलने का नाटक करता है। यह कहानी अमरकांत के 'दोपहर का भोजन' की बेसाख़्ता याद दिलाती है।

ऐसे समय में जबकि साहित्य में मध्यवर्ग की आकांक्षाओं का चित्रण ही प्रामाणिकता की कसौटी माना जाने लगा है, हरि भटनागर ने अत्यन्त धैर्य और लगन के साथ, लगभग हठपूर्वक, झुग्गियों और टपरों से आए हुए मानव-चरित्रों की भाषा को उनकी भंगिमाओं में सुरक्षित उनके मनोभावों के साथ दर्ज करना जारी रखा है। जब हमारा उच्च और मध्यवर्ग अंग्रेज़ी से आक्रांत होकर अपनी भाषिक जड़ों से कटता चला गया है, हरि भटनागर ने दिखाया है कि हिन्दी और उर्दू के मेल से बनने वाली हमारे भविष्य की भाषा (क्योंकि उसके बिना हमारा कोई भविष्य नहीं है) इसी निम्न वर्ग के जीवन-संघर्षों के बीच आकार ले रही है। यही नहीं, आजकल लगभग 'कन्फेसन' की तर्ज़ पर यह बात स्वीकार की जाने लगी है कि ग़ैरमुस्लिम कथाकारों की रचनाओं से मुस्लिम पात्र ग़ायब हो गए हैं, लेकिन हरि भटनागर और मनोज रूपड़ा जैसे युवा कथाकारों ने इस प्रवृत्ति का जो रचनात्मक प्रतिवाद किया है, 'कन्फेस' करने वालों की नज़र उधर कम ही जाती है।

दरअसल, हरि भटनागर की कहानियों के उचित 'मूल्यांकन' के लिए निम्न वर्ग की स्मृति, उसके यथार्थ और स्वप्न के साथ एकजुट हो जाने वाली संवेदना ज़रूरी है। तभी वह कथाकार के हल्के हाथों उकेरे गए रेखाचित्रों में रंग भर सकेगी।

इतिहास में जारी कशमकश

(योगेन्द्र आहूजा की कहानी)

पिछले कुछ अर्से से साहित्यिक हलकों में इस बात पर बड़ी सरगर्मी रही है कि कौन-सी कहानी किस साहित्यिक हस्ती 'पर' लिखी गई है। इन चर्चाओं के बीच वरिष्ठ लेखकगण बड़े आत्मविश्वास के साथ तमाम पुरानी कहानियों का हवाला देते हुए बताते हैं कि वे किन साहित्यकारों के 'ऊपर' लिखी गई थीं। आमतौर पर इन 'रहस्योद्घाटनों' का मक़सद यह जताना होता है कि यह दाँव पुराना है जिसे उस्तादों ने जिलाए रखा, और अब पट्ठे भी सीख रहे हैं। इन कहानियों को छापने वाले संपादक भी अपने पाठकों की 'मदद' करने के लिए कभी खुले तो कभी छिपे रूप में 'असली' मुद्दे की तरफ़ संकेत कर देते हैं।

दूसरी ओर इस प्रवृत्ति का विरोध करने वाले बहुत से लोग इसे आपसी सम्बन्धों की नैतिकता के ख़िलाफ़ मानते हैं और विश्वासघात की संज्ञा देते हैं। ग़ौरतलब है कि ये दोनों पक्ष एक बात पर सहमत होते हैं कि फलाँ रचना अमुक लेखक या सार्वजनिक जीवन के किसी क्षेत्र में अपनी पहचान बनाए किसी व्यक्ति-विशेष पर लिखी गई है। समस्या, दरअसल, इसी दृष्टिकोण के चलते पैदा होती है।

कथा-साहित्य के सन्दर्भ में यह आमतौर पर स्वीकृत तथ्य है कि रचनाकार जाने या अनजाने अपने समकालीन यथार्थ के किसी न किसी पहलू से प्रभावित होता है और अपनी रुझान के मुताबिक हासिल उसके सारतत्त्व को पुनर्सृजित करता है। इस प्रक्रिया में प्रायः वह अपने सम्पर्क में आए लोगों की छवियों और भंगिमाओं का इस्तेमाल अपनी रचना को जीवंत बनाने के लिए करता है। यही नहीं, कभी वह किसी व्यक्ति के आधार पर अपनी रचना का केन्द्रीय चरित्र भी गढ़ सकता है। इसके बावजूद उस व्यक्ति की हैसियत कहानी के सम्बन्ध में नगण्य कच्चे माल से अधिक नहीं होती, जिसका उल्लेख भी रचना के बुनियादी गुण, उसकी सार्वभौमिकता की हानि का ख़तरा उठाए बिना नहीं किया जा सकता।

रचना में यथार्थ की विश्वसनीय उपस्थिति उसके बाहरी रंग-रूप और विवरणों में नहीं, उन अन्तर्संबंधों में होती है जो रचना में बिखरी तमाम इकाइयों को एक सूत्र में बाँधते हैं। इन सम्बन्धों के रूपायन में ही रचनाकार की समझ, संवेदना और उसके

शिल्प की परीक्षा होती है। इन्हीं के चलते रचना संकुचित से वृहत्तर यथार्थ की ओर बढ़ती है तथा वैयक्तिक से सार्वजनीन बनती है। इसीलिए किसी के व्यक्तिगत जीवन की नुमाइश से किन्हीं तथाकथित सत्यों का उद्घाटन करने वाले लेखक, इस बहाने अपनी ही मानसिकता का उद्घाटन करते पाए जाते हैं।

दूसरी बात यह कि अगर कोई कहानी किसी के व्यक्तिगत जीवन का पर्दाफ़ाश करने वाली है तो वह उन सत्यकथाओं से अलग नहीं होगी जिनमें क़ानूनी कारणों से पात्रों के नाम बदल दिए जाते हैं। साहित्यिक रचना से उसका अलगाव कल्पना के बिन्दु पर होता है। कल्पना साहित्यिक रचना का अनिवार्य विधायक तत्त्व है, जबकि सत्यकथा में इसकी हैसियत झूठ जैसी होती है। इसीलिए साहित्यिक रचना होने का दावा करने वाली कहानी का मूल्यांकन साहित्यिक मानदण्डों पर ही होना चाहिए, स्वयं कहानीकार का उद्देश्य चाहे जो रहा हो। ऐसा न करने पर इस गहरे चुनौतीपूर्ण दौर में सारी सदिच्छाओं के बावजूद बहस के रचनाविरोधी हो जाने का ख़तरा है।

बहरहाल, कहानी में कोई व्यक्ति बिना पहचान बदले भी चरित्र के रूप में उपस्थित हो सकता है, बशर्ते आग्रह स्थूल तथ्य का न होकर सूक्ष्म तत्त्व का हो। ऐसी ही एक कहानी है योगेन्द्र आहूजा की 'एक पुरानी कहानी'। इसमें मुक्तिबोध और अशोक वाजपेयी बाक़ायदा चलते-फिरते पात्रों के रूप में आते हैं। इसे पढ़ते हुए कहानी और सत्यकथा के बीच के फ़र्क़ को समझा जा सकता है।

कहानी इस लेखकीय सूचना के साथ शुरू होती है कि यह रचना 'मुक्तिबोध पर श्री अशोक वाजपेयी के एक संस्मरण के कुछ अंशों का काल्पनिक पुनर्लेखन' है। इस सूचना के माध्यम से लेखक ने अपने पात्रों की समस्त गतिविधियों की ज़िम्मेदारी अपनी कल्पना पर डालकर उन वास्तविक व्यक्तियों को इससे मुक्त कर दिया है जिन पर ये पात्र आधारित हैं। अब यह सवाल बेमानी हो जाता है कि मुक्तिबोध के जीवन की घटनाओं अथवा अशोक वाजपेयी के संस्मरण से यह रचना कितना मेल खाती है। प्रासंगिक सिर्फ़ यह है कि बीसवीं सदी के छठे दशक में मध्य प्रदेश के एक क़स्बे में रहने वाला हिन्दी का एक बड़ा लेखक, जिसका नाम मुक्तिबोध है, किन ऐतिहासिक प्रक्रियाओं के बीच सक्रिय था; अथवा हिन्दी के एक युवा लेखक योगेन्द्र आहूजा ने इक्कीसवीं सदी के आरंभ में उसे किस रूप में देखा।

'एक पुरानी कहानी' की मूल विषयवस्तु स्वाधीनता के बाद भी भारत की राज्यसत्ता का पहले की ही तरह जनविरोधी, औपनिवेशिक चरित्र अपनाए रखना तथा जनता का पक्ष लेकर उससे टकराने वाले क्रांतिकारी कवि-लेखकों की रचनात्मक जद्दोजहद है। हम सब जानते हैं कि आमतौर पर सत्ताधारियों के विचार ही समाज में प्रभावी होते हैं, लेकिन जनता के हक़ में जूझने वाले विचारों में भी कैसी संक्रामकता होती है, इसका मार्मिक चित्रण इस कहानी में मिलता है। कहानी का दूसरा पहलू अतीत

के प्रति लेखक के दृष्टिकोण में निहित है जो शुरू से अंत तक टेक की तरह आने वाले इस वाक्य में सूत्रबद्ध है—एक बहुत पुरानी कहानी है 'जो शुरूआत के पहले ही खत्म हो गयी और अंत के बाद दुबारा शुरू।' इतिहास की कोई धारा अपने मुक़ाम तक पहुँचे बिना अस्तित्वहीन नहीं होती और अनुकूल स्थिति पाते ही नए-नए रूप धारण कर प्रकट हो जाती है। उनकी कहानी कहने वाले कभी आते हैं कभी नहीं आते, लेकिन उनके साक्षी हमेशा होते हैं। 1942 और 1959 के कुछ प्रसंगों की सृष्टि करके कही जाने वाली यह कहानी लेखक के ही शब्दों में किसी धारदार चाकू से जमे हुए ख़ून को खुरचने पर निकली फ़क़त कुछ बूँदें हैं, पूरी कहानी नहीं।

कहानी बाक़ायदा शुरू होती है 8 अगस्त 1942 की रात बम्बई के गवालिया टैंक मैदान में दिये गए गाँधीजी के प्रसिद्ध भाषण के एक अंश से जिसकी अंतिम पंक्तियाँ हैं—'हमारी योजना में गुप्त कुछ भी नहीं, हमारी तो खुली लड़ाई है। आप किसी भ्रम में न रहें। लुक-छिपकर कोई काम न करें। जो लुक-छिपकर कोई काम करते हैं, उन्हें पछताना पड़ता है।' 10 अगस्त 42 को राजनाँदगाँव के कालीबाड़ी मुहल्ले में एक नौजवान अवधेश अपने पिता रामसहाय श्रीवास्तव से बीस तक लौटने का वायदा करके, कुछ पर्चे और किताबें लेकर, रायपुर में इंतज़ार कर रहे अपने कुछ साथियों से मिलने ट्रेन से रवाना होता है। एक ब्रिटिश जासूस उसका पीछा करता है, उसके बारे में फ़ोन से कहीं सूचना देता है और वह राजनाँदगाँव से रायपुर के छोटे से सफ़र के बीच में हमेशा के लिए गायब हो जाता है। 1959 में घटित होने वाली कहानी को आज़ादी के पहले के दौर से जोड़ने वाला यह अकेला सूत्र कहानी को सन्दर्भ प्रदान करता है। ज़ाहिर है, अवधेश बीस अगस्त को नहीं लौटता और उसके पिता उसकी प्रतीक्षा में विक्षिप्त से हो जाते हैं। इस तिथि के ठीक सत्रह साल बाद बीस अगस्त 1959 को यह कहानी घटित होती है। 1942 की प्रवृत्तियाँ अपने तमाम आयामों के साथ 1959 में विस्तार पाती हैं और इस प्रक्रिया में 1947 पर एक बड़ा-सा सवालिया निशान छोड़ जाती हैं।

उपनिवेशवाद के ख़िलाफ़ संघर्ष में अवधेश ने अपनी कुर्बानी दे दी, लेकिन उसके पिता इस सत्य को स्वीकार करने को तैयार न थे। उनके बड़े बेटे प्रमोद ने आज़ादी के बाद रेलवे की ठेकेदारी में ख़ूब पैसा बनाया था और उनके मकान को शानदार दुमंज़िला करा लिया था। उसे पिता के ख़ब्त पर क्रोध आता था लेकिन पिता रामसहाय श्रीवास्तव की व्याकुलता महज़ अंधे पुत्रमोह के चलते नहीं थी। अवधेश की प्रतीक्षा के अधिक बुनियादी और वस्तुगत कारण कहानी में मिलते हैं। 10 अगस्त 1942 को अवधेश का पीछा करके उसे फँसाने वाले ब्रिटिश जासूस मि. विल्सन का 'आत्मिक वंशज' और शिष्य, आज़ाद भारत के राज्यतंत्र का एक पुर्जा अजीत कुमार शर्मा, जो मुक्तिबोध की जासूसी के लिए नियुक्त है, उन्हीं के मकान में किराएदार होता

है। यह नुक्ता आज़ाद भारत के राज्यतंत्र के चरित्र का परिचय देता है। ऐसे में सच्ची आज़ादी के लिए लड़ने वाले विद्रोहियों की प्रतीक्षा लाज़िम है। रामसहाय श्रीवास्तव इस प्रतीक्षा में अकेले नहीं हैं। अजीत कुमार शर्मा के प्रीमैच्योर रिटायरमेंट लेने के कारण उसकी जगह भेजे गए युवा नरेश राजदान के पिता बीस साल बाद अपने घर लौटे हैं और सुभाष चन्द्र बोस की प्रतीक्षा कर रहे हैं। वे आज़ाद हिन्द फ़ौज में लड़े थे और आज़ाद भारत के साथ तालमेल बिठाने में नाकाम होकर, अपने एकान्त में दीवारों को देखकर 'आज़ादी, नैतिकता, न्याय' वगैरह बड़बड़ाया करते हैं। वर्तमान से उनका नाता टूट चुका है और वे बरसों से घर में 'आत्मा की तरह अदृश्य' रहते आए हैं। कहानी के ये दोनों पात्र अपने पीड़ा भरे जीवन और मृत्यु में भारतीय जनता की मुक्ति की आकांक्षा को वहन करते हैं। वे अतीत की विद्रोही धाराओं को पहचानते हैं, किन्तु वर्तमान के जटिल चक्रव्यूह में घिरकर टूट जाते हैं। बहरहाल, इस प्रक्रिया में वे कोई समझौता नहीं करते और धीरे-धीरे ख़त्म हो जाते हैं। इस तरह आज़ादी के लिए सचमुच लड़ने वाली एक पूरी पीढ़ी आज़ाद भारत में अप्रासंगिक होकर ख़त्म हो जाती है।

'वह कहानी जो शुरूआत के पहले ही ख़त्म हो गई और अंत के बाद दुबारा शुरू' सबसे पहले तो अवधेश की है, उसके बाद उन दो नौजवानों की जो बीस अगस्त 1959 को राजनाँदगाँव में आते हैं। एक तो बीस साल का युवा कवि जो पड़ोस के ही किसी क़स्बे से मुक्तिबोध से मिलने आया है और दूसरा नरेश राजदान। मुक्तिबोध और अजीत शर्मा 'समकालीन' हैं, जिन पर अपने समय को क्रमशः जनता और सत्ता के पक्ष में दर्ज करने की ज़िम्मेदारी है। इसीलिए 'वह कहानी मुक्तिबोध के जले और झुलसे शब्दों में ही ठीक से कही जा सकती थी, मगर नहीं लिखी गई क्योंकि सब कुछ लिखने की ज़िम्मेदारी अकेले मुक्तिबोध की नहीं थी, और सब कुछ की जानकारी भी उन्हें कैसे हो सकती थी? वे तत्त्वज्ञ भले ही थे, सर्वज्ञ थोड़े ही।' इन पंक्तियों में लेखक ने अपने ऊपर आ पड़ी ज़िम्मेदारी के गुरुत्व का भी संकेत किया है।

इक्कीसवीं सदी के पहले वर्ष में अगर 1959 की कहानी लिखनी हो तो उसके लिए 'आज़ादी मिलने के फ़क़त बारह साल बाद' के वक़्त को पुनर्जीवित करना होगा जिसमें उस वक़्त की कुछ 'प्रातिनिधिक आवाज़ें' होंगी। ग़ौरतलब है कि इन आवाज़ों में भाप का इंजन गुजरने के बाद कुत्तों का समवेत रुदन, उसी साल रिलीज हुई फ़िल्म 'नया दौर' के गीत, मच्छरों-झींगुरों की अविराम झनझनाहट और टीन की छतों पर बारिश की एकतान तड़तड़ है। 'नया दौर' की सचाई पूरी कहानी में बिखरी हुई है और इसकी एक केन्द्रीय विषयवस्तु है। कुत्तों, मच्छरों और झींगुरों का योगदान इस 'नए दौर' में असंदिग्ध है। टीन की छत पर अचानक शुरू और बंद होने वाली बारिश की तड़तड़ की अनिश्चितता आज़ाद भारत की 'लोकतांत्रिक' अव्यवस्था का नमूना भर है। भाप का इंजन शासक वर्ग की व्यक्तिवादी, सांस्कृतिक राजनीति का प्रतीक है, जिस

पर यथाप्रसंग आगे विचार किया जायेगा। इन 'प्रातिनिधिक आवाज़ों' में आख़िरी आवाज़ रामसहाय श्रीवास्तव के कमरे में लगी अवधेश की तस्वीर के शीशे के डरावनी आवाज़ के साथ चकनाचूर हो जाने की है। उस आवाज़ से घबराकर वे उठ बैठते हैं और हैरत से तस्वीर का ख़ाली फ्रेम देखते हुए रोने लगते हैं कि उनका बड़ा बेटा प्रमोद चीखकर उन्हें याद दिलाता है कि 'अब तो देश आज़ाद हुए भी बारह साल हो गए, बारह साल' इसलिए 'अब मान लीजिए कि मर-खप गया वह'। यानी जिस काम से वह गया था वह तो बारह साल पहले ही पूरा हो गया। आने वाला होता तो अब तक आ ही गया होता। यह सुनकर वे स्तब्ध रह जाते हैं, और फिर अवधेश की खोज में दिन भर भटकने के बाद दुर्घटनाग्रस्त हो जाते हैं।

उस साल बीस अगस्त का दिन रामसहाय श्रीवास्तव के लिए कुछ अधिक ही बेचैनी और निराशा से भरा हुआ था। दोपहर में बस अड्डे पर उनकी मुलाकात मुक्तिबोध के युवा कवि दोस्त से हो गई थी, जो पड़ोसी क़स्बे से आया था। अपने मनोविक्षेप में उन्होंने उसे अवधेश समझ लिया था। इस पर उस युवा ने सटीक जवाब देते हुए कहा था कि 'अपना रास्ता लो बाबा, मैं किसी अवधेश को नहीं जानता'। यह एक विडम्बना ही है कि नरेश राजदान से उनकी मुलाकात अपने मकान में उसके आने के बावजूद नहीं हुई, और उस युवा कवि में उन्होंने अवधेश की छवि देखी जो 'शातिर या मक्कार नहीं था कम से कम उस वक़्त तक, आगे की भगवान जाने और उसकी अंतरात्मा'। बहरहाल, उस युवा कवि ने उस दिन केवल रामसहाय श्रीवास्तव से ही हाथ नहीं जोड़ा था, मुक्तिबोध को भी अलविदा कह दिया था, क्योंकि मुक्तिबोध का साथ देने की अनिवार्य शर्त थी अवधेश होना, यानी अपने को दाँव पर लगाने को प्रस्तुत होना, जिसके लिए वह तैयार न था। कहानी में मुक्तिबोध से उस युवा कवि की बातचीत, जिसमें ज़्यादातर मुक्तिबोध ही बोलते हैं, दूसरी बातों के अलावा जनता, साहित्य और सत्ता के आपसी रिश्तों को समझने के लिहाज से बेशक़ीमती है।

इस सिलसिले की शुरूआत तब हुई जब मुक्तिबोध ने उसकी कविताओं की कॉपी में कुछ पढ़ने के बाद सिर उठाया और उसे देखकर 'अंदाज़ा लगाने की कोशिश की कि दस बरस बाद वह युवक कहाँ होगा'। ऐसा इसलिए कि 'युवक की कविताओं में हताश हृदय की एक साफ सुनाई देने वाली धकधक थी और बीच-बीच में किसी मनुष्येतर दुनिया का मुँह ताकने की नागवार हरकत... उस विराट उथल-पुथल का कोई अंदाज़ा, कोई इशारा नहीं जो इस अद्वितीय मुल्क़ में आगे आने वाले बरसों में...।' किंचित निराशा और थोड़ी देर की चुप्पी के बाद मुक्तिबोध कहते हैं, 'पार्टनर, यह गरीब मुल्क़ है जो कल तक ग़ुलाम था। यहाँ राइटर होने का मतलब बिल्कुल अलग है पार्टनर, इसे समझ लेना बहुत ज़रूरी है।' इतना कहकर मुक्तिबोध चुप हो जाते हैं, लेकिन युवक समझदार है और वह उनकी खामोशी में भी सुनता है, 'यह मुश्किल सफ़र है, जिसमें चक्कर आएँगे

पार्टनर, यह अपने ही अदना से वजूद के तंग शिकंजे में कसे रहकर नहीं किया जा सकता। अभी से मत लेटो अपने ताबूत में, वहाँ की उनींदी ऊब डूब में, धुँधले अँधेरे में जो घटित होता सौन्दर्य देखते हो, वह केवल एक धोखा है।' इसके बाद मुक्तिबोध संकोच भीगी आवाज़ में कहते हैं, "कविता कोई खंदक या जंगल जैसी जगह नहीं है जहाँ हिस्ट्री से, समय से निजात पाने को थोड़ी देर छुपा जा सके, इतिहास से मुँह छुपाना उसी तरह नामुमकिन है जिस तरह अपनी छाया फलाँगना, कविता में इस तरह की कोशिशों का भी एक छोटा-मोटा, असफल इतिहास है'।

इसके बाद मुक्तिबोध भाषा और हिन्दी कवि लेखकों के आचरण के बारे में महत्त्वपूर्ण वक्तव्य देते हुए कहते हैं—'भाषा का खेल बहुत अजीब है दोस्त, वह अनवरत अभ्यास, मुश्किल श्रम, लम्बे धीरज और अपने अनुभवों के प्रति सत्यनिष्ठा से अर्जित की जाती है, अपनी सम्भावनाओं की तलाश में महानताओं का अनुसरण करते हुए, जिस रास्ते पर हृदय कितनी बार विदीर्ण होगा इसकी कोई गिनती नहीं—मगर फिर एक ही रात में गँवा दी जा सकती है।' इस गँवाने की प्रक्रिया की सुंदर व्याख्या करते-करते यकायक मुक्तिबोध को अपनी आवाज़ उपदेशक की-सी लगने लगती है। वे चुप हो जाते हैं और उस युवक को अपनी ही कोशिशों से यह समझने के लिए छोड़ देते हैं कि शब्दों को उनके अर्थ से काटकर अलग कर देने वाले खंजर कितने हैं और वे कहाँ-कहाँ से आते हैं। लेखक यह बताना नहीं भूलता कि कला की अटॉनमी का विचार उनमें से केवल एक है और वे सबके सब अमरीका से ही नहीं आते।

मुक्तिबोध ने तीसरी बात यह कही कि 'हिन्दी जाति के लेखक या कवि को विनम्रता का कोई हक़ नहीं। यह फटेहाल और दलिद्दर महाजाति बयान के बाहर गरीबी और अपमान झेलती आई है, इसलिए इस जाति के लेखकों पर यह एक अतिरिक्त ज़िम्मेदारी है—अभिमान की ज़िम्मेदारी।....हिन्दी कवि को सर्वदा एक सात्विक ग़ुस्से से खौलना चाहिए और एक ख़ास तरह की वर्ग-अकड़ को हिन्दी कविता का अनिवार्य तत्त्व होना चाहिए, उससे वे दुरात्माएँ दूर रहेंगी जो बहला-फुसलाकर चमक-दमक के रास्ते पर...।' इसके बाद लेखक अपने पाठकों से एक बहुत मानीखेज़ सवाल पूछता है कि 'सन् 1959 में ही मुक्तिबोध को कैसे यह पता था कि अंत में हिन्दी के लेखक या कवि के पास उसके गुरूर या ग़ुस्से के सिवा कुछ नहीं बचेगा या जो कुछ भी बचेगा वह इस गुरूर में ही...।'

ग़ौर करें कि कहानी के सन्दर्भ में निरर्थक से लगने वाले इस सवाल का कोई तथ्यात्मक जवाब न तो सम्भव है, न अपेक्षित। दरअसल, यह सवाल पूछकर लेखक ने एक तीर से कई शिकार किए हैं। सबसे पहले तो उसने अपने पाठकों से वर्तमान के धरातल पर रिश्ता क़ायम किया है। अतीत की स्मृतियों की पुनर्रचना उसने वर्तमान

के इस ठोस सन्दर्भ में की है कि 2001 का यथार्थ 1942 और 1959 का ही विस्तार है। दूसरे इस सवाल में आज के हिन्दी कवि-लेखकों की आत्मिक शक्ति के बारे में एक सुनिश्चित राय व्यक्त की गई है। आख़िरी बात यह कि इसमें मुक्तिबोध के वक्तव्य का समर्थन करते हुए यह स्थापित किया गया है कि हिन्दी लेखकों की वर्तमान दशा के लिए वे 'दुरात्माएँ' ज़िम्मेदार हैं जो बहला-फुसलाकर उन्हें चमक-दमक के रास्ते पर ले जाती हैं।

ज़ाहिर है कि हिन्दी लेखकों को निरीह और आत्महीन बनाने वाले भी अनेक हैं और शब्दों को उनके अर्थ से काटकर अलग करने वाले भी। लेकिन कहानी में इनके प्रतिनिधि के बतौर अमरीका से आयातित विचारों और ऐशो-आराम के जीवन को गौरवान्वित करने वाली प्रवृत्तियों को चुना गया है तो इसके कुछ निश्चित कारण हैं। हमारे समाज की तरह ही हमारे साहित्य में भी बिचौलियों द्वारा वर्ग, धर्म, जाति, लिंग या क्षेत्र के आधार पर वंचित और उत्पीड़ित तबकों के संघर्ष को प्रभुत्वशाली तबक़ों के बीच बैठने के लिए इस्तेमाल करने की जबरदस्त मुहिम चल रही है। बड़े-बड़े विचारक गरीबों, दलितों, अल्पसंख्यकों और स्त्रियों के हितैषी बनकर उनके इतिहास-बोध पर कोलतार फेरने के लिए कंधे से कंधा रगड़ रहे हैं। ऐसे में हिन्दी के एक युवा लेखक का यह रचनात्मक हस्तक्षेप हमें अपने बौद्धिक आलस्य को तोड़ने और अपनी बंजर निराशा से बाहर आकर परिदृश्य के दूसरे पहलू का सतर्क परीक्षण करने की प्रेरणा देता है, क्योंकि इसी से आगे का रास्ता बन सकता है।

बहरहाल, इस वार्तालाप के बाद मुक्तिबोध के उस युवा कवि दोस्त का सामना कुछ व्यावहारिक सचाइयों से होता है और उसके हाथ के तोते उड़ जाते हैं। मुक्तिबोध उसे अजीत शर्मा के बारे में बताते हैं जो नियमित रूप से उनकी गतिविधियों को दर्ज करता है और उस दिन न जाने क्यों मौजूद नहीं है वरना उसका भी नाम दर्ज हो जाता। युवा कवि यह सुनकर भयभीत हो उठता है जबकि मुक्तिबोध अपनी रौ में उसे अजीत शर्मा के बारे में ढेरों जानकारियाँ देते हैं, क्योंकि लेखक होने के नाते उन्हें भी 'जासूसी' करनी पड़ती है।

वापसी के लिए युवा कवि जब मुक्तिबोध के साथ रेलवे स्टेशन आता है तो 'स्टेशन में घुसते ही भाप के बादलों में डूबा एक अकेला इंजन नज़र आया था जिसकी उमस भरी तपिश का घेरा बहुत बड़ा था, उसकी आँच असहनीय जैसी थी, लेकिन थोड़ी देर में वह चीख जैसी सीटियों के साथ भाप की पर्तों पर पोत की तरह तैरते हुए कहीं आगे चला गया।'

अपनी ही भाप में डूबा यह अकेला इंजन मानो अपने ताबूत में शांति तलाशने वाले उस युवा कवि का ही बिम्ब है। क़सूर उसका भी नहीं। सत्ता के वैचारिक और नैतिक प्राधिकार के लिए साहित्य हमेशा ही एक बड़ी चुनौती रहा है। उसका सामना

करने का, दमन के अलावा दूसरा तरीक़ा सत्ता के पास उसे पालतू बनाने का ही है। साहित्य की शक्ति का सत्ता के पक्ष में इस्तेमाल भी इसी तरह होता रहा है। इसीलिए आधुनिक युग में भी चारण पाए जाते हैं, लेकिन अपनी विश्वसनीयता खोकर वे सत्ता के लिए अनुपयोगी हो जाते हैं। इसी विश्वसनीयता की स्थापना के लिए बीसवीं सदी में अमरीका से यह अभिनव विचार प्रचारित हुआ कि साहित्य समाज से स्वतंत्र है और वह व्यक्ति के अंतर्मन की क्रिया-प्रतिक्रिया की अभिव्यक्ति का माध्यम भर है। विद्रोह का विकल्प भी यहाँ सुलभ है लेकिन अपने आवेगों के वशीभूत होकर, उसके संगठित सामाजिक रूपों का यथासम्भव निषेध करते हुए। साहित्य सर्वोपरि व्यक्तिगत घटना है, सामाजिक परिघटना नहीं। जनता के पक्ष में चिंतन करने या रचना के स्तर पर सक्रिय होने की अपनी मुश्किलें और ख़तरे हैं, जिनकी बानगी इस कहानी में भी दिखाई पड़ती है। ऐसी स्थिति में बहुत सारे कवि-लेखक ज़रूरी आत्मसंघर्ष नहीं कर पाते और धारा के साथ बह निकलते हैं। उस इंजन की तरह जो भाप की पर्तों पर पोत की तरह कहीं आगे चला गया था और जिसकी चीखें वास्तव में सीटियाँ थीं।

अपने युवा दोस्त को विदा करते हुए मुक्तिबोध जल्दी-जल्दी बोलते हैं, 'पार्टनर, कवि व्यक्तित्व को निरंतर दो स्तरों पर जूझते रहना होता है, एक दुतरफ़ा संघर्ष.... एक ओर अपनी अभिव्यक्ति को पाने को और दूसरी तरफ़ कंडीशंड साहित्यिक रिफ़्लेक्सेज से बचने का। इस ओर कवि सचेत न हो तो उसकी कविता ... इसमें संदेह होगा कि वह उसके कवि व्यक्तित्व का सही प्रतिनिधित्व करती है या ... एक निरंतर आत्मनिरीक्षण से ही ...' इसी बीच गाड़ी आ जाती है और युवा कवि उसमें चढ़कर उनकी ओर हाथ हिलाता है। 'उसकी आँखें सूनी थीं, चेहरा पीला, गुमसुम और उदास और वह उस वक़्त बहुत कमज़ोर लग रहा था।' मुक्तिबोध चिल्लाकर उसे अगली बार अधिक समय लेकर आने को कहते हैं कि तभी 'उन्हें लगा था कि फ़िज़ूल था, उनकी आवाज़ वहाँ तक पहुँचेगी नहीं... बाहर आते हुए उस युवा कवि के पसीने में भीगे म्लान चेहरे के बारे में सोचते रहे थे और सड़क तक पहुँचते-पहुँचते उन्हें निश्चय हो गया था कि वह उन्हें कोई चिट्ठी नहीं लिखेगा, न जीवन भर एक भी कविता उन्हें ... और उन्होंने अपने को समझाया था कि यह ज़रूरी नहीं है।'

यह भी एक कहानी थी जो शुरूआत के पहले ही ख़त्म हो गई। उस युवा कवि की ट्रेन के जाने के बाद बरेली से आने वाली गाड़ी से नरेश राजदान आया और अजीत शर्मा से मिलने कालीबाड़ी स्थित उसी मकान में पहुँचा जहाँ बीस वर्ष की लम्बी प्रतीक्षा कर चुकने के बाद अवधेश के पिता अभी थोड़ी ही देर पहले स्टेशन पर आने-जाने वाली गाड़ियों में अवधेश को ढूँढ़ते हुए गिरकर घायल होने के बाद बेहोशी की हालत में लाए गए थे। इस तरह यह कहानी अंत के बाद दुबारा शुरू हुई।

नरेश राजदान जब राजनाँदगाँव में उतरता है तो वह उसे बिलकुल बरेली जैसा

लगता है। यहाँ तक कि वह रिक्शेवाला जो उससे उसका गंतव्य पूछता है, उसे घर से बरेली स्टेशन छोड़ने वाले रिक्शेवान जैसा ही लगता है—'वही बोली, कपड़े और वैसी ही फटेहाली'। आशय बिलकुल साफ़ है कि यह किसी एक शहर या व्यक्ति की नहीं, एक जैसी स्थितियों की कहानी है।

अजीत शर्मा के प्रीमैच्योर रिटायरमेंट की अर्जी देने के पीछे दो वजहें हैं। पहली वजह यह है कि वह अपनी पत्नी के गर्भ में लम्बे इंतज़ार के बाद आए बच्चे के साथ, जो चंद महीनों बाद दुनिया में आने वाला है, 'बचपन के खेल खेलते हुए' शांति से अपने बाक़ी दिन बिताना चाहता था। दूसरी और 'असली वजह' यह है कि उसे 'यक़ीन हो गया है। पहले वह धुँधला और अनिश्चित था, लेकिन अब साफ है, पक्का यक़ीन, जिसमें कहीं कोई शुबहा नहीं।' जबकि उसके गुरु विल्सन ने उसे सिखाया था कि 'इस काम का पहला नियम यह है कि ख़ामोशी से सुनते रहो, छुपकर नोट करते रहो, मगर कभी भूलकर भी उस पर यक़ीन मत करो।... इतिहास, समय, मुस्तकबिल ये शैतानी शब्द हैं, इन पर हमेशा अविश्वास करो। ...इतिहास एक शैतानी शब्द है... वह एक कीड़ा है जो ज़हीन दिमाग़ों में पलता है, एक धूल है जो सबसे बुद्धिमान आँखों में गिरती है।'

ग़ौर करें कि रिटायरमेंट की दो नहीं, दरअसल एक ही वजह है, इतिहास, समय और भविष्य में यक़ीन। वह बच्चा इसी मुस्तकबिल का प्रतीक है, जो अजीत शर्मा के जीवन मे इतनी देर से आया है। उसके साथ 'बचपन के' खेल खेलने के लिए ख़ुद भी बच्चे जैसा निर्दोष होना ज़रूरी है। इसीलिए वह मुखबिरी का काम छोड़कर स्वयं भी इतिहास में दाख़िल होने का फ़ैसला करता है, जो अन्यथा सम्भव नहीं था। जैसा कि नरेश राजदान को उसका काम समझाते हुए वह कहता है, 'तुम्हें भी हमेशा यह याद रखना होगा कि तुम सिर्फ़ इतिहास के भेदिये हो, एक मुखबिर, और उसके अलावा इतिहास में कोई भी हिस्सेदारी तुम्हारे लिए मना है।'

अंतःक्रिया और रूपांतरण की प्रक्रिया कहानी में अनवरत चलती रहती है। गरीब परिवार का वह मेधावी युवक, जो राजधानी न जाकर 'एक रेग्ज़ीन के बैग में अपनी कविताओं की कॉपी रखकर पड़ोस के इस धूमिल क़स्बे में दाग़दार चेहरे वाले एक लगभग गुमनाम शाइर' मुक्तिबोध से मिलने चला आया था, इस दुनिया से कहीं दूर निकल गया, वहीं सत्ता के लिए मुखबिरी करने वाला अजीत शर्मा उन्हीं के सम्पर्क में आकर उनकी तरफ़ खिंच गया। अपने रूपांतरण की प्रक्रिया का वह बड़े रोचक अंदाज़ में बयान करता है, 'अदृश्य रहते हुए मैं उनके करीब रहता रहा, उनकी बातें नोट करता रहा। यही मेरी ड्यूटी थी—आसान लगता था लेकिन धीरे-धीरे मुझे एहसास हुआ कि यह दुनिया का सबसे मुश्किल काम है। मैं उनकी उद्विग्नता के माने समझने की कोशिश करने लगा और पता नहीं कैसे इस काम का पहला नियम भूल गया जो मेरे गुरु ने मुझे बताया था, उनकी बातों पर यक़ीन करने लगा। ... तुम इतिहास

में य़कीन करना चाहोगे, तुम्हें लगेगा कि सब कुछ इतिहास में घटित होता है, उसके बाहर और परे कुछ भी नहीं, और यह कि सब कुछ का एक अतीत होता है और एक भविष्य। शायद तुम उस वक़्त थोड़ा-सा उदास होगे और तुम्हें धीरे-धीरे टुकड़ों में बहुत सारी बातें याद आएँगी।'

इस कहानी की इमारत तिमंज़िला है। सबसे ऊपर की मंज़िल पर रामसहाय श्रीवास्तव नरेश राजदान के पिता के साथ अपने खोए हुए समय को तलाश करते हैं। बीच में विल्सन की आँखों में आँखें डाले मुक्तिबोध अपने वक़्त पर अपनी छाप छोड़ने को कृतसंकल्प हैं, तथा ज़मीनी स्तर पर नरेश राजदान और वह युवा कवि आमने-सामने खड़े हैं।

अजीत शर्मा भले ही अपने ब्रिटिश पुरोधा विल्सन को अपना गुरु मानता है, लेकिन उसके वास्तविक गुरु मुक्तिबोध हैं जो उसके 'समकालीन' हैं और लेखक होने के नाते ख़ुद को भी एक जासूस मानते हैं। नरेश राजदान के मामले में भी उन्हें विल्सन को मात देने में सफलता मिलती है। यहाँ इन दोनों के विचारों का वाहक अजीत शर्मा बनता है। वह हृदय से चाहता है कि उसकी जगह नौकरी करने आया नरेश् राजदान विल्सन के उसूलों में पक्का हो जाए, लेकिन अपनी परम्परा (जिसका रूप कहानी में पैतृक है) और अपनी आंतरिक प्रवृत्ति के चलते वह अजीत शर्मा की तथाकथित असफलता के उदाहरण से ही प्रभावित हो जाता है। राजनाँदगाँव आने से पहले उस युवा कवि और नरेश राजदान के व्यक्तिगत जीवन में उल्लेखनीय अंतर बस इतना है कि वह युवा कवि अपनी कविताओं में 'अपने वजूद और दुनिया से बेहिसाब उकताहट या किसी काल्पनिक माशूका के नाम एक प्यार भरी पाती' लिखता है, जबकि नरेश राजदान कविताएँ तो नहीं लिखता लेकिन एक सचमुच की लड़की से भावुक क़िस्म का इकतरफ़ा प्रेम करता है। प्रेम में वह लड़की के भाई के भेजे हुए गुंडों का सामना करता है और शहर छोड़कर जाने से बचने के लिए एक अच्छी भली नौकरी का बुलावा ठुकरा देता है। लेकिन बात बहुत ज़्यादा बढ़ जाने पर पिता और पूरे परिवार का ख़याल करके वह दूसरे प्रदेश की यह नौकरी स्वीकार कर लेता है। अवधेश की ही तरह वे दोनों भी उम्र के उस पड़ाव पर पहुँच चुके हैं जहाँ तमाम धुँधलके के बावजूद व्यक्तित्व की रूपरेखा उभरने लगती है। नरेश राजदान को वांछित दिशा देने में अजीत शर्मा की असफलता में कला के उस अनूठे रहस्य की झलक भी दिखाई पड़ती है जिसके मुताबिक कला अपने कलाकार के इरादों और विचारों को अतिक्रमित करके 'स्वतंत्र' हो जाती है और इतिहास में वृहत्तर भूमिका निभाती है।

अजीत शर्मा से जब नरेश राजदान अपने काम के प्रति अरुचि का इज़हार करता है, तब इस पेशे की ख़ूबी और महत्त्व का वर्णन करते हुए वह कहता है 'यह छोटी सी जगह है, काम कुछ ज़्यादा नहीं, लेकिन कुछ कवि और लेखक हैं और उनका

सरगना.... आने वाले बरसों में काम बढ़ने वाला है, इतना काम कि रात दिन छोटे पड़ जाएँगे। एक विराट उथल-पुथल होगी, आंदोलन होंगे। सब अपना हक माँगेंगे... बढ़ई, लुहार, बुनकर, दर्ज़ी, लकड़हारे। आज़ादी के पहले से भी ज़्यादा काम होगा और मुश्किल भी। नज़र रखनी होगी, रपट तैयार करनी होगी। तुम उस वक़्त बड़े शहर में बड़े अफसर होगे, तुम्हारे नीचे तीन सौ जूनियर्स होंगे।' इधर कवियों और लेखकों पर नज़र रखने की बात सुनकर नरेश राजदान को अपने निरीह पिता याद आते हैं जो सुभाषचन्द्र बोस के आगमन की भूमिका बनाने वाला लेख वर्षों से लिखते आ रहे थे। अजीत शर्मा अपना प्रयास जारी रखता है,'इस काम में ख़तरा है लेकिन उस ख़तरे का अपना रोमांच भी है। बस, तुम वो बेवकूफियाँ मत करना जो मैंने कीं। तुम देख रहे हो कि मैं जिस हाल में यहाँ आया था उसी पोजीशन में रिटायर हो रहा हूँ।' भविष्य में संभावित जिन आंदोलनों की बात वह अपने पेशे का महत्त्व बताने के लिए करता है, युवा नरेश राजदान उनसे प्रभावित होने लगता है, और अपनी जिन बेवकूफियों की चर्चा वह उसे उनसे विरक्त करने के लिए करता है वे उसे अपनी तरफ़ खींचने वाली साबित होती हैं। मसलन यह चेतावनी 'तुम्हें अपनी गरीबी याद आएगी और सबकी गरीबी। तुम अँधेरे कमरे में वापस आकर एक तीली जलाओगे, उसके धुँधले प्रकाश में दर्पण में देखोगे। वहाँ तुम्हें एक व्याकुल, उदास चेहरा नज़र आएगा। फिर तुम मोमबत्ती की रोशनी में एक रपट बनाओगे, और उसे भेजने के बाद डाकखाने की सीढ़ियाँ उतरते हुए तुम हैरानी से भर जाओगे, अपने पर ही एक बेइंतहा हैरानी, कि तुमने अभी-अभी जो काम किया है वह...इन पिद्दी ख़्यालों को पैदा होते ही मार देना होगा, वरना वे धीरे-धीरे बड़े होते जाएँगे।'

यह बातचीत युवक को अशांत कर जाती है। वह सो नहीं पाता। वह अजीत शर्मा से पूछता है कि 'आपने क्या नाम बताया था?' शर्मा पूछता है 'किसका?' 'वही जो...।'शर्मा और कुछ कहे बिना समझ जाता है—'मुक्तिबोध....गजानन माधव मुक्तिबोध।' थोड़ी देर बाद वह उससे फिर पूछता है—'वह कहाँ चला गया?'शर्मा समझता है कि प्रश्न अवधेश के बारे में है। वह पहले तो उसकी जिज्ञासा का कारण पूछता है, फिर अपनी झूठी अनभिज्ञता ज़ाहिर करते हुए कहता है—'अब तो देश आज़ाद हुए भी बारह साल हो गए।' इस वाक्य का मक़सद अवधेश की अप्रासंगिकता की स्थापना है। कहानी की स्थापना इसके विपरीत है। इसके मुताबिक यह रूपगत तथ्य तो है, लेकिन वस्तुगत सत्य नहीं। इसलिए उस दिन सुबह ही अपने बेटे प्रमोद से यह सूचना पाकर रामसहाय श्रीवास्तव सदमे में आ जाते हैं और सम्भवतः इसी से पैदा हुई अतिरिक्त व्यग्रता उनकी जान ले लेती है। नरेश राजदान कुछ देर की चुप्पी के बाद शर्मा से ऊपर जाने के बारे में पूछता है। शर्मा अन्यथा तो अधूरे वाक्यों तक में बात करने और समझने का आदी है मगर यहाँ बात को टालने के लिए कहता है

कि एक दिन वह बहुत ऊपर जाएगा। राजदान ने अपना आशय स्पष्ट करने पर वह उसे हतोत्साहित करता है और बातचीत का क्रम टूट जाता है।

थोड़ी देर बाद नींद लगने पर राजदान सपने में देखता है कि अवधेश गुपचुप तरीक़े से पिता से मिलने ऊपर की मंज़िल पर चढ़ रहा है। वह पिता से कहता है कि 'रुकूँगा नहीं। छुपता-छुपाता आया हूँ। जासूस पीछे लगे हैं।' जब उसके पिता आश्चर्य व्यक्त करते हुए कहते हैं कि वह अकेला कितना काम करेगा और उन्हें तो यह सब करता कोई नज़र नहीं आता, तब वह जवाब देता है—'नहीं पिताजी, वे हर जगह हैं। काम चल रहा है। वह कभी नहीं रुका, एक क्षण के लिए भी नहीं।'

स्वप्न में उपजे अवधेश के ये दो वक्तव्य राजदान की मनःस्थिति के दो रूपों के द्योतक हैं। अजीत शर्मा से हुई बातचीत के दौरान जासूसी के पेशे की जो तस्वीर उसके दिमाग़ में बनी है, पहले तो वह सामने आती है। अवधेश का पीछा करने वाले जासूसों में वह ख़ुद को भी शामिल पाता है, सपने में वह ठीक यही काम कर भी रहा है। लेकिन उसके मस्तिष्क का द्वंद्व एक वैकल्पिक नियति की रचना करता है। वह अवधेश के सहयोगियों में भी हो सकता है जो 'नज़र नहीं आते लेकिन हर जगह हैं।' इसके बाद अवधेश के पिता मानो राजदान के पिता में बदल जाते हैं, और रोज़ लिखने के बावजूद काम ख़त्म न होने की बात करते हैं। काग़ज़ों पर उसके पिता की 'सुलेख हस्तलिपि' दिखाई पड़ती है। इस प्रकार उसका अवचेतन इस वैकल्पिक स्थिति पर सहमति की मुहर लगाता है।

अंत में, कथाकार मानो पटाक्षेप करते हुए कहानी से उभरी तस्वीर के रूप में 1959 में ही इलाहाबाद में हुए एक सम्मेलन के बाद लौटते हुए, ट्रेन के डिब्बे में मुक्तिबोध, अशोक वाजपेयी और नरेश राजदान को दिखाता है। अशोक वाजपेयी अपनी कविता पत्रिका के अगले अंक में छापकर मुक्तिबोध को चकित कर देने के लिए उनके सो जाने के बाद उनकी कोट की जेब से चाबी निकालकर बक्सा खोलते हैं और उनकी कविताओं के रजिस्टर से एक कविता चुपचाप कॉपी कर लेते हैं, मगर वह पत्रिका बंद हो जाती है और कविता उसमें नहीं छपती। अशोक वाजपेयी को कटनी स्टेशन पर गाड़ी बदलना है और ट्रेन वहाँ पहुँचने पर वे उतर जाते हैं। जगने पर मुक्तिबोध जब उन्हें तलाश करते हैं तो नरेश राजदान बताता है कि 'वे तो चले गए।' थोड़ी देर बातचीत के बाद मुक्तिबोध फिर गहरी नींद सो जाते हैं। एक ज़िद्दी टिकटचेकर जब उन्हें जगाना चाहता है तो राजदान उसे डाँटकर भगा देता है। इस प्रसंग में अलग से उल्लेखनीय तथ्य यह है कि कथाकार नरेश राजदान को एक बार मुक्तिबोध का बेटा कहता है और स्वयं राजदान मुक्तिबोध को अपना नाम अवधेश बताता है। अब चूँकि यह कहानी से उभरी तस्वीर है और कहानी की व्याख्या हम कर चुके हैं, इसलिए इस प्रसंग पर और कुछ कहना मुनासिब नहीं लगता।

कहानी के अंत में आया एक वाक्य का पैराग्राफ़ कुछ स्पष्टीकरण की माँग ज़रूर करता है। यह इस प्रकार है 'इस तरह की तमाम बातें ... जिनकी जानकारी मुक्तिबोध को नहीं हुई, इसलिए वह कहानी नहीं लिखी गई जो शुरूआत के पहले ही ख़त्म हो गई और अंत के बाद दुबारा शुरू—वह यदि लिखी जाती तो उनकी कविताओं की तरह ही विद्युन्मय होती और प्रचण्ड प्रकाशमान—लेकिन अब कभी नहीं लिखी जा सकेगी क्योंकि उसका वक़्त हमेशा के लिए बीत गया।'

दरअसल, यह कहानी प्रकट रूप में एक ऐसी पुरानी कहानी के बारे में है जिसे मुक्तिबोध ही लिख सकते थे, लेकिन उन्हें इसकी जानकारी नहीं हो सकी और अपनी इतिहास की किताब पर फ़ासीवादियों की नालिश का जवाब देने जैसे दूसरे काम भी उन्हें करने थे, इसलिए नहीं लिखी जा सकी। अगर वह लिखी जाती तो उसमें इन घटनाओं का ज़िक्र ज़रूर होता। अंततः यह भी कह दिया गया कि अब वह कभी नहीं लिखी जा सकेगी, क्योंकि उसका वक़्त हमेशा के लिए बीत गया।

कहानी के बिलकुल अंत में उसके न लिखे जाने की जो वजह बताई गई, समूची कहानी का संदेश उसके खिलाफ़ है। उस कहानी के वक़्त के बीत जाने का मतलब है औपनिवेशिक ग़ुलामी के वक़्त का बीत जाना। लेकिन हम सभी जानते हैं कि वह ग़ुलामी दरअसल वापस आ रही है—1947 के लबादे को भी उतारकर। पूरी कहानी अतीत काल में कही गई है इसलिए उसमें सिर्फ 1959 तक के साक्ष्य हैं। लेकिन वर्तमान के बारे में हमारा आकलन कहानी के साक्ष्य से पुष्ट हुए बिना विश्वसनीय नहीं हो सकता। सौभाग्य से वह साक्ष्य मौजूद है, कहानी के किसी दबे-छिपे गोशे में नहीं, उसकी ठोस, मूर्त और दृश्यमान उपस्थिति में। इस कहानी का होना ही इसके न होने के तर्क को निर्णयात्मक रूप से खण्डित करता है। मुक्तिबोध के न लिखने के बावजूद इसका लिखा जाना इस बात का प्रमाण है कि मुक्तिबोध के उत्तराधिकारी उनकी विरासत को सँभालने और उसे विकसित करने में सक्षम हैं।

रहा सवाल सत्य का, जिसका प्रबल आग्रह शुरूआत में ही गाँधीजी के वक्तव्य में दिखाई पड़ता है और सत्यकथाओं के लेखक जिसका दावा करते नहीं थकते, तो हम यही कहेंगे कि कला का सत्य जीवन के सत्य का अनुवाद नहीं होता और उसे रूप और अंतर्वस्तु के संघर्ष के बीच ही हासिल किया जा सकता है। इस मायने में यह कहानी व्यक्त और अव्यक्त के बीच उस खुली लड़ाई का ही एक नमूना है जिसका आह्वान 1942 में गाँधीजी ने किया था। 'धारदार चाकू से खुरचने पर निकली हुई खून की बूँदें' एक लकीर की शक्ल में अतीत से चलकर वर्तमान तक आई हैं। यही लकीर इस 'पुरानी कहानी' को एक नयी कहानी बनाती है।

घर, प्रेम और मुक्ति

जब करूँगा प्रेम
पिघल उठेंगे
युगों के भूधर
उफन उठेंगे
सात सागर
किन्तु मैं हूँ मौन आज
कहाँ सजे मैंने साज
अभी।
सरल से भी गूढ़, गूढ़तर
तत्त्व निकलेंगे,
अमिय विषमय
जब मथेगा प्रेम सागर
हृदय।

–शमशेर

घर, प्रेम और मुक्ति का त्रिकोण

(ममता कालिया के उपन्यास)

घर नाम की संस्था हमारे समाज की उलझी हुई गुत्थी है। परम्परा के अग्रगामी और जीवंत तत्त्वों से हमारी जान-पहचान अक्सर इसी के माध्यम से होती है, जो सच्ची आधुनिकता की अनिवार्य पूर्वशर्त है। लेकिन जैसे ही इससे उत्पन्न चेतना आगे बढ़ती है और अपनी स्वाभाविक दिशा में छलाँग लगाने को होती है, यह संस्था परिवार, समाज, जाति, क्षेत्र, वर्ण और ऐसे ही हज़ारों मूल्यों की लम्बी शृंखला के साथ किसी अजगर की तरह उसका दम घोंट देने और उसे निगल जाने को उद्यत हो जाती है। परम्परा और आधुनिकता के बीच हमारा समाज जिस त्रिशंकु अवस्था में फँसा हुआ है, उसके लिए इसकी सर्वग्रासी जकड़ भी बहुत हद तक ज़िम्मेदार है। इस संस्था का केन्द्रीय मूल्य स्त्री के देह-मन पर पुरुष का अबाध अधिकार है जिसे उसकी 'पवित्रता' की रक्षा के अधिकार के रूप में परिभाषित किया गया है। इस मूल्य-प्रणाली का बदतरीन शिकार हमारा निम्न मध्यवर्ग है।

आधुनिकता का पौधा परम्परा की ज़मीन पर ही उग सकता है। मध्यकालीन परम्परा से आधुनिकता का संघर्ष एक अपरिहार्य और स्वस्थ प्रक्रिया है जिससे गुज़रकर कोई समाज लोकतांत्रिक स्वरूप ग्रहण करता है। लेकिन हमारे इतिहास की यह विडम्बना है कि लगभग दो शताब्दी के औपनिवेशक शासन ने हमें हमारी अपनी परम्परा से काटकर तत्कालीन ब्रिटिश समाज में हावी विक्टोरियायुगीन नैतिकतावादी मूल्यों के अनुरूप उसे व्याख्यायित किया और फिर उसमें हमें रोप दिया। इसके परिणामस्वरूप स्त्री की पवित्रता या अपवित्रता तथा योनि-शुचिता को भारतीय संस्कृति का केन्द्रीय मूल्य और भारतीयता का पर्याय मान लिया गया। यह सिलसिला आज तक जारी है और पितृसत्ता समेत सभी वर्चस्वी शक्तियों के ख़ूब काम आ रहा है, जबकि पूर्व-ब्रिटिश भारतीय परम्परा में यह विमर्श कभी उपस्थित ही नहीं हुआ। अपनी परम्परा से कट जाने का ही नतीजा था कि हमारी आधुनिकता का स्वरूप भी औपनिवेशिक और विकलांग बन गया। लोकतंत्र, धर्मनिरपेक्षता और क़ानून के शासन जैसे आधुनिकता के सर्वमान्य सामाजिक मूल्यों के प्रति हमारा लचर दृष्टिकोण इसी सत्य को अभिव्यक्त करता है।

इस प्रकार हमारी स्वीकृत परम्परा और आधुनिकता की जड़ें औपनिवेशिक दौर से आगे नहीं जातीं। हमारे समाज की मुख्य धारा में चल रहा परम्परा और आधुनिकता का संघर्ष अब ऐसे छाया-युद्ध का रूप ले चुका है जिसमें कोई भी छाया अपनी सुविधानुसार किसी भी पक्ष को चुन सकती है क्योंकि अलग-अलग दिशाओं के बावजूद दोनों बुनियादी तौर पर एक ही हैं—छायाएँ। 'धर्मनिरपेक्ष' खेमे का नेता 'साम्प्रदायिक' खेमे का सारथी बनते हुए पलकें भी नहीं झँपकाता और सामाजिक न्याय की ज़िम्मेदारी घूम-फिरकर ब्राह्मणवादी-सामंती शक्तियों के कंधों पर ही आ टिकती है।

नव उपनिवेशवाद के मौजूदा दौर में आकर बहुत से 'आज़ाद' भ्रम भी दम तोड़ रहे हैं। एकता, स्वतंत्रता और सम्प्रभुता जैसे मूल्य प्रत्यक्ष रूप में क़ायम रहते हुए भी वास्तव में किस हद तक मौजूद हैं, यह विचार का विषय है। ऐसे में हमें इस औपनिवेशिक मलबे को साफ़ करके अपनी वास्तविक परम्परा का पुनराविष्कार करना चाहिए, जिसकी ज़मीन पर खड़े होकर हम अपने समाज के अनुरूप आधुनिकता के अपने मॉडल की खोज कर सकें।

बहरहाल, साहित्य की विशिष्टता ही यह है कि वह शताब्दियों से चले आ रहे सर्वमान्य सिद्धांतों को संवेदना के धरातल से चुनौती देता है और उनके पाखण्ड को उजागर करता है। हमारे कथा-साहित्य ने भी होश सँभालते ही स्त्री-पुरुष सम्बन्धों की छानबीन के माध्यम से 'भारतीयता' के इस केन्द्रीय मिथक, पवित्रता और शुचिता के सिद्धांत को प्रश्नांकित करना शुरू कर दिया था। इसकी आरम्भिक सूचना प्रेमचन्द के यहाँ 'गोदान' के मालती नामक चरित्र में दिखाई पड़ती है, लेकिन स्वाधीनता आंदोलन के दबाव के कारण प्रेमचन्द इस मुद्दे पर अधिक ध्यान नहीं दे पाते। आगे चलकर जैनेन्द्र तथा अज्ञेय के 'सुनीता' और 'नदी के द्वीप' जैसे उपन्यासों में ये प्रसंग सरोकारों के केन्द्र में आते हैं, लेकिन व्यापक सामाजिक सर्वसम्मति के दबाव में आंतरिक संशय से पैदा हुई वैचारिक धुंध में खो जाते हैं। यशपाल, भगवतीचरण वर्मा और कृष्णा सोबती ने ख़ासतौर पर 'दिव्या', 'चित्रलेखा' तथा 'मित्रो मरजानी' में नारी की पवित्रता और योनि-शुचिता के मूल्य को निर्णायक चुनौती दी और प्रेम तथा शारीरिकता की स्थापना एक मूल्य के बतौर की। इसके बावजूद इन उपन्यासों में 'घर' के वास्तविक चरित्र की अनदेखी करके उसके प्रति कुछ न कुछ मोह बना रहा। नैतिकतावादी मूल्यों के आश्रय के प्रति कोई भी मोह उन मूल्यों को पुनर्जीवित कर सकता है। इसी परिप्रेक्ष्य में ममता कालिया के उपन्यासों की अर्थवत्ता को पहचानने की कोशिश हम कर सकते हैं।

ग़ुलाम बनाने वाले घर और उससे छुटकारा दिलाने वाले बेघर का द्वन्द्व ममता कालिया के समूचे रचना-संसार, विशेषकर उनके उपन्यासों की केन्द्रीय अंतर्वस्तु है। दिलचस्प बात यह है कि यहाँ बेघर की स्थिति घर के अभाव में नहीं, उसकी वजह

से आती है। बड़े अरमानों के साथ घर का निर्माण होता है, लेकिन अस्तित्व में आते ही वह पाँव की बेड़ी साबित होने लगता है। एक तरफ़ तो उससे पैदा हुआ बेगानापन मनुष्य को बेघर करता है; दूसरे, सपनों का घर भी कल्पना में जीवित रहता है और उसकी अनुपस्थिति की कचोट चैन नहीं लेने देती। लेखिका के पहले उपन्यास 'बेघर' से इस यात्रा की शुरूआत होती है, जो 'दौड़' तक आकर अपने मुक़ाम को पहुँचती है, जहाँ घर के पुराने ढाँचे के साथ पति-पत्नी की परस्पर निर्भरता का भी अंत हो जाता है।

'बेघर' का मुख्य पात्र परमजीत टिपिकल निम्न मध्यवर्गीय परिवेश से आता है। बचपन में वह अपने बाप की लस्सी की दुकान पर बरफ़ धो-धोकर उसे पकड़ाया करता था। ग्राहकों ने उसे स्वीकार नहीं किया इसलिए उसके बाप ने उसे स्कूल में दाख़िल करा दिया। अपने से बड़े बच्चों की उतरन पहनते और मुर्गा बनते उसने स्कूल पास किया। गली की लड़कियों की शक्ल से शुरू करके उनकी कमीज़ ताकने तक उसने जवानी की दहलीज़ पार की और अपने बाप के एक ग्राहक के सेठ की कम्पनी में बिना तनखा लिए काम करने बम्बई आ गया। इस ख़बर से उसके तमाम दोस्त उत्तेजित हो गए, क्योंकि उनके ख़्याल में बम्बई का अर्थ था समुद्र, फ़िल्म और लड़कियाँ।

बम्बई जाने के लिए 'घर से हटते ही परमजीत अपने को ज़्यादा मुक्त और सचेत' पाता है। लेकिन बम्बई जैसे महानगर में आते ही उसे धक्का लगता है। 'शहर का मिजाज इतना रूखा होगा, परमजीत ने नहीं सोचा था।, उसका काम धीरे-धीरे चल निकलता है और लोकल ट्रेन में आते-जाते उसकी पहचान संजीवनी भरूचा से होती है जो उसी की तरह एक निम्न मध्यवर्गीय परिवार से आती है, कुँआरी है और एक बैंक में काम करती है। दोनों एक-दूसरे के निकट आते हैं और आख़िरकार परमजीत के ऑफ़िस में एक रविवार को हमबिस्तर होते हैं। वास्तविक कहानी इसके बाद शुरू होती है।

'परमजीत को तकलीफ़ हुई, बेतरह तकलीफ़, यह जानने की कि वह पहला नहीं था। बदहवासी मिटते ही यह बात उसे पत्थर की तरह लगी। लड़कियों के कुँवारेपन की पहचान उसने चीख-पुकार और खून से सम्बद्ध की थी। आरम्भिक विरोध के बाद संजीवनी उसे प्रस्तुत मिली और बाधाहीन।'

उपन्यास की भूमिका के रूप में प्रस्तुत अरविन्द जैन के लेख 'बेघर के पच्चीस वर्ष अर्थात् कौमार्य की अग्निपरीक्षा' में परमजीत को 'परम्परागत मिथकों से परिचालित निर्णयों को जीने और भोगने वाला स्वस्थ, सहज और रुचिसम्पन्न' चरित्र मानने वाले आलोचक विजयमोहन सिंह की राय का विरोध करते हुए लेखक ने उसे बीमार, विकृत, संकीर्ण, कुंठित, कुत्सित और अश्लील क़रार दिया। वजह है संजीवनी को लेकर

उसके मन में जागृत होने वाली यौन आकांक्षाएँ जिनमें वह कभी उससे 'किसी कोने में सट कर बैठने' की बात करता है तो कभी 'घर तो रोज ही जाती हो, न जाओ एक दिन' कहकर मन ही मन सुख टटोलता है। कभी वह उसे कल्पना में अपने कम्बल के अंदर पाता है तो कभी संजीवनी से कहता है कि 'हमें इतना पास बैठना चाहिए कि मैं तुम्हें गोद में डाल तुम्हारे ऊपर हाथ फेर सकूँ कहीं भी।' अन्तिम मुलाकात से पहले उससे कहता है कि 'अकेले में, तुम्हारे तलवे सहलाकर, तुम्हारे बाल खोलकर, तुम्हारा ब्लाउज़ मसलकर तुम्हें एक ही पल में लड़की से औरत बना दूँगा, संजी।' श्री जैन की इस पर टिप्पणी है कि 'लड़की ऐसी ''उघड़ी बातें'' सुनकर ''सिर से पैर तक काँप'' जाती है। काँपेगी ही क्योंकि ''परमजीत ने अपनी बातें उसके कपड़ों के अंदर तक पहुँचा दी थीं।'' '

इस टिप्पणी से ऐसा लगता है मानो संजीवनी मारे डर के काँप गई हो। सन्दर्भ से कटे हुए उद्धरण कुछ भी साबित कर सकते हैं, लेकिन अगर इस प्रसंग को ठीक से उद्धृत करें तो तस्वीर साफ़ हो जाती है—'संजीवनी सिर से पैर तक काँप गई। सिहरते हुए उसने खिड़की से बाहर देखा। बाहर बारिश थी और अँधेरा, जो उतने ही रहस्यमय और आकर्षक थे जितना परमजीत। उसे लगता था उसे परमजीत को मना करना चाहिए कि वह उससे इतनी उघड़ी बातें न करे पर वह उसके आगे परास्त हो गई थी। वह इन बातों से इतनी सम्मोहित थी कि उसका मन हुआ वह परमजीत का हाथ पकड़ इस भीगे अँधेरे को चीर भागती चली जाये। परमजीत ने अपनी बातें उसके कपड़ों के अन्दर तक पहुँचा दी थीं।'

ज़ाहिर है कि ये कामनाएँ संजीवनी की भी हैं। इनसे वह रोमांचित और उत्तेजित होती है। इसीलिए वह कभी इन पर वास्तविक एतराज़ नहीं करती। अब सवाल यह है कि उन पर आलोचक को एतराज़ क्यों हो? परस्पर प्रेम करने वाले दो युवा एक-दूसरे के बारे में यौन-कल्पनाएँ नहीं करेंगे तो क्या भक्ति-कल्पनाएँ करेंगे? और अगर ये कल्पनाएँ जायज़ हैं तो निजी तौर पर उनकी अभिव्यक्ति क्यों नाजायज़ है? क्या यह माँग भी उसी 'भारतीय' नैतिकतावाद के पाखण्ड से प्रेरित नहीं है, जिसकी चर्चा प्रस्तुत लेख के आरम्भ में की गई है?

लेकिन ठहरिए, आलोचक के पास इस घटनाक्रम की एक बिलकुल अलग व्याख्या है। उससे गुज़रे बिना इन मुद्दों को हल नहीं किया जा सकता—'यह स्त्री देह के आखेट पर निकले, किसी शिकारी की शतरंज ही हो सकती है और वस्तुतः है भी। ...स्त्री देह पर विजय और सुख की कामना में परमजीत प्रेमजाल फैलाता है, चक्रव्यूह रचता है और छुट्टी के दिन संजीवनी को घेर अपने दफ्तर तक ले आता है। यहाँ से भागने या बच निकलने का शायद कोई रास्ता नहीं। ...अच्छा हुआ (या बुरा) ''पहला न होने की निराशा'' का बहाना मिल गया वरना घर, परिवार, प्रतिष्ठा, समाज

और व्यक्तिगत विवशताओं के चोर दरवाजे से भागना पड़ता। ...निस्संदेह वह तो एक अनछुई कुँआरी कन्या के "भ्रम" में यहाँ तक आ गया था—"विजय" हासिल करने। उसे क्या पता था कि कोई पहले ही उसे "खोज" चुका है।'

क़ानून के क्षेत्र में पुरुष-सत्ता की विभिन्न अभिव्यक्तियों के ख़िलाफ़ अरविन्द जैन ने निश्चय ही अनुकरणीय संघर्ष किया है, लेकिन साहित्य की दुनिया के क़ायदे की वे अनदेखी कर गए हैं। साहित्य एक ऐसा वैकल्पिक संसार रचता है जिसके अपने तथ्यों की अवहेलना करके सत्य की खोज नहीं हो सकती। उपन्यास में कहीं भी परमजीत न तो किसी कामोन्मादी शिकारी जैसा दिखता है, न ही संजीवनी भयभीत हिरणी जैसी। पुरुष और स्त्री की इन स्टीरियोटाइप छवियों का निषेध इस उपन्यास की एक विशेषता है। वैसे तो उपन्यास के सभी पात्र नैतिकतावादी मूल्यों से कमोबेश ग्रस्त हैं लेकिन परमजीत उनका बदतरीन शिकार है। यह कथा परमजीत की ऐतिहासिक त्रासदी की है। पुरुष, जो समझता है कि इन नैतिकतावादी मूल्यों से उसके हितों की रक्षा होती है, वास्तव में एक दूसरे स्तर पर ख़ुद कैसे इनका शिकार होता है, 'बेघर' इसी की दास्तान है। जहाँ तक उस दोपहर बने सम्बन्ध का सवाल है, संजीवनी की तो वास्तविक तकलीफ़ ही यह है कि बराबरी के स्तर पर उस सुखद अनुभूति से गुज़रने के बावजूद परमजीत उस अनुभव के प्रति ईमानदार नहीं रह सका—

'एक और अन्याय जो संजीवनी को खा रहा था वह यह कि उसने एक समय महसूस किया था कि परमजीत को भी उतना ही अच्छा लगा जितना उसे, पर अलग होते ही परमजीत ने उस स्मृति को बिल्कुल ही मिटा दिया था। वह यों पीड़ित होकर बैठ गया था जैसे वह ट्रक के नीचे कुचल गया हो। वह परमजीत से एक लम्बी बहस करना चाह रही थी।'

इन पंक्तियों के साथ ही उपन्यास में उस दिन का समापन होता है। परमजीत की अनपेक्षित प्रतिक्रिया के बाद संजीवनी के रक्षात्मक स्थिति में पड़ जाने और बार-बार अपने 'निरपराध' होने के एहसास पर, जो उसकी सामाजिक अवस्थिति की उपज है, तो 'बेघर' के आलोचकों ने ग़ौर किया है, लेकिन प्रेम के पक्ष से सामाजिक विधि-निषेधों के ख़िलाफ़ बहस करने की, उसमें अंकुरित होने वाली कामना की अवहेलना कर दी गई है। उपन्यास में भी इसका कोई मौक़ा उसे नहीं मिल सका है। इसी से पता चलता है कि यह बहस कितनी अनिवार्य है और कितनी लम्बी चलने वाली है।

उपन्यास में पराजय की भावना लिये परमजीत के इस प्रश्न—'तुमने मुझे पहले क्यों नहीं बताया!' से पहले इस बात का कोई संकेत नहीं है कि योनि-शुचिता का प्रश्न इतना महत्त्वपूर्ण हो सकता है। निम्न मध्यवर्ग के सामान्य आचार-व्यवहार और जीवन-मूल्यों का वर्णन तो पर्याप्त हुआ है, लेकिन उनकी धुरी की हैसियत रखने वाला यह मुद्दा कहीं सामने नहीं आता। इसके बावजूद परमजीत के अस्पष्ट से प्रश्न को

सुनकर संजीवनी जब 'चोर आँखों' से उसकी तरफ़ देखकर बेमालूम आवाज़ में पूछती है—'क्या!' तो यह ज़ाहिर हो जाता है कि यह सवाल आदि से अंत तक उपस्थित था। जिस प्रकार समुद्र में रहने वाला कोई जीव पानी को अलग से नहीं पहचानता उसी तरह हमारे पोर-पोर को इन मूल्यों ने किन्हीं अदृश्य जीवाणुओं की तरह कुछ यूँ जकड़ रखा है कि सामान्य तौर पर हम उनका अनुभव नहीं करते और जब कभी वे प्रकट होते हैं तो अपनी स्वाभाविकता, सर्वव्यापकता और अनिवार्यता के चलते हममें कोई विस्मय तक नहीं जगाते।

बहरहाल, प्रेम जो सामाजिक मान्यताओं के अतिक्रमण के लिए व्यक्तिगत स्तर पर सबसे शक्तिशाली उत्प्रेरक की भूमिका निभाता है, परमजीत की मानसिक गुत्थी के लिए नाकाफ़ी साबित होता है। पहले ही धक्के में परमजीत के होश ठिकाने आ जाते हैं। कोई और एडवेंचर करने के बजाय घर की कामना में वह अपने माँ-बाप की पसन्द की हुई एक लड़की से शादी कर लेता है और उसे लेकर बम्बई आ जाता है। जल्दी ही वह दो बच्चों का बाप बन जाता है, मोटा बीमा करा लेता है और ख़ासा बैंक-बैलेंस बना लेता है। कम्पनी की तरफ़ से घर में फ्रिज और कार के आ जाने के बाद उसकी पत्नी रमा और बच्चे पूरी तरह मगन हो जाते हैं, लेकिन परमजीत तक ख़ुशी का यह एहसास नहीं पहुँच पाता।

रमा के साथ परमजीत का पहली रात का अनुभव 'संतोषजनक' रहा और घर की व्यवस्था भी उसने उत्साहपूर्वक सँभाल ली है। घरेलू जीवन ने परमजीत की बेचैनी समाप्त कर दी है। वह अपने काम पर अधिक ध्यान दे पाता है, जिसका परिणाम भी सामने है। फिर समस्या कहाँ है? दरअसल, इस नए जीवन में प्रेम नाम की चिड़िया सिरे से लापता है। जीवन के प्रति रमा का दृष्टिकोण फ़ायदे और नुक़सान से तय होता है। किसी सद्गृहिणी की तरह वह बचत का महत्त्व समझती है, और क़दम-क़दम पर संघर्ष करके पाई-पाई जोड़ती है। किसी मानवीय भावना को अपने इस अभियान के आड़े आने की इजाज़त वह नहीं देती। परमजीत जब उससे अपने दिल की कोई बात कहने को होता, तभी उसे बाथरूम या किचेन में कोई काम निकल आता। गोलगप्पे वाला हो या होटल का बेयरा, सभी उसे लुटेरे मालूम पड़ते। जिस दिन सब्ज़ी सस्ती मिलती, उसका मूड अच्छा रहता और वह देर तक इस कामयाबी की चर्चा करती। बिस्तर पर किसी प्रकार ठण्डे मन से परमजीत को बर्दाश्त करती और फिर अपनी ही धुन में खो जाती। धीरे-धीरे परमजीत शारीरिक स्तर पर उससे विरक्त होता गया, और जब उसने दुबारा गर्भधारण किया तो परमजीत को 'झुँझलाहट हुई कि इतने अजनबीपन के बीच यह औरत कैसे गर्भधारण कर सकती है और कैसे इस बात पर ख़ुश हो सकती है।' दूसरी तरफ़ 'रमा ख़ुश थी, बहुत ख़ुश। उसने कहा—"एक लड़का हो तो धुकपुकी मची रहती है, दो तो होने ही चाहिए।" ...दूसरा बच्चा भी लड़का था, यह

बात रमा के लिए तो वरदान थी। बहुत देर तक उसे विश्वास ही नहीं हुआ कि वह इतनी ख़ुशकिस्मत हो सकती है।'

रमा कोई असामान्य पात्र नहीं है। वह एक सामान्य भारतीय मध्यवर्गीय गृहिणी का प्रतिनिधि रूप है। इसका आशय यह नहीं कि सभी मध्यवर्गीय महिलाएँ ऐसी ही असंवेदनशील होती है। रमा के चरित्र का आशय सिर्फ़ इस बात को रेखांकित करना है कि हमारे सामाजिक जीवन-मूल्य मानवीय भावनाओं की क़ीमत चुकाकर ही क्षुद्र स्वार्थों की रक्षा करते हैं। इस सामाजिक संरचना की बुनियादी इकाई घर है, इसलिए वहाँ यह प्रक्रिया सबसे स्वाभाविक रूप में चलती रहती है। रमा के चरित्र की एकांगिता यथार्थ के इसी पक्ष पर ज़ोर देने के लिए है। एकायामी दिखते हुए भी यह चरित्र सही मायने में द्वंद्वात्मक है, क्योंकि यह यथार्थ के मूल स्वरूप और उसके विकास की दिशा को धारण करता है।

बड़े होते बच्चों की ज़िद पर डेढ़ कमरे का फ़्लैट छोड़कर वे एक नए मकान में आते हैं। वर्षों बाद उन्हें अलग कमरे में सोने का मौक़ा मिलता है। परमजीत रमा को अँधेरे में अपनी ओर खींचता है और 'गृहप्रवेश मनाने' के लिए आलिंगन के बीच उसे कपड़े उतारने को कहता है। वह तीखी आवाज़ में जवाब देती है, 'दुनिया के सारे मर्द यों ही कर लेते हैं, तुम्हीं क्या अनोखे हो?' परमजीत का उत्साह मर जाता है। वह इस स्थिति पर लगातार मानसिक तर्क-वितर्क करता रहता है। फिर उसे अपने 'सोचते रहने से' डर लगने लगता है और वह ख़ुद को कम्पनी के काम में डुबो देता है। इस प्रक्रिया में वह दिल का मरीज़ हो जाता है और डॉक्टर उसे सावधानी बरतने और आराम करने की हिदायत देता है।

इसी बिन्दु पर उपन्यास चरम परिणति को प्राप्त होता है। अरविंद जैन के शब्दों में, 'आख़िर परमजीत को कुँआरी लड़की मिल ही गई, इसके बाद परमजीत, घर, नौकरी, बच्चे, टी.वी., फ्रिज, एयरकंडीशनर, सिगरेट, शराब और फिर एक दिन "हार्ट अटैक" के साथ रामनाम सत्। मरने तक उसे "संजीवनी को खो देने का अफसोस नहीं था"।'

कुछ उद्धरणों के सहारे रचना को किसी वाह्य वैचारिक ढाँचे में कसने की कोशिश तमाम सदिच्छाओं के बावजूद कैसी भ्रामक हो सकती है, उपर्युक्त निष्कर्ष इसका एक उदाहरण है। आलोचना में ऐसी प्रवृत्तियाँ आजकल ख़ूब सक्रिय हैं, इसलिए भी इस नुक़्ते पर ग़ौर कर लेना चाहिए। इसके लिए परमजीत के जीवन के आख़िरी दिन की थोड़ी बारीकी से जाँच करनी पड़ेगी।

कुछ दिन आराम करने के बाद परमजीत डॉक्टर की सलाह पर ऑफ़िस जाता है। शाम को लौटते समय वह अच्छे स्वास्थ्य और मूड में बच्चों के लिए पैटीज और

पेस्ट्री खरीदता है, रमा से वक़्त-बेवक़्त की नोक-झोंक बन्द करके उसकी ख़्वाहिशें समझने का निश्चय करता है और घर जाने के लिए ट्रेन पकड़ने स्टेशन आता है, क्योंकि डॉक्टर ने कार चलाने के लिए मना किया है। अचानक स्टेशन पर संजीवनी को देखकर वह सिर से पाँव तक थरथरा जाता है। परमजीत की तरफ़ उसकी पीठ है। वह अनजाने में उसकी तरफ़ बढ़ जाता है। जैसे ही उसे लगता है कि वह उसे पुकार उठेगा, ट्रेन आ जाती है और संजीवनी उसमें चढ़ कर चली जाती है। बदहवासी में उसे अफ़सोस होता है कि संजीवनी उसे नहीं देख सकी। उसे लगता है कि अगर वह उसे देख लेती तो गाड़ी न पकड़ती। थोड़ा स्थिर होने पर उसे अपने 'विचलन' पर शर्म आती है और वह 'जो हुआ, अच्छा हुआ' की मनोदशा में आ जाता है।

ये दोनों मनःस्थितियाँ दो अलग भावभूमियों की उपज हैं। बाद वाली स्थिति परमजीत द्वारा अपने जन्म से लेकर अब तक सचेत रूप से ग्रहण की गई एकमात्र वैचारिक स्थिति की अभिव्यक्ति है। जबकि मोहभंग के बाद पहली बार संजीवनी को देखकर उठी हुई भावनाएँ इन विचारों की मज़बूत जकड़ के ख़िलाफ़ परमजीत के संवेदन जगत की प्रतिक्रिया से पैदा हुई हैं। वैवाहिक और घरेलू जीवन के अनुभवों ने इन्हें बेक़ाबू बना दिया है। उसका व्यक्तित्व दो हिस्सों में बँट चुका है और दोनों में तुमुल संघर्ष छिड़ गया है। व्यापक समाज अभी इसके लिए प्रस्तुत नहीं है, इसलिए व्यक्ति का मन और शरीर ही इस लड़ाई का मैदान बन गए हैं। एक बार दब जाने के बाद परमजीत के अंदर संजीवनी के लिए दूसरी उत्ताल तरंग उठती है :

'उसे महसूस हुआ जैसे अभी-अभी उसके हाथों से काँच का बर्तन छूटकर टूट गया है। सिर्फ एक बार उसे देख लेने की लालसा इतनी तड़प से उसे पहले कभी नहीं हुई, सम्मोहन के दिनों में भी नहीं। ...वह प्यार से उस दिन के बारे में सोचता रहा जब उसने संजीवनी को पकड़कर टैक्सी में चूम लिया था। उसे अपने होठों पर उसकी नर्म त्वचा का स्वाद महसूस हुआ और गालों पर उसके रेशमी हाथों का स्पर्श। उसे लगा वह टैक्सी को भगाता ले जाये पार्ले तक और संजीवनी को बाँहों में दबोच दौड़ जाये वहाँ, जहाँ न लोग हों, न शोर, न घर हों, न दरवाजे...'

इस परिस्थिति में संजीवनी की संभावित प्रतिक्रिया की मनमानी कल्पना करके परमजीत को 'कामोन्मादी पुरुष' मान लेने के बजाय यह समझना चाहिए कि ये लगभग अवचेतन से उठे हुए संवेदनात्मक आवेग हैं और सामाजिक नैतिकतावादी नियमों के विरुद्ध परमजीत की आत्मा में हो चुके विस्फोट की सूचना देते हैं। समाज की इस संघर्ष में भागीदारी के अभाव में वैयक्तिक स्तर पर ऐसे टकराव आत्मघाती ही हो सकते हैं। समाज को नयी दिशा का संकेत करने वाले व्यक्ति-चरित्रों को ऐसी परिणति का सामना करना पड़ता है। परमजीत की अपरिहार्य मृत्यु बस कुछ और आघातों की प्रतीक्षा में है। ये छोटे-छोटे आघात उसे चाय देने और उसके पास बैठने में रमा की

अरुचि के प्रदर्शन में होता है। वह गोश्त का मसाला ठीक से भूनने के लिए चली जाती है। परमजीत घर के प्रति ज़िम्मेदार होने की कोशिश करता है, कपड़े बदलकर अख़बार पढ़ता है और खाना खाता है। खाने के बाद उठते समय उसके दिल में ज़ोरों से दर्द उठता है और वह धराशाई हो जाता है। उसके दिमाग़ की और सेवा करने में असमर्थ उसका दिल काम करना बन्द कर देता है।

इस घटनाक्रम पर उपन्यास की टिप्पणी है, 'उस शाम वह हुआ जिसकी कोई सम्भावना नहीं थी।' प्रत्यक्ष व्यावहारिक स्तर पर इस वाक्य का अर्थ स्पष्ट है, लेकिन अगर गहराई में जाएँ तो हम इसकी व्यंजना यह पाते हैं कि उन परिस्थितियों में यही सर्वाधिक सम्भाव्य परिणति थी। सातवाँ दशक, जो इस उपन्यास का रचनाकाल है, साहित्य, समाज और राजनीति, हर क्षेत्र में औपनिवेशिक परम्परा और वर्चस्वशाली मूल्यों के विरुद्ध फूट पड़ने वाले विद्रोहों के लिए उल्लेखनीय है। इसमें भी योनि-शुचिता को केन्द्र में रखने वाला पाखण्डी नैतिकतावाद, 'लम्बी बहस' की माँग करने वाला एक ऐसा मुद्दा है जो आज भी भारतीयता के स्वयंभू, फ़ासिस्ट ठेकेदारों की ग़ुलाम मानसिकता में भारतीय संस्कृति का पर्याय है। हमारा समाज आज भी इन मूल्यों के शिकंजे में है, लेकिन अब इस मूल्य-व्यवस्था पर स्वयं समाज की तरफ़ से प्रश्नचिह्न लगने लगा है। यद्यपि प्रेम के अपराध के लिए सज़ाए मौत अब भी आम है, लेकिन ये कुर्बानियाँ अब व्यापक सामाजिक प्रतिक्रिया को जन्म देती हैं, जो निश्चय ही आने वाले समय में बढ़ती जाएँगी। 'बेघर' ने इस बहस को साहित्य में छेड़ा और परमजीत ने पहली बार इसे अपने मन-प्राणों पर झेला, इसलिए ये दोनों इस बहस के अनिवार्य सन्दर्भ-बिन्दु बने रहेंगे। लेखिका ने जिस आत्मविश्वास और कुशलता के साथ पितृसत्तात्मक मूल्यों के त्रासद शिकार के रूप में एक पुरुष का चित्रण किया है, वह विभिन्न अस्मितावादी धारणाओं को अपनी सीमा का अतिक्रमण करने को प्रेरित कर सकने वाली कला की आकांक्षा भी है और उसकी अभिव्यक्ति भी।

'बेघर' का अंत तो परमजीत के साथ हो गया, पर कुछ सवाल अनुत्तरित छूट गए। इनमें सबसे बड़ा सवाल तो संजीवनी का था। उसका क्या हुआ जैसी जिज्ञासाओं की बात छोड़ दें, लेकिन उसका क्या होता अगर यह सम्बन्ध टिकाऊ होता! पितृसत्तात्मक नैतिकतावादी मूल्यों का सबसे प्रबल और दूरगामी हमला तो महिलाओं को ही झेलना पड़ता है। इसलिए महिलाओं के दृष्टिकोण से देखे बिना इस मसले का समाधान असम्भव है। 'घर' नामक संस्था में दाख़िल होने के बाद प्रेम का क्या रंग होता है, इसकी खोजबीन भी ज़रूरी थी, क्योंकि इसके बग़ैर इस मुद्दे को कहीं पहुँचाया नहीं जा सकता। 'बेघर' के बाद लेखिका के तीन उपन्यासों 'नरक दर नरक', 'प्रेम कहानी' और 'एक पत्नी के नोट्स' में घर और प्रेम के द्वन्द्व की इसी अवस्था का चित्रण है। अनेक कोणों से कथा को उठाने के बाद भी लेखिका को कोई समाधान नहीं

मिलता। दूसरी विशेषता इन उपन्यासों की यह है कि इसमें पति-पत्नी परमजीत और रमा की तरह अतिवादी छोरों को छूने वाले नहीं हैं, ख़ासे संतुलित और प्रगतिशील हैं।

'नरक दर नरक' में उषा और जगन की प्रेम कहानी लिफ़्ट में चुम्बन के साथ शुरू होती है। जगन के दुःसाहस पर उषा स्तम्भित भी है और स्पंदित भी। कुछ संवादों के आदान-प्रदान के बाद जगन उससे कहता है—'ऐसे मौक़ों पर लड़कियाँ अपनी पवित्रता के बारे में एक विज्ञप्ति सुनाती हैं। आप अपने बारे में कुछ कहें।'

उषा जवाब देती है—'प्रेम और पवित्रता दो अलग-अलग चीज़ें हैं, एक दूसरे की विरोधी। फिर यह तो शायद अभी प्रेम भी नहीं...।'

यह वार्तालाप लेखिका की रचना-यात्रा में पवित्रतावाद के निषेध के साथ आगे बढ़े हुए क़दम की सूचना देता है। लेकिन आगे चलकर उसका सामना समाज में व्याप्त, पितृसत्ता के अधिक सूक्ष्म और सर्वग्रासी मूल्यों से होता है, हमारी औपनिवेशिक आधुनिकता से जिनका तालमेल अधिक सहज है, बनिस्बत टकराव के।

'खाना बनाना, इन्तज़ार करना, फिर खाना बनाना, फिर इन्तज़ार... शादी होते ही यह दैनिकता किस रास्ते घुस आई थी घर में। जिधर देखो बेडौल कामों का एक भोंडा ढेर उसके इन्तज़ार में! उसका मन हुआ अपनी चप्पलें पहन वह भाग जाय इस घर से दूर। लेकिन वह वहीं खड़ी रही अपनी बालिश्त भर सुरंगनुमा अँधेरी रसोई में।'

समाज की मूलभूत और अतिरेकी अवस्थितियों से आगे बढ़ने के बाद ममता कालिया के पात्र स्त्री-पुरुष सम्बन्ध की विकसित अवस्था में पहुँचकर जिन समस्याओं का सामना करते हैं उनमें सबसे प्रमुख है स्त्री के स्वतंत्र व्यक्तित्व की स्थापना का प्रश्न। उपर्युक्त तीनों उपन्यासों में पति लेक्चरर, डाक्टर या आई.ए.एस. हैं जबकि पत्नी हाउसवाइफ़। एक के हिस्से में बाहर की दुनिया आती है और एक के हिस्से में घर की। 'नरक दर नरक' की सीता और 'एक पत्नी के नोट्स' की कविता स्वयं भी नौकरी करती हैं, लेकिन इससे उनकी घरेलू ज़िम्मेदारियों में कोई कमी नहीं आती। पुरुष पहल करने वाले, सक्रिय, गतिशील और प्रखर हैं, जबकि स्त्रियाँ सहयोगी, प्रेमिका और पत्नी की मिली-जुली भूमिका में हैं। बाहरी दुनिया के अपने संघर्ष में पुरुष स्त्री की भागीदारी तो चाहता है, लेकिन स्त्री के घरेलू कार्यों को कोई अहमियत नहीं देता। इस तरह वह स्त्री के व्यक्तित्व को अपने हिस्से के रूप में ही देख पाता है और उसे एक स्वतंत्र, विचारशील और कर्मण्य व्यक्तित्व के रूप में नकार देता है। बदले में स्त्री असंतोष का पुलिंदा बनी अन्दर ही अन्दर सुलगती रहती है। दैनिक जीवन के अनवरत और वेधक संघर्ष के बीच वह आत्मीयता और ऊष्मा के क्षणों को चुराने का प्रयास भी करती है, पर उसके हाथ राख ही आती है। उसे यह तो लगता है कि यह जीवन अपना कर उसने बड़ी भूल कर दी, लेकिन भूल-सुधार की कोई राह नहीं सूझती। स्त्री

और पुरुष के बीच व्याप्त इस अंतराल को आर्थिक निर्भरता का परिणाम मान लेना पूरी तरह सत्य नहीं होगा, क्योंकि इन उपन्यासों की स्त्रियाँ ख़ासी पढ़ी लिखी और प्रतिभा-सम्पन्न हैं, और आर्थिक रूप से आत्मनिर्भर होने के तमाम अवसर उन्हें मिल सकते हैं। उनकी समस्या कुछ और जान पड़ती है।

सम्भवतः, आर्थिक सुरक्षा और वाह्य दुनिया में भागीदारी की बदौलत प्राप्त आत्मविश्वास के चलते सीता और कविता जैसी स्त्रियाँ एक बिन्दु पर पहुँचकर इस यातना से मुक्त होने के लिए घर छोड़ देने का निर्णय करती हैं, लेकिन मान-मनुहार, कस्मे-वादे और प्रेम-प्रदर्शन की जितनी नाटकीय उतनी ही अवसरवादी शैलियों के सहारे पुरुष उन्हें अपना निर्णय बदलने पर बाध्य कर देता है। सीता का पति विनय गुप्ता उस पर लगाए गए अपने आरोपों को जान-बूझकर बोला गया झूठ क़रार देता है ताकि उसे पता लग सके कि 'प्रतिक्रियावादी लोग जब जनता पर बेबुनियाद तोहमत लगाते हैं, तब जनता को कैसा लगता है।' जबकि कविता का पति संदीप उसके पीछे-पीछे ट्रेन तक चला आता है, उसे मनाने में विफल रहने पर धीमी गति से चलती ट्रेन से कूदकर आत्महत्या का नाटक करता है और कविता को अपने पीछे कूद पड़ने को बाध्य कर देता है।

कमोबेश यही स्थिति उषा की भी है। विषम से विषम स्थिति में जगन की कोई चुहल, कोई उक्ति या अपने हाथों चाय बनाकर ला देना 'क्षण भर पहले की उस तल्खी, लड़ैत तेवर और रूठन' को परास्त करने के लिए काफ़ी साबित होता है। 'उषा का पारा 120 से सीधा शून्यांक पर पहुँच उसे पानी-पानी कर देता है।' उपन्यास के अन्त में एक संकटपूर्ण स्थिति से सकुशल बच निकलने के बाद जगन उस हार्दिकता को मन ही मन महसूस करता है जो हादसे की वजह से उनके बीच पैदा हो गई है। ज़ाहिर है कि हादसों पर टिकी यह हार्दिकता टिकने वाली नहीं है। 'प्रेम कहानी' के गिनेस और जया के बीच तनाव की शुरूआत होने के साथ ही उपन्यास का अंत हो जाता है, इसलिए इन स्थितियों का इतना व्यापक चित्रण उसमें नहीं हुआ है। लेकिन जिस प्रकार जया सुलह करने को बेताब है और अंततः एक बच्चे की बात पर हँसते-हँसते रो पड़ती है, उसकी परिणति भी इससे कुछ अलग नहीं जान पड़ती। ग़ौरतलब है कि तनाव के क्षणों में इन उपन्यासों के पुरुष पात्र पर्याप्त आत्मनियंत्रण का परिचय देते हैं और हस्बमामूल अपना काम करते रहते हैं, जबकि स्त्रियाँ बुरी तरह अपसेट हो जाती हैं और टूटने-बिखरने की मनोदशा में पहुँच जाती हैं।

दरअसल, ये स्त्रियाँ भावनात्मक रूप से कमज़ोर और परनिर्भर हैं। अपने व्यक्तित्व की स्वतंत्रता को महसूस न कर पाने के कारण ये उसे 'एसर्ट' भी नहीं कर पातीं। उषा और जया दोनों अपने मानसिक विकास के लिए बहुत हद तक अपने पिता पर निर्भर रहती हैं। प्रेम में पड़ने के बाद वे उनसे अलग फ़ैसला तो करती हैं, लेकिन

अपना अलग वजूद बनाने के बजाय पति की सहधर्मिणी बनकर रह जाती हैं। इसकी अभिव्यक्ति प्रेम को जल्दी से जल्दी विवाह में बदलकर घर नामक सुरक्षित संस्था में फिर से प्रवेश कर जाने की उनकी तत्परता में दिखाई पड़ती है। विवाहपूर्व प्रेम की स्थिति एक संक्रमणकालीन दौर बनकर रह जाती है, जिससे पहला मौक़ा मिलते ही छुटकारा पा लिया जाता है। जया और गिनेस के बीच इस लिहाज़ से एक दिलचस्प संवाद होता है। अपने साथ मारीशस चलकर कुछ हफ़्ते बिताने और एक-दूसरे को भली-भाँति समझ लेने के गिनेस के प्रस्ताव पर जया कहती है—

' "तुम क्या सोचते हो, मैं इत्ती-सी पहचान पर इतनी बड़ी रिस्क उठा लूँगी!"

' "बिना रिस्क उठाए तो इंसान कुछ भी नहीं कर सकता, साँस भी नहीं ले सकता। कुछ रिश्ते लगातार रिस्क होते हैं।"

' "और कुछ लगातार सुरक्षा,' मैंने कहा।

' "हाँ, एकदम मृत सुरक्षा—वे जड़ रिश्ते होते हैं, ताउम्र अठानबे डिग्री तापमान पर चलने वाले।" '

जया यह रिस्क नहीं उठाती और जाने से पहले बाक़ायदा हठपूर्वक शादी करती है। शुरूआती रोमांच के बीत जाने के बाद जब गिनेस अपने चिकित्सकीय पेशे की ज़रूरतों के मुताबिक मसरूफ़ हो जाता है तो वह इस स्थिति पर कोई तार्किक प्रतिक्रिया नहीं व्यक्त कर पाती और भावनात्मक रूप से कुण्ठित होने लगती है। यही नहीं दूसरे, ग़ैर-ज़िम्मेदार और बेईमान डॉक्टरों से उसकी तुलना करके उसे 'आदर्श' की जगह 'यथार्थ' को स्वीकार करने की सीख देने लगती है।

इसी तरह 'नरक दर नरक' में, सुरक्षित एकांत के अभाव के चलते वे शादी कर लेने का फ़ैसला करते हैं, लेकिन इसके प्रति दोनों के दृष्टिकोणों का अंतर उल्लेखनीय है—'वैसे विवाह को जगन एक पतनोन्मुख संस्था मानता था। लेकिन उषा के मन में विवाह-घर-सुख वगैरह की एक घिसी-पिटी यानी शाश्वत तस्वीर थी। यों इन सैद्धान्तिक मतभेदों को लेकर वे कभी परेशान नहीं हुए।'

वैचारिक मुद्दों को किसी गिनती में न लेना इनकी एक और विशेषता है। उषा और जगन के बीच एक साहित्यिक मुद्दे को लेकर क्लास में हुई तकरार से संवाद बना था, लेकिन 'ज़रूरत दर ज़रूरत वे एक दूसरे के आगे खुलते गए। दोनों को ही लगा फ़िलहाल वे और कुछ नहीं चाहते। समस्त विश्वसाहित्य एक ओर खिसका वे इस देह-लय को समर्पित हो गये।' नतीजा यह होता है कि दस दिन बाद जब उषा इस शैक्षिक टूर से वापस लौटने को होती है तो वे एक दूसरे के बारे में 'शरीर और डाक पते' के अलावा और कुछ नहीं जान पाते।

दरअसल, यह किशोरोचित यौन आकर्षण है जिसे वे प्रेम समझते हैं। शारीरिक

ज़रूरतों में साझा करने के बावजूद, या सम्भवतः उसकी वजह से ही, पुरुष इन सम्बन्धों में अगुवाई करता है और स्त्रियों की भूमिका अनुगामिनी की ही हो पाती है। पुरुष के प्रस्ताव की कामना से ही उनके 'शरीर के तार झनझना उठते हैं।' जया की यह कल्पना देखने योग्य है—

'मैंने हमेशा कल्पना की थी कि जिस दिन मुझसे कोई विवाह का इशारा भी करेगा, दसों दिशाओं से फूल बरसने लगेंगे, उनचास पवन सुगन्धियाँ लुटा देंगे, सूरज-चाँद हाथ में हाथ डाले मुझे आशीर्वाद देने आएँगे और मैं छुईमुई-सी लाज के मारे लरज-लरज जाऊँगी।'

जीवन की व्यापकता में प्रवेश किए बिना शरीर के स्तर पर ही ठिठक जाने वाला यह किशोर प्रेम अगर वैवाहिक जीवन की चुनौतियों का सामना नहीं कर पाता, तो इसमें आश्चर्य कैसा? घर की देहरी में क़ैद हो जाने के बाद यह प्रेम मौक़े-बेमौक़े अपने आश्रित हृदयों को छलता है। इसीलिए उषा, जया और कविता का मन कभी इसके प्रलोभन से मुक्त नहीं हो पाता और हमेशा अपने पति के प्रेमी रूप पर विश्वास कर लेने को आतुर रहता है। इसी कमज़ोरी के चलते इन उपन्यासों में घर और प्रेम के बीच जारी द्वन्द्व का यथास्थिति में अवसान तो हो जाता है, लेकिन कोई तार्किक समाधान नहीं हो पाता, और लेखिका की रचना यात्रा में उसकी तलाश भी पूरी नहीं होती। यहाँ यह ध्यान दिला देना शायद ज़रूरी है कि यह कमज़ोरी महज़ इन पात्रों की नहीं, उस युग की भी है जिसमें इनका निर्माण हुआ है। सशक्तीकरण की मौजूदा मुहिम से पहले नारी-चेतना तमाम उतार-चढ़ाव भरी पगडंडियों से होकर गुज़री है।

इस द्वन्द्व का समाधान आगे चलकर 'दौड़' में होता है। पवन और स्टैला का सम्बन्ध नए युग का कोई आदर्श सम्बन्ध भले ही न हो, लेकिन पुराने वैवाहिक सम्बन्धों में आई घरेलू कठिनाइयों से निश्चित रूप से मुक्त है। महत्त्वपूर्ण बात यह है कि न सिर्फ़ व्यावहारिक बल्कि वैचारिक स्तर पर भी वे अपनी मान्यताओं के मामले में बिलकुल स्पष्ट और बेलाग हैं। पवन के अपने माता-पिता के साथ होने वाले तर्क-वितर्क से यह बात साफ़ हो जाती है।

पवन के माता-पिता हमारी 'परम्परागत' उदारता और आधुनिकता के प्रतिनिधि हैं जिनकी मूल अवस्थिति औपनिवेशिक, ब्राह्मणवादी और पितृसत्तात्मक मूल्यों के पाले में है। भूमण्डलीकृत अर्थव्यवस्था के दौर में बहुराष्ट्रीय कम्पनियों के साथ आई पूँजीवाद की नयी लहर से जुड़े पवन और स्टैला जैसे चरित्र अनायास ही इन पिछड़े हुए मूल्यों की निरर्थकता को पहचान जाते हैं। यह बात सही है कि जिन उपभोक्तावादी मूल्यों को वे अपनी जीवनशैली के रूप में अपना रहे हैं उनसे भविष्य में नयी जटिलताएँ पैदा होंगी, लेकिन यह 'दौड़' का विषय नहीं है। यह एक नया और विकसित द्वन्द्व होगा जो भविष्य में लेखिका की रचनात्मक बेचैनी का सबब बन सकता है। इस

उपन्यास में तो पूर्व-आधुनिक मूल्यों की सुरक्षा के प्रतीक 'घर' की विदाई ही लेखिका का लक्ष्य है। इस विदाई पर तमाम विद्वान आलोचकों ने आँसू बहाए हैं, जिसकी कोई जायज़ वजह नहीं दिखाई पड़ती।

शादी के बाद पवन नयी कम्पनी ज्वाइन करने चेन्नयी जा रहा है जबकि स्टैला को राजकोट में ही अपना कम्प्यूटर का व्यवसाय सँभालना है। पवन के माँ-बाप इस स्थिति से ख़ुश नहीं हैं। इस मौक़े पर उन चारों के बीच हुआ संवाद उनकी विशेषताओं को उजागर करता है।

' ''बहू अकेली अनजान शहर में रहेगी? आजकल समय अच्छा नहीं है।''

' ''समय कभी अच्छा नहीं था पापा, मैं तो पच्चीस साल से देख रहा हूँ फिर वह शहर स्टैला के लिए अनजान नहीं है। ...फिर आपकी बहू कराटे, ताइक्वांडो में माहिर है।''

'पर फिर भी शादी के बाद तुम्हारा फ़र्ज़ है साथ रहो।'

'पापा आप भारी-भरकम शब्दों से हमारा रिश्ता बोझिल बना रहे हैं। मैं अपना कैरियर, अपनी आज़ादी कभी नहीं छोड़ूँगा। स्टैला चाहे तो अपना बिजनेस चेन्नै ले चले।

'तुम तो तरक्कीराम हो। मैं चेन्नै पहुँचूँ और तुम सिंगापुर चले जाओ तब!' स्टैला हँसी। पता चला पवन के सिंगापुर या ताईवान जाने की बात भी चल रही है।

रेखा ने कहा, 'यह बार-बार अपने को डिस्टर्ब क्यों करते हो? अच्छी भली कट रही है सौराष्ट्र में। अब फिर एक नयी जगह जाकर संघर्ष करोगे?

'वही तो माँ। मंजिलों के लिए संघर्ष तो करना ही पड़ेगा। मेरी लाइन में चलते रहना ही तरक्की है। अगर यहीं पड़ा रह गया तो लोग कहेंगे, देखा कैसा लद्धड़ है, कम्पनी डूब रही है और यह कैसा बियांका की तरह उसमें फँसा हुआ है।'

पिता से पवन की बहस लम्बी खिंच जाती है। वे शादी के बा़द बेटे-बहू के परस्पर साथ की चिंता करना अपना कर्तव्य मानते हैं। बेटे-बहू के पास अपनी जो योजना है उसकी परवाह करना वे ज़रूरी नहीं समझते। भौतिक स्तर पर उनका साथ-साथ रहना 'घर' की मर्यादा की रक्षा के लिए लगभग निरपेक्ष मूल्य की हैसियत रखता है, जबकि उनकी निजता के लिए पिता के मन में कोई सम्मान नहीं है, बल्कि उसमें दखलंदाज़ी करना ही वे अपना फ़र्ज़ मानते हैं। यही चिंतन प्रक्रिया आगे चलकर बेटे-बहू को अपना अनुगामी बनाना ज़रूरी समझती है। इसी तरह कम्पनी बदलने के मसले पर वे कहते हैं—'और बेचारी जी.जी.सी.एल. ने तुम्हें इतने वर्षों में काम सिखा कर काबिल बनाया है। कल तक तुम इसके गुण गाते नहीं थकते थे। तुम्हारी एथिक्स को क्या होता जा रहा है?'

किसी सेवायोजक कम्पनी के प्रति सिंसियरिटी को नमकहलाली के स्तर तक ले जाने वाली इस 'एथिक्स' का तनिक भी विश्लेषण करें तो यह सामंती नैतिकता ही ठहरेगी। इसके जवाब में पवन 'प्रोफेशनल एथिक्स' का हवाला देता है और बिना धैर्य खोए, विस्तार से दोनों दृष्टिकोणों के अंतर को रेखांकित करता है। पति को निरुत्तर होता देख उसकी माँ रेखा मोर्चा सँभालती हैं—

रेखा ने कहा, 'बाप को इतना लम्बा लेक्चर पिला दिया। यह नहीं देखा कि तेरे सुख की ही सोच रहे हैं वे।

'जब मैं यहाँ सुख से रहता था तब भी तो आप लोग दुखी थे। आपने कहा था माँ कि आपके बड़े बाबू के लड़के तक ने एम.बी.ए. प्रवेश परीक्षा पास कर ली। उस समय मुझे कैसा लगा था?

'हमें तुम्हारी डिग्री पर गर्व है बेटा पर शादी के साथ कुछ तालमेल भी बैठाने पड़ते हैं।

'तालमेल बड़ा गड़बड़ शब्द है। इसके लिए न मैं स्टैला की बाधा बनूँगा न वह मेरी। हमने पहले ही यह बात साफ कर ली थी।'

ये वही जीवनमूल्य हैं जिनके वाहकगण आध्यात्मिकता का ढोंग रचाते हैं और भौतिक कामयाबी के लिए तीन साल के बच्चे की पीठ पर अपने पाँच किलो सपनों का बोझ लादकर उसके जीवन में ज़हर घोल देते हैं। ये तालमेल और समन्वय को बहुत बड़ा आदर्श और उद्यम घोषित करते हैं जबकि इसका एक ही अर्थ होता है, शक्तिशाली के पक्ष में यथास्थिति का बने रहना। आजकल बड़े-बड़े द्वन्द्ववादी भी 'कड़वा-कड़वा थू और मीठा-मीठा गप्प' को द्वन्द्ववाद का पर्याय बताने में लगे हैं। विरुद्धों का सामंजस्य हो रहा है। यह पाखण्ड पवन की फ़िलासफी में नहीं है। वह उपभोक्तावादी संस्कृति के पक्ष में इसलिए है कि उसका अस्तित्व उसी से है। अपने शहर के निकट आने के पिता के प्रस्ताव पर उसका जवाब कुछ यूँ है—

'पापा मेरे लिए शहर महत्त्वपूर्ण नहीं है, कैरियर है। अब कलकत्ते को ही लीजिए। कहने को महानगर है पर मार्केटिंग की दृष्टि से एकदम लद्धड़। कलकत्ते में प्रोड्यूसर्स का मार्केट है, कन्ज्यूमर्स का नहीं। मैं ऐसे शहर में रहना चाहता हूँ जहाँ कल्चर हो न हो, कन्ज्यूमर कल्चर ज़रूर हो। मुझे संस्कृति नहीं उपभोक्ता संस्कृति चाहिए, तभी मैं कामयाब रहूँगा।'

इन पंक्तियों में एक सहज-स्वाभाविक सचाई का बयान भर है, लेकिन ऐसा लगता है कि पिता की ज़िन्दगी सचाइयों से मुँह चुराते ही गुज़री है। रात में वे पत्नी से शिकायत करते हैं—'आज पवन की बातें सुनकर मुझे बड़ा धक्का लगा। इसने तो घर के संस्कारों को एकदम ही त्याग दिया।'

पत्नी का जवाब काबिले ग़ौर है—'पहले तुम्हें भय था कि बच्चे कहीं तुम जैसे आदर्शवादी न बन जाएँ! इसीलिए उसे एम.बी.ए. कराया। अब वह यथार्थवादी बन गया है तो तुम्हें तकलीफ़ हो रही है।'

पिता आसानी से हथियार नहीं डालते क्योंकि उन्हें अपने समाज की पाखण्डी परम्परा पर गहरा विश्वास है—'तुम समझ नहीं रही हो। पवन के बहाने एक पूरी की पूरी युवा पीढ़ी को पहचानो। ये अपनी जड़ों से कट कर जीने वाले लड़के समाज की कैसी तस्वीर तैयार करेंगे?

'और जो जड़ों से जुड़े रहे हैं उन्होंने इन सौ वर्षों में कौन-सा परिवर्तन किया? तुम्हें इतना कष्ट है तो क्यों करवाया था पवन को एम.बी.ए.?'

इसका अर्थ यह नहीं कि पिता अविवेकी हैं और माँ विवेकशील। दरअसल, वे दोनों एक ऐसी विपरीत स्थिति का सामना कर रहे हैं जिसकी उन्होंने कभी कल्पना भी नहीं की थी। वह स्थिति है सन्तान का आज़ाद और व्यक्तित्व-सम्पन्न हो जाना और परम्परागत रूढ़ियों को मानने से सख़्ती से इन्कार कर देना। इस स्थिति में कभी एक आहत होता है तो कभी दूसरा। यहाँ आहत करने वाले को पूरी तरह से ख़ारिज कर देने की बात नहीं सोची जा सकती, इसलिए उससे तालमेल बिठाना भी मजबूरी है। आहत व्यक्ति की शिकायतों के जवाब में उसके विरोधी तर्क देकर उसका पार्टनर उसे सांत्वना ही देता है, और इसी दौरान दोनों के रैशनलाइजेशन की प्रक्रियां भी चलती रहती है।

इससे पहले पवन जब स्टैला से शादी के निर्णय की सूचना फ़ोन पर अपने माता-पिता को देता है तो वे हक्के-बक्के रह जाते हैं। रेखा उसे बिना बताए उसके घर आ धमकती है और पाती है कि वहाँ स्टैला भी उसके साथ ही रह रही है। उसके आने के बाद स्टैला कहीं और सोने चली जाती है। जब वह इस पर एतराज़ करती है तो पवन उसे बताता है कि 'यहाँ गुजरात-सौराष्ट्र में शादी तय होने के बाद लड़की महीने भर ससुराल में रहती है। लड़का-लड़की एक दूसरे के तौर-तरीक़े समझने के बाद ही शादी करते हैं।'

रेखा ने स्वयं राकेश से उसके घरवालों की मर्ज़ी के ख़िलाफ़ शादी की थी लेकिन यहाँ वह अपनी पसन्द-नापसन्द का सवाल उठाती है। पवन जवाब देता है कि 'आप में जीवन-दर्शन की कमी है। स्टैला के माँ-बाप को देखो। अपनी लड़की पर विश्वास करते हैं। उन्हें पता है वह जो भी करेगी सोच-समझ कर करेगी।' जब वह स्टैला में 'सती-सावित्री के गुण न दिखाई पड़ने' की बात कहती है तो पवन का जवाब होता है, 'तुम जो अपने आपको थोड़ा-बहुत लेखक भी समझती हो, इतनी दकियानूस कब से हो गईं कि मेरे लिए चिराग लेकर सती-सावित्री ढूँढ़ने निकल पड़ीं।'

पवन से ढेरों तकरार करने के बाद 'आहत मन और सुन्न मस्तिष्क' लिए वह घर लौट आती है। पवन पिता से फ़ोन पर कहता है, 'पापा आप अपनी शादी याद करो और माँ को समझाने का प्रयत्न करो। मैं लड़की को डिच (धोखा) नहीं कर सकता।' व्यथित होने के बावजूद राकेश रेखा के सामने पवन का पक्ष प्रस्तुत करते हैं, लेकिन रेखा उद्विग्न बनी रहती है। उसे लगता है कि 'उसने प्रेम-विवाह में पारम्परिक विवाह के सारे दायित्व निभाये। स्टैला के अन्दर ऐसी कोई तैयारी उसे नहीं दिखी।' शादी के बाद उसकी 'आशंका' सच साबित होती है क्योंकि खाना बनाने जैसे, उसके मुताबिक 'स्त्रियोचित गुणों' में स्टैला कोई रुचि नहीं लेती। 'उसकी ज़्यादा दिलचस्पी समस्याओं के ठोस निदान में थी।' वह पवन के भाई सघन का लम्बे समय से अधूरा पड़ा कम्प्यूटर जोड़कर पूरा करा देती है। राकेश को उसे ऑपरेट करना सिखाने का प्रस्ताव करती है, और रेखा की तमाम कहानियाँ एक फ्लॉपी में उतारकर उसे चमत्कृत कर देती है। जाते समय जब पवन रेखा को बीस हजार रुपये का चेक देने लगता है तो वह फिर आहत हो जाती है और मकान तथा सम्पत्ति में पवन तथा सघन के बराबर हिस्से की बात करने लगती है। इस पर पवन कहता है, 'अब बताओ हिसाब की बात तुम कर रही हो या मैं? इतने साल की नौकरी में मैंने कभी एक पैसा आप दोनों पर खर्च नहीं किया।'

किस्सा कोताह यह कि पवन और स्टैला का चरित्र न केवल अपने माता-पिता बल्कि परमजीत, जगन, संदीप और उषा, जया तथा कविता जैसे पात्रों से निर्णायक रूप से अलग है। स्वतंत्र और अखण्डित व्यक्तित्व का स्वामी होने के कारण 'दौड़' के ये पात्र पुराने समाज के आग्रहों और मानदण्डों के सामने कहीं दबाव में नहीं आते। इसीलिए वे उन समस्याओं में भी नहीं उलझते जिनमें जकड़कर लेखिका के पुराने उपन्यासों के पात्र चलती-फिरती त्रासदी बन जाया करते थे। निश्चय ही इनका यह नया जीवन इनके सामने नयी चुनौतियाँ पेश करेगा जिनका हल ढूँढ़ने के लिए इन्हें अपने हिस्से की तकलीफ़ और बेचैनी भी झेलनी होगी। लेकिन वह एक विकसित अवस्था का संघर्ष होगा जो पिछड़ेपन की शान्ति और सुख से हज़ार गुना बेहतर होगा।

बहुराष्ट्रीय कम्पनियों से जुड़ा होने और उपभोक्ता संस्कृति की उपज होने के कारण जिन आलोचकों ने इन्हें मूल्यहीनता का प्रतीक मान लिया है उन्होंने अनजाने ही, पिछड़े हुए मूल्यों के प्रति अपनी पक्षधरता और सामाजिक गतिविज्ञान की अपनी समझ की सीमा को भी उजागर कर दिया है। यहाँ विस्तार में जाने का अवकाश नहीं है, लेकिन इतना साफ़ हो जाना चाहिए कि ये पात्र बहुराष्ट्रीय कम्पनियों के संचालक या कर्ता-धर्ता नहीं हैं। ये भी अपना श्रम और हुनर बाज़ार में बेचते हैं। ठोस विकल्पों की बात किए बिना इन पर उंगली उठाना हवाई नैतिकता के प्रदर्शन के अलावा और कुछ नहीं है। जहाँ तक उपभोक्तावाद का सवाल है तो सामंती मूल्यों के वर्चस्व वाले,

हमारे समाज में इसका कोई बाइप्रोडक्ट थोड़ी-बहुत सकारात्मक भूमिका भी निभा सकता है, इससे इन्कार करना सामाजिक परिघटनाओं में निहित द्वन्द्वात्मकता से मुँह फेरकर आध्यात्मिक हो जाना है।

अंत में, हम यह कह सकते हैं कि अपने अब तक के अंतिम और बहुचर्चित उपन्यास 'दौड़' तक आकर ममता कालिया की रचनायात्रा का 'बेघर' से शुरू हुआ दौर पूरा हो चुका है। घर और प्रेम के द्वन्द्व का समाधान प्रेम और स्वतंत्रता के हक़ में सम्भव हुआ है। लेकिन इस प्रक्रिया में विश्व-बाज़ार का आगमन भी हो चुका है। इससे पैदा हुई स्थिति का सामना वे अपने आगामी उपन्यासों में कैसे करती हैं, यह देखने वाली बात होगी।

आधुनिकता की उत्तरकथा

(जितेन्द्र भाटिया का उपन्यास)

आधुनिक युग की पिछली दो शताब्दियों के अनुभव से गुज़र चुकने के बाद हम इस दौरान अर्जित अपने सभी मूल्यों, लक्ष्यों, संस्थाओं और उपलब्धियों को प्रश्नों के विकट घेरे में पाते हैं। स्वतंत्रता, जनतन्त्र और समाजवाद के आधार पर निर्मित व्यवस्थाएँ अपने विपरीत में बदल गई हैं। अब ग़ुलामी, साम्राज्यवाद और बाज़ारवाद से उन्हें अलगा पाना मुमकिन नहीं रह गया है। जिस विज्ञान और तकनीक के बूते हमने आधुनिकता के अपने सफ़र को अंजाम देना चाहा था, उसने लगभग निरपवाद रूप से विषमता को बढ़ाने और ताक़तवर को और मज़बूत करने का काम किया है। उसकी चरम परिणति के रूप में अमरीका का अति आक्रामक वर्चस्व सामने आया है जिसने हमारी सभी आधुनिक अवधारणाओं में विपरीत अर्थ भर दिया है। यह कहानी इतनी ताज़ा और ठोस है कि इसके विस्तार में जाना व्यर्थ है। ऐसी स्थिति में मनुष्य के सामने विकलता, संशय, प्रश्नाकुलता और अपने अन्दर-बाहर की जड़ता को तोड़ने की लगभग वैसी ही तड़प का जाग उठना लाज़िम है, जैसी कि इस यात्रा की शुरूआत में हुआ करती थी। इस मायने में यह अपने वयस्क जीवन में निकाले गए निष्कर्षों की प्रामाणिकता के संदिग्ध हो उठने के बाद उनकी जाँच-परख के साथ उनके विकल्पों की खोज में भी एक बार फिर बचपन की मासूमियत में लौटकर यात्रा को पुनर्संयोजित करने जैसा अनुभव है। इधर की कथाकृतियों में बचपन की स्मृतियों के अवगाहन की प्रवृत्ति जो बढ़ी है, उसके पीछे मानव-सभ्यता का यही संकट है।

इस सामान्य मानवीय अनुभव के समानान्तर हमारा विशिष्ट भारतीय अनुभव यह है कि हम अपनी आंतरिक गत्यात्मकता से संचालित किसी निर्णायक और रैडिकल (आमूल) परिवर्तन के वाहक बनकर आधुनिक युग में नहीं पहुँच थे। 1857 में इस सम्भावना का गला घोंटकर ब्रिटिश उपनिवेशवादियों ने हमारे ऊपर आधुनिकता का रंगरोगन थोप दिया था जो बुनियादी तौर पर उन्हीं की सेवा करता था। रेल, डाक, पुलिस, अदालत और विश्वविद्यालय इस औपनिवेशिक आधुनिकता के प्रमुख स्तम्भ थे जो आज तक अपनी भूमिका निभा रहे हैं। इस प्रकार असफल जीवन के साथ-साथ अधूरे जीवन का दोहरा अभिशाप झेलते हुए हम यहाँ तक पहुँचे हैं। बहरहाल,

जैसा कि हर अभिशाप के साथ होता है, इसमें भी एक वरदान छिपा है। विकसित देशों ने तो अपनी-अपनी क्रांति का एक चक्र पूरा कर लिया है और उसका खट्टा-मीठा मज़ा भी चख लिया है, लेकिन विकासशील देशों में अकेला चीन उस सीमा को पार कर सका है। जबकि हमारे देश में 1857 के दमन से उपजी बेचैनी और घुमड़न को समाप्त करने के लिए नवजागरण युग से ही उदारवादी (लिबरल) आदर्शों के वाहक, तमाम 'सेफ्टी वाल्व' लगाए गए, लेकिन वह आज़ादी के दौर के क्रांतिकारी आंदोलन, तेलंगाना, नक्सलवादी, श्रीकाकुलम और भोजपुर जैसी जगहों से लगातार फूटता रहा है। अब जबकि औपनिवेशिक उपहारों की असलियत भी उजागर हो गयी है, और देश के टुकड़े करने की कीमत पर आई 'आज़ादी' भी बेपर्दा हो गयी है, यह सही समय है जब हम भारतीय अपनी अर्थवत्ता की खोज में उतर सकते हैं और आधुनिकता तथा जनतन्त्र के अपने मॉडल की रचना कर सकते हैं। इसी वस्तुगत आवश्यकता के कारण पिछले दिनों उठीं सभी बहसें 19वीं सदी के नवजागरण, स्वाधीनता-संग्राम और विभाजन पर केंद्रित होती जा रही हैं, और भगतसिंह, सावरकर, जिन्ना, गाँधी, नेहरू और माउंटबेटन की भूमिका पर पुनर्विचार तेज़ हो गया है। हमारी इसी राष्ट्रीय आकांक्षा को व्यक्त करते हुए मुक्तिबोध ने 'चम्बल की घाटी में' शीर्षक कविता में कहा था—

मैं एक थमा हुआ मात्र आवेग,
रुका हुआ एक ज़बर्दस्त कार्यक्रम,
मैं एक स्थगित हुआ अगला अध्याय
अनिवार्य,
आगे ढकेली गयी प्रतीक्षित
महत्त्वपूर्ण तिथि,
मैं एक शून्य में छटपटाता हुआ उद्देश्य!!

दोहरे अभिशाप में निहित दूसरा अवसर यह है कि हमारे सामने अपने पूर्ववर्तियों के अनुभवों का पूरा इतिहास है। हमें अँधेरे में क़दम नहीं बढ़ाना है। हमारी आवश्यकताएँ हमें रास्ता दिखाती हैं। हम यह जान चुके हैं कि किन रास्तों से होकर स्वतन्त्रता, जनतन्त्र और समाजवाद की तरफ़ नहीं जाया जा सकता। हमें वैकल्पिक रास्तों की खोज करनी है। मसलन, सोवियत संघ के अनुभव से हम यह सीख सकते हैं कि मनुष्यता के पक्ष में काम करने वालों को विचार का सामना विचार से और हथियार का सामना विचार और हथियार दोनों से करना चाहिए, लेकिन वहाँ भी विचार की प्रमुखता हो; वरना हथियारों की होड़ में फँसने से नहीं बचा जा सकता। आंतरिक संघर्ष में इतिहास को तोड़ना-मरोड़ना और वाह्य संघर्ष में सैन्य प्रतिद्वन्द्विता करना परजीवी, शासक वर्गों के तो अनुकूल पड़ता है, लेकिन दलित-उत्पीड़ित वर्गों की

शक्तियों को इससे बचना चाहिए। मानव-इतिहास के आधुनिक अध्याय में हुए विशिष्ट भारतीय अनुभव को आत्मसात करके हमारे अनेक लेखकों ने अपनी कृतियों में युगीन आकांक्षा को स्वर दिया है। जितेन्द्र भाटिया का उपन्यास 'जुस्तजू ए निहां उर्फ रूणियाबास की अंतर्कथा' उनमें से एक है। इससे पहले कि कथा में प्रवेश करके हम देखें कि अपने समय के जटिल यथार्थ का कलात्मक रूपांतरण इस रचना में कैसे सम्भव हुआ और विश्वसनीय बन सका, आइए इस स्थिति में निहित कला की एक बुनियादी समस्या पर ग़ौर करते चलें ताकि अतीत की कुछ गुत्थियाँ भी सुलझ सकें।

यथार्थ के कला में रूपांतरण की समस्या बुनियादी तौर पर रचना के 'सत्य' की समस्या है, जबकि उसकी विश्वसनीयता का सवाल उसके 'सौन्दर्य' से जुड़ा हुआ है। सत्य इतिहास और समाज द्वारा प्रदत्त और स्वीकृत अथवा अस्वीकृत होता है, इसलिए कला की अपनी समस्या सौन्दर्य की समस्या है। रचना में निहित विचार तभी विश्वसनीय हो सकते हैं जब वे सुन्दर और कलात्मक ढंग से व्यक्त हों। यहाँ एक बात बिलकुल साफ़ होनी चाहिए कि रचना कितनी भी अमूर्त हो और रचनाकार कितना भी यथार्थ-विरोधी, प्रत्येक रचना अपने स्वरूप में यथार्थ के प्रति किसी न किसी दृष्टिकोण को व्यक्त अथवा अव्यक्त रूप से समाविष्ट रखती है। अब यह उसकी संरचना पर है कि वह अपने दृष्टिकोण को (जो सचेतन भी हो सकता है और अचेतन भी) कितना प्रभावशाली बना सकती है।

अंश में सम्पूर्ण यानी व्यष्टि में समष्टि की अभिव्यक्ति कला का मूलभूत दायित्व है। छोटे से छोटे विषय को उठाकर की गई सार्थक रचना व्यापक यथार्थ को व्यंजित करती है। इस प्रक्रिया में रचना के दो स्तर हो जाते हैं—प्रत्यक्ष और अप्रत्यक्ष। इन दोनों में पारस्परिक अन्तःक्रिया, सामंजस्य और गाहे-ब-गाहे एक-दूसरे में होने वाला रूपांतरण सौन्दर्य की शर्त है। ध्यान रहे कि रचना मूलतः काल्पनिक प्रतिसृष्टि है और सतही यथार्थ से उसका कम ही लेना-देना है।

ज़ाहिर है कि इस शर्त को पूरा करने के लिए दोनों पक्षों की मौजूदगी की आवश्यकता पड़ेगी। प्रायः यह सम्भव नहीं होता क्योंकि प्रत्यक्ष तो सशरीर उपस्थित होता है और अप्रत्यक्ष उसकी छाया अथवा व्यंग्यार्थ बनकर ही आ सकता है। इसलिए इन दोनों में भी प्राथमिक स्थिति प्रत्यक्ष की होती है। उसका निरूपण रचना के आंतरिक तर्क से जितना ही पुष्ट और प्रामाणिक होता है, उतना ही व्यापक यथार्थ के व्यंजित होने की सम्भावना भी बढ़ जाती है, जबकि संकेतों और प्रतीकों के सहारे प्रत्यक्ष की क़ीमत पर अप्रत्यक्ष की साधना करने वाली रचना, विशेषकर कथारचना चूँ-चूँ का मुरब्बा होकर रह जाती है। रचना के सौन्दर्य का दूसरा जानने योग्य संघटक तत्त्व है उसके प्रत्येक पक्ष तक रचनाकार की संवेदना का अबाध प्रसार। प्रत्येक रचना में रचनाकार का कोई न कोई प्रिय तथा अप्रिय पक्ष ज़रूर होता है, जिसे उसका पक्ष

और प्रतिपक्ष कह सकते हैं। प्रिय से संवेदना और समानुभूति का होना तो आवश्यक है ही, सच्चा रचनाकार अप्रिय के अंतर्जगत में प्रवेश करके उसके पक्ष को भी सामने लाने में सफल होता है। इस प्रकार विभिन्न पक्ष जब सर्वश्रेष्ठ रूप में अपने औचित्य की स्थापना के लिए रचना में द्वन्द्वरत होते हैं, तब वह रचना सौन्दर्य की दृष्टि से परिपूर्ण होती है और इससे सत्य की हानि भी नहीं होती। जबकि कमज़ोर रचनाकार अपने पक्ष को न्यायोचित ठहराने और प्रतिपक्ष की कमज़ोरियों की पोल खोलने और उसकी खिल्ली उड़ाने में ही जुटा रहता है। ऐसे में उसकी रचना एक पहिए वाली बैलगाड़ी की तरह एक ही जगह गोल-गोल घूमती रह जाती है और किसी लक्ष्य तक नहीं पहुँच पाती, चाहे उसमें कितने ही महान सत्य का पक्षपोषण किया गया हो।

कुछ लोग रचनाकार के अपने 'स्टैंड' को लेकर बहुत आंदोलित रहते हैं। कोई रचनाकार अगर संयोगवश राजनेता, न्यायाधीश अथवा समाजसुधारक हो तो इन क्षेत्रों में उसके 'स्टैंड' का कुछ अतिरिक्त महत्त्व हो सकता है, लेकिन रचना के प्रसंग में यह कतई महत्त्वहीन और अप्रासंगिक बात है। महत्त्व रचना के 'स्टैंड' का है, उससे उभरने वाली सचाई का है। इस सचाई को अपनी-अपनी रुचियों, संस्कारों और स्वार्थों के मुताबिक अलग-अलग लोग अलग-अलग रूप में ग्रहण करते हैं। इसीलिए किसी रचना को लेकर होने वाले वाद-विवाद का महत्त्व होता है। इसी प्रकार रचनाएँ इतिहास के निर्माण में अपनी भूमिका निभाती हैं। अपने सर्जक और समय की वैचारिकी का उपकरण बनकर नहीं, बल्कि उनकी सीमा का अतिक्रमण करते हुए वे भविष्य की पगडंडियों का उद्‌घाटन करती हैं।

बहरहाल, उपन्यास की शुरूआत इस एक अर्थपूर्ण वाक्य के पैराग्राफ़ से होती है, 'ढलान से उतरते हुए अचानक ख़्याल आया कि अपनी या किसी दूसरे आदमी की समूची गुज़री हुईं ज़िन्दगी को क्या किसी सूरत में दुबारा जिया जा सकता है?'

प्रसंग, अपने पत्र के 'भैंचो' तकियाकलाम वाले मालिक पारीक साहब के कहने पर वाचक 'मैं' के (जो खोजी पत्रकार है) मुख्यमंत्री के गाँव डूंगरपुरा आने का है। वहाँ से लौटते समय बस का ऐक्सल टूट गया है और वह उसे छोड़कर तिरछे जंगली रास्ते से कुछ दूरी पर स्थित हाइवे की तरफ़ जा रहा है। दरख़्तों और झाड़ियों के झुरमुट से गुज़रते हुए अचानक वाचक को अपने बचपन की याद आने लगती है। वहीं के एक खँडहर में पिछले चालीस वर्षों से अदृश्य रहते हुए लोगों की मनौतियों को पूरा करने वाले ओझल बाबा के बारे में सुनकर वह उसकी असलियत का पता लगाने के लिए रुक जाता है, और यह कहानी परवान चढ़ती है।

वाचक एक 'टिपिकल' आधुनिकतावादी है, विवेक और तर्क के प्रति समर्पित, प्रत्येक स्थिति की विसंगति को पहचानने और उस पर टिप्पणी करने में ग़ज़ब के हास्यबोध का परिचय देने वाला, जीवन में अव्यावहारिकता और अराजकता की हदों

को छूता हुआ लोकतांत्रिक, लेकिन आंतरिक संशय की दीवार को अंततः न लाँघ पाने वाला। एक सीमा के बाद उसे हर उद्देश्य 'चूतियापा' लगने लगता है और अनास्था तथा संत्रास का शिकार होकर वह अपने बॉस 'पारीक साहब की हिदायतों के मुताबिक किसी मुख्यमंत्री या सेठ के पी ए या उसके साले के बहनोई की व्यक्तिगत मशीनरी के किसी ज़रूरी कलपुर्जे को सहलाने या चूसने की शर्मनाक प्रक्रिया में जुट जाता था।' (पेज-109)

इसी 'दोगली ज़िन्दगी' को जीते-जीते वाचक का यह एहसास एक दिन गहराकर उसे जकड़ लेता है कि 'क्या सचमुच हमारे लिए उम्मीद की शक्ल में कोई रास्ता बचा था, जिस पर चलते हुए चीज़ों में एक नयी बेचैनी पैदा की जा सकती या कम से कम इस बेतरह ग़लत हो गए सिलसिले को एक बिल्कुल नए सिरे से दुबारा जीने की कोई तदबीर जुटाई जा सकती, या कि हम किसी मनहूस अंधी गली के आख़िरी बदहवास मोड़ तक पहुँचकर दम तोड़ देने का उपक्रम मात्र कर रहे थे।' (पेज-62)

किसी फ़िल्म के 'टाइटिल सांग' की तरह वाचक के मन में रह-रहकर उठने वाला यह सवाल हमारी आधुनिक सभ्यता के सामने लगे हुए विशालकाय प्रश्नचिह्न की तरफ़ भी इशारा करता है। इसका प्रमुख कारण हमारी समूची आधुनिक सभ्यता में विचार और व्यवहार अथवा ज्ञान और कर्म के बीच बन गया विरोध का रिश्ता है। इसका एक विशिष्ट भारतीय सन्दर्भ भी है जो उपन्यास में आर्यसमाजी प्रोफेसर, संघी गुरु जी और 'शाखा' के 'बौद्धिक' के दौरान प्रवचन देने वाले मुष्टंडे योगी के हवाले से सामने आता है।

प्रोफेसर साहब देश के पतनशील 'मॉरल कैरेक्टर' की मीमांसा करते हुए पुराने ज़माने के लोगों की धार्मिकता और चरित्र की बात करते थे। इसी से जुड़ा हुआ संघी गुरु जी का वक्तव्य पुराने जमाने के लोगों के लिए है कि 'उनका वीर्य दही की तरह गाढ़ा होता था।' 'शाखा' में आने वाले योगी का मूलबंद लगाने तथा ख़ून की सौ बूँदों से बनने वाली वीर्य की एक बूँद के संरक्षण और संचरण के 'पेटेंट सिद्धांत' के साथ-साथ वाचक को यह भी याद आता है कि 'चौथी क्लास के एक भुक्तभोगी चिकने छात्र ने बाद में अफवाह उड़ाई थी कि बच के रहियो, योगी साला परले सिरे का रंगीला और लौंडेबाज है...।' (पेज-88)

कहने की आवश्यकता नहीं कि नैतिकता और चरित्र को यौनिकता तक सीमित करके देखने वाली यह पाखण्डी प्रवृत्ति हमारे राष्ट्रीय जीवन में अपनी तमाम विकृतियों और कुंठाओं के साथ चौतरफ़ा बजबजा रही है। यह विषय ऐसा है जिस पर 'बोल्डनेस' का तमगा लेने के इच्छुक (सेक्स से उतने ही आक्रांत) तो बहुत मिलते हैं, लेकिन सुसंगत दृष्टिकोण का अभाव ही दिखता है। वाचक की समस्या यह है, 'प्रोफेसर की शारीरिक और मानसिक संयम वाली बातें मुझे उस मूलबंद पुराण जितनी

ही पोच और वाहियात लगती हैं, लेकिन उनका दिल दुखाकर मैं उन्हें अपनी ज़िन्दादिल संगति से एवं अपने-आपको चाय और समोसों के लज़ीज़ नाश्ते से महरूम नहीं रखना चाहता। यानी तमाम बड़े-बड़े मंसूबों के बावजूद इस मोड़ पर आकर हिन्दुस्तान हमेशा मार खा जाता है।' (पेज-88)

बात यहाँ चाय-समोसे की नहीं, किसी का दिल न दुखाने की है। सत्य वही बोलो जो प्रिय भी हो, अप्रिय सत्य मत बोलो। लेकिन सच तो कड़वा होता है। ज़ाहिर है, उसे बोलना बुद्धिमानी का काम नहीं। इसीलिए हमारे समाज में कबीर के बाद अब तक कोई कवि हर सत्ता को चुनौती देकर, फटकार कर सच बोलने वाला नहीं हुआ। समन्वय, सामंजस्य, संतुलन और तालमेल की बाजीगरी को सत्य और न्याय का विकल्प बना दिया गया। इस बात को भुला कर कि सत्य-असत्य, न्याय-अन्याय और उचित-अनुचित के बीच होने वाला कोई भी तालमेल निरपवाद रूप से असत्य, अन्याय और अनौचित्य के पक्ष में जाता है। समदर्शिता के इसी पाखंड को लक्ष्य करके मुक्तिबोध ने कहा था—

प्रस्तरीभूत मैं गतियों का हिम हूँ,
बीच ही में टूट गया कोई पराक्रम हूँ,
चट्टानी-टीलों की जमी हुई तह से
दुनिया की पाषाणीभूत सतह से
सामंजस्यों के कटघरे में ख़ुद
संगति-बद्ध ही रहने की है ज़िद
परन्तु, संतुलनात्मक स्थितियाँ
जैसी कि वे हैं
छिः हैं, थूः हैं, हेः हैं। *(चम्बल की घाटी में)*

पहले कहा जा चुका है कि 1857 में हमारे सभी अग्रगामी, रैडिकल तत्त्वों का बर्बर दमन कर चुकने के बाद अंग्रेज़ों ने अपने विधि-विधान के मुताबिक हमें 'आधुनिक' बनाया। हमारी रैडिकल प्रवृत्तियाँ समय-समय पर उभरती रहीं, लेकिन औपनिवेशिक मूल्यों की घुट्टी अधिक असरदार साबित हुई और हमारा राष्ट्रीय चरित्र समझौतापरस्ती का ही बना रहा, जिसे हमने उदारता, सहिष्णुता और विशिष्ट भारतीय नैतिक बल के रूप में परिभाषित किया। ग़ुलामी का अंत विभाजन की शर्त पर हुए समझौते से मिली आज़ादी में हुआ। इसके अगले चरण के रूप में हमारे रंग-बिरंगे शासक वर्ग ने नयी ग़ुलामी के समझौते पर दस्तख़त करने और नए बँटवारे की दीवार उठाने में कोई कोताही नहीं की है।

पूरी कथा में वाचक बार-बार अपने उदारवादी तथा समझौतापरस्त रवैये के

कारण अपनी अनिश्चयात्मकता तथा निर्णायक मौक़ों पर संशयग्रस्त होकर लौट आने वाली प्रवृत्ति की बात करता है। वह संतुलन और सामंजस्य के प्रति अपने आकर्षण को भी व्यक्त करता है। पहली बार साइकिल चलाते समय का अनुभव उसी के शब्दों में देखें—

'अहसास हुआ कि पीछे से कैरियर को सँभालने वाले पड़ोस के लड़के का हाथ कहीं दूर छूट गया और साइकिल अपने दो पहियों और मेरे संतुलन के बूते पर अपने आप किसी अजूबे की तरह आगे बढ़ रही है, तो एक अनकहा रोमांच सारे जिस्म को सराबोर करता चला गया था। ... वक़्त के साथ मैंने जाना था कि संतुलन के रोमांच से आगे निकल जाने के बाद कहीं कुछ ख़ास बचता नहीं है।' (पेज 51-52)

इसी तरह एक चिड़िया की उड़ान का दृश्य देखें—'जैसे समंदर के पानी में घुटनों-घुटनों तक लहरों के बीच खड़ा हुआ कोई बच्चा होता है, कुछ उसी अंदाज़ में एक ज़िद्दी चिड़िया आसमान में हवा के बहाव के विरुद्ध पंख फड़फड़ाती हुई अपने-आपको हवा में स्थिर खड़ा करने की असम्भव कोशिश में थी। संतुलन की स्थिति में पाँच-सात क्षण गुज़र चुकने के बाद वह अपने इस करतब से विभोर होकर हवा में एक स्वच्छन्द गोता लगाती, और उसके बाद न्यूटन के सिद्धांत को ग़लत सिद्ध करने की शिद्दत भरी कोशिश में दुबारा उसी तरह पंख फड़फड़ाना शुरू कर देती।' (पेज-125)

कोई भी देख सकता है कि इन दोनों मौक़ों पर जो रोमांच है वह हवा और गुरुत्वाकर्षण की शक्ति से अपनी गति के बल पर जूझने से पैदा हुआ है। इस प्रक्रिया में कुछ देर का संतुलन क़ायम हो जाए, यह और बात है, पर निरे संतुलन की अवस्था में रोमांच की कल्पना भी नहीं की जा सकती। वाचक की समस्या ही यह है कि वह जीवन में नया अर्थ तो भरना चाहता है लेकिन एक सीमा के बाद असुरक्षा का जोखिम भी नहीं उठाना चाहता। इसीलिए उसकी 'भूतपूर्व दोस्तानियाँ' उसमें 'किलर इंस्टिंक्ट' की कमी की शिकायत करती हैं, और वह स्वीकार करता है कि 'असली दिक़्क़त यह थी कि एक सीमा से आगे मुझे न सिर्फ़ हर उद्देश्य के औचित्य पर शक होने लगता था, बल्कि संयोग कुछ ऐसा पड़ता था कि वक़्त के साथ यह शक सही भी साबित होता था।' (पेज-129)

ग़ौरतलब है कि अपनी इस अनिश्चयी मनोदशा के लिए वाचक जिन्हें ज़िम्मेदार ठहराता है उनमें उसके अध्यापकों की महत्त्वपूर्ण भूमिका है। गणित के मास्टर सोहनलाल जी अपनी पत्नी से पिटते थे और बदले में बेंत से क्लास के बच्चों की इतनी पिटाई करते थे कि उन्हें जो आता था, वह भी भूल जाता था। इसी प्रकार काशीप्रसाद गुरु जी थे जो छात्रों की हर बात के जवाब में एक ही जुमला दुहराते थे—सो नहीं, सो नहीं। वे पिटाई तो नहीं करते थे, लेकिन उनकी यह असहमति-सूचक मुद्रा वाचक को आगामी जीवन भर मौक़े-बेमौक़े याद आती रही। प्रारम्भिक शिक्षा के

दौरान ही बच्चों में व्याप्त हो जाने वाला अपराध-बोध तथा आतंक उनके अवचेतन में बैठ जाता है और उन्हें इतना आत्मविश्वस्त नहीं रहने देता कि कभी अपना सर्वस्व दाँव पर लगाकर वे कोई निर्णायक काररवाई कर सकें। शिक्षा का यह चक्रव्यूह बच्चों को उत्तरोत्तर अधिक भयग्रस्त करता गया है। वाचक के बचपन में गणित इसका वाहक था, लेकिन आजकल अंग्रेज़ी के सर्वव्यापी वर्चस्व के बीच नब्बे फीसदी बच्चे भाषाई विकलांगता के शिकार होकर रटंत विद्या की बैसाखी के सहारे किस तरह अपने माँ-बाप की अधूरी महत्त्वाकांक्षाओं की नैया खे रहे हैं और इस प्रक्रिया में उनका मासूम मन कितनी जटिलताओं से घिर रहा है, इसकी कल्पना सहज नहीं है। वाचक की ही एक मार्मिक आत्मस्वीकृति देखें—

'उन अनपढ़ गाँव वालों की ही तरह मैं भी अपनी आदर्शवादी अपेक्षाओं के वज़न से बाबा को ऐसा बना डालना चाहता था, जैसा शायद वह नहीं था, न हो सकता था।... मेरे जेहन में अचानक काशीप्रसाद गुरु जी का वही जुमला कौंधा जिससे वे हमारे तमाम छोटे-बड़े तर्क काट दिया करते थे। और तब मुझे लगा कि ओझल बाबा उर्फ रामगोपाल चोरडिया की सही ग़लत स्मृति के साथ मैं वही सब कर रहा हूँ जो गणित के सोहनलाल मास्टर जी, बायोलॉजी के सर, पारीक साहब और मेरे अपने बड़े भाई सहित सैकड़ों लोगों ने अब तक मेरे साथ किया था।' (पेज-64)

इस प्रसंग की एक दूरगामी प्रतिध्वनि ब्रेख़्त की इस प्रसिद्ध कविता में सुनाई पड़ती है जो उन्होंने पूर्वी जर्मनी के शासक कम्युनिस्ट नेताओं को संबोधित करते हुए लिखी थी :

सुनो शिक्षक
अक्सर मत कहो कि तुम सही हो
उसे महसूस होने दो ख़ुद-ब-ख़ुद
सच को थोपो मत
यह ठीक नहीं है उसके हक़ में
जो कहते हो उसे सुनो भी

उपन्यास में वाचक का प्रतिरूप डेविड है जो जर्मनी के हाइडेलबर्ग नामक शहर में फ़िज़ियोथेरेपिस्ट का काम करते-करते अपनी पत्नी से लड़कर हिन्दुस्तान चला आया है और उसी की तरह राह चलते ओझल बाबा के बारे में सुनकर उसका रहस्य जानने में जुट गया है। वाचक की ज़िन्दगी में जो जगह पारीक साहब की है, डेविड की ज़िन्दगी में वही जगह उसकी बीवी की है। जीवन के व्यावहारिक तक़ाज़ों को पूरी तरह न स्वीकार कर पाने के कारण डेविड से डेविड की बीवी को भी वही शिकायत है जो वाचक से पारीक साहब को है, यानी 'उन्हें पता नहीं है कि उन्हें ज़िन्दगी से क्या चाहिए?'

डेविड की बूढ़ी माँ एक ख़स्ताहाल 'ओल्ड एज होम' में अकेली रहती थीं और हर दूसरे दिन वह उनसे बात करता था। अब माँ की याददाश्त कमज़ोर पड़ती जा रही थी और कभी डेविड का फ़ोन नम्बर याद न आने के कारण वे दीवारों पर सर पटक-पटककर रोने लगती थीं। 'यह सवाल डेविड को बेतरह परेशान करता था कि माँ की धुँधली पड़ती, ऊबड़-खाबड़ स्मृति में ऐसा क्या था, जिसे वे नीमबेहोश बदहवासी में भी खँगाल-खँगालकर किसी भी तरह अपने दुनियादार बेटे और बहू के साथ बाँट लेना चाहती थीं?' डेविड जब गर्भ में था तभी उसके यहूदी पिता नाज़ी कैंपों के शिकार हो गए थे और अब वह उन्हें स्पीलबर्ग की फिल्म (सम्भवतः 'शिंडलर्स लिस्ट') में ढूँढ़ने और पहचानने की कोशिश करता था। डेविड की पत्नी उसके स्वभाव के लिए पिता से उसे विरासत में मिले यहूदी ख़ून को दोषी मानती थी।

वाचक और डेविड में फ़र्क़ यह है कि वाचक ढुलमुल, अस्थिर और पलायनवादी स्वभाव का व्यक्ति है, वहीं डेविड दृढ़, आक्रामक और निश्चयात्मक रवैया अपनाता है। वाचक कई बार उसकी आक्रामकता और दृढ़ता से घबरा भी जाता है, लेकिन उसके निर्देशों पर अमल करते हुए वह काफ़ी राहत और सुकून का अनुभव करता है। अपने इस रैडिकल प्रतिरूप की अगुवाई में काम करते हुए वह काशीप्रसाद गुरु जी तथा पारीक साहब जैसों के प्रति भी उदार और मानवीय हो पाता है, जिससे पता चलता है कि उसके जीवन में वास्तविक कमी इसी विचार की थी। उसकी कुछ स्वीकारोक्तियाँ देखें—'डेविड के ठंडे और निश्चयात्मक रवैये ने हमारे अभियान को एक ठोस क़िस्म की अनुशासनशीलता दे डाली थी। ... 'शहर और सपना' वाले पिलखुवा से कई सौ मील दूरी वाली उस उम्मीदों भरी शाम में मैं अपने आपको काशीप्रसाद जी जैसों के कई सौ ख़ून माफ़ कर डालने की असाधारण मनःस्थिति में पा रहा था। ... आत्मावलोकन की उस घड़ी में पहली बार मेरे मन में पारीक साहब के लिए एक फाहश, मगर आत्मीय किस्म की गाली भी उभरी।' (पेज- 130, 151)

हमारे समय में जारी उलटफेर, अराजकता और उथल-पुथल को अनेक कथाकारों ने अपनी रचनाओं में दुःस्वप्न से समीकृत करके इसकी विकरालता और 'अतार्किकता' को बोधगम्य बनाया है। वाचक का एक महत्त्वपूर्ण अवलोकन देखें—

'एक दुनिया थी, जो हमारे हाथों से फिसलकर किसी बदसूरत दुःस्वप्न के जबड़ों में समाती जा रही थी। इस दुनिया के मूल में कहीं कुछ आदिम और शाश्वत था, जो बहुत नज़दीक होते हुए भी किसी विस्मृति भरे जंगल की पागल कर देने वाली ख़ुशबू की तरह अप्राप्य और पहुँच के बाहर लगने लगा था। ... वह परम यथार्थ, जिसे क्षण भर के लिए छू पाने के जुनून ने मेरी ही तरह उस जर्मन मालिश वाले और पता नहीं कितने दूसरे लोगों को अपने घरों से हज़ारों मील दूर, इन जंगली बियाबानों में सदा के लिए भटकते रहने पर विवश कर डाला था? और क्या यही था उस सिरफिरे

उड़नछू बाबा का अन्तिम लक्ष्य, उसके अस्तित्व का चरम उद्देश्य, जिसके पागलपन में उसने अपनी ज़िन्दगी के चालीस लम्बे वर्ष ज़माने की नज़रों से बहुत दूर उस नामालूम खँडहर की अँधेरी, ख़ुश्क दीवारों को चुपचाप निहारते हुए गुज़ार डाले थे?' (पेज-112)

मानव-जीवन अपने आरम्भ में किसी प्रकार के भेदभाव से अनजान, आदिम सामंजस्य (प्रिमिटिव हार्मोनी) की अवस्था में था। सभ्यता के विकास के साथ यह आदिम लय टूटी और वर्ग, लिंग, धर्म, जाति तथा राष्ट्र आदि के आधार पर विभाजन उत्पन्न हुआ। हमारी आधुनिक सभ्यता ने इसके बीच की विषमता को मिटाकर मानवजाति को उसकी पुरानी 'निर्द्वंद्वता' प्रदान करने का वादा किया था। जनतन्त्र और साम्यवाद, इन वायदों के दो छोर थे। दोनों फ़िलहाल उल्टी राह चल पड़े हैं। विभाजन और तीखा होता जा रहा है, विषमता और बढ़ती जा रही है। लेकिन मनुष्य हमेशा ऐसी परिस्थितियों को ख़ारिज करके नया रास्ता ढूँढ़ता आया है। इस खोज की शुरूआत सामूहिक प्रयासों की अपेक्षा व्यक्तिगत प्रयासों से होती है। पहले कुछ अग्रगामी, विद्रोही व्यक्ति अनजाने इलाक़ों में आगे बढ़ते हैं। इस खोज के अपने जोखिम हैं। इसमें वापसी का रास्ता नहीं होता। जो आगे बढ़ने की राह नहीं पाते, वे अपनी तलाश में ही धीरे-धीरे खो जाते हैं। ढेरों असफलताओं के बाद कोई सफलता मिलती है। इसके बाद धीरे-धीरे समाज उस रास्ते को स्वीकार करता है, और उस पर चलता है। वाचक और डेविड की बेचैन ज़िन्दगी की वजह यही खोज थी, और एक दिन जब उन्हें अपने एक पूर्ववर्ती द्वारा इस दुनिया को चालीस बरस पहले ठुकराकर अपने हठ पर क़ायम रहने का पता चला तो स्वभावतः वे उसकी सचाई जानने के लिए व्याकुल हो उठे।

चालीस बरस पहले अपने सूदख़ोर बाप से लड़कर रूणियाबास नामक उस गाँव के खँडहर में हमेशा के लिए गुम हो जाने वाले रामगोपाल चोरडिया नामक उस शख़्स को शुरूआत में कई दिनों तक खाना खिलाने वाले ग्यारसीलाल के अनुसार 'खँडहर में रहने के कुछ दिनों बाद ही बाबा चोरडिया का दिमाग़ फिर गया था और रात के वक़्त वह जानवरों, चिड़ियों और कीड़े-मकोड़ों से बातें करने की कोशिश करता रहता था। अब भी लंगूरों की टोलियाँ उस अहाते के पेड़ों पर रात के वक़्त पनाह लेती हैं और सुनते हैं कि बाबा की सेवा में जुटे बहुत सारे काले नाग पहरेदारों की तरह खँडहर के बाहर-भीतर चक्कर लगाते रहते हैं।' (पेज-69)

ज़ाहिर है कि लंगूरों और नागों की भूमिका इन चालीस बरसों के दौरान लोकमन में बने मिथक से उपजी है, लेकिन शुरूआती दौर में 'बाबा' का प्रकृति से तादात्म्य अर्थपूर्ण है। उसने एक सामाजिक व्यवस्था से निर्णायक विद्रोह कर दिया था, लेकिन उसके पास कोई वैकल्पिक रास्ता नहीं था। ऐसे में उसके अवचेतन में बैठी आदिम युग की स्मृति जाग उठी जब मनुष्य बहुत कुछ अपने परिवेश और प्रकृति का हिस्सा

होता था। प्रत्येक मानव-भ्रूण को गर्भ में इस तादात्म्य की अनुभूति होती है, जो पैदा होने के बाद धीरे-धीरे विलीन होने लगती है। बचपन की स्मृति की तरफ़ लौटना आंशिक रूप से उस अनुभव को भी याद करना है, जैसा कि वाचक बार-बार करता है। किन्तु रामगोपाल चोरडिया के लिए यथार्थ असहनीय हो चुका था। उसने चेतना की सरहदों को पार कर अवचेतन की अँधेरी, गहरी खाई में छलांग लगा दी। होशमंदों की दुनिया से ओझल होकर वह अपने गुप्त तहख़ाने में रहने चला गया।

ओझल बाबा अपनी मूल आदिम प्रवृत्तियों और ऐंद्रिय संवेगों के साथ खँडहर में रहता है। कथा के साक्ष्य के अनुसार उसकी स्वादेन्द्रियाँ प्रखर हैं और वह अच्छे खाने के शौक़ीन के रूप में विख्यात है। शुरूआती वर्षों में लाडनबाई उर्फ भगवती, जिससे सम्भवतः उसका प्रेम-सम्बन्ध भी क़ायम हो गया था, उसके लिए खाना लाती थी। कथा के बिलकुल अंत में, जब उसने अपनी अदृश्यता का मान रखने के लिए मौत को गले लगा लिया था, उसके पास अधखाया अमरूद पड़ा था। इसी अधखाए अमरूद के द्वारा उसने हमारी आधुनिक सभ्यता को आख़िरी बार ठेंगा दिखाया था।

ओझल बाबा का अस्तित्व वाचक और डेविड के लिए ख़ुद उनके अस्तित्व का प्रश्न बन गया था। इस दुनिया को ठुकराकर अगर कोई चालीस साल तक किसी और को दिखाई दिए बिना रह सकता है, इसका मतलब है कि सांसारिक व्यावहारिकता का निर्वाह अनिवार्य नहीं है, और उससे निर्णायक सम्बन्ध-विच्छेद करके जीवन को सही अर्थ देने वाले रास्तों की खोज की जा सकती है। इसीलिए एक बार जब वे खँडहर की अच्छी तरह छानबीन करके ख़ाली हाथ लौट आते हैं तो डेविड कहता है—

'आई कांट विलीव इट! मुझे यक़ीन नहीं आता कि वहाँ कोई नहीं है!... वह सारी उम्मीद, दैट फेथ... वह सब क्या बेमानी है?'

डेविड को असमंजस और निराशा में पाकर वाचक की स्वाभाविक अनास्था प्रकट होती है—'हक़ीक़त यह है कि हमने अपने-आपको एक अँधेरे तहख़ाने में बंद कर लिया है। इस घटाटोप में जब हमें रोशनी का एक बारीक क़तरा दिखाई देता है तो हम समझते हैं कि हमने बाहर निकलने का रास्ता ढूँढ़ लिया है। लेकिन रोशनी का वह क़तरा धोखादेह होता है। वह क़तरा दरअसल हमारी ख़ुद की आँख की परछाईं भर होती है... दैट्स इट!... हक़ीक़त यह है कि उस खँडहर में कोई नहीं है, न हो सकता है क्योंकि हमने ख़ुद... हमने ख़ुद...'

आशय यह है कि हमने ख़ुद अपने लिए यह नियति चुनी है और दूसरी सम्भावनाओं का अंत कर लिया है। वाचक अब इस खोज-अभियान को एक 'हादसा' समझता है और किसी 'दुःस्वप्न' की तरह इसे भूलकर लौट जाना चाहता है, लेकिन डेविड उसके जवाब पर क्रुद्ध हो जाता है—'क्या कहा तुमने अभी? व्हाट डिड यू से जस्ट नाऊ?... फिर से कहो!... रिपीट इट!... मैं कहता हूँ...' (पेज-142)

मूलतः यह फ़र्क़ लिबरल और रैडिकल के बीच का है। आमूलचूल परिवर्तन की सम्भावना की अनुपस्थिति में लिबरल प्रवृत्ति राहत की साँस लेती है, क्योंकि उसके अपने रवैये की वैधता इसी से स्थापित होती है। इसीलिए वह उन सम्भावनाओं की खोज में शामिल होने के बावजूद पहला मौक़ा मिलते ही लौटने की सोचने लगती है। इसके इसी ढुलमुलपन में उसके रूपांतरण की सम्भावना भी छिपी होती है। रैडिकल प्रवृत्ति के दबाव के सामने भी वह कोई निर्णायक विरोध नहीं कर पाती और हिचकिचाते हुए उसके साथ चल पड़ती है। आगे चलकर जब उसके अनुभव रैडिकल विचार की पुष्टि करते हैं तो उसके अन्दर पुनर्विचार की प्रक्रिया चलती है जो उसे रूपांतरण की दिशा में ले जा सकती है। इसीलिए डेविड उस पर क्रोधित हो उठता है और खँडहर में तहख़ाने की सम्भावना का ख़्याल आते ही वाचक को लगभग 'घसीटता हुआ' चल देता है, जबकि वाचक की प्रतिक्रिया कुछ यूँ रही—'उसकी निश्चयात्मकता से मैं फिर एक बार काँप-सा गया। ...मेरे माथे से ठंडा पसीना छूटने लगा था।... बाबा के वजूद की एक धुँधली, पागल-सी सम्भावना दुबारा हमारी ओर झाँकती दिखाई देने लगी थी...' (पेज - 143)

जब ये दोनों खँडहर के तहख़ाने में घुसते हैं तो पाते हैं कि सफेद बालों वाला एक नंगधड़ंग बूढ़ा मुँह के बल गिरा पड़ा है। उसका बदन गर्म है और होठों से ख़ून की लकीर फूट रही है, लेकिन प्राण निकल चुके हैं। ऐसा लगता है कि अपने चालीस बरस लम्बे एकांत के टूटने की सम्भावना ने पलक झँपकते ही उसका अंत कर दिया था। मृत्यु के साथ ही उसकी साधना अटूट रही। जीते जी कोई उसे देख नहीं सका। यही वजह है कि डेविड और वाचक उसकी मृत्यु पर कोई शोक नहीं व्यक्त करते। यह उसकी महज़ जैविक मौत है। उसकी भावना उनके जैसे तमाम जिज्ञासुओं के मन-प्राण के साथ एकाकार होकर जीवित रहेगी, जैसा कि वाचक महसूस करता है—'कोई और हमारे करीब, बल्कि हमारे भीतर साँस ले रहा है, जिसे हाथ आगे बढ़ाकर छू पाना बेहद मुश्किल है, लेकिन कॉलर के बटन खोलकर अगर पूरी तबीयत से कोशिश की जाए, तो शायद इतना मुश्किल भी नहीं है...' (पेज 148-49)

कथा के इस मुक़ाम पर पहुँचकर बरबस ही मुक्तिबोध के 'ब्रह्मराक्षस' की याद आती है—

बावड़ी में वह स्वयं
पागल प्रतीकों में निरन्तर कह रहा
वह कोठरी में किस तरह
अपना गणित करता रहा
औ' मर गया...
वह सघन झाड़ी के कँटीले

तम-विवर में
मरे पक्षी-सा
विदा ही हो गया
वह ज्योति अनजानी सदा को सो गयी
यह क्यों हुआ!
क्यों यह हुआ!!
मैं ब्रह्मराक्षस का सजल-उर शिष्य
होना चाहता
जिससे कि उसका वह अधूरा कार्य,
उसकी वेदना का स्रोत
संगत, पूर्ण निष्कर्षों तलक
पहुँचा सकूँ।

ओझल बाबा की तरह ही उसकी पूर्व प्रेमिका लाडनबाई भी सांसारिक मापदण्डों के अनुरूप नहीं साबित हुई। तीन साल पहले एक दुर्घटना में (जो लोकनिर्माण कार्य में व्याप्त भ्रष्टाचार की वजह से हुई) अपने इकलौते बेटे को खो देने के बाद वह जड़ हो चुकी है। डॉक्टरों को उसकी भनक लग गई है और उसे मानसिक अस्पताल ले जाकर वे सुइयों और हथौड़ों से उसकी भरपूर गत बना चुके हैं, लेकिन उसके अवरुद्ध कंठ और हृदय से कोई आवाज़ या रुलाई नहीं निकल सकी। वह सिर्फ़ भय और क्रोध का प्रदर्शन कर पाती है तथा मिट्टी के ठीकरों को इकट्ठा करने और उनकी सुरक्षा में लगी रहती है।

वाचक जब डेविड को लेकर उसके पास जाता है तो बाहरी लोगों के साथ अपने कटु अनुभवों के कारण वह 'किसी घेर लिए गए जानवर की तरह चारपाई के सहारे दुबककर बैठी... गोया कि अपनी नियति से परास्त, आने वाले अगले क्रूर प्रहार का इंतज़ार करती रही...' डेविड ने उसकी हथेली को अपने हाथ की गिरफ़्त में लेकर दबाया तो उसके भाव कुछ बदले और वह उसकी आँखों में देखने लगी। फिर डेविड उसकी हथेलियों को छोड़कर उसके गले और कंधे के बीच के हिस्से को एक नियमित दोहराव के साथ धीरे-धीरे मथने लगा। वाचक को ध्यान आया कि डेविड पेशे से एक 'फिजियोथेरेपिस्ट' यानी 'मालिशवाला' है। उसकी प्रतिक्रिया देखें—

'मालिश करने वाली उंगलियों के वज़न तले लाडनबाई के चेहरे का वह दहशतज़दा भाव अब धीरे-धीरे पिघलने लगा था। मैंने देखा था, उसकी पलकों पर किसी नशे की-सी सुस्ती गहराने लगी थी। शायद वह बरसों से सोयी नहीं थी। शायद बरसों से किसी कोमल हाथ के स्पर्श ने उसे छुआ नहीं था। शायद अब तक किसी

ने उसके चेहरे की ठंडी, पथरीली दहशत के उस पार जाने की कोशिश नहीं की थी...' (पेज-122)

इसके बाद डेविड जब उसके गले पर दबाव डालता है तो वह चीख कर रो पड़ती है। उसकी चीख सुनकर कुछ पड़ोसी एकाध लट्ठ लेकर आ पहुँचते हैं और वाचक मौक़े की नज़ाकत भाँप वहाँ से डेविड के साथ खिसक लेता है। उसे यह देखकर आश्चर्य होता है कि उसके मोपेड की आवाज़ सुनकर लाडनबाई भी घर से बाहर निकल आई और 'किसी शाश्वत उम्मीद' में डेविड के हाथों को 'कातर निगाहों' से देखने लगी।

लाडनबाई की कृतज्ञता से यह साबित होता है कि बेटे की मौत के बाद उसे एक 'केस' मानकर कैरियरिस्ट डाक्टरों ने 'डिग्री' और 'एक्स्पीरिएंस' लेने के लिए उसके साथ 'वैज्ञानिक और चिकित्सकीय' बर्ताव तो किया, लेकिन उसे कोई सहज मानवीय स्पर्श न मिल सका, जैसा कि आरम्भिक युवावस्था में उसे, ओझल बाबा बनने से पहले के, रामगोपाल चोरडिया से मिला होगा या तीन वर्ष पहले तक अपने प्रतिभाशाली राजमिस्त्री बेटे से मिलता रहा था। डेविड ने उसी बेटे के स्पर्श का एहसास उसे दिलाया क्योंकि वह उसमें अपनी माँ को देख सका था—'उसकी गर्दन को उंगलियों से दबाते ही उसकी आँखों में मुझे अपनी ''मामा'' दिखाई दी थी... शी वाज राइट देयर, वह उन आँखों में वहाँ मौजूद थी और... वह मुझसे कुछ कहना चाह रही थी... मुझे मालूम नहीं क्या, लेकिन... शी वांटेड टु से समथिंग... शी वांटेड टु...' (पेज - 141)

इसी बातचीत के दौरान पहले डेविड यह सम्भावना व्यक्त कर चुका है कि 'मम्मा ने ज़रूर मुझे फ़ोन किया होगा 'होम' से। ... हो सकता है कि उन्हें मेरा नम्बर याद रहा हो... मुझे हमेशा लगता है कि वह मुझे डैड के बारे में कुछ बताना चाहती हैं... ऐसा क्या हो सकता है?' ओझल बाबा की मौत के बाद डेविड की 'सवालिया आँखों' को देखकर वाचक को लगता है कि उसकी आँखें 'शायद पूछना चाह रही थीं कि उसकी तरह क्या मैंने भी उस तहख़ाने के भीतर उसके यहूदी पिता के लहूलुहान चेहरे का अक्स पहचान लिया था...?'

डेविड के पिता उन असंख्य निर्दोष और बेगुनाह लोगों में से एक हैं जो हमारे आधुनिक युग की क्रूरताओं के शिकार बने। आधुनिक विज्ञान और तकनीक के चलते जिस बड़े पैमाने पर नरसंहार किए गए हैं, उनका मुकाबला इसी युग में शासकीय अंकुशों, चोरबाज़ारियों और अंतर्राष्ट्रीय पाबंदियों द्वारा पैदा किए गए, खाद्यान्नों के कृत्रिम अभाव से हुई मौतों से ही किया जा सकता है। मध्ययुग में यह सब कल्पना से परे था। घृणा का कारोबार बदस्तूर जारी है, उसका नारा नस्ल, जाति, सम्प्रदाय हो या फिर कुछ और। इस मामले में भारत हो या जर्मनी, कुछ फ़र्क़ नहीं पड़ता। अपने

युग के दुखों की सलीब उठाए हर चेहरा एक-सा है। उसके बारे में कहने और बताने को भी बहुत कुछ है, लेकिन ज्ञान-विज्ञान की स्थापित आधुनिक सरणियाँ इतनी असहिष्णु हैं कि वे अपने अलावा किसी और की सुनने को तैयार नहीं हैं। लोकतंत्र के युग की बात करते-करते वे ख़ुशी-ख़ुशी सत्ता का औज़ार हो गयी हैं। लेकिन इस स्थिति का एक सकारात्मक पहलू भी है। इस युग की सचाई अथवा इसका पाखंड अंततः पूरी तरह बेनक़ाब हो गया है। अब इसका विकल्प खोजने से लोगों को रोक पाना असम्भव होगा। वाचक और डेविड जैसे लोगों की बेचैनी और भटकन इसी बात का इशारा करती है।

मानवीय त्रासदी की सार्वभौमिक एकता का उद्‌घाटन तथा उसके गुमनाम भुक्तभोगियों के प्रति संवेदना का इज़हार करता उपन्यास का एक विलक्षण प्रसंग 'नुकीली छातियों वाली' उस लड़की का है जो वाचक के दफ़्तर में महज़ चौबीस दिनों तक काम करने के बाद अचानक बिना किसी सूचना के गायब हो गई। लंच के समय वह दीवाल की तरफ़ मुँह करके खाने का बहाना करती, लेकिन एक बार जब वाचक ने निकट से देखा तो वह दरअसल आँसू बहा रही थी। कैशियर के पास उसके चौबीस दिनों के वेतन के काग़ज़ात भी पड़े ही रह गए, उन्हें कोई लेने नहीं आया। डेविड की माँ अथवा लाडनबाई के प्रसंग में वाचक को अनायास ही उसकी याद हो आती है— '...जिससे हम पूरी तरह वाक़िफ़ भी नहीं हो पाए थे और जो आसमान में विलीन होते धुंए की तरह एक दिन अचानक हमारे बीच से चली गई थी, लेकिन जिसके बकाया हिसाब के साथ उसके न होने का अहसास आज भी किसी अनपढ़े दस्तावेज़ की तरह हममें से बहुतों की टेबलों और डेस्कों पर उसी तरह ज़िंदा था...' (पेज-113)

इसी प्रकार स्वाद को स्मृति से जोड़ने वाले अनेक प्रसंग हैं जो अधिकांशतः वाचक की दादी से जुड़े हैं, बचपन में जिसकी गोद में मिलने वाले सुकून का वाचक पर इतना असर है कि वह अब भी दुखों का सामना होने पर उसी स्मृति की शरण लेता है। ये सभी प्रसंग एक तो इन्द्रियसंवेदनों को स्मृति के मूल आधार के रूप में चिह्नित करते हैं तथा दूसरे, यथार्थ के 'दुःस्वप्न' में बदल जाने के कारण बचपन की स्मृति में पनाह लेने की प्रवृत्ति को दर्शाते हैं। ग़ौरतलब है कि दुःस्वप्नों का गहरा नाता भी बचपन से ही होता है और बच्चे उसकी अराजकता को अधिक सहृदयतापूर्वक अपने मनोजगत में सुलझा लेते हैं। यही वजह है कि अक्सर वाचक को यह सवाल परेशान करता है कि सिर्फ़ कामना करने भर से किसी भी दुख को ख़त्म कर देने की उसकी बचपन की सिद्धि आख़िर कहाँ चली गई।

ग्यारसीलाल के बेटे मेवालाल के ज़िक्र के बिना बात अधूरी रह जाएगी। 'तलवार कट' मूँछों वाले इस नौजवान की खँडहर के पास, पान-चाय की खोखेनुमा दुकान थी। पहली बार वाचक ने जब उससे ओझल बाबा के बारे में पूछा तो 'लापरवाह

अंदाज़ में हँसते हुए' उसका जवाब था—'बाबा शाबा कुछ नहीं जी, उस खँडहर में साठ-पैंसठ साल का एक खूसट रहता है जो जनता का "चूतिया खैंचणे" के मकसद से वहाँ "धूणी रमाके" बैठा है और किसी को पास फटकने नहीं देता। अंधविश्वासी लोगों ने अफ़वाह फैला रखी है कि बाबा मुरादें पूरी करता है। इन्हीं ढपोरशंखियों द्वारा छोड़े गए चढ़ावे से बुड्ढे का गुजर चलता है...' (पेज-15)

इसके बाद जब वाचक अपनी तमाम नास्तिकता के बावजूद बाबा के लिए पूड़ी-सब्जी के पैकेट पर फूलमाला रखकर ले जा रहा था, मेवालाल ने उसे देखकर वह जुमला छोड़ा कि वाचक के देवता कूच कर गए—'के बाउजी! त्हे भी फँसगे साल्ड़े भैणके बाबा का चक्कर मां...?'

ऊपर से देखने पर मेवालाल भी वाचक की अनास्थावादी और 'सिनिकल' प्रवृत्ति से ग्रस्त दिखता है, लेकिन वह ऐसा नहीं है। वह हमारी अशिक्षित और ग्रामीण जनता में प्रचलित बुद्धि-विवेक (विज़डम) का प्रतिनिधित्व करता है। बाबा में किसी अतिमानवीय शक्ति के होने की सम्भावना से बलपूर्वक इन्कार करके वह उसे सामान्य मनुष्य के रूप में देखता है, जिसने जीने का अपना अलग ही तरीक़ा खोज निकाला है। वह उसके एकांतवास की रोमानी व्याख्या को ठुकरा कर उसकी अतियथार्थवादी व्याख्या कर डा़लता है। ऊपर से देखने पर यह उसके प्रति अवमाननाजनक लगती है, लेकिन उसकी वास्तविक अवमानना उसे संत और शहीद का दर्जा देकर उसकी मूर्ति बना देने में है। मेवालाल की बातों से बाबा की दीर्घ 'साधना' किसी सामान्य व्यक्ति की क्षमताओं के दायरे में आ जाती है। अगर कोई सिर्फ़ लोगों को बेवकूफ़ बनाकर जीवन-यापन करने के लिए इतनी लम्बी पारी खेल सकता है तो महत्तर उद्देश्यों का दावा करने वाले ऐसा क्यों नहीं कर सकते। मेवालाल के इस रवैये की पुष्टि मृत्यु के समय बाबा के चेहरे पर मौजूद अत्यन्त सामान्य मानवीय भावों से होती है, जिसका उल्लेख वाचक इन शब्दों में करता है—

'उसका चेहरा बेहद मामूली था और वहाँ किसी तरह का कोई भाव नहीं था। न भय, न दया, न करुणा, न ख़ुशी या दुःख, न महत्त्वाकांक्षा, न अवसाद। जीते-जी किसी को दिखाई न देने के चालीस बरस लम्बे असाध्य व्रत को आख़िरी दम तक सफलतापूर्वक निभाए जाने का कोई संतोष या स्वाभिमान भी वहाँ मौजूद नहीं था। उसकी आँखें सहज भाव से बंद थीं और होंठ थोड़े से खुले हुए थे।' (पेज-148)

इस लेख में उपन्यास के उन्हीं पक्षों पर ध्यान केन्द्रित किया गया है जिनसे इसके वृहत्तर आशयों पर प्रकाश पड़ता है, यानी जहाँ क़तरे में दरिया की झलक मिलती है। लेकिन क़तरे की भी अपनी ज़िन्दगी है और शुरू में ही अर्ज़ किया गया था कि कथा-साहित्य की प्राथमिक जवाबदेही उस 'प्रत्यक्ष' के प्रति है, जिसे वह अपना विषय बनाता है। आजकल प्रतीकों और संकेतों में कथा कहने वाले और फिर यत्र-

तत्र उसकी व्याख्या करने वाले बहुत से 'महत्त्वपूर्ण' कथाकार सक्रिय हैं। यह उपन्यास ऐसी प्रवृत्तियों के लिए भी एक उदाहरण है कि बिना 'प्रतीकवादी' हुए यथार्थ के दोनों स्तरों का रचनात्मक संयोजन कैसे किया जा सकता है।

उपन्यास की घटनाएँ हमारे सामान्य अनुभव-जगत के अनुरूप सहज प्रवाह में घटती हैं। डेविड और वाचक के लगभग एक साथ वहाँ पहुँचने और एक मरणोन्मुख व्यक्ति के नाम पर अर्पित खाने को बाबा द्वारा न खाए जाने जैसी कुछ छोटी-मोटी बातों को छोड़ दें तो सभी घटनाएँ तर्कसंगत और कार्यकारण की शृंखला से आबद्ध हैं। स्थितियों की प्रत्येक विसंगति पर कथाकार की अचूक निगाह और उसे व्यक्त करने वाली ऐसी रचनात्मक भाषा है कि पाठक किसी जासूसी, रोमांचक उपन्यास की तरह इसे पढ़ता चला जाता है। इसका 'सेंस ऑव ह्यूमर' भी एक विरल उपलब्धि है। 'राग-दरबारी' के बाद सम्भवतः यह अकेला उपन्यास है जिसे पेज दर पेज पढ़ते हुए बेसाख़्ता हँसी छूट जाती है। इसमें वर्णित कथा अपने आप में सम्पूर्ण है और इसके कोई परोक्ष आशय न होते तो भी इसे बेहिचक हिन्दी के कथा-साहित्य की एक उपलब्धि माना जा सकता था।

अंततः, इस कथा में वर्णित आधुनिक दुनिया के खोखलेपन और उसे बदलने को नए सफ़र की शुरूआत के लिए कमर कसने वाली हमारी उदारवादी और रैडिकल प्रवृत्तियों की सक्रियता पर ग़ौर करते हुए मिर्ज़ा ग़ालिब का साक्ष्य लें—

क्या फ़र्ज़ है कि सबको मिले एक-सा जवाब
आओ न हम भी सैर करें कोहे तूर की

अँधेरे दौर की दास्तान

(गीतांजलि श्री का उपन्यास)

19वीं सदी के किसी विचारक ने उचित कहा है कि हमारा युग हमसे वही सवाल पूछता है जिसका जवाब देने में हम सक्षम होते हैं। यह मुद्दा ऐतिहासिक चुनौतियों और उनका सामना करने वाली सामाजिक शक्तियों के विकास की अवस्थाओं से जुड़ा हुआ है। मनुष्यता ने एक-एक क़दम चलकर ही आधुनिक सभ्यता तक का सफ़र तय किया है। हाँ, इस यात्रा के चरणों को वर्षों और दशकों में ही नहीं, सदियों में भी मापा जाता है।

19वीं सदी के एक दूसरे विचारक बेलिंस्की ने भी ठीक कहा था कि महत्त्वपूर्ण कृतियाँ या तो अपने समय का सवाल होती हैं या फिर उनका जवाब। दूसरे शब्दों में, वे हमारे युग के सवालों को हम तक पहुँचाने का ज़रिया बनती हैं और उनके जवाब ढूँढ़ने की जद्दोजहद में हमारे साथ शामिल होती हैं।

20वीं सदी में ब्रेख़्त ने फ़ासिज़्म की अंधआस्थावादी प्रवृत्तियों के अविवेकी फैलाव से जूझते हुए यह नतीजा निकाला कि कलाकृतियों को अपने पाठकों, श्रोताओं अथवा दर्शकों को अपने प्रवाह में बहा नहीं ले जाना चाहिए, बल्कि प्रवाह को सचेत रूप से तोड़ते रहना चाहिए ताकि उसके भोक्ता उससे थोड़ी दूरी बना सकें और भावना के बजाय विवेक और तर्कबुद्धि के सहारे उसके आशयों को प्रयासपूर्वक अर्जित कर सकें।

ऐसी ही चुनौतियों से जूझ रहे हमारे भारतीय समाज के लिए यह स्वाभाविक है कि उसकी विभिन्न भाषाओं के साहित्य में इन विशेषताओं से युक्त कृतियों की रचना हो। हमारी अपनी भाषा हिन्दी में यह प्रक्रिया कम से कम एक दशक से चल रही है जिसके एक साक्ष्य के रूप में गीतांजलि श्री के उपन्यास 'हमारा शहर उस बरस' में निहित कुछ आशयों को हम यहाँ स्पष्ट करने का प्रयास कर रहे हैं।

'हमारा शहर उस बरस' की शुरूआत एक कलासम्बन्धी समस्या से होता है, जो एक वृहत्तर सामाजिक-ऐतिहासिक सन्दर्भ में स्थित है। जिस बरस शहर में मस्जिद को तोड़कर मन्दिर बना दिया गया और दंगों की फसल उगाई जाने लगी, साम्प्रदायिक

प्रवृत्तियों का प्रतिवाद करने के लिए शरद, श्रुति और हनीफ़ अपने लेखकीय दायित्व के मुताबिक यथार्थ को पहँचानने और उसे बेनक़ाब करने का निश्चय करते हैं—'साफ़-साफ़ देख लेंगे और जैसा साफ़ देख लेंगे वैसा ही साफ़ दिखा देंगे।' परन्तु वे लिखने में अपने को असमर्थ पाते हैं, क्योंकि उन्हें लगता है कि वे जो लिख रहे हैं, 'सब रटी रटाई बातें हैं' जो 'सरकारी नारों की तरह बेमतलब' हो चुकी हैं। तभी एक अन्य लेखिका 'मैं', जो अपने को 'बस नकलकर्ता' कहती है, कथा के नैरेटर के रूप में सामने आती है और उस कथा को लिखने में अपनी कामयाबी की एक दिलचस्प वजह बताती है—'उस वक़्त में कुछ ऐसा नहीं था कि साफ़ दो टूक बात कही जाए। तभी मैं लिख सकी, जिसे न दो टूक कहने का तजुर्बा था, न हठ। नकल उतारने को अगर लिखना कहें तो मैं वही कर रही थी। वही कर सकती थी।' (पेज 7-8)

किताब के कवर पर ग़ुलाम मोहम्मद शेख़ का 'कहत कबीर' शीर्षक चित्र दिया गया है। इसमें कबीर बैठी हुई मुद्रा में, चेहरे पर विषाद और करुणा के भाव लिए, अपने अदृश्य श्रोताओं से कुछ मौन संवाद कर रहे हैं। रेखाओं से घिरी उनकी पारदर्शी आकृति के पार उनके शहर बनारस को उसके नदी-नावों, घाटों और मंदिरों से पहचाना जा सकता है। कबीर की मौजूदगी के बावजूद साफ़ दो टूक कहने में हिचक की वजह सम्भवतः यही है कि सभी स्थापित सच 'कागद की लेखी' बनकर पीछे छूट गए हैं। इसीलिए एक बार फिर 'आँखिन देखी' कहने की ज़रूरत पड़ी है, जिसे वह अनाम लेखिका 'नकल करना' कहती है।

लेखन के सन्दर्भ में 'नकल करने' की क्रिया का प्रयोग अरस्तू के अनुकरण (माइमेसिस) सिद्धांत की याद भी ताज़ा करता है। आधुनिक-औपनिवेशिक काल तक आते-आते भले ही यह सिद्धांत चारों तरफ़ छा गया, लेकिन भारतीय काव्य-परम्परा इसे स्वीकार नहीं करती थी। यथार्थ के सरल अनुकरण के बजाय भारतीय मनीषा ने भाषा की व्यंजना शक्ति को विकसित किया था और रूपकों के माध्यम से वैयक्तिक के उदात्त और सार्वजनीन स्वरूप को स्वायत्त करने में सफलता पाई थी। किसी भावना, वस्तु या स्थिति के प्रसंग में कवि को उससे समानता रखने वाली असंख्य चीज़ें याद आती थीं, जिनका प्रयोग वह उसके समानार्थक या विकल्प के रूप में करता था। यह 'देखने' और 'दिखाने' यानी अनुभूति और अभिव्यक्ति की ख़ास अपनी प्रविधि थी, जिसका आधार स्मृति और कल्पना की समृद्धि और बौद्धिकता का आग्रह था। तथ्यपरक इतिहास-लेखन जैसे कुछ मामलों में पिछड़ने के बावजूद साहित्य के क्षेत्र में इस नज़रिए के चलते भारतीय चेतना ने नयी-नयी मंज़िलें तय की थीं। लेकिन 19वीं सदी में हुए हमारे सम्पूर्ण उपनिवेशीकरण ने हमें अपनी परम्परा से काटकर पश्चिम का पिछलग्गू बना दिया। अपनी परम्परा के प्रति अपराधबोध से ग्रस्त हमारे विचारकों को मजबूरी में रक्षात्मक रुख़ अपनाना पड़ा, जिसके चलते कबीर और ग़ालिब जैसे अपने कवियों

को हमने चमत्कार से अशिक्षितों को प्रभावित करने वाले और आशिक़ माशूक़ के झूठे क़िस्से गढ़ने वाले भटकावों के रूप में पहचानना शुरू किया। आगे चलकर उन्हें संत और सूफ़ी के ऊँचे आसनों पर प्रतिष्ठित कर हमारी उदारता संतुष्ट हुई।

बहरहाल, इस उपन्यास में कथाकार ने 'कहने' की उसी पुरानी शैली को पुनर्जीवित किया है जिसे हम कबीर की उलटबाँसी के रूप में जानते हैं, और जिसका संकेत ग़ालिब ने अपने दीवान के बिलकुल आख़ीर में यह कहकर किया था, 'अदाए ख़ास से ग़ालिब हुआ है नुक़्तासरा'। न तो यह उपन्यास सामने गुज़री घटनाओं का आँखों देखा हाल है, न इसमें दो टूक कहने के हठ की कोई कमी है। यह यथार्थ की नकल नहीं उसकी पुनर्रचना है, जिसकी त्रासदी आज़ादी और बँटवारे के बाद बने हमारे तथाकथित लोकतांत्रिक और धर्मनिरपेक्ष राष्ट्र की असलियत से जुड़ती है। इसकी दूसरी बड़ी विशेषता अपनी परम्परा और इतिहास के साथ हमारे वर्तमान की अंतःक्रिया है, जिससे दोनों के बीच नया रिश्ता बन सकता है। हमारे दौर की लगभग सभी बड़ी बहसों को अपने दायरे में समेटते हुए साम्प्रदायिक फ़ासिज़्म से जुड़े मुद्दों को गहराई तक ले जाने और उन्हें निर्णायक मोड़ देने के कारण यह रचना अगर महज़ वैचारिक स्तर पर इन सवालों से टकराती, तब भी यह मूल्यवान प्रयास होता। लेकिन सामाजिक सतह पर चलने वाली हलचलों को मानव-चेतना की गहराइयों में मचने वाली उथल-पुथल के साथ जोड़ने और शैली के स्तर पर परम्परा की रोशनी में नयी ज़मीन तोड़ने वाला यह उपन्यास किसी विशेषण का मोहताज नहीं है। ज़रूरत है तो बस इसकी कि इसे पढ़ने और समझने के लिए नया परिप्रेक्ष्य और नयी दृष्टि विकसित की जाए। शौक़े दीदार अगर है तो नज़र पैदा कर।

उपन्यास की विषयवस्तु की छानबीन से पहले आइए इसके शैलीगत अभिप्रायों पर एक नज़र डालें। इसकी अनाम नैरेटर अपनी लेखन-क्षमता को लेकर आशंकित है। यह आशंका शुरू से अंत तक व्याप्त, अपनी स्याही के ख़त्म होने की उसकी चिंता में व्यक्त होती है। बातचीत के एक महत्त्वपूर्ण दृश्य का वर्णन करते हुए वह स्याही और समय बचाने के लिए बोलने वालों के नाम नहीं लिखती। इस गुमनाम दृश्य के बारे में वह कहती है कि 'यह सीन इस तरह नहीं हुआ ... मैंने भी एक कोशिश की है कि दूर-दूर तक बिखरे कणों को बस यहीं समेट दूँ।' (पृ. 102) इसके बाद वह अपने पाठकों से कुछ स्थितियों की कल्पना करने को कहती है। जैसे—मधुमालती की बेल पर फूल लद गए हैं जो अपनी सुगंध से चिड़ियों को बुला रहे हैं। एक बिल्ली भी आ गयी है, लेकिन इसमें संशोधन करें। बिल्ली नहीं आई है, अन्यथा चिड़ियों को उड़ाना पड़ेगा। आवाज़ें तेज़ हो रही हैं, संवाद ज़ारो क़तार बह रहे हैं, कुकर की सीटी बज रही है और वह गाड़ी सड़क से निकल जाती है जिसमें किसी नयी-बुद्धि रईसज़ादे ने बच्चे की रुलाई की आवाज़ वाला हार्न लगवाया है। 'बोलने वालों की रफ़्तार के

कारण बार-बार मेरे कलम की स्याही ख़त्म हो जाती है और फिर भरने की मशक़्क़त में उस बीच की कॉपीइंग का हमेशा के लिए छूट जाने का डर है तो क्या चारा बचता है मेरे पास इसके सिवा कि दवात सामने खोलकर बैठ जाऊँ और कलम डुबो-डुबोकर लिखूँ? बीते युग के लेखकों की तरह!' (पृ. 103)

ध्यान दें कि इस वक़्तव्य में 'दूर-दूर तक बिखरे कणों को समेटने' की प्रतिज्ञा के साथ 'बीते युग के लेखकों की तरह लिखने' की बात स्याही और कलम-दवात के बहाने से की गई है। बोलने वालों की रफ़्तार के कारण कलम की स्याही ख़त्म होने की बात प्रत्यक्षतः अस्वीकार्य है। इसका अगर कोई मतलब है तो बस यही कि तेज़ रफ़्तार घटनाक्रम को दर्ज करने में लेखिका को उसके वास्तविक निहितार्थों के चूक जाने का भय सता रहा है। अपने इस भय की सूचना वह अन्यत्र देती है—'मैं डरने लगी थी कि यह शब्द और दृश्य, जो मैं उतार रही हूँ, यह ऊपरी तह है, सरसरी लहर है, कि इसके नीचे वह प्रहार हो रहे हैं, जो असल में हमारे शहर को और हमें बदल रहे हैं और जो ज़ाहिर बातों से एकदम विपरीत भी हो सकते हैं।' (पृ. 309) इसी समस्या का समाधान वह 'बीते युग के लेखकों' की शैली में पाती है। अपनी बात को अनेक विरोधाभासी मुद्राओं के आवरण में लपेटकर पेश करने की यह शैली ही बीते युग की शैली है। इस शैली की 'जटिलता' आज भले ही आपत्तिजनक मान ली गई हो, लेकिन पूर्व-औपनिवेशिक हिन्दुस्तानी समाज में ये काव्ययुक्तियाँ नागरिकों के बौद्धिक जीवन का एक अंग थीं।

इसी प्रसंग में आने वाले बेल, फूल, चिड़िया, बिल्ली और नयी बुद्धि रईसज़ादों में छुपे अभिप्राय पर भी ग़ौर करें, जो इस पुरानी शैली का एक नमूना है। यह बेल श्रुति के घर में लिखने की मेज़ के सामने बालकोनी पर फैली हुई है। साम्प्रदायिक विभीषिका के कारण लिखने में असफल होकर बैठी-बैठी वह बेल पर आने वाली चिड़ियों को देखा करती है। भारतीय काव्य-परम्परा में चिड़ियों का कुछ ख़ास मतलब रहा है। वे मानवीय चेतना या ज्ञान के प्रतीक बनकर आते रहे हैं। कबीर और ग़ालिब से कुछ उदाहरण लें—

1. *मन उनमन उस अंड ज्यूँ अनलिं अकासां जोइ*
2. *अनल अकासां घर किया मधि निरंतर बास*
3. *मद्ध अकास आप जहँ बैठे जोत सबद उजियारा हो*

—कबीर

1. *मुद्दआ अन्क़ा है अपने आलमे तक़रीर का*
2. *जिसे कहते हैं नाला वह इसी आलम का अन्क़ा है*

—ग़ालिब

इन पंक्तियों में छिपे तमाम आशयों को फ़िलहाल छोड़कर सिर्फ़ यह देखें कि कबीर का मन अग्निपक्षी की तरह आकाश के मध्य में जहाँ निवास करता है वहाँ सबद की ज्योति का उजाला होता है और ग़ालिब का मुद्दा या नाला अन्क़ा नामक पक्षी है। कथा में ये पक्षी श्रुति की खोई हुई चेतना या ज्ञान और अभिव्यक्ति की क्षमता का रूपक बनकर आते हैं जिन्हें वह चुपचाप देखा करती है। ये उसके जीवन में आ गए शून्य की इस प्रकार भरपाई भी करते हैं। अब यह रूपक रूपकों की पूरी श्रृंखला को जन्म देता है। मानवीय चेतना का आधार मानवीय सम्बन्ध होते हैं इसलिए वह बेल जिस पर पक्षी बैठते हैं, मानवीय सम्बन्ध का ही एक रूप है। बिल्ली चिड़ियों को भगा देती है, इसलिए वह साम्प्रदायिक ताक़तों का रूपक होगी। इसकी पुष्टि कथा से भी होती है, जब शहर को 'बिल्लियों का शहर' बताया जाता है और सिर्फ़ उनकी सक्रियता की चर्चा की जाती है। (पृ. 100-101)

इसी तरह जब बेल के जड़ पकड़ने को लेकर शुरू में ही हनीफ़ और श्रुति आशंकित हो जाते हैं, दद्दू उन्हें वह रहस्य बताते हैं जो बेल के बारे में उतना ही सच है जितना कि इंसानी रिश्तों के बारे में है—'उल्लुओ, ऐसे ही होता है। पहले पीला पड़ता है, मुरझाया-मुरझाया। परच रहा है नयी मिट्टी से। अब उस पर सवार रहोगे तो, साँस कैसे लेगा? बेचारे को अकेला छोड़ो, ख़ुद खिल उठेगा।' (पृ. 43)

'नयी बुद्धि रईसज़ादे' की भूमिका को पहचानने के लिए यह अंश देखें—'अचानक श्रुति ने वह गिरगिट देखा है। न लिखने का या न लिख पाने का यह एक फ़ायदा है। खिड़की से बाहर झाँकती रहती है। बाहर मधुमालती की घनी बेल है, जिस पर गौरैया फुर्र-फुर्र करती रहती है। आगे सड़क है, जिस पर वह मनहूस या निराले, जो चाहे कह लें, हॉर्नवाली मारुति भागती है... सड़क पर हुई हरकत ने उसे जगा दिया और अचानक ही वह अलग नज़र आने लगा। उसकी लाल लटकती ठोड़ी ख़तरनाक साँसें लेने लगी। हो न हो, उसमें ज़हर है।' गिरगिट को देखकर गिरगिट रंग बदलता है। वह नवधनाढ्य तबक़ा भी मानवीय भावनाओं पर अपनी मनहूस अपसंस्कृति से घातक प्रहार करने वाला गिरगिट ही है। उसकी गतिविधियों ने साम्प्रदायिकता के ज़हरीले जानवर को जगा दिया है। संकेत में ही सही लेकिन लेखिका ने यहाँ फ़ासिज़्म के उभार में, भारतीय समाज में पैदा हुए नवधनिक तबक़ों की भूमिका का संकेत किया है। इस प्रसंग में वह गिरगिट सड़क पर आ रहे एक बेफ़िक्र राहगीर पर अपना ध्यान केंद्रित करता है। श्रुति को वह छोटा-सा डायनोसौर जान पड़ता है।

यह उपन्यास अपने विमर्श के केन्द्र में इतिहास को रखता है, लेकिन वर्तमान सन्दर्भ में। अनाम लेखिका कहती है—'क्योंकि लिखना तो था ही उस बरस और शहर के बारे में। किसी न किसी को तो गवाह बनना था। और क्या मालूम नासमझ की अनर्गल वाणी में कुछ सार हो... और क्या पता उस बरस के बाद बरस और भी हों...' (पृ. 9)

यहाँ अतिम वाक्य में 'इतिहास के अंत' की घोषणाओं से उठे कोलाहल की अनुगूँज है। लेखिका भले ही आने वाले बरसों के आगमन को लेकर अनिश्चित हो, पर उसका पक्ष बहुत साफ़ है। उसके सारे क्रियाकलाप वर्तमान के अंधकार युग से निकलने और इतिहास में आगे सफ़र करने की सम्भावना पर आधारित हैं। उपन्यास में कथा भले ही एक बरस के भीतर घटित होती हो, लेकिन उसका साया इतिहास में सदियों पीछे तक गया है। उसी तरह जैसे कथा में वर्णित शहर केवल 'हमारा' नहीं, वह 'देश की दंगा राशि का स्रोत और प्रतिबिम्ब दोनों बना हुआ है।' (पृ. 17)

उपन्यास के आरम्भ में वर्णित अनुभूति और अभिव्यक्ति का द्वन्द्व, जिसके समाधान का दावा अनाम लेखिका करती है, कला के क्षेत्र में अभिव्यक्त होने वाली वही 'क्लैसिकल' समस्या है जिसे हम ज्ञान और कर्म या सिद्धांत और व्यवहार के बीच चलने वाले द्वन्द्व के रूप में जानते हैं। इस द्वन्द्व का समाधान आमतौर पर ज्ञान के अनुरूप कर्म या सिद्धांत के अनुरूप व्यवहार की दिशा में मिलता है। लेकिन इसका दूसरा पहलू व्यवहार के अनुरूप सिद्धांत-निर्माण की प्रक्रिया से जुड़ा है। दूसरे शब्दों में, यह मानव समुदाय के रोज़मर्रा के व्यवहार से उभरने वाली सचाई को पहचानने और उन्हें सूत्रबद्ध करके सिद्धांत का रूप देने की समस्या है। सिद्धांत और व्यवहार के बीच प्राथमिकता व्यवहार की ही होती है। सिद्धांत को हमेशा मानवीय व्यवहार से टकराते हुए अपने को विकसित करते रहना होता है। सिद्धांतकार उन इतिहासकारों की तरह होते हैं जो जनता के बनाए हुए इतिहास को व्यवस्थित ढंग से लिखते हैं। उस इतिहास का ज्ञान जनता के भावी व्यवहार के निर्धारण में महत्त्वपूर्ण भूमिका निभाता है। उल्लेखनीय है कि व्यवहार के साथ अधिभूतवादी (ग़ैरद्वन्द्वात्मक या मेटाफ़िज़िकल) सम्बन्ध बनाने पर सिद्धांत का अर्थ ही बदल जाता है और वह अनुभववाद, व्यवहारवाद, अवसरवाद या परिणामवाद (प्रैग्मैटिज्म) के रूप में मानवीय व्यवहार को प्रदूषित करके चेतना के विकास में बाधक बनने लगता है।

साहित्य जनता के व्यवहार का एक विशिष्ट कलात्मक रूप है। इसका सम्बन्ध इन्द्रियों के साथ-साथ हमारी बुद्धि, हृदय और आत्मा से होता है। साहित्य के क्षेत्र में मानवीय व्यवहार का प्रतिनिधित्व रचनात्मक सृजन करता है, जबकि काव्यशास्त्र, सौन्दर्यशास्त्र, आलोचना और इतिहास वगैरह इस व्यवहार से उभरी हुई सचाई को सूत्रबद्ध करने के प्रयास हैं, जो आगे चलकर ख़ुद भी सृजन के अंग बन जाते हैं। जिस तरह जनता के व्यवहार में उसके चेतन, अवचेतन और अचेतन तीनों पहलू अभिव्यक्त होते हैं, उसी तरह रचनाकार भी अपनी रचना में ज्ञात-अज्ञात अनुभूतियों, विश्वासों, संस्कारों और संवेदनाओं को व्यक्त करता है। जिस तरह जीवन में घटने वाली घटनाएँ असंख्य कारकों के योग का परिणाम होती हैं, लेकिन ठीक-ठीक उनमें से किसी एक की योजना के अनुरूप नहीं होतीं, उसी तरह रचना भी असंख्य तत्त्वों के जुड़ाव से

बनती है और उनमें से किसी एक की सेवा नहीं करती। इसीलिए सच्ची रचना में प्रायः अपने युग की स्थापित वैचारिकी को ही नहीं स्वयं रचनाकार के सचेत उद्देश्यों को भी अतिक्रमित कर जाने की प्रवृत्ति पाई जाती है।

हमारे आधुनिक हिन्दी साहित्य के साथ मुश्किल यह रही है कि बिलकुल आरम्भ से ही आलोचकों, इतिहासकारों और यहाँ तक कि सम्पादकों ने भी रचनाओं और रचनाकारों को निर्देशित करने का गुरुतर भार अपने कंधों पर ले लिया। अपनी-अपनी रुचियों और सुविधाओं के अनुरूप 'कैनन' बनाए जाने लगे और जूते की नाप के मुताबिक पैर काटने का रिवाज चल पड़ा। इस पद्धति की ज़िम्मेदारी भी दूसरी तमाम चीज़ों की तरह हमारी औपनिवेशिक प्रतिबद्धता को जाती है जिसके चलते हमने 'देखने' और 'कहने' के भारतीय तरीक़े की अवहेलना करके रचनाकार की भूमिका 'अनुकरणकर्ता' या नकलची होने तक महदूद कर दी। अब भला विद्वानों और विचारकों को यह बताने से कौन रोक सकता था कि नक़ल किसकी, कब और क्यों करनी चाहिए!

कथा में शरद और हनीफ़ तो इतिहास के अध्यापक भी हैं, लेकिन श्रुति पूर्णकालिक लेखक है, इसलिए लिखने की उसकी ज़िम्मेदारी और जवाबदेही औरों से बढ़कर है। उसके लिखने के निश्चय पर प्रतिक्रिया व्यक्त करते हुए शरद के पिता दद्दू, जो अपने व्यक्तित्व में मध्ययुगीन भारतीय परम्परा को समाहित किए हुए हैं, कहते हैं—'लिखो, लिखो, जवान हो, कुछ तो करते ही रहोगे। नादानो! सूरज कभी कब्ज़े में नहीं आने वाला।' (पृ. 12)

इस विडम्बनात्मक कथन का एक छोर तो सत्य को पहचानने के ख़ुद अपने रहस्यवादी आग्रहों पर प्रश्नचिह्न लगाता है, जबकि दूसरा छोर श्रुति, शरद और हनीफ़ जिन हालात में हैं उनमें सचाई की पहचान और उसकी अभिव्यक्ति की राह में आने वाली मुश्किलों से जुड़ा हुआ है—'वे नहीं जान पा रहे थे कि उन्होंने क्या देखा और क्या कहा? सब इतनी तेज़ी से होता जा रहा था कि सुलझाना नामुमकिन सा था, मगर माहौल ऐसा कि जितना असम्भव समझना सुलझाना था, उससे ज़्यादा असम्भव उसके अलावा कुछ करना हो गया। जीने के और सारे कारण चुक गए थे।' (पृ. 21)

ऐसी विषम परिस्थितियों में ही मनुष्य के अंदर असम्भव को सम्भव करने की क्षमता और हुनर पैदा होते हैं।

उपन्यास में कुल जमा पाँच पात्र हैं—शरद, श्रुति, हनीफ़, दद्दू और नंदन—जो शुरू से अंत तक सक्रिय रहते हैं। इनके अलावा कापड़िया, जोश, बेवरली, उर्मिला और बाबू पेंटर जैसे कुछ पात्र हैं जो बीच-बीच में इनका साथ देते हैं। मठ के महंत और जमाते इस्लामी के हक़ दो विपरीत साम्प्रदायिक छोरों के रूप में मौजूद हैं। लगभग सभी पात्र मध्यवर्ग से आते हैं। ऐसे में साहित्य का समाजशास्त्रीय अध्ययन करने वाले

अध्येताओं को निराशा हो सकती है। महज़ पाँच मध्यवर्गीय व्यक्तियों के बीच चलने वाली इस कथा को व्यापक सामाजिक परिघटना का उद्घाटन करने वाली रचना कैसे कहा जा सकता है? वह भी ऐसे चरित्र जिनके जीवन के बारे में हमें और कुछ नहीं पता चलता, सिवा इसके कि वे एक साम्प्रदायिक स्थिति पैदा हो जाने पर इस विषय में क्या सोचते और करते हैं। हम इस पर यही कह सकते हैं, 'जो नहीं है, उसका ग़म क्या', और जो हाज़िर है उसमें हुज्जत क्या। सचाई तो वही है चाहे उसे व्यापक (मैक्रो) स्तर पर देखिए या सूक्ष्म (माइक्रो) स्तर पर। फिर साहित्य और समाजशास्त्र में कुछ फ़र्क़ तो है ही, जैसा कि ग़ालिब ने कहा था—

क़तरे में दजला दिखाई न दे और ज़ुज़्व में कुल
खेल लड़कों का हुआ दीदा ए बीना न हुआ

सच तो यह है कि ये पात्र न सिर्फ़ खाते-पीते तबक़ों के हैं, बल्कि आज़ादी के बाद हमारे देश में स्थापित मुख्यधारा के प्रतिनिधि बुद्धिजीवी हैं, जिन्होंने विश्वविद्यालयों से लेकर अकादमियों और पीठों तक विभिन्न संस्थाओं में अपना वर्चस्व क़ायम कर रखा है। ये राष्ट्रवादी, लोकतांत्रिक, प्रगतिशील और धर्मनिरपेक्ष मूल्यों के प्रवक्ता हैं, जिन्होंने आज़ादी के बाद भारत के सहजबोध (कॉमनसेंस) का निर्माण किया है। अर्थनीति, समाज और राजनीति में दक्षिणपंथी रुझान उत्तरोत्तर बढ़ती रही, लेकिन इन्होंने जनपक्षधरता का दामन नहीं छोड़ा। दूसरे शब्दों में कहें तो यह सत्ताधारी तबक़ों द्वारा बौद्धिक क्षेत्र में सफलतापूर्वक बनाया गया संयुक्त मोर्चा था जिसने अपने उदारवादी ढाँचे में देश की सर्वश्रेष्ठ मेधा को समेट लिया था। इसीलिए सत्ता के कांग्रेसी मॉडल से अनेक बिंदुओं पर असहमत होने के बावजूद ये लोग दी हुई स्थिति में उसे अपरिहार्य मानते थे, और उससे सहयोग करते थे।

बहरहाल, जिन मूल्यों को लेकर यह मोर्चा बना था उनकी प्रासंगिकता चूँकि असंदिग्ध है, इसलिए अपने आप में यह राष्ट्रीय आम सहमति गहरे संतोष का विषय हो सकती है। बँटवारे की लहूलुहान स्मृति सँजोए हमारे देश में लोकतंत्र और धर्मनिरपेक्षता के घाट पर शेर और बकरी दोनों को एक साथ पानी पीते देखना यक़ीनन सुखद रहा होगा। इस एकता पर उठने वाले सवाल निराशावादी जान पड़ते होंगे। इस यात्रा में आए हुए विचलनों को भी संघर्ष में उठाई गई अपरिहार्य क्षति के खाते में डालकर हम इक्कीसवीं सदी में लम्बी छलाँग भरने की सोच ही रहे थे कि साम्प्रदायिकता के फ़ासिस्ट बवंडर ने हमारे आधुनिक राष्ट्र-राज्य के सभी बुनियादी मूल्यों पर धावा बोल दिया। इससे भी ख़ौफ़नाक यह था कि इन मूल्यों में रची-पगी हमारी व्यवस्था ने ज़ुबानी जमाखर्च के सिवा न तो इसका कोई कारगर प्रतिरोध किया, न अवज्ञा या असहयोग।

सहिष्णुता, समन्वय और रूपांतरण के इस विचलित कर देने वाले दृश्य ने अनेक विचारकों और रचनाकारों समेत इन मूल्यों में यक़ीन करने वाले असंख्य लोगों को आँखें फाड़कर अपने आसपास देखने और कुछ करने के लिए हाथ-पाँव मारने को प्रेरित किया। बीसवीं सदी के आख़िरी दशक में कही गई यह कथा भी ऐसी ही बेचैन कोशिश का नतीजा है। आइए देखें कि इस मंथन से क्या निकला।

'यह जनवाद और साम्प्रदायिक फ़ासीवाद की लड़ाई है और हम सब जानते हैं कि हम किस तरफ़ हैं?'

प्रो. नंदन के इस वक्तव्य में कथा की मूलभूत विडम्बना छिपी हुई है। प्रारम्भिक अथवा शाब्दिक अर्थ में इसका सूत्रीकरण सही है कि लड़ाई लोकतंत्र और फ़ासिज़्म के बीच है और समाज में जैसा ध्रुवीकरण है उसमें हर कोई अपने को एक या दूसरे के साथ पाता है। नंदन का आशय निस्संदेह यह है कि स्वयं वे और उनके सहयोगी जनवाद के पक्ष में हैं, यानी फ़ासिज़्म के ख़िलाफ़ हैं। लेकिन उपन्यास में हम उनके जो क्रियाकलाप देखते हैं उससे कुछ दूसरे ही निष्कर्ष निकलते हैं।

विश्वविद्यालय के प्रतिष्ठित इतिहास विभाग के संस्थापक अध्यक्ष प्रो. नंदन इसके खुले अकादमिक माहौल को अनुशासित करने के लिए एक दिन अध्यापकों की हाज़िरी का रजिस्टर रखने का प्रस्ताव करते हैं। वजह सिर्फ़ यह है कि खुलेपन के इस माहौल में हनीफ़ जैसे लोग देश-विदेश में अधिक गतिशील रहते हैं, और नंदन के मुकाबले अधिक नाम, शोहरत, सम्मान और पुरस्कार आदि प्राप्त करते हैं। स्वभावतः हनीफ़ इस प्रस्ताव पर एतराज़ करता है और इसे पुलिस विभाग के उपयुक्त बताता है। इस पर नंदन अपने जनवादी मुखौटे के साथ पीछे हट जाते हैं, लेकिन विभाग में उनके जी हुज़ूरियों का गुट बना हुआ है जो हनीफ़ और शरद जैसों की गतिविधियों पर नाक-भौं सिकोड़ता है और हर वक़्त उनकी टांग खींचने की फ़िराक़ में रहता है। वाह्य रंग-रूप में लोकतांत्रिक लेकिन अंतर्वस्तु में नौकरशाहाना यह पद्धति लोगों को जोड़ने वाले तारों को छिन्न-भिन्न कर देती है, जिसका परिणाम अंततः पुनरुत्थानवादी और साम्प्रदायिक तर्कों के सामने समर्पण, विभाग में ड्रेसकोड और नियुक्तियों में क्षेत्रवाद की वकालत के रूप में सामने आता है। लोकतांत्रिक मूल्यों की आत्मा का हनन तमाम बुराइयों के लिए ज़मीन मुहैय्या कराता है।

इसी तरह हनीफ़ को सेमिनार के लिए बर्लिन जाना है, लेकिन नंदन उसे इजाज़त देने से इन्कार करते हुए कहते हैं, 'आप इतना बाहर जाते हैं तो दूसरे क्यों नहीं? इसी से मनमुटाव पैदा होता है। हेड की हैसियत से मुझे डिपार्टमेंट में ईर्ष्या द्वेष रोकना है।' साफ़ है कि एक योग्यतर व्यक्ति का कद घटाने के लिए वे ओछी तरकीबों का सहारा ले रहे हैं। इस रस्साकशी का दिलचस्प बिन्दु तब आता है जब विश्वविद्यालय के विभागों में अध्यक्षता के लिए रोटेशन पद्धति लागू हो जाती है और वरिष्ठता क्रम में

दूसरे नम्बर पर होने के कारण हनीफ़ नंदन का सम्भावित उत्तराधिकारी बन जाता है। हनीफ़ के आज़ाद तेवरों से घबराने वाले नंदन उसे अध्यक्ष बनने से हर हाल में रोकना चाहते हैं। ऊपर-ऊपर हनीफ़ का समर्थन करते हुए भी वे विभाग में ऐसा घुटन भरा, साज़िशाना माहौल बना देते हैं जिससे ऊब कर हनीफ़ ख़ुद ही तौबा कर ले। सत्ता के लिए चलने वाले इसी खेल में हमारी 'लार्जेस्ट डेमोक्रेसी' सुर्ख़रू होती है।

विभाग पर क़ब्ज़े की इस टुच्ची लड़ाई के व्यापक संदर्भों की पड़ताल से पहले एक नज़र कथाकार की शैली पर डालते चलें जिसमें उसने बिखरी हुई-सी चीज़ों को सँजोया है और उन्हें मानीखेज़ बनाया है। बर्लिन जाने के मसले पर हुई गरमागरमी के बाद जब हनीफ़ नंदन के कमरे से बाहर आता है तो कोई छात्रा उसे एक लाइब्रेरी बुक दिखाती है, 'सर मैंने चैक किया। इस वाली में भी वही पन्ने गायब हैं और तीसरी कॉपी मिसिंग है। इन आई.ए.एस. में बैठने वालों को तो लाइब्रेरी से डीबार कर देना चाहिए। सच्ची।'

यह एक ऐसा प्रसंग है जिसका उपन्यास में कोई दूसरा ओर-छोर नहीं है। पहली नज़र में यह कथा की निरंतरता में बाधक जान पड़ता है, और सचमुच लगता है कि नैरेटर ने तमाम सम्बद्ध-असम्बद्ध दृश्यों की केवल रिपोर्टिंग की है। लेकिन थोड़ा ग़ौर करने पर मालूम हो जाता है कि उस इतिहास विभाग में जनवाद के नाम पर जो कुछ हो रहा है वह नौकरशाही है, अपने बदतरीन औपनिवेशिक संस्कारों के साथ। पूरे देश में जो कुछ भोंडे ढंग से चल रहा है, वही यहाँ थोड़ी नफ़ासत के साथ किया जा रहा है। प्रशासनिक सेवा की प्रतियोगिता में बैठने वाले पूतों के पाँव पालने में दिख रहे हैं। इसके बाद महज़ एक वाक्य का पैराग्राफ़ है, जो समूचे सन्दर्भ के साथ जुड़कर अतिरिक्त अर्थवत्ता ग्रहण कर लेता है—'शहर में सी.आर.पी. को हटा के बी.एस.एफ. को लगा दिया गया था।'

यानी, मर्ज़ बढ़ता गया ज्यों-ज्यों दवा की।

संवेदनशील साम्प्रदायिक माहौल में यह 'जनवादी' सत्ता-विमर्श किस तरह बहुसंख्यक की साम्प्रदायिकता को क़दम-ब-क़दम पुष्ट करने की तरफ़ बढ़ता है और वास्तविक लोकतांत्रिक और धर्मनिरपेक्ष प्रवृत्तियों को अलगाव में डालता चला जाता है, यह इस उपन्यास की चिंता का एक अहम विषय है। ख़ास बात यह है कि इस प्रक्रिया में प्रतिष्ठान (एस्टैब्लिशमेंट) और यथास्थिति के प्रतिनिधि नंदन का वस्तुगत रूप से सबसे निकट सहयोगी शरद साबित होता है, जिसके मानवीय सरोकारों और हनीफ़ से दोस्ती पर कोई दो राय नहीं हो सकती। संक्रमण के ऐसे नाज़ुक दौर में ईमानदारी और सदिच्छा कितने नाकाफ़ी हो सकते हैं, इसे शरद के हश्र से समझा जा सकता है। वह हनीफ़ को क़ायल करने के इरादे से एक परिणामवादी तर्क देता है—'वे चाहें या न चाहें, इस वक़्त तुम्हें—तुम्हें ख़ासकर—वे नहीं अपोज करेंगे। बदनामी का डर

है। कोई भी कह सकता है कि मुसलमान को...।' (पृ. 138)

हनीफ़ इस पर कड़ी आपत्ति व्यक्त करता है। मुसलमान होना उसके लिए एक संयोग से अधिक कुछ भी नहीं है। उसका आचरण पूरे समाज के मार्गदर्शक बुद्धिजीवी का है। अपने विचारों, सक्रियता, हाज़िरजवाबी और 'सेंस ऑफ ह्यूमर' के कारण उसका व्यक्तित्व दूसरों पर बहुत भारी पड़ता है। उसके लिए यह कल्पना भी अपमानजनक है कि मुसलमान होने के कारण उसे कोई रियायत मिल सकती है। इसीलिए सामान्य दिनों में 'मियाँ भाई' जैसा संबोधन भी शरद से दोस्ताने में आम था, लेकिन इस समय मुस्लिम पहचान को मान्यता देने का मतलब उन तमाम मान्यताओं से जोड़ा जाना था जिन्हें हनीफ़ सिरे से ख़ारिज करता था। शरद अपना रवैया जारी रखता है—'यह तुम हिन्दू-मुसलमान सुनते ही भड़कते क्यों हो? इस समय तो तुम वही माने जाओगे'। (पृ. 138)

बेशक यह निष्कर्ष शरद को अनचाही 'जनभावनाओं' के दबाव में निकालना पड़ा है। 'अंततः जो होगा वही मायने रखता है, आप कुछ भी करें' का यह परिणामवादी दर्शन 'जनभावनाओं' के तर्क के साथ जुड़कर ख़तरनाक मोड़ ले लेता है और अंधी आस्थाओं के उभार को वैधता प्रदान करने के काम आता है। तब इस वक्तव्य का अर्थ होता है, 'आप कुछ भी करें अंततः होगा यही और जो होगा वही मायने रखना है।' इस तरह फ़ासिज़्म के उभार के दौर में परिणामवादी चिंतन पद्धति उदारवादी तबक़ों को वैचारिक स्तर पर निहत्था करके उन्हें रक्षात्मक स्थिति में डाल देती है।

एक बार हिन्दू-मुसलमान की शब्दावली में हर चीज़ को परिभाषित कर चुकने, साम्प्रदायिक आधार पर विभाजन को स्वीकार कर लेने के बाद लोकतंत्र की बेहतरीन मान्यताएँ भी अपना अर्थ खोकर कैसे साम्प्रदायिक अर्थ देने लगती हैं, इसका एक नमूना हनीफ़ और नंदन की इस बातचीत में दीखता है—

' "हेड बनकर मैं कठपुतली रहूँगा और जो नहीं चाहता, उन बातों पर मेरे दस्तख़त लिए जाएँगे।' हनीफ़ फूटा है मगर आवाज़ बेक़ाबू नहीं हुई है।

' "आप लांछन लगा रहे हैं। यहाँ कोई काम मेजॉरिटी की हामी के बिना नहीं हुआ..."

' "मेजॉरिटी का ही डर है हेड साहब।"

' "आप लोग मेजॉरिटी में नहीं थे, मगर रजिस्टर में डेली साइन के इतने ख़िलाफ़ कि मैंने रजिस्टर नहीं रखवाया। इतने बरसों से यहाँ हूँ, किसी ने सीरियसली कुछ कहा, हमने सुना।"

' "देखिए, मैं तो हर तरह से हारूँगा। इस बहस में मेरे लिए क्या रास्ता है?"'

यहाँ बात केवल मेजॉरिटी की राय की नहीं रह गई है। बहुमत और अल्पमत को धार्मिक बहुसंख्यक और अल्पसंख्यक के रूप में पुनर्परिभाषित कर रहे समाज में आक्रामक बहुसंख्यकवाद के सामने किसी इक्की-दुक्की संस्था को धर्मनिरपेक्षता या उदारवाद का द्वीप बनाकर रख पाना असम्भव है। पहले की स्थिति में जब हनीफ़ जैसों के विचार समाज की मुख्यधारा का निर्माण करते थे, तो अल्पमत में रहते हुए भी उनकी बात मान ली जाती थी। अब सामाजिक संतुलन बदल चुका है। हनीफ़ को इसका एहसास है, इसलिए वह दोनों ही स्थितियों में अपने हारने की बात करता है। उसकी बदतरीन आशंकाओं को पुष्ट करते हुए शरद एक ऐसा वक्तव्य देता है, जिसे अन्यथा लोकतंत्र की आत्मा को परिभाषित करने वाला भी माना जा सकता था—'इसलिए और भी ज़रूरी है कि एक ऐसा हेड आए, जो एक और क़िस्म की आवाज़ को जिलाए रखे। सिर्फ़ आवाज़ की बात है, काम तो तब भी मिलकर ही होंगे। और आपकी गाइडेंस हेडसाहब तो हर पल होनी होगी। हनीफ़ हमारी पीढ़ी का प्रतिनिधि होगा। जनतंत्र यही तो है न कि तरह-तरह की आवाज़ें सामने आएँ?'

किसी संस्था का मुखिया अगर उसमें हाशिए पर जा रही किसी आवाज़ को महज़ 'जिलाए रखने' की भूमिका अपना ले तो उसकी बेचारगी की कल्पना सहज ही की जा सकती है। पीढ़ी का प्रतिनिधि होने की बात तो और भी हास्यास्पद है। शरद अपने ढुलमुल चरित्र के अनुरूप हनीफ़ का पक्ष लेते-लेते पूरी तरह नंदन की गोद में चला जाता है। हनीफ़ के ख़ास दोस्त का यह रवैया देखकर नंदन नए आत्मविश्वास से भर जाते हैं, और इन्कार करने के हनीफ़ के अधिकार पर सवाल उठाकर अपनी दरियादिली का सबूत देते हैं।

उपन्यास में चित्रित इतिहास विभाग हमारे देश की बौद्धिक अकादमिक संस्थाओं की शक्ति और सीमा को बख़ूबी व्यक्त करता है। इसके साथ ही वह हमारे देश में चल रही जनतांत्रिक व्यवस्था का भी एक अक्स है। दोनों स्तरों पर सबसे बड़ी समस्या यही है कि संवैधानिक औपचारिकताओं के सहारे लोकतंत्र का मुलम्मा तो क़ायम है, मगर उसकी आत्मा का कहीं अता-पता नहीं। अगर हम अपनी संस्थाओं के बेहतर उदाहरणों पर ही एक नज़र डालें तो वहाँ प्रो. नंदन जैसे लोगों की भरमार मिलेगी। इनमें से अधिकांश वे लोग होंगे जिनके लिए हमारे दिलों में भारी इज्जत है। ये वे लोग हैं जिन्होंने हमारे राष्ट्रीय जीवन में प्रगतिशील, वैज्ञानिक और धर्मनिरपेक्ष मूल्यों को स्थापित करने के लिए अथक संघर्ष किया, और एक हद तक इसमें कामयाब भी हुए। कितने अफ़सोस की बात है कि आधुनिकता के इस पूरे पैकेज में लोकतांत्रिक मूल्यों के केन्द्रीय महत्त्व को वे नहीं समझ सके और न इन मूल्यों को अपने तथा अपनी संस्था के रोज़मर्रा के व्यवहार का हिस्सा बना सके। जब कभी धर्मनिरपेक्षता, प्रगति या समाजवाद के लिए ज़रूरत पड़ी, ऐतिहासिक कुर्बानी लोकतांत्रिक मूल्यों की ही दी गई।

ब्यौरों में जाना व्यर्थ है, लेकिन इतना कहना ज़रूरी लगता है कि तात्कालिक ज़रूरतों के नाम पर दूरगामी हितों को स्थगित करते जाना ही परिणामवाद है, जो हर तरह की मानवविरोधी प्रवृत्ति के लिए उपजाऊ ज़मीन तैयार करता है। उच्चतर लक्ष्यों के हित में काम करने वालों के लिए यह सबक आज पहले से अधिक प्रासंगिक हो गया है।

शरद और हनीफ़ का निरंतर बढ़ता जाने वाला आत्मिक अलगाव उपन्यास की थीम का महत्त्वपूर्ण हिस्सा है। दोनों बचपन के दोस्त हैं, एक जैसे उदार, आधुनिक मूल्यों में पले-बढ़े और एक-दूसरे की कामयाबी पर ख़ुश होने वाले। ऊपरी तौर पर ऐसा लग सकता है कि अलग-अलग धर्मों का होना उनके बीच मतभेद का कारण है, लेकिन वस्तुतः ऐसा नहीं है। उनके बीच मतभेद का कारण अधिक गम्भीर और बुनियादी है। यह फ़ासिस्ट चुनौती का मुकाबला करने की दो कार्यनीतियों, उदार और रैडिकल के बीच का संघर्ष है। शरद और हनीफ़ के बीच हुई बातचीत से इस पर कुछ प्रकाश पड़ता है—

' "बिलबिलाते ही जाओगे", हनीफ़ गुर्राता है, "जो राय शुरू ही हो किन्हीं इंसानों को भद्दी नज़र से देखकर, उसको हमदर्दी की ज़रूरत है? तुम सुन भी कैसे सकते हो?"

' "तुम राय को असल मान लेते हो। वह भद्दी हो, पर उसके पीछे जो दुख-दर्द हैं, जो असल हैं, वह भद्दे नहीं..."

' "हर राय—भद्दी या नहीं—के पीछे असल दुख-दर्द होंगे। तो?"

' "राय शुरू और आख़िर नहीं है।"

' "राय को शुरू से आख़िर तक ग़लत कहो, तब कोई और बात करो, नहीं तो चुप रहो।" ' (पृ. 204)

बुनियादी तौर पर शरद और हनीफ़ के रवैयों में फ़र्क़ यही है कि हनीफ़ अपना एक 'स्टैंड' और 'कमिटमेंट' रखता है, और उसके साथ लोगों से बहस में उतरना चाहता है, जबकि शरद 'नॉन कमिटल' है। वह साम्प्रदायिक ज्वार को देखकर घबरा गया है। उसे अपने चिंतन के अधूरेपन का एहसास होता है। यहाँ तक ठीक है, लेकिन इस अधूरेपन को दूर करने का वह जो तरीक़ा अपनाता है, वह एकांगी अथवा ग़ैरद्वन्द्वात्मक है। विपरीत विचारों से जूझते हुए अपने विचारों को उन्नत और समृद्ध तभी किया जा सकता है, जबकि उनके शक्तिशाली पक्षों को विकसित किया जाए और जो कमियाँ नज़र आएँ उन्हें फ़ौरन दूर कर लिया जाए। वस्तुएँ विकास की प्रक्रिया में अपने विपरीत में भी बदल जाती हैं। ग़लत विचार भी सही विचार में बदल सकते हैं, लेकिन विचारशून्यता कभी सही विचारों तक नहीं पहुँचा सकती। इसमें सही और ग़लत का विवेक करने की क्षमता ही नहीं होती। खुले दिमाग़ के नाम पर जो लोग ख़ाली दिमाग़

लेकर विचरण करते हैं, वे इसे शैतान का घर बनने से नहीं रोक सकते। इसी ख़ालीपन का परिचय देते हुए शरद एक दिन विभाग में कहता है—

'इतना सही है कि सरलीकरण की ग़लती हमें तो नहीं ही करनी चाहिए। अगर वे ... अतीत को ... अपने साम्प्रदायिक विचारों के लिए ... तोड़ते-मरोड़ते हैं ... तो कहीं हम अपने ... सैक्युलर ... जो भी ... सिद्धांत के लिए ... तो नहीं? ... हम कहते फिर रहे हैं कि हिन्दू-मुसलमान बड़े प्रेम से रह रहे थे। क्या हम वाक़ई जानते हैं?'

अब सवाल यह उठता है कि हवा के ख़िलाफ़ खड़ा होने, आँधी-तूफ़ान का सामना करने की ताक़त कहाँ से आती है? इसका एक आसान जवाब है कि यह जनता से मिलती है। लेकिन संक्रमण के ऐसे दौर में, जब जनता के विभिन्न तबक़े एक-दूसरे के ख़िलाफ़ अंधी लड़ाई में फँस गए हों, यह समझ पाना इतना आसान नहीं कि जनता की वास्तविक दिशा कौन-सी है? इसका निश्चय ऐतिहासिक अनुभवों की रोशनी में ही किया जा सकता है। अतीत से वर्तमान और भविष्य तक जाने वाले रास्ते की खोज ही किसी व्यक्ति या समूह को यह आत्मविश्वास दे सकती है कि वह इस पर चलने के लिए 'जनभावनाओं' से टकरा सके और उसका रुख़ बदल सके। अन्यथा, जनमत के नाम पर बहुमत और बहुमत की आड़ में बहुसंख्यक के फंदे में जा फँसने से बचा नहीं जा सकता। इसीलिए फ़ासिस्ट शक्तियाँ इतिहास पर क़ब्ज़े की लड़ाई को सर्वाधिक महत्त्व देती हैं। शरद इस चुनौती के सामने चारो खाने चित्त हो गया है, लेकिन हनीफ़ इसका जवाब देता है—

'हम यह जानते हैं कि झगड़ा भी था, मोहब्बत भी, चाहे उनकी तफ़सील न भी पता हो। तो क्यों न मोहब्बत की बातें सामने करें।'

इस पर नंदन व्यंग्य करते हैं, 'और झगड़े छिपाएँ?'

हनीफ़ का जवाब ग़ौरतलब है, 'चुनते तो हैं ही हम। कुछ चीज़ों को एकदम आगे करते हैं। इसका यह मतलब तो नहीं कि जो पीछे है, उसे झुठला रहे हैं? झगड़े थे तो उन्हें मानेंगे, पर उन्हें बढ़ाएँ क्यों? ख़त्म क्यों न करें? मोहब्बत थी और रह सकती है तो क्यों न उसे उजागर करें, झगड़े को घातक मानें?'

लेकिन हमारे उदारवादी बुद्धिजीवी फ़ासिस्ट हमले से इतने घबरा गए हैं कि त्रिशंकु की तरह अधर में लटके रहने को ही उन्होंने ज्ञान और सत्य के प्रति प्रतिबद्धता का पर्याय बना दिया है। अंतहीन दुविधा का यह सुविधाजनक रास्ता अंत में उन्हें कहीं का नहीं छोड़ता। शरद का यह कथन देखें—

' "उलझी हुई बात है, बहुत से धागे हैं। कॉम्प्लेक्स..."

' "यह कॉम्प्लेक्स नया शब्द सीख गए हो? हर बात बस कॉम्प्लेक्स है,

इसलिए कुछ भी समझो ग़लत है?'' ' (पृ. 184) हनीफ़ नाराज होता है। कुछ देर बाद नंदन भी यही तर्क देते हैं—'आज हिन्दू आक्रामक लग रहा है, मुसलमान उसका शिकार, मगर बात इतनी साधारण तो नहीं हो सकती। तहों में जाने की ज़रूरत है, वहाँ बात कितनी जटिल है...'

दरअसल, यह मसला मध्यकालीन-सामंती राज्य और आधुनिक-औपनिवेशिक राज्य के चरित्र से जुड़ा हुआ है। मध्यकालीन राज्य हस्तक्षेपवादी था। हिन्दू-मुस्लिम शक्तिसमूहों के बीच टकराव होने पर वह हस्तक्षेप करता था और हर क़ीमत पर शांति बहाल करता था। ऐसा वह किसी सदिच्छा अथवा 'धर्मनिरपेक्षता' के कारण नहीं, शासक वर्ग के राजनीतिक स्वार्थ के चलते करता था। भारत जैसे विशाल देश में मुग़लों के समय भी प्रशासन-तंत्र में ऊपर से नीचे तक हिन्दुओं की भारी भागीदारी होती थी। कोई शासक उन्हें अपना शत्रु बनाकर शासन करने की कल्पना भी नहीं कर सकता था। हिन्दुत्ववादी ताक़तें आज उपनिवेशवादियों से विरासत में मिली अपनी योजना के तहत मध्यकाल में हिन्दुओं की कल्पित आत्महीनता को भुनाने के लिए चाहे जितने झूठ गढ़ें, उस दौर के सारे साक्ष्य इसके ख़िलाफ़ पड़ते हैं। इसके बावजूद ये चीज़ें भारतीयों के सहजबोध का अंग नहीं रह गई हैं तो इसका श्रेय 19वीं सदी में ब्रिटिश उपनिवेशवादियों के हाथों हुए हमारे पुनर्संस्कार को ही है जिसके जरिये उन्होंने मध्यकाल को हिन्दू-मुस्लिम साम्प्रदायिक संघर्ष का युग बताकर अपनी ऐतिहासिक वैधता की स्थापना की थी।

मध्यकालीन राज्य के लिए जितनी अनिवार्य हिन्दू-मुस्लिम शक्तिसमूहों के बीच शांतिपूर्ण सहअस्तित्व की स्थापना थी, ब्रिटिश औपनिवेशिक राज्य के अस्तित्व के लिए उतनी ही अनिवार्य शर्त उनके बीच संघर्ष थी। इसीलिए ब्रिटिश राज्य ने सुनियोजित ढंग से 'अहस्तक्षेप' की नीति अख़्तियार की। यह नीति इन दोनों बड़े भारतीय समुदायों के बीच संघर्ष के बिन्दुओं को उकसाने और 'अहस्तक्षेप' के नाम पर उन्हें विस्फोटक मुक़ाम तक पहुँचाने की योजना का अंग थी। दो बिल्लियों के बीच में बंदर की इस भूमिका को 19वीं सदी के हमारे नवजागरण और बीसवीं सदी के राष्ट्रीय आंदोलन ने भी बुनियादी तौर पर स्वीकार कर लिया। इस स्वीकार की अभिव्यक्ति 1857 के बारे में हमारे राष्ट्रवादी विचारकों और नेताओं की इस आमराय में होती है कि उस विद्रोह की पराजय अपरिहार्य थी, क्योंकि यह ऐतिहासिक रूप से पिछड़ी हुई सामंती, और प्रगतिशील पूँजीवादी शक्तियों के बीच का संघर्ष था। अगर इस विद्रोह को ग़ुलामी के ख़िलाफ़ आज़ादी की लड़ाई के रूप में पहचाना जाता तो आगे इसकी परम्परा का विकास हो सकता था, लेकिन इसके आड़े हमारा सर्वग्रासी उपनिवेशीकरण आ गया जिसने हमारी भारतीयता को साम्प्रदायिक परिभाषा दे दी। यही परिभाषा आज 'सांस्कृतिक राष्ट्रवाद' के नाम से जानी जाती है। हमारी राष्ट्रवादी

धारा ने इसका जवाब जिस गंगा-जमुनी तहज़ीब में ढूँढ़ा था वह सांस्कृतिक राष्ट्रवाद के पहले ही हमले में भ्रष्ट इतिहासबोध का शिकार होकर नंदन और शरद की नियति को प्राप्त हो गयी। इतिहास में घटने वाली घटनाओं को अपरिहार्य मानकर मानवीय क्षमता का अवमूल्यन करने के बजाय, उपन्यास में हुई गुमनाम बहस में आया वह नुक़्ता क़ाबिलेग़ौर है, जो अपनी परिणति तक पहुँचने की प्रतीक्षा कर रही वैकल्पिक प्रक्रियाओं का संकेत करता है—'हम इंसान एक ग़लती अमूमन करते हैं। जो घट जाता है, उसका घटना ही उसकी अनिवार्यता का सबूत मान लेते हैं।' (पृ. 104)

औपनिवेशिक मूल्यों की घुट्टी पीकर पली-बढ़ी हमारी यह तथाकथित आधुनिक और लोकतांत्रिक परम्परा, जो अपने को धर्मनिरपेक्ष भी समझती है, कभी अपने मूल्यों के लिए निर्णायक संघर्ष नहीं कर पाती, हमेशा बीच-बचाव और सुलह-समझौते का कोई न कोई तरीक़ा ढूँढ़ते हुए दिखाई पड़ती है। इतिहास और परम्परा के समर्थन के बग़ैर कोई प्रवृत्ति अपने समाज में आमूल परिवर्तन लाने की हिम्मत नहीं जुटा सकती। इसीलिए शरद, श्रुति और नंदन में से कोई भी 'जनभावनाओं' के तर्क को ख़ारिज नहीं कर पाता। हनीफ़ अवश्य अंत तक प्रतिरोध करता है। एक ही विचार परम्परा की उपज होने के बावजूद हनीफ़ के बाक़ियों से अलग होने की वजह ज्ञान प्राप्त करने की वह पद्धति है जिसे वह अपनाता है। द्वन्द्वात्मक पद्धति का अनुसरण करने के कारण हनीफ़ के पैर ठोस ज़मीन पर टिके हैं, जबकि नन्दन और शरद जैसों के पाँव पहले ही धक्के में उखड़ जाते हैं। पहले उन्होंने जितनी आसानी से धर्मनिरपेक्षता की एकरैखिक परम्परा का निर्माण कर लिया था, अब उतनी ही आसानी से साम्प्रदायिक इतिहास-बोध की एकरैखिक परम्परा उन्हें अभिभूत कर लेती है। रोचक बात यह है कि अपने इस अधिभूतवाद को ही वे द्वन्द्वात्मकता समझते हैं और 'जटिलता' के रूप में व्याख्यायित करते हैं।

बुनियादी तौर पर द्वन्द्ववाद और 'जटिलतावाद' के बीच अंतर यह है कि पहली के मुताबिक किसी परिघटना के अनेक द्वन्द्वरत पक्षों में एक समय में किसी न किसी एक पक्ष की प्रधानता अनिवार्यतः स्थापित होगी, जो उसके चरित्र का निर्धारण करेगी। यह प्रधानता परिवर्तनीय होगी। जबकि दूसरी के मुताबिक किसी परिघटना के विभिन्न पहलुओं में किसी एक की प्रधानता का स्वीकार दूसरे पहलुओं का दमन कर देगा, इसलिए यह आग्रह अनुचित है। ग़ौरतलब है कि पहली अवधारणा प्रधानता को परिवर्तनीय मानकर यथास्थिति में बदलाव करने के प्रयासों को प्रेरित करती है, जबकि दूसरी अवधारणा सामाजिक स्तर पर यथास्थिति के पक्ष में खड़ी हो जाती है। शरद और हनीफ़ की नंदन के बारे में होने वाली इस बातचीत में दोनों की स्थिति स्पष्ट होती है—

' "हर बात के दो पहलू हैं। उन्हें कुर्सी प्यारी है, मगर वह सोच रहे हैं कि तुम घमण्डी हो, बेशऊर हो। बिना समझने की कोशिश किए किसी से भी भिड़ जाते

हो, व्यवहारकुशल नहीं हो...।''

' ''दो क्यों, हर बात के बहुत से पहलू होते हैं, मगर यहाँ सारे पहलू एक बात के तहत हैं कि वह अपनी बागडोर अपने हाथों में ही चाहते हैं।'' ' (पृ. 179)

जहाँ तक श्रुति का सवाल है, वह दूर तक हनीफ़ का साथ देती है किन्तु अंततः 'जनभावनाओं' का तर्क उस पर भी हावी हो जाता है। इसका नतीजा यह होता है कि सचेत रूप से वह जितना ही हनीफ़ के निकट जाती है, उनके बीच दूरी उतनी ही बढ़ जाती है। ग़ौरतलब है कि श्रुति आधुनिक युग की बेहतरीन चिंतन-परम्पराओं का प्रतिनिधित्व करती है। उपन्यास में हुई एक बहस के दौरान वह साम्प्रदायिक विषमता को वर्गीय और लैंगिक विषमता के साथ मिलाकर देखती है। जब कोई हलाल करने जैसी प्रथा का हवाला देकर मुसलमानों को ख़ून बहाने का आदी बताता है तो वह इसका जवाब कुछ यूँ देती है, 'और जनाब, जो औरतें छिपकली कॉकरोच नहीं मारतीं इतनी नर्म दिल, नाज़ुकमिज़ाज होती हैं सुना है कि नहीं कि अपनी बहुओं को जलाती हैं फिर खड़े-खड़े तमाशा देखती हैं।' इस पर सम्भवतः हनीफ़ उससे 'हिस्टैरिकल होकर बोलने' की वजह पूछता है जिसके जवाब में वह लैंगिक, आर्थिक और साम्प्रदायिक समस्याओं का निचोड़ पेश करती है—'बताइए, क्यों औरतों में मर्दों के मुकाबले ज़्यादा है हिस्टीरिया का मर्ज़? इसलिए कि उन्हें चुनने-बढ़ने की कम आज़ादी ने अलग ढंग से कुंठित कर दिया है। ...जब बिना लड़े मिल रहा है तो आदमी संभ्रांत शांतिप्रिय दिख लेता है। औरत को हर बार लड़ना पड़ता है तो विकृत करार दी जाती है। ...मोटे तौर पर यही बात है। हिन्दू-मुसलमान की भी यही बात है। मोटे तौर पर यह सारी बातें कमज़ोर और ताक़तवर वर्ग की बातें हैं।' (पृ. 111)

आगे चलकर एक उपद्रवी छात्र हनीफ़ पर 'अपनी बेटी समान छात्रा की पवित्रता को मैली करने' का आरोप लगाता है, क्योंकि श्रुति कभी उसकी छात्रा रही थी। श्रुति यह सुनकर जो कुछ सोचती है वह साम्प्रदायिक और पितृसत्तात्मक दिमाग़ की एकता की सटीक पहचान करता है—'उस छात्र ने हिन्दू-मुसलमान, बर्बर-सभ्य, नैतिक-अनैतिक, आज के, बीते, सारे विवाद और उलझाव में औरत की जगह दिखा दी थी। एक मंदिर यानी पूजा स्थल, जिसे इनसान या हैवान यानी पुरुष, पूजेगा या भ्रष्ट करेगा। उस पर हिन्दुआई करेगा या मुसलमानी। औरत का क्या होगा?' (पृ. 249)

शरद से हनीफ़ का टकराव मूलतः पहचान के प्रश्न पर होता है, जबकि श्रुति से मानवीय गरिमा के बिन्दु पर। जैसे-जैसे साम्प्रदायिक विभाजन तीखा होता है, शरद अपनी अर्जित धर्मनिरपेक्ष पहचान खोकर जन्मगत धार्मिक पहचान का चश्मा चढ़ा लेता है। वह ख़ुद को हिन्दू के रूप में देखता है और हनीफ़ पर भी मुसलमानियत थोप देना

चाहता है, क्योंकि 'अब इस बात से छुटकारा नहीं हमें जान लेना चाहिए। ...इस वक़्त यही पहचान सारी पहचानों से बढ़कर है।' (पृ. 157) जबकि हनीफ़ इस संकट के क्षण में अपनी अर्जित धर्मनिरपेक्ष पहचान की रक्षा करना ज़रूरी समझता है—'चुप हो गए तो यह आवाज़ चुप हो जाएगी। इस आवाज़ को किसी को भूलने नहीं देना है।' (पृ. 165)

उल्लेखनीय है कि अपनी अर्जित पहचान पर ज़ोर देना महज़ रणनीति का प्रश्न नहीं है। धर्म जैसी किसी जन्मगत श्रेणी के सीमित दायरे के परे इसके माध्यम से मनुष्य व्यापक मानव समुदाय से जुड़ता है। इसीलिए हनीफ़ अपनी अर्जित पहचान को एकमात्र स्वाभाविक, न्यायोचित और गरिमामय पहचान मानता है, लेकिन शरद इससे प्रभावित नहीं होता। एक रोचक प्रसंग में हुई बातचीत इसका संकेत करती है—

' "माइनॉरिटी हम हैं।" हनीफ़ मधुमालती के पास खड़ा बोला।

' "मुसलमान?" शरद हनीफ़ के मुँह से यह सुनकर उसे अचम्भे से ताकने लगता है।

' "अहमक", हनीफ़ बेतरह चिढ़ा, "हम जैसे"।

' "न हिन्दू, न मुसलमान... " श्रुति सूखे फूल और पीले पत्ते जमा करती बोली।

' "क्या नाम है हमारा?" शरद की आवाज़ दबी-सी है।

' "हो सकता है कि नाम ग़लत है, शुबहा पैदा करता है। कोई मौजूँ नाम सोच लेंगे, मगर नाम ग़लत हो तो यह मतलब तो नहीं कि हम ही नहीं...?"

' "क्या हैं हम? कहाँ हैं..."

' "हम तीसरी जमात हैं।" श्रुति बीच में कहती है, "और इतने भी कम नहीं हैं..."

' हनीफ़ बीच में काटता है, "अ सिंगल स्वौलो डज़ नॉट मेक अ समर।"

' शरद हँस रहा है, "असल बात यह है कि हिन्दुस्तान में स्वौलो नहीं होती।" ' (पृ. 167)

यहाँ हनीफ़ का पहला ही वाक्य जन्म के आधार पर पहचान तय करने की रवायत को आक्रामक ढंग से चुनौती देता है। शरद की स्वाभाविक प्रतिक्रिया के जवाब में चिढ़कर जब वह उसे 'अहमक' कहता है तो यह उसके आगे के शब्दों के साथ मिलकर एक और अर्थ देता है, 'हम जैसे अहमक'। शरद हमेशा की तरह इसी चिंता में है कि लोग क्या सोचेंगे, किस नाम से पुकारेंगे, कहाँ पाएँगे और किस नज़र से देखेंगे। श्रुति का जवाब 'न हिन्दू, न मुसलमान' कबीर की याद दिलाता है, पर यह विडम्बनात्मक भी है क्योंकि उपन्यास की ही सूचना के मुताबिक 'हमारा शहर आधा हिन्दू, आधा मुसलमान नहीं था, हमारा शहर बन चुका था आधा हिन्दू-नहीं, आधा

मुसलमान-नहीं।' (पृ. 240)

श्रुति जब अपनी जमात की संख्या के बारे में बात कर रही होती है तो उसकी बात काटकर हनीफ़ अंग्रेज़ी की एक कहावत सुनाता है जो हिन्दी के 'अकेला चना भाड़ नहीं फोड़ता' के समतुल्य है। असल में यह कहावत शरद और उसकी तरह सोचने वालों का सम्भावित जवाब है, जिसे शरद से पहले सुनाकर हनीफ़ उस पर दोस्ताना व्यंग्य करता है। शरद, पुराने दिनों की याद दिलाने वाली, हनीफ़ की मीठी चुटकी पर ख़ुश होकर हँस पड़ता है, और प्रकट रूप में मुहावरे की दैशिक भिन्नताजन्य अप्रासंगिकता को असल बात कहता है जिससे वह आई-गई हो जाती है। लेकिन हल्के-फुल्के ढंग से कही गई इस बात में धर्मनिरपेक्षता की अवधारणा के अभारतीय होने के साम्प्रदायिक प्रचार की भी ध्वनि है। अतः यह प्रसंग कथा में वापस आता है—

' "मैं कह रही हूँ ना?" श्रुति ने बिगड़कर कहा, "हमारी मधुमालती के पास से उड़ी थीं और स्वौलो ही थीं।"

× × ×

' "लम्बी सी दाढ़ी थी।" दद्दू का ड्रामा चालू है।

' "कहीं तुम तो नहीं थे शरद?" हनीफ़ भी दद्दू का साथ देता है। 'श्रुति को चिढ़ाने चढ़कर बैठ गए थे हमारी बेल पर।"

× × ×

' "जाड़ों में आती है।" श्रुति ने अनसुना किया। "हुँह कह डाला।" वह शरद की ओर मुड़ी, "कि हिन्दुस्तान में स्वौलो नहीं।" ' (पृ. 175-76)

इस प्रसंग में मधुमालती पर 'स्वौलो' को देखना मानवीय रिश्तों से श्रुति की बढ़ी-चढ़ी उम्मीदों को प्रदर्शित करता है। तीन की संख्या उन तीनों की तरफ़ भी इशारा करती है, शरद की ढुलमुलयक़ीनी के बावजूद। इसीलिए हनीफ़ शरद पर व्यंग्य करता है। कथा में आगे चलकर जब श्रुति भी भ्रमित हो जाती है तो हनीफ़ की शरद पर व्यंग्य में कही गई कहावत ख़ुद उसकी हालत को बयान करती जान पड़ती है। अंत तक जाते-जाते इस कहावत की निर्मम विडम्बना का शिकार दद्दू को भी बनना पड़ता है।

यहाँ एक भ्रम हो सकता है कि हनीफ़ हिन्दुओं और मुसलमानों या बहुसंख्यकों और अल्पसंख्यकों में कोई अंतर नहीं करता। अपने छात्रों से की गई उसकी बहसें यह बताती हैं कि वह इस नाज़ुक मसले को पूरी संश्लिष्टता में देखने और समझने का पक्षधर है। उसका आग्रह बस इनसे अलग एक सैकुलर कैटेगरी का है जिसकी

सदस्यता का चुनाव अपने व्यक्तिगत विवेक के सहारे किया जा सकता है। विवेकजन्य चयन का परिणाम होने के कारण यह अर्जित पहचान अधिक विकसित और मज़बूत होगी। सैकुलर की परिभाषा वह धर्म से अलग करता है, उसके बग़ैर नहीं। मुसलमानों की विशेष स्थिति का ध्यान रखने का हामी होते हुए भी वह उन्हें परिस्थितियों का शिकार होता रहने वाला कोई निष्क्रिय ऑब्जेक्ट (वस्तु) मानने के ख़िलाफ़ है। इसे वह उनकी मानवीय गरिमा के विपरीत मानता है। श्रुति की एक कहानी पर बात करते हुए वह अपने ख़यालात का इज़हार करता है. जिसमें कला और साहित्य के कुछ मार्मिक रहस्य कुलबुलाते हैं—

' ''नहीं बनी ना?'' श्रुति ने डरकर पूछा।

' ''नहीं।'' हनीफ़ कहता है जैसे कहना नहीं चाहता।

' ''स्टाइल ही...''

' ''मैं स्टाइल ही तो नहीं चाहती। सीधा-सपाट कि जो कहा, वैसा ही समझा जाए।''

' ''उसके अलावा भी।'' हनीफ़ कहता है, ''तुम उन्हें बलि का बकरा बना रही हो। उनकी ह्यूमन डिग्निटी ख़त्म किए दे रही हो।''

' ''नहीं मिट रही?'' श्रुति झगड़ती है।

× × ×

' ''हनीफ़ सोचता है, तोलता है, धीरे-धीरे बोलता है, ''तुम मत लिखो इस पर। कहानी-उपन्यास मत लिखो। अख़बार के लिए ठीक है। यह वही है, कहानी का लिबास पहनने की कोशिश में...।''

' ''तो क्या हुआ?'' श्रुति विरोध करती है, पर अनिश्चित भी लग रही है। 'हर बात के लिए अलग ढंग होना होता है! अगर न्यूजपेपर रिपोर्ट से बात स्पष्ट हो तो क्यों न उसी तरह कहानी लिखें? तरह-तरह का साहित्य होता है।'' ' (पृ. 70)

सीधीसपाट स्पष्टता का यह आग्रह रचनात्मक लेखन और पत्रकारिता (या समाजशास्त्र) के बीच अंतर नहीं कर पाता। पत्रकारिता का आदर्श मुख्य रूप से सतह की घटनाओं का ब्यौरा देना और कार्य-कारण शृंखलाबद्ध विश्लेषण करना है। जबकि रचनात्मक लेखन बुनियादी तौर पर बाहरी घटनाओं से अंतःक्रिया के दौरान विकसित होती हुई मानव चेतना का अंकन करता है। हालाँकि इन दोनों विधाओं का काम एक-दूसरे के कार्यक्षेत्र में प्रवेश किए बिना नहीं चलता। लेकिन यह अतिक्रमण अपने प्रमुख काम को भली-भाँति निभाने के लिए किए जाने वाले सहयोगी प्रयास के रूप में ही

होता है। श्रुति अपनी कहानी में मुसलमानों का चित्रण परिस्थितियों के बेबस और गरिमाहीन शिकार के रूप में करती है। हनीफ़ के एतराज़ पर वह सामाजिक यथार्थ का हवाला देती है। वह यह ध्यान नहीं रखती कि यथार्थ के कई पहलू होते हैं। गरिमाहीन स्थितियों में डाल दिए गए लोगों में उसकी आकांक्षा ख़त्म नहीं हो जाती, सिर्फ़ और गहरे चली जाती है। पत्रकारिता का आदर्श उनकी गरिमाहीनता की रिपोर्टिंग भले हो, लेकिन अगर रचना भी यही करेगी तो वह यथास्थिति को और पुष्ट ही करेगी। सृजन के क्षेत्र में तो सतह के पदार्थ से संतोष न करके गहरे पानी पैठना चाहिए और जो डूबने से डरते हों उन्हें बाहर ही बैठना चाहिए। श्रुति ऐसा नहीं कर पाती, इसलिए रचना उससे फिसल जाती है। लेकिन किसी वैकल्पिक रास्ते के अभाव में, और उसकी खोज में भी, वह अपने मौजूदा विचारों पर अड़ी रहती है जबकि अनाम लेखिका तह और सतह दोनों की ख़बर लाकर इस द्वन्द्व का समाधान पेश करती है। इस बहस में भारतीय परम्परा का अचूक निर्णय सुनाते हुए दद्दू कहते हैं—'कहानी बेवक़ूफ़ घटना के ब्यौरे में नहीं होती। उससे उपजने वाली नयी और अलग दुनिया में होती है। वह नहीं गढ़ी, तो कुछ नहीं।' (पृ. 76)

लेकिन अनाम नैरेटर के इरादे कुछ और हैं—'मगर मेरा मन, न हो उसकी वक़त तो भी पूछता है, कि क्या दो दुनियाएँ नहीं हो सकतीं, उतनी ही शिद्दत भरी.....' (पृ. 155)

श्रुति से कहानी लिखना तो छूट ही जाता है, जीवन में भी वह इसी कमज़ोरी का परिचय देती है। उसके सामने एक कठोर साम्प्रदायिक परिस्थिति है जिसका सामना करने के दो तरीक़े हैं। एक तरीक़ा है उन्मादग्रस्त माहौल में छाए साम्प्रदायिक तर्कों की असलियत का पर्दाफ़ाश करते हुए लोकतांत्रिक मूल्यों की एक-एक इंच ज़मीन के लिए जूझने का, तो दूसरा तरीक़ा है 'जनभावनाओं' के उफान के सामने पुनर्विचार की मुद्रा में अंशतः झुककर अपने लिए अवकाश बनाने और माहौल को अंदर से बदलने की कोशिश करने का। श्रुति लम्बे समय तक हनीफ़ के साथ पहले रास्ते पर चलती है, लेकिन अंततः उसे 'जनभावनाओं' के सामने झुकना पड़ता है। लोगों की धार्मिक पहचान को मौजूदा हालात में प्रमुख पहचान मानने की शरद की स्थिति को मजबूरी में ही सही उसे स्वीकार करना पड़ता है।

' "ज़रूरत", श्रुति उफनती है, "है कि अच्छे हिन्दू और अच्छे मुसलमान मिलें और इन कट्टर और बहके हिन्दू और मुसलमानों के ख़िलाफ़ एकजुट हों।"

' "अच्छे लोग नहीं कह सकते?" हनीफ़ जानना चाह रहा है।

' "हैरत है, हैरत है।" शरद हैरत से कह रहा है, "कि तुम ऐसे क्यों करते हो? जैसे तुम ... तुम्हें ... शरम आती है कि तुम मुसलमान हो।"

' "अक्ल घास चरने गई है क्या", श्रुति तड़कती है, "शर्म यह नहीं कि हम ये हैं कि वो। शर्म यह है कि इसका इतना ढोल क्यों पीटा जा रहा है? जैसे ठप्पा लगा है कि जो हर वक़्त पहली और आख़िरी पहचान है हमारी।"

' "इस वक़्त यही पहचान सारी पहचानों से बढ़कर है।" शरद भी गरम है।

' "मेरी और बहुत-सी पहचानें हैं ..." श्रुति लड़ना चाह रही है। ' (पृ. 157-158)

श्रुति लड़ना चाह रही है, लेकिन लड़ नहीं पाएगी। वह जिन बहुत-सी पहचानों की बात कर रही है, शरद को भी उनसे इन्कार नहीं है। इसीलिए जब शरद हनीफ़ को छोड़कर लोगों के बीच जाने की बात करता है क्योंकि लोग उसकी मौजूदगी में मन की बात कहने में हिचकेंगे भी, 'और द्वेष भी रखेंगे कि मुसलमान हो। तभी कहता हूँ कि अलग-अलग जाएँगे, तब पता चलेगा। तीनों को देखकर तो वे जो हम सुनना चाहते हैं सुना देते हैं, बाकी दबा जाते हैं', तब श्रुति न केवल उसका विरोध नहीं कर पाती, बल्कि उसके साथ, हनीफ़ के बग़ैर, जाने पर राज़ी हो जाती है।

यहाँ 'तीनों को देखकर' से आशय है, धर्मनिरपेक्ष समझकर, लेकिन 'जो हम सुनना चाहते हैं' वाक्यांश से उनकी इस समझदारी पर शरद अपनी सहमति की मुहर भी लगा देता है। उसका आशय है कि वे जानते हैं कि हम कौन हैं और क्या सुनना चाहते हैं। शरद के इस वक्तव्य में हिन्दू-मुसलमान के संग-साथ का निषेध ही नहीं, हिन्दुत्ववादी नफ़रत के औचित्य की चुपके से स्थापना भी निहित है। उसके दिमाग़ में आम लोगों की जो छवि है वह मुसलमानों के प्रति द्वेषभाव रखने वाली है। वह सावन का अंधा है। उसे हरा ही हरा सूझता है।

आपद्धर्म के रूप में ही सही, हिन्दू की भूमिका में उतर जाने के बाद इसकी अनिवार्य परिणति के रूप में श्रुति, जो पहले अपनी जान-पहचान वाले मुसलमानों में हनीफ़ की गिनती नहीं करती थी (पृ. 56), बाबू पेंटर के सामने हनीफ़ का ज़िक्र अपने बीच रहने वाले अकेले मुसलमान के रूप में करती है—'आप बाबू जिस जगह बैठे हैं, बेखटके कह सकते हैं कि मत बोलो, क्योंकि आप एक तरफ़ की हवा में विचरते हैं, जिसका रुख़ वही मेजॉरिटी कम्युनिटी तय कर रही है। मैं ... सुरक्षित सम्पन्न मैं, दूसरी तरफ़ पहुँचती हवा का झोंका, सरासर मामूली-सा सही, डरावनी हवा का झोंका, महसूस कर रही हूँ, जो तमाम लोगों को बुरी तरह झुका रहा है जबकि हमारे यहाँ तो बस एक शख़्स मुसलमान है, मेरे पति हनीफ़ ...।' (पृ. 170)

श्रुति का यह वक्तव्य हनीफ़ की न केवल उससे अलग मुस्लिम पहचान पर ज़ोर देता है, बल्कि उसे मुसलमानों के बारे में अपने दिमाग़ में बने स्टीरियोटाइप 'बुरी तरह से झुकाए जा रहे तमाम लोगों' से भी समीकृत कर देता है। अपने को 'तीसरी जमात'

कहने वाली श्रुति का यह विकास हमारी औपनिवेशिक आधुनिकता के बेहतर प्रतिनिधियों की विडम्बना को उजागर करता है। हमारे राजनीतिक क्षेत्र की 'तीसरी जमात' के भटकाव के कुछ सूत्र भी श्रुति के इस विचलन में मौजूद हैं। श्रुति की समझ और उसके आकलन के अधूरेपन को ज़ाहिर करते हुए बाबू पेंटर उसकी बात काटकर जो कुछ कहते हैं, उसके बाद श्रुति के लिए कहने को कुछ बाक़ी नहीं रह जाता— 'यक़ीनन आप जानती नहीं, मैं मुसलमान हूँ।'

श्रुति के कथन की हनीफ़ पर अपेक्षित प्रतिक्रिया होती है। नैरेटर के शब्दों में, 'मैंने देखी थी वह तड़प, जो किसी साँप की-सी फुर्ती से उछली और पूँछ फटकार वहीं कुंडली मारकर बैठ गई, जब श्रुति बोली थी—'हमारे यहाँ तो...।' मुसलमान होने के नाते चिंता और हमदर्दी का पात्र हो जाना हनीफ़ के लिए कतई असहनीय है। जबकि श्रुति और शरद अपनी धार्मिक चेतना में निहित संकीर्णता और उथलेपन के कारण बार-बार उसे इसका एहसास करा देते हैं। ऐसे हर मौक़े पर हनीफ़ और उनके बीच दूरी बढ़ती जाती है।

हनीफ़ की पीड़ा यह है कि उसके विचारों की स्वीकार्यता अचानक बहुत घट गई है। समाज में उसके लिए अवकाश लगातार कम होता जा रहा है। डिपार्टमेंट और घर में भी विपरीत विचार तेज़ी से फैल रहे हैं। इस उपन्यास का हर पात्र अपने-अपने ढंग से इस स्थिति का सामना करता है। हनीफ़ की प्रतिक्रिया उल्लेखनीय ढंग से सबसे अलग है। धक्का उसे भी लगता है, लेकिन वह अपने को सँभाल लेता है। भावनात्मक प्रतिक्रिया से शुरू करके धीरे-धीरे वह विवेकपूर्ण प्रतिक्रिया की तरफ़ बढ़ता है। शुरूआत में वह चुप होता चला जाता है, मानो संवाद पर उसका विश्वास न रह गया हो। श्रुति और शरद जब उसके बग़ैर लोगों के बीच चले जाते हैं, तब वह उनके कहने पर भी न तो दंगा प्रभावित हिन्दुओं से मिलने जाता है, न मुसलमानों के बीच। लेकिन जब भी उसे कहीं बोलने के लिए आमंत्रित किया जाता है, वह वहाँ जोशोख़रोश के साथ जाता है। ऐसे ही एक मौक़े पर जब वह कहीं लेक्चर देने के लिए तैयार होते हुए अपना लेख 'कट्टरता और सेक्युलर स्टेट' तलाश कर रहा है, इधर-उधर होने वाले बम के धमाकों से घबराई श्रुति एतराज़ करती है, 'कोई सुन रहा है नहीं, चले हैं भाषण देने।' इस पर हनीफ़ का जवाब दोनों के बीच आ गए भारी अंतराल की सूचना देता है 'जो सुनने को तैयार हैं, वहाँ भी नहीं चाहतीं कि बोलूँ?' (पृ. 219)

बहरहाल, श्रुति उसे अकेला नहीं छोड़ती और ख़ुद भी उसके साथ जाती है। ट्रेन में हुई एक मामूली-सी बातचीत इस परिस्थिति के अब तक अनछुए एक पहलू की तरफ़ संकेत करती है। हनीफ़ श्रुति के भय को दूर करने के लिए कुछ चर्चा कर रहा है कि तभी—

'सामने बैठी औरत हँस देती है।

'अपना गिलास आगे करके हनीफ़ की गोद में रखी बोतल से कहती है, 'ज़रा पानी देना।''

'हनीफ़ ने ढक्कन खोल दिया है। औरत के हाथ में दूर तक काँच की चूड़ियाँ हैं। वह चेहरा ऊपर करता है। औरत ने पल्लू से सिर ढँक रखा है।

' ''मगर मैं मुसल...'' उसके होठों पर आना चाहता है।

' ''तुम्हारा धर्म जाता है तो मत छुओ मुझे।'' सामने बैठी औरत ने झिड़क दिया है।

'श्रुति और हनीफ़ दोनों के चेहरे लाल हैं।' (पृ. 220-21)

इस प्रसंग से शरद जैसों की 'लोगों' के बारे में बनी हुई राय की असलियत साफ़ होती है। वह औरत सम्भवतः दलित समुदाय से आती है, और छुआछूत की सवर्ण मानसिकता का सामना करने की आदी है। इधर हनीफ़ भी मुसलमानों के प्रति छुआछूत बरतने वाले हिन्दुओं से अपरिचित नहीं है। वह लोगों के ग़लत विश्वासों और आस्थाओं को धोखे से तोड़ने में यक़ीन नहीं करता, इसलिए अन्यथा अनिच्छुक रहने पर भी उसे अपने धर्म के बारे में बताता है। उस महिला को मुसलमानों के अंदर की ऊँची जातियों के सामंती मिज़ाज का भी तज़रबा है। इसके अलावा वह आम जनता के सहजबोध के चलते दूसरों की आस्थाओं का सम्मान करने की आदी है, हालाँकि ख़ुद जातिगत उत्पीड़न का शिकार होने के कारण उसके लिए यह हनीफ़ की बनिस्बत कहीं तकलीफ़देह है। इसीलिए वह गुस्से से अपनी बात कहती है। हनीफ़ छुआछूत बरतने की जो शंका उस महिला के प्रति पाले हुए था, उसी के अपने प्रति व्यक्त किए जाने पर शर्म और संकोच से लाल हो उठता है। श्रुति के पास लाल होने के दोनों कारण हैं। उस महिला की नज़र में वह भी हनीफ़ की स्थिति में साझा करती है इसलिए या फिर हिन्दुओं के बारे में अपने अब तक के चिंतन से दलितों के दृष्टिकोण की अनुपस्थिति पर। फ़िलहाल तात्कालिक कारण ही प्रभावी लगता है।

इसी बीच मकबूल हक़ अपने अख़बार के लिए हनीफ़ का इंटरव्यू कराता है, जिस पर श्रुति कहती है, ' ''यही वह चाहते हैं, कि कहो, मैं मुसलमान हूँ और शेर बनो।''

' ''और दूसरे क्या चाहते हैं, पता है?'' हनीफ़ चुप्पी तोड़ता है, 'कि कहूँ, मैं मुसलमान हूँ और कछुआ बन जाऊँ।'' ' (पृ. 297-98)

दद्दू भी इस बात की ताईद करते हैं, 'हनीफ़ तुम मिट्टी में मिल जाओ तो तुम्हें झंडा बनाएँगे, तुम झंडा बनकर अकड़ो तो तुम्हें धूल चटाएँगे।' इस परिस्थिति की पृष्ठभूमि में मुसलमानों की 'हिफ़ाज़त' के बढ़े-चढ़े 'धर्मनिरपेक्ष' दावे और वादे करके उन्हें अपना समर्थक बनाए रखने की ब्रिटिश औपनिवेशिक नीति की आज़ाद भारत में निरंतरता है। उनके भयादोहन की यह नीति उनको भयभीत बनाए रखकर ही सफल

हो सकती है। हनीफ़ की सुरक्षा की चिंता भी इसी मानसिकता के चलते उसके कापड़िया और नंदन जैसे 'शुभचिंतक' करते हैं। बाद में शरद और श्रुति भी उसे लेकर भयभीत हो जाते हैं। उससे 'एक मुसलमान' की तरह आचरण करने की अपेक्षा की जाती है, लेकिन वह इससे हठपूर्वक इन्कार कर देता है।

हनीफ़ के अपनी मुस्लिम पहचान से इन्कार करने की नकारात्मक और सकारात्मक दोनों वजहें हैं। वह अपने ऊपर मुसलमानियत के नाम पर थोपी जा रही मान्यताओं के ज़हर को पहचानता है, जैसा कि वह श्रुति से कहता है, 'बात अपनी जान-माल की ख़ातिरी की नहीं है ... वह तो हैं ही सलामत ... पर एक विस्तृत बदनामी, एक विस्तृत नफ़रत और विकृति का हिस्सा होने की है ... मैं ... जुड़ गया हूँ उससे... इस्लाम के नाम से जुड़ गया हूँ।' (पृ. 233)

इसके अलावा उसे अपने सैकुलर ख़यालात पर यक़ीन है और वह इस यक़ीन को स्थगित करने के लिए तैयार नहीं है। ख़ास तौर पर जब वे विचार संकट में हैं, तब तो कतई नहीं। वह अपने को पाठ्यपुस्तकों या क्लासरूमों तक सीमित नहीं रखता। अपने घर से लेकर दूर-दराज़ की छोटी से छोटी जगहों पर जाकर लोगों को सम्बोधित करना उसके रुटीन का हिस्सा है। सैकुलर होने के कारण वह निजी और सामाजिक दोनों स्तरों पर गम्भीर समस्याओं से दो-चार होता है, मुसलमान होने की वजह से नहीं। किन्हीं कमज़ोर क्षणों में वह विचलित भी होता है, लेकिन समझौते का ख़याल भी उसके आस-पास नहीं फटकता। वह उस मिट्टी का बना है जिससे पूरे समाज का नेतृत्व करने वाले बनते हैं, महज़ अपने समुदाय का नहीं। इस मामले में उसका एक समकक्ष जगदीश चन्द्र के उपन्यास 'धरती धन न अपना' का नायक काली है। दलित समुदाय से आने, और हनीफ़ जैसी अग्रणी भूमिका न होने के बावजूद उसके मुकाबले जाट चौधरियों की हरकतें नादान बच्चों की कारस्तानियाँ जान पड़ती हैं। ये चरित्र हमें यह याद दिलाते हैं कि दलित और अल्पसंख्यक, परिस्थितियों के 'शिकार' ही नहीं होते, उन्हें नया मोड़ देने की क्षमता रखने वाले भी उनके बीच मौजूद हैं। हमारे समाज में अपने-अपने न्यायोचित हक़ों के लिए जूझ रहे तमाम तबक़ो और अस्मिताओं को आज इसी आत्मविश्वास की ज़रूरत है।

बहरहाल, इस जद्दोजहद से गुज़रकर हनीफ़ अपने रंग में वापस आता है। उसे फिर क़िस्से सूझने लगते हैं जिनमें से एक वह श्रुति को सुनाता भी है। वह अपनी चुप्पी तोड़ता है और डिपार्टमेंट में हुड़दंग कर रहे छात्रों से बहस में उतरता है।

' "एक भी मुसलमान नहीं बोलता। खोमेणी, शाहबानो, किसी इशू पर। जितना पढ़ा-लिखा होता है, उतना पंगु।" छात्र चीखा है।

'हनीफ़ उनके बीच चला आता है। छात्र ने माथे पर केसरिया पट्टा बाँध रखा है।

'हनीफ़ शरद की तरफ़ देखता है और ज़ोर से बोलता है, "हमने हमेशा कहा कि हम एक तीसरी जमात हैं, जिसमें तरह-तरह के मतों वाले शामिल हैं। खोमेणी, शाहबानो, वगैरह पर जिन लोगों ने बगावत की आवाज़ उठाई है, उनमें मुसलमान भी हैं। क्यों तुम", वह केसरिया पट्टे वाले छात्र से नज़रें मिलाता है, 'सिर्फ़ मुसलमानों को एकदम अलग तलाश रहे हो?"

' "आप तो मुसलमानों की तरफ़दारी करेंगे ही।' छात्र बदतमीज़ हो गया है, 'हिन्दुओं के खिलाफ़..."

' "एक क़ौम की तरफ़दारी में अनिवार्यतः दूसरी की मुख़ालफ़त नहीं है।" हनीफ़ बहुत दिनों बाद कुछ बोल रहा है। आसपास से और छात्र व टीचर सरक आते हैं और सुनने लगते हैं।

' "आप धर्म..."

' "जो धर्म ग़ैर इनसाफ़ी करे, उसे ही मैं नकारता हूँ..."

' "हनीफ़ रहने दो।' शरद धीमे से कहता है।

' "बोलने दो मुझे शरद।' हनीफ़ ऊँची आवाज़ में कहता है। वह बोल रहा है और पट्टे पहने छात्र गुस्से से खड़े हैं।" ' (पृ. 342)

ध्यान दें कि यहाँ हनीफ़ असंदिग्ध शब्दों में अपने विश्वासों को व्यक्त करता है, जबकि शरद जो पहले उसकी चुप्पी पर एतराज़ करता था अब उसे बोलने से मना करता है। तर्क वही पुराना नियतिवादी है, कोई सुनेगा नहीं, मानेगा नहीं। हनीफ़ अगर अपनी सफ़ाई देता, तब बात और थी। इसके बाद अपने पूर्व निर्धारित कार्यक्रम के मुताबिक हनीफ़ विदेश चला जाता है।

हनीफ़ के विदेश चले जाने की अकादमिक के अलावा और वजहें भी हैं। अपनी द्वन्द्वात्मक चिंतन पद्धति के सहारे व्यक्तिगत स्तर पर तो वह उदार से रैडिकल लोकतांत्रिक विचारों तक का सफ़र तय कर लेता है, लेकिन समाज के रूपांतरण की प्रक्रिया उसके सामने स्पष्ट नहीं है। उपन्यास में एकाध जगह हालात के बदलने की उम्मीद ज़ाहिर करने के अलावा वह इसके बारे में कुछ बोलता भी नहीं। इसका प्रत्यक्ष कारण तो यही है कि समाज को अग्रगामी दिशा में बदलने वाली सचेत सामाजिक-राजनीतिक शक्तियाँ विभिन्न कारणों से अभी खेल के मुख्य मैदान से बाहर हैं। अब, जब अपनी टीम ही मौजूद न हो तो उसका कोई सदस्य, वह कप्तान हो या बारहवाँ खिलाड़ी, अपना अभ्यास जारी रखते हुए उसकी प्रतीक्षा करने के अलावा और क्या कर सकता है। आह को चाहिए इक उम्र असर होने तक। सो, वह भी अपने तरीक़े से सक्रिय रहकर प्रतीक्षा करता है।

इसी से जुड़ी हुई बात यह है कि वह ख़ुद तो धारा के ख़िलाफ़ अविचलित

रहकर तैर सकता है, पर धारा के बहाव को पलट देने का भरोसा उसमें नहीं दिखाई पड़ता। यह उसके युग की सीमा है, जो उसमें अभिव्यक्त होती है। बुनियादी तौर पर यह कमज़ोरी 19वीं सदी में हुए औपनिवेशिक संस्कार के चलते अपनी परम्परा से कट जाने के कारण हममें आई है। इसकी शिकार आधुनिक युग की हमारी श्रेष्ठतम प्रवृत्तियाँ और धाराएँ भी कमोबेश हुई हैं। 1857 के बाद का हमारा इतिहास, नवजागरण और राष्ट्रीय आंदोलन, विभाजन, आज़ादी और नयी ग़ुलामी से लेकर साम्प्रदायिक फ़ासीवाद तक का हमारा सफ़र अपनी तमाम ख़ूबियों और ख़ामियों के साथ इसका प्रत्यक्ष प्रमाण है।

अपनी परम्परा की औपनिवेशिक व्याख्या को सचेतन स्तर पर स्वीकार कर लेने के बावजूद हमारे लोगों में उसकी स्मृति मौजूद है। पुरानी जड़ें काटकर नयी प्रत्यारोपित कर दी गईं। नकली जड़ों ने हमें ज़िंदा तो रखा लेकिन बौना बनाकर। वे ज़ख़्म आज भी रिसते हैं, वे यादें आज भी टीसती हैं। हमारे लोगों के सामूहिक अवेचतन में वह परम्परा अनुकूल अवसर की प्रतीक्षा में सुरक्षित है। ग़ुलामी के सर्वग्रासी माहौल में हनीफ़ और काली जैसे आज़ाद लोग इसी अवचेतन की देन हैं। अपनी वास्तविक परम्परा को खोजने-पहचानने का काम अभी बाक़ी है, लेकिन उसका समय आ गया है, क्योंकि ओढ़ी हुई परम्परा का सारा शृंगार उजड़ गया है और साम्प्रदायिक फ़ासीवाद के रूप में इसका घिनौना चेहरा सामने आ चुका है। 1857 के पूर्व की भारतीय परम्परा को अपने व्यक्तित्व में आत्मसात करने और अपने व्यवहार में अभिव्यक्त करने वाले पात्र दद्दू 'जनभावनाओं' के सामने बार-बार व्यक्त होनेवाली, लोकतांत्रिक शक्तियों की इसी कमज़ोरी को लक्ष्य करके कहते हैं—

' ''लोग...'' दद्दू कह रहे हैं, ''जो वे चिल्ला रहे हैं, उससे कहीं ज़्यादा हैं और...'' वे कहते जा रहे हैं, ''उससे कहीं कम भी तो...'' श्रुति सुनती है, ''डरोगे या भरोसा करोगे?'' दद्दू सवाल कर देते हैं।' (पृ. 345)

आशय यह कि साम्प्रदायिक ताक़तों के शोरोगुल में शामिल होने वाले, इससे तटस्थ या इसके विरोधियों से अधिक भी हो सकते हैं यानी समाज में उनका पलड़ा भारी भी हो सकता है। अब यह फ़ैसला तुम्हें करना है कि तुम उनसे डरकर जीना सीखोगे या अपनी जनता की परम्परा और अपने इतिहास पर भरोसा करके इस शक्ति संतुलन को बदलने का प्रयास करोगे। इसका जवाब भी वे अपनी ही शैली में देते हैं—' ''समंदर है बेटा...'' दद्दू कह रहे हैं। 'उसका अहंकार तो देखो। चट्टान से गरजकर कहता है, बड़े आए चट्टान कहीं के, सोचते हो कि अटल हो, हिलोगे नहीं? हम हिलाएँगे तुम्हें, तोड़ देंगे, चूरा करके अपने में समो लेंगे, तुम्हें रेत बना देंगे।' (पृ. 345)

यह वक्तव्य दद्दू की उलटबाँसी शैली का एक नमूना है। लहरों और चट्टान के संघर्ष में अहंकार करने की हैसियत चट्टान की ही होती है। उसे तोड़ने से पहले लहरों

को असंख्य बार उससे टकराकर टूटना पड़ता है। शमशेर की कविता 'सागर तट' का साक्ष्य लें—

यह समंदर की पछाड़
तोड़ती है हाड़ तट का
अति कठोर पहाड़

इस टकराव में दद्दू हवा की भूमिका पर प्रकाश डालते हुए कहते हैं—'दोनों का अहंकार झूठा है। सिर्फ़ हवा है, जो सागर को उफ़ान रही है और चट्टान को पटक रही है। हवा, जो यहाँ टकराती है, फिर वहाँ।' यहाँ हवा का प्रयोग अभिधा में किया जा रहा है। श्रुति को लगता है कि दद्दू कहानी पर कहानी बना रहे हैं। लेकिन यह आधी हक़ीक़त आधा फ़साना है। ख़ास बात यह है कि दद्दू जब अभिधा में बोलते हैं तो वह हक़ीक़त होते हुए भी उतनी सार्थक बात नहीं होती। मसलन यह कथन देखें—'एक बोलता है, दूसरा सुनता है और दोनों समझते हैं कि उनके बीच असल है। उनके बीच बस हवा है।'

हवा के वास्तविक अभिप्राय को समझने के लिए उसके कुछ अन्य प्रयोगों पर ध्यान देना होगा। उपन्यास के पहले ही पेज पर यह सूचना है—'जो हवा चल रही है, वह हवा नहीं, बवंडर है; जो हमें कहीं उखाड़ न दे।'

उपन्यास के लगभग बीच में आया हुआ दद्दू का एक और वक्तव्य देखें—'यह सब कुछ नहीं है।... यह सिर्फ़ नफ़रत है, जो सदियों से हवा पा रही है, जिसे टूटने नहीं दिया गया है।' (पृ. 255)

ग़ौर करें कि नफ़रत की यह हवा जो बवंडर बनने लगी है, एकाधिक सदी पुरानी है। इसके पीछे भी कोई है जो इसकी धारा को टूटने नहीं देता। कथा के शुरूआती हिस्से में ही हनीफ़ अपने छात्रों से बहस करते हुए यह सवाल करता है—'किसके हाथों में सिर हमारे गिरफ़्त हैं कि जिधर वे घुमा दें उधर ही हमारी गर्दन घूम गई है—मुसलमानों के हाथों की गई तबाही की तरफ़, टूटे मंदिरों, हिन्दू लाशों की तरफ़? दूसरे पहलुओं पर वे परदा डालना चाहते हैं। अरे किसने चुनाव किया है कि बस यह और यह गिनाएँगे, बाक़ी भूल जाओ? और क्यों हम मान गए हैं?' (पृ. 67)

यही है वह लाख टके का सवाल जिसका जवाब पाने की कोशिश शमशेर ने अपनी 'भाषा' शीर्षक कविता में की थी—

ओह
विदेशी मनीषी!
तुम्हारी पूँजी हमने मोल ली है
अपने भविष्य की माया से

चक्षु दृष्टि ज्ञान ध्यान : अक्षर—
अक्षर में हमारी व्युत्पत्ति का विज्ञान।
—हम तो हैं धर्म क्षेत्र
तुम्हीं संजय : स्थिर संज्ञायुक्त
हमारे इतिहासकार ओ विदेशी मनीषी!

इन पंक्तियों में उस शक्ति की पहचान और उसके कारनामे इतने स्पष्ट हैं कि इस पर और बात करना अनावश्यक है। उपन्यास में इसको इतने साफ़ लहज़े में नहीं कहा गया तो सम्भवतः इसीलिए कि उपन्यासकार ने इस निर्णायक प्रश्न को उठाना और इसका जवाब ढूँढ़ने के लिए लोगों को प्रेरित करना ही अपना प्रमुख कर्तव्य माना। हाँ, इस खोज की दिशा और प्रक्रिया का इसमें कुछ संकेत ज़रूर मिलता है। युगों की तहों को पलटने के लिए आवश्यक वैचारिक मंथन की यह माँग देखें—

' "तुम लोग सोच रहे हो बड़ा जबरदस्त मंथन चल रहा है। सब अपने सोच परख रहे हैं, सदियों की तहें पलट रहे हैं। यह हम कर ही नहीं सकते। मंथन यहाँ..."

'रजाई से हाथ उग आता है और दद्दू के सिर को बजाता है, कनपटी ठोंककर।

' "है ही नहीं। कहीं वहाँ..."

'हाथ फूटता है और बाहर दूर के आसमान को इंगित करता है।

' "है और वहाँ हवा है।" ' (पृ. 346)

अपनी ज़मीन से कटी हुई यह हवा अगर हममें इस क़दर भर गई है तो यह हमारे आंतरिक ख़ालीपन या खोखलेपन के चलते ही हुआ। कुछ था जो गुम हो गया, हवा हो गया, और फिर उसकी ख़ाली जगह को भरने के लिए यह हवा आई। एक बार फिर दद्दू का वक्तव्य देखें—

'यह आदमखोर लोग, जो शहर में फैले हैं, रिअल नहीं हैं। इनकी नफ़रत रिअल नहीं है। यह सिर्फ़ अपने जीवित होने का यक़ीन पाने की चाह है। इन्हें अपना ख़ालीपन भरना है, इन्हें अपने निर्जीव होने के भय को हिल-हिलकर दूर भगाना है। बस, हवा उड़ रही है, ये तो झूठे ही ललक रहे हैं।' (वही)

अपनी परम्परा और पहचान से कटकर हम आत्महीन हो गए हैं जिसकी अभिव्यक्ति क़दम-क़दम पर प्रदर्शित होने वाली अमानुषिकता में होती है। हमारी हिन्दुस्तानियत के विकल्प के रूप में हमें हिन्दुत्व की पहचान दी जा रही है। भारतीयता को हिन्दुत्ववादी ढंग से परिभाषित किया जा रहा है। यह कोशिश हमें तब तक तंग करती रहेगी जब तक औपनिवेशिक घटाटोप को चीरकर हम अपनी भारतीयता का पुनराविष्कार नहीं कर लेते। सांस्कृतिक राष्ट्रवाद से संघर्ष का इससे अलग और कोई अर्थ नहीं है। बकौल दद्दू, 'भीषण असल तो बस वही तलाश है। बाक़ी सब कुछ

आएगा और जाएगा। ऐसा ही होता है। यह वहशी हिंसा, यह पगलाई शांति का स्वरूप, और हम सब, अपने-अपने अहं को पोसते।'

दद्दू के इस प्रवचन के दौरान श्रुति नींद के झोंके खाकर सपने में 'वोल्गा' तक हो आती है कि तभी यह 'फ़ंतासी' टूटती है और हनीफ़ से विभाग में बहस करने वाले हुड़दंगी छात्रों की टोली वहाँ आ पहुँचती है। वे हनीफ़ को गालियाँ बकते हुए श्रुति के हाथ में एक लिफ़ाफ़ा पकड़ाते हैं जिसे वह झटक देती है। दद्दू उपन्यास में पहली बार क्रोध से चीखते हैं। उनका वर्तमान से साक्षात्कार होता है। लड़के श्रुति को छोड़कर उन्हें पकड़ लेते हैं और उनसे हनीफ़ के बारे में पूछते हैं। दद्दू जवाब देते हैं—' "मारो! मारो!" दद्दू की आँखों में खून है। जिनके कोई भगवान नहीं, वह और क्या कर सकते हैं? "अपने शिक्षक को मार ही तो सकते हैं?" '

यहाँ दद्दू के बाद वाले कथन और उससे पहले के वाक्य 'जिनके कोई...' में बहुवचन कर्ता की समानता के कारण ऐसा लगता है कि पहले वाला वाक्य भी दद्दू के वक्तव्य में शामिल है और छपाई की ग़लती के कारण संकेत सही नहीं लग सका है। बहरहाल, अगर ऐसा न होकर यह नैरेटर का वाक्य है, तब भी इस प्रसंग में उसकी वैधता असंदिग्ध है क्योंकि दद्दू पहले भी इस कट्टरता को धर्म मानने से इन्कार कर चुके हैं—'धर्म हल्लेबाज़ी है ही नहीं। जो हम हैं हमारी नसों में घुला है, पक्के हिन्दू, मुसलमान, पर अजीब तरह से उसे भूले हुए, न कि उसका नगाड़ा पीटते हुए। ... कट्टरता धर्म का हिस्सा नहीं है, प्रभुत्व का है।' (पृ. 262)

उल्लेखनीय है कि दद्दू अपनी धार्मिकता को बहुत महत्त्व देते हैं। वे एक बार श्रुति से कहते हैं—'आस्था की कमी तो तुम लोगों में है। तुम्हारे कोई भगवान नहीं, कोई गुरुवर नहीं, कोई जगह नहीं कि जाएँ! मेरे तो भगवान ही भगवान हैं। हम तो सबको पूजते हैं। सारी सृष्टि हमारे लिए चमत्कार है। सब भगवान हैं। कहीं किसी भगवान के वाहन, कहीं उनके छुए निशान। चींटी, पहाड़ जो कहो, वही हमारे ईश!... जहाँ संतों की बात, पैगम्बर या सूली-चढ़ों की बात, हम हाथ जोड़कर शीश झुका देते हैं! पीर मज़ार...' (पृ. 145-46)

यह हमारी पूर्व-औपनिवेशिक धार्मिक संवेदना है जो बावजूद तमाम कोशिशों के आज भी ज़िंदा है। साम्प्रदायिक तत्त्वों के प्रति दद्दू के ग़ुस्से की वजह यह नहीं कि वे अधार्मिक हैं, बल्कि यह है कि वे 'प्रभुत्व' की रणनीति में धर्म का दुरुपयोग कर रहे हैं और आज अपने शिक्षक पर हमला करने आए हैं जो दद्दू के लिए आस्था का उतना ही महत्त्वपूर्ण केन्द्र है जितना कि भगवान।

ग़ौरतलब है कि शरद भी अपनी धार्मिक पहचान को प्रमुख मानता है और दद्दू भी। लेकिन शरद को उसकी धार्मिकता साम्प्रदायिक तर्कों के सामने कमज़ोर करती

है, जबकि दद्दू एक क्षण को भी उन्हें महत्त्व नहीं देते। दूसरी तरफ़ हनीफ़ धार्मिक हुए बग़ैर न तो उनके सामने रक्षात्मक होता है, न भयभीत। इसका कारण यह है कि दद्दू मूलतः आस्था को महत्त्व देते हैं जो भगवान, गुरु या किसी सुचिंतित राह में भी हो सकती है। यह आस्था हनीफ़ में है, लेकिन शरद में नहीं है। दूसरी बात यह कि दद्दू की धार्मिकता बहुलतावादी भारतीय परम्परा की देन है, जबकि शरद की धार्मिकता औपनिवेशिक इतिहास-बोध की उपज है जिसकी जड़ में साम्प्रदायिक विद्वेष है। इसीलिए दद्दू पूरी कथा में हनीफ़ के संघर्ष के प्रति तो सकारात्मक रुख़ अपनाते हैं, पर शरद के प्रति कुछ व्यंग्यात्मक रहते हैं। शरद के बजाय हनीफ़ के निकट होकर वे एक तो साम्प्रदायिकता के ख़िलाफ़ उदार चेतना के बरक्स रैडिकल रास्ते से अपनी निकटता व्यक्त करते हैं, दूसरे जन्मगत पहचान के बजाय अर्जित पहचान की वैधता पर अपनी सहमति की मुहर लगाते हैं।

दूसरी तरफ़ हनीफ़ अपने वैचारिक संघर्ष में इतिहास और परम्परा को सर्वाधिक महत्त्व देता है। विभाग में चल रहे माफ़ी माँगने वाले प्रकरण के विपरीत छोर के रूप में इसे पेश करते हुए वह कहता है—'अब तक हम बहस करते थे, जड़ें कहाँ हैं, परम्परा क्या है, इतिहास में क्या हुआ? अब सारा मुद्दा सिमट गया है कि माफ़ी माँगें, क्यों, न माँगें, क्यों, हम मासूम हैं, वे मासूम हैं?' (पृ. 269) इस बहस का एक और नमूना देखें—'क्यों नहीं लोग जानते कि सबसे पहले मुसलमान उत्तर नहीं दक्षिण भारत में आए, मलाबार तट पर व्यापार के लिए, बिना हमला किए? बिना ख़ूनख़राबे के वहीं साउथ में बसे और उधर के राष्ट्रकूट और चालुक्य राजाओं ने, जो हिन्दू थे, उनका स्वागत किया। यहाँ तक कि मिली-जुली शादियाँ हुईं और इनसे जो बच्चे हुए, उन्होंने "बयासरा" नाम से नयी क़ौम बनाई। ये मेल था, झगड़ा नहीं। क्यों ये बातें आम जनता तक नहीं पहुँची हैं? क्यों लोग भूल गए हैं? कोई भुलवा रहा है? वे ख़ुद भूलना चाहते हैं? सोचो..." (पृ. 67-68)

दद्दू और हनीफ़ का सम्बन्ध परम्परा और आधुनिकता के सम्बन्ध के रूप में सामने आता है। आधुनिकता अपनी परम्परा से जुड़कर ही उसे बदल सकती है और औपनिवेशिक मान्यताओं का सफल प्रतिरोध कर सकती है। हनीफ़ परम्परा के महत्त्व को समझता है, और उसके पास परम्परा तक पहुँचने के वैचारिक सूत्र भी हैं, लेकिन अभी वह दद्दू जैसे चरित्र में उसकी अभिव्यक्ति को पहचान नहीं सका है। विभाग में एक तनावपूर्ण बहस के दौरान वह दद्दू का जुमला 'नंग बड़े भगवान से' दुहराता है और अचानक वहाँ का माहौल बदल जाता है। इसी तरह जब श्रुति की कामवाली अपने नारियल से निकले हुए पत्थर को देवी-प्रतिमा मानकर पूजा-पाठ में व्यस्त हो जाती है तो दद्दू श्रुति के विपरीत इसे उसके भक्तिभाव से पैदा हुआ विश्वास मानते हैं न कि कोई षड्यंत्र, और हनीफ़ उनसे सहमत होता है। इधर दद्दू हनीफ़ के नए विचारों की

आत्मा को तो अपनी अंतश्चेतना में पहचानते हैं, लेकिन उसे समग्रता में नहीं समझते। इसीलिए वे तमाम मार्मिक सत्यों का उद्‌घाटन तो करते हैं, जिसे लेखिका उनका 'फतवा' कहती है, लेकिन किसी को कुछ समझा नहीं पाते। वे द्रष्टा हैं, व्याख्याता नहीं। साहचर्य और अंतःक्रिया के इस दौर से गुज़रकर ही वे दोनों एक-दूसरे को ठीक से पहचान कर नया रिश्ता बना सकेंगे, जिसमें पहलक़दमी और अगुवाई की ज़िम्मेदारी हनीफ़ की होगी।

बहरहाल, कथा में वापस आएँ। दद्दू इनको गालियाँ देते हुए ललकारते हैं— 'बेशर्मो कुँजड़ो... मारो-मारो... पहले मुझे मारो... मैं हूँ न... बदकारो, गीदड़ो... हिजड़ो...।'

'दहाड़ के साथ भीड़ उन पर टूट पड़ी है। उन्हें दबोचकर उछाला है। दद्दू हवा में कमान से टूटे तीर की तरह कुछ दूर तक सर्र से उड़ते चले गए हैं और मधुमालती की बेल में उलझकर, उसे साथ खींचते, ज़ोर का शब्द करते, धूल में जा अटे हैं!

× × ×

'दद्दू मुँह के बल गिर पड़े थे। उनकी धोती जाँघों के ऊपर तक उलट गई थी और उनकी पतली नंगी टाँगें बेइज्जत होकर धूल में पड़ी थीं।

× × ×

'दद्दू चुप हो गए थे। उनके खड़े और गिरे के पल में सारी दुनिया एक बार घूम गई और सब कुछ उलट गया।... बताते तो वे थे ही अपने को सौ बरस का, पर जब वे गिरकर उठे तो वाक़ई सौ ही बरस के लग रहे थे। जब वे खड़े थे तो सुंदर सतर, कड़वे तेल की ताज़ी महक में रचे-बसे, धरती पर पैर दिए, सिर पर आसमान उठाए खड़े थे। जब वे गिरे तो धूल में घिसट रहे थे। आसमान के नीचे दब गए और मिट्टी में मुँह सन गया।' (पृ. 349-50-51)

हनीफ़ के लिए आए उपद्रवियों को पहले उन्हें मारने की दद्दू की चुनौती ग़ौरतलब है। वे जिस परम्परा के प्रतिनिधि हैं उसके सन्दर्भ में सौ बरस से कम की कोई माप बेमानी है। जहाँ तक मुँह के बल गिरने के बाद सब कुछ उलट जाने का प्रश्न है, यह घटना तो इन हिन्दूहिताभिमानियों के अंग्रेज़ पूर्वजों के हाथों 19वीं सदी में ही घट चुकी है। तब से उनकी ये जायज़ औलादें इसी काम में लगी हैं। दद्दू की चुप्पी का सबब भी यही है। परम्परा के पास अपनी कोई ताक़त है नहीं, और उसकी संतानें उसे पहचानती नहीं।

दद्दू का मधुमालती की बेल पर मुँह के बल गिरना टोबा टेक सिंह और बावनदास के अंत की याद दिलाता है। बँटवारे की रक्तरंजित स्मृति से निर्मित वे चरित्र

भारत और पाकिस्तान की विभाजन रेखा पर दम तोड़ते हैं। आधी सदी के बाद यह विभाजक रेखा आगे बढ़कर तमाम मानवीय सम्बन्धों पर फैल गई है। तब उन चरित्रों की मौत दो टुकड़ों में कट गए एक राष्ट्र की साझी तहज़ीब की त्रासदी को व्यक्त करती थी, लेकिन दद्दू के रूप में जी उठे उन चरित्रों की जिजीविषा इस बीच गुज़री आधी सदी के तज़रबे से और प्रबल हुई है। दर्द का हद से गुज़रना है दवा हो जाना।

उपन्यास इस सवालिया संकेत के साथ ख़त्म होता है कि दद्दू की खोई हुई हँसी की तरह हमारी परम्परा के फिर से खिलने-फूलने के सूत्र हमारे आस-पास यहीं-कहीं बिखरे होंगे, लेकिन आख़िर कहाँ! ज़ाहिर है कि इस सवाल का जवाब देने का काम उपन्यास अपनी सीमा से बाहर मानकर छोड़ देता है। रचनाओं से युगीन प्रश्नों का समाधान पाने के आग्रही पाठकों को इससे निराशा हो सकती है। लेकिन उन्हें यह ध्यान रखना चाहिए कि ऐतिहासिक प्रश्नों के हल रचनाओं में नहीं, समाज और स्वयं इतिहास में ढूँढ़े और पाए जाते हैं। कलात्मक रचनाओं की सफलता उनकी आवश्यकता को घनीभूत करने, उन्हें हमारी संस्कृति और सौन्दर्यबोध का अंग बना देने में होती है, न कि कोई कल्पित हल पेश करके इस आवश्यकता का विरेचन (कैथार्सिस) करने में।

इस लिहाज़ से यह उपन्यास फ़ासिज़्म के उभार के इस नए दौर में सक्रिय लगभग सभी प्रमुख वैचारिक प्रवृत्तियों के तर्कों और उनकी अवस्थितियों को अपनी परिधि में समेटते हुए अपना ध्यान लोकतांत्रिक धारा में सक्रिय उदार और रैडिकल प्रवृत्तियों की अलग-अलग कार्यनीतियों पर केंद्रित करता है, और उनकी ख़ूबियों-ख़ामियों का विस्तार से आकलन करता है। यह विभिन्न संघर्षरत अस्मिताओं के सामने वास्तविक भारतीय पहचान का 19वीं सदी में पीछे छूट गया प्रश्न रखता है जो इस नव-औपनिवेशिक दौर में पहचान का केंद्रीय मुद्दा बन सकता है।

शिल्प के स्तर पर यह उपन्यास 'देखने' और 'कहने' की भारतीय प्रविधि का पुनराविष्कार करता है। अगर इसे अभिधात्मक स्तर पर सिर्फ़ घटनाओं की रिपोर्टिंग के रूप में लें, तो भी निरीक्षण और सम्प्रेषण की अपनी क्षमता से यह हमें चकित कर सकता है। बाबरी मस्जिद विध्वंस को अपना प्रस्थान बिन्दु बनाते हुए यह हिन्दुत्ववादियों के आक्रामक अभियान का चौतरफ़ा विश्लेषण करता है। इस क्षेत्र में इसकी सफलता का अनुमान इसी बात से लगाया जा सकता है कि 2002 के गुजरात क़त्लेआम के दिनों में चर्चित रहे 'क्रिया-प्रतिक्रिया सिद्धांत', दंगे में दलितों-आदिवासियों की भागीदारी और उच्च मध्यवर्गीय लोगों का लूटपाट और हत्याभियानों को मेले और जश्न में बदलने और पैरों में नापकर जूते लूटने की परिघटना का 1998 में प्रकाशित इस उपन्यास में अच्छा ख़ासा विश्लेषण किया गया है। ज़ाहिर है कि ये प्रवृत्तियाँ हमारे समाज में लम्बे समय से सक्रिय थीं, और जब गुजरात में भारी पैमाने पर अभिव्यक्त

हुईं तभी हमने इनके ख़तरनाक आशयों को पहचानना शुरू किया।

लेकिन, मुख्य रूप से यह उपन्यास फ़ासिज़्म के उभार की परिघटना का प्रभाव मानवीय चेतना पर किन-किन रूपों में पड़ता है और उसका विकास किन दिशाओं में होता है, इसका अंतरंग साक्ष्य प्रस्तुत करता है। अपने मानव-चरित्रों के वाह्य क्रियाकलापों के चित्रण से उनकी चेतना के पारदर्शी रूपों तक हमें पहुँचाने वाला यह उपन्यास हमारे कथा-साहित्य में एक नया प्रस्थान है। यह इस बात का सबूत है कि चुनौती जितनी गम्भीर होती है, मानवीय जिजीविषा और रचनाशीलता भी उसका जवाब देने के लिए उतने ही प्रबल रूप में उभरती है।

भाषिक स्तर पर अपनी सरलता, चित्रात्मकता और नाटकीयता के कारण यह एक उपलब्धि है। ख़ास तौर पर, अपने वक्ताओं की मनोदशा, मुद्रा और कथास्थिति से जुड़कर अपने आशयों को उद्घाटित करने वाले इसके संवाद हमारी भाषा के लचीलेपन और उसके लोकतांत्रिक चरित्र का परिचय देते हैं। इसकी वाक्यरचना में खड़ी बोली के साथ भोजपुरी की भंगिमाएँ भी घुली-मिली हैं, जो कभी-कभी इन वाक्यों के सौन्दर्य पर अटपटेपन का आवरण सायास डालती जान पड़ती हैं। मानक क्रम को बदलकर खिलवाड़ की शक्ल में किया गया इनका अर्थविस्तार पुराने उर्दू शायरों की याद दिलाता है। ऐसे ही तमाम कारणों से इस उपन्यास को पेज दर पेज और वाक्य दर वाक्य पढ़ना एक विरल सौंदर्यानुभव है।

अंत में, लोकतांत्रिक धारा की दो कार्यनीतियों के बीच छिड़ी इस बहस में हम भी अपना पक्ष बकौल दाग़ रखते हैं—

किधर से बर्क़ चमकती है देखें ऐ वाइज़
मैं अपना जाम उठाता हूँ तू किताब उठा

किशोर बाबू की बहू का संपादक के नाम पत्र

(अलका सरावगी का उपन्यास)

आदरणीय संपादक जी,

अभी अभी मैंने अलका सरावगी का उपन्यास 'कलि-कथा : वाया बाइपास' पढ़कर खत्म किया है। इस पर कुछ विचार मन में उठे हैं जिन्हें लिख कर एक मित्र के हाथों आपको भिजवा रही हूँ। इसे उपन्यास के महज़ एक पात्र की प्रतिक्रिया के रूप में न लें। हालाँकि कहीं-कहीं इसकी भी झलक मिलेगी।

यह उपन्यास राजपुताने से उखड़कर बंगाल में जा बसे मारवाड़ी जाति के एक परिवार की छः पीढ़ियों (हमारी पीढ़ी को लेकर) की दास्तान है। उस जाति के बारे में मेरे ससुर किशोर बाबू के दोस्त शांतनु ने एक बार उनसे कहा था—'तुम लोगों के दिमाग़ पर मरुभूमि के 'अकाल' की छाया हमेशा के लिए पड़ गई है।अ-काल माने वह काल जो तुम्हारे मन के अनुरूप न हो। तुम लोग हमेशा भविष्य के लिए आशंकित रहते हो। इतने अंधविश्वासी होने का कारण भी यही है।' (पृ.19)

सिर्फ़ मारवाड़ी जाति नहीं बल्कि पूरे भारतीय जनमानस को समझने के लिए यह बहुत उपयोगी सूत्र है। वह चाहे मरुभूमि हो या फिर गंगा-यमुना का दोआब, प्रकृति की दासता और उससे पैदा हुए अंधे विश्वासों से कहीं छुटकारा नहीं।

उपन्यास के चक्करदार शिल्प की भूलभुलैया से निकल कर देखें तो कथा की शुरूआत 1857 के विद्रोह से होती है जिसमें किशोर बाबू के ग्रेट ग्रैंड फादर रामविलास बाबू के पिताजी ने एक बड़े अंग्रेज़ अधिकारी की विद्रोहियों से बचने में मदद की थी। बदले में हैमिल्टन नाम के उस अधिकारी ने उन्हें भिवानी से बुलाकर अपने पास कलकत्ता में रख लिया था। वहाँ वे हैमिल्टन और उसके दोस्तों के लिए दलाली का काम करते थे। कुछ दिनों बाद उन्होंने चाँदी और अफीम की सट्टेबाज़ी भी शुरू कर दी थी। चाँदी के सट्टे में धोखा खा जाने के बाद किसी तरह सारी देनदारी चुका कर वे भिवानी वापस लौट आए।

उनके सुपुत्र रामविलास बाबू की पैदाइश 1857 के विद्रोह और रानी विक्टोरिया

की 1858 की घोषणा के बाद 1859 की है। 1899 के अकाल के वक़्त 40 की उम्र में उनकी पत्नी ने उन्हें ज़िद करके कलकत्ता भेज दिया था। हैमिल्टन के नाम पिता का पत्र लेकर जब वे कलकत्ता पहुँचे तो वहाँ उनकी मुलाकात हैमिल्टन की किसी हिन्दू महिला से पैदा बेटे जूनियर हैमिल्टन से हुई। काली की महिमा का बखान करने वाला और गीता, उपनिषद पढ़ने वाला जूनियर हैमिल्टन ख़ासा 'ओरिएंटलिस्ट' (प्राच्यवादी) था। दोनों में बंधुत्व क़ायम हुआ और रामविलास बाबू पर दौलत बरसने लगी।

रामविलास बाबू के बेटे केदार बाबू आदर्शवादी निकल गए। बालमुकुंद गुप्त इत्यादि के लेख पढ़ते और पिता को चिट्ठी में वन्दे-मातरम लिखते। बुरी तरह से नाराज़ रामविलास बाबू ने हैमिल्टन की युक्ति से उन्हें किसी तरह ढर्रे पर लाने में कामयाबी पाई ही थी कि उनकी असमय मृत्यु हो गई।

बेटे की मौत से टूटे रामविलास बाबू की अंतरात्मा उन्हें अंग्रेज़ों के साथ के लिए धिक्कारने लगी। धीरे-धीरे उनके सारे सम्पर्क टूट गए और व्यापार भी चौपट हो गया।

किशोर बाबू की माँ ने, धन-संपत्ति के साथ-साथ पति और बड़े बेटे को खोने के बावजूद, साहस के साथ उनका पालन-पोषण किया। 1925 में जन्मे किशोर बाबू के 15 साल की अवस्था से कथा बाक़ायदा चलती है। उन दिनों माहौल में आज़ादी की लड़ाई की गर्मी थी। गाँधीजी और सुभाष बाबू का द्वन्द्व भी ख़ूब उभरकर आ चुका था। किशोर बाबू के दो दोस्तों गाँधीवादी अमोलक और सुभाष भक्त शांतनु के माध्यम से यह द्वन्द्व कथा में व्यक्त हुआ है। आगे चलकर शांतनु का तो सुभाष बाबू से मोहभंग हो गया लेकिन अमोलक गाँधीवादी बना रहा। आज़ादी के बाद वह गुम हो गया। उसके दिल्ली जाकर रहने और गाँधीवादी संस्थानों में काम करने की अपुष्ट सूचनाओं के बीच एकाएक पता चला कि बाबरी मस्जिद विध्वंस के दिन वह अयोध्या में कारसेवकों द्वारा मार दिया गया था। लेकिन उपन्यास के बिल्कुल अंत में प्रकट हो कर उसने बताया कि वह ज़िंदा है और बाबरी मस्जिद के साथ शहीद होने वाला उसका डुप्लीकेट था। किशोर बाबू को यह समझना ज़रूरी लगा कि 'वे झूठ मूठ कोई फिल्म देख रहे थे या जो घटित हो रहा है वह सचमुच में.......।' (पृ.216)

1857 भारतीय इतिहास का वह विभाजक बिंदु है जिस पर मध्यकाल से आधुनिक काल में संक्रमण की बेला में, सामाजिक गतिशीलता की अगुवाई करने वाले तबक़ों की अंग्रेज़ों के हाथों निर्णायक पराजय हुई थी। इतिहास के उन सच्चे नायकों के रंगमंच से हटने से जो शून्य पैदा हुआ उसे उस नए अभिजात वर्ग ने भरा जिसे 1858 के घोषणा पत्र की रोशनी में, (कार्नवालिस,मैकाले और विलियम जोंस जैसे लोगों द्वारा भारतीय समाज में स्थापित प्रयोगशालाओं में) अंग्रेज़ों ने अपने लिए विकसित किया था। बहरहाल इस मिट्टी, पानी और हवा के संपर्क से इसके दिल में कुछ नयी धड़कनें भी पैदा हुईं जिनका टकराव इसके बुनियादी औपनिवेशिक चरित्र

से होता रहा। इस टकराव का परिणाम कुछ ख़ास नहीं निकल सका क्योंकि अपनी जड़ों से कटे हुए इस नए तबक़े की स्मृतियाँ बहुत क्षीण थीं और परम्परा से इसका रिश्ता अंग्रेज़ों से घुट्टी में मिली औपनिवेशिक व्याख्या के माध्यम से ही जुड़ता था। दोहरी वफ़ादारी की टकसाल में ढले इस सिक्के का एक पहलू आदर्शवाद था तो दूसरा अचूक अवसरवाद। इन्हीं दो कठिन पाटों के बीच पिसता यह तबक़ा लगभग डेढ़ सौ वर्षों के अपने सफ़र में यूनियन जैक से शुरू करके तिरंगे से होता हुआ आज भगवा झंडे तक आ पहुँचा है। इसी ने साम्राज्य के सूर्य के कभी अस्त न होने की कामना की, नवजागरण और स्वाधीनता आंदोलन का संचालन किया और आज़ादी के बाद अंग्रेज़ों के दूरगामी हितों की रक्षा से शुरू करके आज पूरी दुनिया के साम्राज्यवादियों के हाथों अपने को गिरवी रखने तक आ पहुँचा है। कथा में रामविलास बाबू इसके पहले प्रतिनिधि हैं।

इतिहास में नीयत का प्रश्न कोई प्रश्न नहीं होता, इसलिए यह सवाल बेमानी है कि उनकी मंशा क्या थी, लेकिन यह एक सचाई है कि 'ओरिएंटलिस्टों' ने भारत की आध्यात्मिकता के मिथ का विशाल आडंबर खड़ा किया जिसके पीछे इतिहास की समस्त वास्तविक, भौतिक और ऐंद्रिय प्रेरणाएँ ओझल हो गईं। व्यवहार में इसका परिणाम यह हुआ कि पुराने सामुदायिक बंधनों से व्यक्ति की मुक्ति का शक्तिशाली उपकरण प्रेम, कुंठित हो गया और मूल्यों के संघर्ष में उलझे आधुनिक युग के मनुष्य की चेतना विक्टोरियाई विधि-निषेधवादी नैतिकता के सामने समर्पण कर बैठी। इसी नैतिकता का इंजेक्शन लगा कर 1857 के बाद अंग्रेज़ों ने ब्राह्मणवादी सामुदायिकता को नया जीवन और भारतीयता के नाम पर नया कट्टर स्वरूप प्रदान किया था ताकि अपनी औपनिवेशिक सत्ता की मशीन के रूप में इसका इस्तेमाल किया जा सके। इस परिघटना का बैरोमीटर था समाज में महिलाओं की स्थिति और उनके प्रति रवैया। मध्यकाल को बुनियादी तौर पर हिन्दू–मुस्लिम जनता की एकता के बजाय उनके संघर्ष का युग बता देने से भारतीय इतिहास की पुनर्व्याख्या और उसमें ब्रिटिश सत्ता की वैधता को स्थापित करने का औपनिवेशिक अभियान संपन्न हुआ था। हमारे नवजागरण की बुनियाद इन्हीं धारणाओं पर रखी गयी थी और राष्ट्रीय आंदोलन का कॉमनसेंस भी यही धारणाएँ बनी थीं जिसकी सबसे बड़ी क़ीमत हमें विभाजन के रूप में चुकानी पड़ी।

रामविलास बाबू का उनके बेटे से होने वाला टकराव और इसमें हैमिल्टन जूनियर की भूमिका पर एक नज़र डालने से इस बात को समझने में मदद मिल सकती है। भारतीय नवजागरण के नायकों में से एक बालमुकुंद गुप्त, जिन्हें रामविलास बाबू का सहपाठी और मित्र बताया गया है, के प्रेमी केदार बाबू की हरकतों से चिंतित रामविलास बाबू को हैमिल्टन जूनियर ने सुझाया कि 'तुम केदार को बस इतना समझाओ कि वह राजनीतिक मामलों में न पड़ कर समाज-सेवा करे। बल्कि उसे एक

पुस्तकालय खोलने के लिए पैसा दे दो। नदी की धारा को उसके रास्ते से हटा नहीं सकते, पर उसे मोड़ना बहुत मुश्किल काम नहीं।'

'हैमिल्टन साहब की सारी बातें सही निकलीं।....हैमिल्टन साहब के कहने पर ही केदार को रामविलास ने भिवानी के आस-पास मारवाड़ी स्कूल की चार शाखाएँ खोलने के लिए अपने व्यवसाय के मुनाफ़े से निकाले हुए धर्मादे की लम्बी रकम दी थी। महिला शिल्पाश्रम चलाने के लिए केदार को पैसा दिया था ताकि विधवा और निराश्रित औरतों को रुई कात कर पूनी बनाने के लिए चार गुनी मजूरी दी जा सके। अपनी बाल-विधवा बहन चुन्नी के लिए केदार की इच्छा पर उसने एक लम्बी रकम जमा करवाई थी जिसके सूद से वह अपनी मन-मर्जी के मुताबिक दान-पुण्य कर सके।' (पृ. 49-50)

अपनी सत्ता के लिए ख़तरा बन सकने वाली शक्तियों को राजनीति से विमुख करने के लिए आज भी न तो देशी-विदेशी पूँजी की कमी है और न ही इसके सहारे परिवर्तन की वकालत करने वाले सिद्धांतों की। व्यवस्था को अंदर से तोड़ने का दावा करने वालों का हश्र भी हम देख चुके हैं।

मेरे ससुर किशोर बाबू की इस कथा में शांतनु की भूमिका उतनी ही है जितनी कि भारतीय राजनीति में सुभाष बाबू की। और अंत भी वैसा ही। शांतनु का सुभाष बाबू से मोहभंग मानो काँग्रेस में गाँधी के निरंकुश दबदबे से लड़ने वाले, वामपक्ष के प्रखर नायक सुभाष बाबू ने मुसोलिनी से हाथ मिलाकर,तानाशाही का समर्थन करके ख़ुद को ही 'डिसओन' कर दिया हो।

उपन्यास के आरंभ में ही बाइपास सर्जरी के बाद कलकत्ता की सड़कों की ख़ाक छानते हुए किशोर बाबू ने लैंसडाउन रोड का विवरण लिखकर उसके अंत में टिप्पणी की थी—'लेकिन एक बात और जिसे सोचकर मैं परेशान हो रहा हूँ—जब शहर में सड़क पर चलते हुए औरतों को पेशाब आता होगा, तो वे कहाँ जाती होंगी।' (पृ.11)

इस भरी-पूरी दुनिया में सिर्फ़ माँ की ममता का स्वाद जानने वाले किशोर बाबू शुरू से ही महिलाओं के प्रति विशेष जागरूक थे। उनके व्यक्तित्व को समझने के लिए उसके इस पहलू का विश्लेषण ज़रूरी है। इस मामले में वे नवजागरण युग की श्रेष्ठतम परंपराओं के प्रतिनिधि ठहरते हैं। किशोरावस्था से वे प्रायः इन मुद्दों पर सोचते थे।

'कैसी ज़िन्दगी है हमारे घरों में औरतों की—किशोर कई बार सोचता है। सारे दिन घर में बंद रहती हैं। कभी बाहर निकलना हुआ, तो जरीदार भारी ओढ़नी ओढ़ कर। गरदन तक घूँघट डाल कर।'

उनका दोस्त अमोलक भी इस चिंता में शरीक होता है। 'बंगाल में रहते हुए भी मारवाड़ी औरतें कितनी पिछड़ी हुई हैं—अमोलक किशोर से हर बार उतने ही दुख

से कहता है, कांग्रेस की मीटिंगों में लाल पाड़ की साड़ी पहने, खुले लम्बे बालों वाली लड़कियों को .....गाते देख मेरी आँखों में आँसू आ जाते हैं।' (पृ.70-71)

ललित भैया के मरने के बाद शांता भाभी की दूसरी शादी के लिए शांतनु के प्रेरित करने पर, 'किशोर के मन में एक अजीब तरह का आवेग उठा था—उत्तेजना, शर्म, डर का मिला हुआ लगभग एक उन्माद-सा, लेकिन फिर वह ठंडा पड़ गया था। ....हमारे कुल में कभी ऐसा नहीं हुआ। क्या कुल की मर्यादा को इस तरह तोड़ा जा सकता है? बातें करना एक बात है, असली ज़िन्दगी दूसरी बात है।' (पृ.17)

दस साल पहले अमोलक की माँ ने विदेशी कपड़ों की दुकान पर पिकेटिंग की थी जिस पर मारवाड़ी समाज ने उन्हें वेश्या कहकर पुकारा था। इस पर उसे माँ के प्रति गहरा क्षोभ था। 'मन-ही-मन इस बात से वह माँ से कुढ़ता भी रहा है। एक बार उसने माँ को कह दिया था—"जब इस तरह की बातें हो सकती थीं, तब क्या तुम्हें कुछ दिन और नहीं ठहरना चाहिए था?"....तब माँ ने कहा था—"ठहरने और नहीं ठहरने से क्या फ़र्क़ पड़ता? औरत कुछ भी करना चाहे तो उसकी ज़िंदगी का क्या यही मतलब नहीं निकाला जाता?" ' (पृ.71)

गाँधीवादी अमोलक के जीवन का यह द्वैध उसकी वैचारिक प्रतिबद्धता की वजह से था, उसके बावजूद नहीं। बर्बर ब्रिटिश सत्ता पर आघात करते भगत सिंह और अपने निहत्थे देशवासियों पर गोली चलाने से इन्कार करते चंद्रसिंह गढ़वाली, एक ही साँस में दोनों की निंदा करते क्या हमने सत्य और अहिंसा के पुजारी को नहीं देखा था?

किशोर बाबू के स्कूल के दिनों में एक बार राष्ट्रीय स्वयंसेवक संघ में दीक्षित लक्ष्मीचंद ने अमोलक को सुना कर गाँधी को मुल्ला गाँधी कह दिया था। इस पर दोनों में मारपीट हो गई थी। अमोलक यह अच्छी तरह जानता था कि अगर बात ऊपर हेडमास्टर या मैनेजिंग कमेटी तक गई तो कसूरवार उसे ही ठहराया जाएगा। 'शायद ये लोग उस दिन चैन का पानी पीएँगे जिस दिन मैं स्कूल से निकल जाऊँगा। अंदर-ही-अंदर ये सब हिन्दू महासभा को पैसा खिलाने वाले लोग हैं। वे भी, जो ऊपर से कांग्रेसी होने का नाटक करते हैं। मुसलमानों से नफ़रत करना ही इनके आपस में प्रेम का कारण है।'

कांग्रेसियों और हिन्दू महासभाइयों की एकता! नब्ज़ तो ठीक पकड़ी लेकिन तरकीब क्या भिड़ाई! उसने अगले दिन लक्ष्मीचंद के पास जाकर माफ़ी माँगी और कहा—'मुझे अपने को बदलना होगा।' फिर शांतनु और किशोर बाबू से टिपिकल गाँधीवादी स्पष्टीकरण दिया—'कल सारी रात मुझे बड़ी ग्लानि होती रही। किसी की मान्यता सही हो या ग़लत, हम उस पर हिंसा करके उसे जबरदस्ती नहीं बदल सकते। मुझे ख़ुद मालूम नहीं था कि मेरे अंदर इतनी हिंसा छुपी है। मैं तो ख़ुद अपने से हार

गया, दूसरों को मैं क्या बदल सकूँगा?" (पृ. 153)

यानी, मारा घुटना फूटी आँख!

46 में डायरेक्ट ऐक्शन के दिन कलकत्ता में हुए भीषण दंगे में वह पुलिस वालों के साथ मिलकर फँसे लोगों को बचाने के लिए पैदल घूम रहा था। उपन्यास में ऐसी सिर्फ़ एक घटना— सुरकी फल वाले मकान से भागते समय वहाँ छूटे, गिगिया बुआ की मैना को बचाकर लाने का उल्लेख मिलता है। इससे पहले एक मुसलमान रिक्शेवाले को बचाते समय हिन्दू दंगाइयों के बीच फँस जाने पर उसी रिक्शे वाले ने उसे हिन्दू कांग्रेसी नेता रामरिख बाबू का बेटा बता कर उसकी जान बचाई थी। वह रिक्शावाला बचा या मारा गया इसकी सूचना नहीं मिलती।

बहरहाल, यह कथा चूँकि किशोर बाबू की है इसलिए इस सिलसिले में उनकी राय जानना भी ज़रूरी है। दंगे के दौरान, किशोर सोचता है—'अब यह कहने का कोई अर्थ नहीं कि सारे मुसलमान सात पीढ़ियों के पहले हिन्दू थे और इसलिए हमारे भाई हैं। कैसे अमोलक ने उसे इस तरह की बेवकूफ़ी भरी बातों पर यक़ीन करना सिखा दिया।' (पृ. 172)

इस तरह महात्मा के शब्दों में 'हिन्दू मुस्लिम भाई-भाई' का मतलब—'हिन्दू-हिन्दू भाई-भाई' निकला। तब ऐसी सोच समझ रखने वाला आदमी, शहादत तो ख़ैर क्या देता, '92 तक आते-आते मस्जिद तोड़ने वाले कारसेवकों में नहीं शामिल हुआ यही बहुत है। उन्हें 'रोकने की कोशिश' तो वे भी कर ही रहे थे जो उन्हें बुला कर लाये थे।

'46 के दंगे के दौरान किशोर बाबू सोचते थे कि हिन्दू-मुसलमान कभी एक नहीं हो सकते। उनमें रोटी तक का सम्बन्ध नहीं बन सकता। वे अमोलक से पूछ बैठे—'क्या तुम अमजदिया होटल में खाना खा सकते हो, उसी तरह जैसे हम किसी हिन्दू होटल में खाते हैं? क्या तुम्हें रत्ती भर भी घिन नहीं लगेगी?'

'मैं पक्के तौर पर ऐसा नहीं कह सकता।' (पृ. 174)

क्या इस सवाल का जवाब गाँधी भी यही देते?

शायद नहीं! लेकिन अंग्रेज़ों की बनाई इतिहास-चेतना और मूल्यबोध की निर्मिति, उनके संस्कारों में अमीर ख़ुसरो, कबीर, सूर, जायसी, मीरा, नजीर, मीर और ग़ालिब के भारत की कोई तस्वीर नहीं थी, और सनातनी हिन्दुओं के साथ ख़िलाफ़ती मुसलमानों की धर्म आधारित एकता का साम्प्रदायिक अन्त होना अनिवार्य था। नेताओं के विचारों की दरारें ही प्रायः अनुयाइयों का राजमार्ग बनती हैं। तर्क और विवेक की जगह अन्तरात्मा की निरंकुश आवाज़ पर चलने और चलाने के आदी गाँधी का मामला

तो नीम चढ़े करेले जैसा था। संयोग से ये दोनों चीज़ें गाँधी को प्रिय भी बहुत थीं।

उपन्यास में इस बात को ज़ोर देकर कहा गया है कि आज़ादी के बाद किशोर बाबू की पचास साल की ज़िन्दगी पर पिछली ज़िन्दगी की छाया तक नहीं थी। उसी तरह जैसे आज़ाद भारत के पचास बरसों पर आज़ादी की लड़ाई के आदर्शों की खुरचन तक नहीं रही। 'हिटलर और नेहरू' शीर्षक इसी अध्याय में सूचना दी गई है कि आज़ादी के बाद किशोर बाबू ने नेहरू को अपना हीरो मान लिया था। आज़ादी के बाद किशोर बाबू के चरित्र में आए बदलाव के बारे में कथा लेखक का कहना है—'अपने बड़े मामा यानि ''दुर्वासा ऋषि'' से किशोर बाबू हरिसन रोड की दुकान पर बैठने के दौरान बहुत त्रस्त रहते थे। जब मँझले मामा ने बड़े मामा को दुकान की राजगद्दी से बरखास्त कर दिया तब किशोर बाबू ने पाया था कि दूसरों के साँस लेने की जगह को तय करने का खानदानी गुण मँझले मामा में भी उसी मात्रा में बरकरार है।

'देश की आज़ादी के साथ ही मामाओं के पदचिह्नों पर चलते हुए किशोर बाबू ने जहाँ तक सम्भव हुआ जितने लोगों तक सम्भव हुआ, सबकी ज़िन्दगी को अपनी तरह चलाया।' (पृ. 109-110)

'सास भी कभी बहू थी' के अन्दाज़ में की गई यह टिप्पणी किशोर बाबू या आज़ाद भारत के बारे में लगभग निरर्थक है। किशोर बाबू अपने मामाओं से किन्हीं लोकतांत्रिक आग्रहों के चलते नहीं त्रस्त रहते थे। गाँधी-नेहरू की कांग्रेस का रिकार्ड तो लोकतंत्र के मामले में और भी असंदिग्ध है। चौरी-चौरा के बाद आन्दोलन वापसी की अपनी मनमानी घोषणा को उचित ठहराते हुए (वैचारिक मतभेदों को निपटाने के लिए आमरण अनशन जैसे हथियार का इस्तेमाल करने वाले) गाँधी ने तर्क दिया था कि ब्रिटिश जेलों में क़ैद होने के कारण, दूसरे नेता आध्यात्मिक रूप से मृतकों के समान हैं इसलिए उनकी राय का कोई महत्त्व नहीं है। पूरी तरह लोकतांत्रिक ढंग से चुने गए कांग्रेस अध्यक्ष सुभाषचंद्र बोस को अपमानित करके इस्तीफ़ा देने पर बाध्य करने वाले गाँधी, नेहरू और सरदार पटेल की भूमिका पर विस्तार में जाने की गुंजाइश इस पत्र में नहीं है लेकिन यह दुहरा देना ज़रूरी है कि आज़ाद भारत की कोई बुराई ऐसी नहीं है जिसका बाक़ायदा बीजारोपण आज़ादी से पहले न हो गया हो। हाँ, उस दौर के आदर्श ज़रूर आज़ादी के बाद अपने व्यंग्यचित्रों में बदलते चले गए। एक बात और, आज़ाद भारत के पचास बरसों में कुर्बानियाँ भी किसी और समय के मुकाबले कम नहीं दी गईं। इस तथ्य की स्वीकृति के लिए कथा-लेखक को कहीं दूर जाने की ज़रूरत नहीं थी, कलकत्ते पर ही नज़र डाल लेना काफी हो सकता था। बहरहाल, छाया और खुरचन दोनों ही, वस्तु के रूप-आकार से सम्बन्ध रखते हैं उसके सारतत्त्व से नहीं। इसलिए कथा लेखक के ही शब्दों को दुहराते हुए मैं कह सकती हूँ कि आज़ादी के बाद किशोर बाबू और भारत में पहले की छाया और खुरचन नहीं बची थी।

भारतीय नवजागरण के मूल्यों के सच्चे वारिस किशोर बाबू महिलाओं की शिक्षा के समर्थक थे और पर्दा-प्रथा के घोर विरोधी। स्कूल के दिनों में ही एक बार उन्होंने शांतनु और अमोलक के साथ मिलकर पीछे से एक औरत का घूँघट खींचकर उतार दिया था। अपनी पत्नी को उन्होंने सिर ढँकने से अधिक पर्दा नहीं करने दिया। अपनी लड़कियों को पढ़ाने का भी उन्होंने पक्का निश्चय किया था। अपनी पाँचों लड़कियों को उन्होंने पढ़ने के लिए कॉलेज भेजा था। वे उच्छृंखलता के भी कायल नहीं थे। जानते थे कि एक बार खुले आकाश का स्वाद चख लेने के बाद पक्षी को वापस पिंजरे में नहीं रखा जा सकता। इसलिए उन्होंने तीन लड़कियों की बी.ए. करने से पहले ही शादी कर दी। सड़क से उनकी लड़कियों का रिश्ता बस घर से निकल कर गाड़ी में बैठने तक का रहा था। न कभी उन्हें सहेलियों के घर जाने दिया न सिनेमा-सर्कस। छोटी लड़की ने शादी के बाद किसी तरह पति, सास, ससुर को वकालत पढ़ने के लिए मना लिया तो उन्होंने उन लोगों की मूर्खता पर माथा पीटा और लड़की को सम्बन्ध तोड़ लेने की धमकी देकर किसी तरह मनाया क्योंकि—

'ज़्यादा पढ़ी हुई लड़कियाँ किशोर बाबू को हमेशा मर्दाना सी लगती हैं—पता नहीं क्यों उनमें कोमलता गायब हो जाती है। इसलिए छोटी लड़की को डाँट-समझाकर उन्होंने आगे पढ़ने से रोक लिया था और झटपट उसकी शादी कर डाली थी। जमाने की हवा खराब है और न जाने कब सिर पर भूत सवार हो जाए—"कुछ करने का"।' (पृ. 158)

दिल की बाइपास सर्जरी करा लेने के बाद यानी तीसरे जन्म में, जिसके बारे में कथा लेखक का कहना है कि उस पर (आज़ादी से पहले के बाइस साल और आज़ादी के बाद के पचास साल के) पिछले दो जन्मों की छाया तक नहीं रही, अतीत का पुनरावलोकन करते हुए, 'किशोर बाबू आज पीछे पलट कर देखते हैं, तो उन्हें नहीं लगता कि उन्होंने कोई ग़लती की। एक-से-एक किस्से मालूम हैं उन्हें लोगों के। वे कदम फूँक-फूँक कर धरते रहे, तो इसमें क्या ग़लत था? आख़िर रूपन देवल कितनी भी बड़ी अधिकारी क्यों न हो गई हो, पर रही तो औरत की जात ही न? गिल ने थपथपाया कि नहीं उसका कूल्हा। और उन्होंने कोई ज्यादती तो की नहीं, किसी पर।' (पृ. 210)

संपादक जी,

मैं जब इस घर में आई तो इसका आलम यह था कि मेरे ससुर यानी किशोर बाबू गर्व से कहा करते थे कि उन्होंने किसी नर पक्षी को भी घर के अन्दर पर मारने नहीं दिया। आठ स्त्रियों के बीच में उनका लड़का (यानी मेरे पति) बचपन में स्त्रीलिंग

में ही बोलता था। माँ, भाभी, पत्नी को सत्संग-प्रवचन-मंदिर तक में नहीं जाने दिया जाता था।

मैं छोटे शहर से ज़रूर आई थी लेकिन छोटे दिलो-दिमाग़ वाले लोगों से मेरा पाला नहीं पड़ा था। यहाँ आने पर मुझे हर वक़्त छोटे शहर और महानगर का फ़र्क़ और ससुर जी की फ़राख़दिली की याद दिलाई जाने लगी। मेरी सास और शांता भाभी ने तो अपनी नियति को स्वीकार कर लिया था, मेरे पति की भी अपने पिता के सामने घिघ्घी बँध जाती थी। इस बात को लेकर मैं बहुत तनावग्रस्त हो जाती थी। उन्हीं दिनों मैंने पारा निगलने की मूर्खतापूर्ण कोशिश की थी। लेकिन जल्दी ही मैं सँभल गई।

मैं जानती थी कि मेरे ससुर का घर में कभी कारगार प्रतिरोध इसलिए भी नहीं हो सका क्योंकि उनके मूल्य-मान्यताओं से अलग किसी के पास कुछ कहने के लिए था ही नहीं। बहुत सोच-विचार कर मैंने जेब-खर्च और आज़ाद जीवन-शैली का प्रश्न उठाया। घर में पैसों की कोई कमी नहीं थी। मेरी और मेरे पति की मेहनत भी उसमें लगती थी और पुराने तरीक़े से जीने के लिए हम लोग अब तैयार नहीं थे। मेरे ससुर हक्के-बक्के रह गये। मैंने मनचाहे तरीक़े से अपनी पढ़ाई पूरी की।

जहाँ तक फोर्ड कार के लिए आत्महत्या की धमकी का प्रश्न है तो यह शुद्ध रूप से मेरे पति की चाल थी। मैं अब उस स्टेज से बहुत आगे निकल आई थी। ओपल या फोर्ड गाड़ी की उनकी चाहत बहुत पुरानी थी। उससे भी पुराना था अपने पिता से भय। वे उनकी कमज़ोर रग जानते थे। सो उन्होंने बिना कुछ कहे ही सब कुछ कह दिया।

कार तो फिर भी बड़ी चीज़ है। एक बार जिस लड़की की सुन्दरता की तारीफ़ उसके पिता से करते हुए मेरे ससुर ने यहाँ तक कह दिया था कि उन्हें उसकी शादी की चिंता से मुक्त हो जाना चाहिए, उसी लड़की को किसी लड़के के साथ शॉपिंग करते देख उन्होंने कल्पना कर डाली कि ज़रूर लड़के ने ही बिल दिया होगा और अब लड़की को उसकी इस मेहरबानी की क़ीमत (ज़ाहिर है, अपने शरीर से) चुकानी होगी।

अब आप ही बताइए कि क्या ऐसे दमघोंटू रवैये से समझौता करके जिया जा सकता था। लेखिका को चाहिए था कि कम-से-कम ऐसे नाज़ुक मसले पर मुझसे भी थोड़ी बातचीत कर लेतीं लेकिन उन्होंने तो मेरा नाम तक जानने की जहमत नहीं उठाई! खैर!

किशोर बाबू की नाव, किस ठाँव बँधी इसके बारे में बताते हुए कथाकार का कथन है—'इस देश की मिट्टी की तासीर ही शायद कुछ ऐसी है कि बड़े-से-बड़े क्रांतिकारी और धर्म को अफीम मानने वालों तक की नाव अंत में इसी ठाँव पर आ लगती है। किशोर बाबू इन दिनों सिर्फ एक ही पुस्तक का अध्ययन-पठन-मनन कर

रहे हैं और वह है—''श्रीमद्‌भगवत्‌ गीता''।'

यहाँ इस देश की मिट्टी की तासीर के बारे में कथाकार के विचार स्पष्ट तौर पर औपनिवेशिक ओरिएंटलिस्ट-चिंतन से ग्रस्त हैं। क्रांतिकारियों के बारे में उसकी राय उस स्कूल-मास्टर जैसी है जो अपने विद्यार्थियों को कभी अच्छे अंक नहीं देता, क्योंकि वह ख़ुद जीवन भर थर्ड डिवीजनर रहा था।

कथाकार के क्रांति सम्बन्धी विचारों का पता उपन्यास में सिर्फ़ एक बार, संयोग से किशोर बाबू के ही सन्दर्भ में मिलता है—क्रांति ही माँग है समय की। किशोर अपने इतिहास के अध्यापक रघुनंदन मिश्र के प्रिय कवि बालकृष्ण शर्मा 'नवीन' की पँक्तियाँ गुनगुनाता है—

आओ क्रांति बलाएँ ले लूँ
अनाहूत आ गई भली
वास करो मेरे घर-आँगन
विचरो मेरी गली-गली

अभी हाल में एक और कथाकार ने अपनी आत्मकथात्मक कहानी में उसके 'क्रांतिकारी' नायक के मोहभंग का चित्रण किया है। इस नायक का क्रांति के प्रति मोह दिनकर की इन पंक्तियों को गुनगुनाते हुए हुआ था—

उठ भूषण की भाव रंगिणी
रूसो के दिल की चिंगारी
लेनिन के जीवन की ज्वाला
जाग-जाग री क्रांति कुमारी

अपने सतही भावावेश को क्रांतिकारिता और कलई उतरने को मोहभंग का नाम देने वाले लोगों के लिए क्रांति, धूमिल के मुहावरे में कहें तो बच्चे के हाथ में पकड़ी हुई जूँजी हो गई है। ऐसे लोग जितनी जल्दी वयस्क हों उतना ही अच्छा है।

हर महत्त्वपूर्ण कृति का एक 'यूटोपिया' होता है। इसकी ख़ूबी यह है कि अव्यक्त रहने पर यह रचना की जान बनकर सक्रिय रहता है और व्यक्त होते ही उस पर बोझ बन जाता है। एक 'यूटोपिया' इस उपन्यास में भी व्यक्त हुआ है। पृथ्वी के पर्यावरण में कुछ ऐसे बदलाव होते हैं कि एकाएक उसके चाँद की तरह हवारहित बन जाने का ख़तरा पैदा हो जाता है। चारों तरफ़ पेट्रोल-डीजल-बिजली का प्रयोग बंद हो जाता है और इससे चलने वाली सारी मशीनें बेकार हो जाती हैं।

'अब सबसे सुखी गरीब आदमी बन गया जिसे धरती पर ही रहने और पैदल

चलने की आदत थी। सबसे ज़रूरी काम खाने के लिए अनाज-फल-सब्जियाँ उगाना हो गया और इस काम को जानने वालों की तनख्वाह सबसे अधिक हो गई।' (पृ. 214)

'लोगों ने यह भी समझ लिया कि जिन सुविधाओं का भोग करने की उन्हें आदत पड़ गई थी, वे ही उनके कष्ट का कारण हैं। जिस-जिस ने जितनी सुविधा भोगी थी, उसे उतना ही कष्ट हुआ। बाकी लोग जैसे रहते आए थे, उसी तरह रहते रहे।' (पृ. 215)

इस कल्पना की विसंगति यह है कि यह उपभोक्तावाद का पूर्ण निषेध करने का दम भरती है लेकिन सबसे अधिक तनख़्वाह का लालच नहीं छोड़ पाती। फिर यह देखने सुनने में चाहे जितनी गरीब समर्थक और मानवीय लगती हो, हक़ीक़त में इसके ठीक उलटी है।

यह ऊबे हुए भोगवाद का दर्शन है। खाद्य-अखाद्य-भक्षण करने वाले पेटुओं और फ़ाकाकशी करने वाले गरीबों के लिए उपवास का एक-सा मतलब नहीं होता। जीवन की प्राथमिक आवश्यकताओं से वंचित लोगों को बिना पलक झपकाए 'जैसे रहते आए थे, उसी तरह रहते रहो' की सलाह देने वाली यह कल्पना सुविधाभोगियों का ज़ायका बदलना नहीं भूलती। मानसिक विरेचन द्वारा परजीवियों को अपराध-बोध से मुक्ति दिलाने वाला यह आदर्श जितना ही अतार्किक और असम्भव हो उनके लिए उतना ही अच्छा है, ताकि यथार्थ में इसका रत्ती भर भी मोल न चुकाना पड़े।

इस उपन्यास का शिल्प शायद इसका सबसे मज़बूत पक्ष है। 216 पृष्ठों में एक परिवार की छः पीढ़ियों के बहाने एक जाति और राष्ट्र के डेढ़ सौ बरसों का इतिहास इसीलिए सम्भव हो सका। इसके लिए शुरू से अंत तक सिर में लगी चोट से दिमाग़ के कुछ नए हिस्सों का सक्रिय होना, बाइपास सर्जरी के बाद दिल का भी अधिक संवेदनशील हो जाना, आत्मा को बुलाकर अपने शरीर में रखना, भविष्य में पहुँच जाना जैसे उपक्रमों (डिवाइसेस) का कारगर प्रयोग किया गया है। एकालाप, स्मृति, डायरी, फ्लैश बैक आदि शैलियों को रोचक क़िस्सागोई में ढाला गया है। उपन्यासकार को कथाकार (नैरेटर) से अलगा कर उसे कई गुना अधिक वस्तुनिष्ठ, तटस्थ और विश्वसनीय बना दिया गया है। उपन्यासकार, कथाकार, पात्र और पाठक इन चार खंभों पर टिके इस उपन्यास का स्थापत्य जितना भव्य है उतना ही बारीक। भाषा चुस्त-चपल और सटीक अर्थ सम्प्रेषित करने के साथ-साथ अनेक प्रकट-प्रच्छन्न संकेतों और अर्थछवियों से भरपूर है। साज-सज्जा आकर्षक है। आवरण पर कलकत्ता के प्रिंसेप घाट का चित्र देकर भारतविदों की भीड़ में अलग दिखने वाले जेम्स प्रिंसेप को श्रद्धांजलि दी गई है।

ऐसे सुगठित विन्यास वाली प्रस्तुति में भी सुधार की गुंजाइश बची रह गई है। जिसकी चर्चा लाज़िम है। शुरूआत छपाई की भूलों से करते हैं जिनसे बचना हिन्दी में प्रायः असम्भव-सा है। लेकिन थोड़ी सावधानी बरत कर इससे होने वाले अर्थ के अनर्थ से बचा जा सकता था। पृष्ठ 85 पर वाक्यांश है—'किशोर बाबू टैक्सी न मिलने की संभावना को कठिन समझकर वापस मेट्रो स्टेशन की ओर मुड़े ...।' साफ़ तौर पर यहाँ 'न' के लिए न कर दिया जाना चाहिए। इसी प्रकार पृ.170 पर 'बुआ से माँ ने कहा—"मुझे कल सपना आया कि मेरी कोख फल गई है। मेरी गोद में एक छोटा सा मुन्ना है।" बुआ की बात पर सबको हँसी आ गई।' यहाँ 'से' और 'ने' की शरारती उछलकूद से व्यवधान पड़ा है। पृ. 57 पर प्रिंटिग से अधिक भाषा के असावधान इस्तेमाल का मामला मालूम पड़ता है—'पाँचों लड़कियों और लड़कों के ब्याह का खर्च...।' यह वाक्यांश पाँच लड़कियों और सिर्फ़ एक लड़के के ब्याह के खर्च को ठीक तरीक़े से नहीं बता पाता। कहीं- कहीं बात पर ज़ोर देने के लिए किसी शब्द के साथ उसके पर्यायनुमा शब्द के प्रयोग से भाषा का सौन्दर्य क्षीण हो जाता है। जैसे पृ. 10 पर 'खांटी शुद्ध किस्सागोई' और 'एकदम नयी आधुनिकतम रचनाओं' का प्रयोग। आजकल हिन्दी में 'सालों' का बेधड़क इस्तेमाल हो रहा है। इस उपन्यास में भी इसका मुक्त हाथ से प्रयोग हुआ है। इसकी द्वयर्थकता खटकने वाली है। इसकी जगह 'वर्षों' या 'बरसों' का प्रयोग हिन्दी की आत्मा के अधिक करीब पड़ता।

कभी-कभी भावप्रवणता अपने वेग में भाषा को कथा की तर्कसंगति से भटका देती है। पृ. 136 पर जोगी रामानंद कृष्ण के पिता दारोगा शरत् चंद्र चक्रवर्ती के बारे में कहा गया है कि वे 'पद्मा' का वियोग सहकर ज़्यादा दिन जी नहीं पाए। रिटायरमेंट की वजह से अन्यत्र जाकर बसने के कुछ समय बाद उनकी मृत्यु भले ही हो गई हो लेकिन उनके चरित्र को देखते हुए पद्मा नदी के वियोग की बात कुछ हज़म नहीं होती।

पृ. 29 पर उल्लेख है कि रामविलास बाबू की माँ चक्की पर बाजरा पीसते हुए भजन गाती थीं। सामान्यतया हम महिलाओं के कूटने-पीसने के गीत अलग होते हैं और उनका सन्दर्भ भी प्रायः लौकिक होता है। फिर भी किसी को भजन गाने की मनाही थोड़े ही है, लेकिन कथा-लेखक ने गाए जाने वाले पद का अशुद्ध पाठ प्रस्तुत करके शंका पैदा कर दिया है। शुद्ध पाठ है—'अंखड़ियाँ झांई पड़ी, पंथ निहारि- निहारि, जीभड़ियां छाला पड़्या, नाम पुकारि-पुकारि'। (कथा-लेखक ने इस पद का अंत 'आया नहीं गिरधारी' से किया है।)

उपन्यास में एक दो जगह तिथिक्रम सम्बन्धी भूलें भी रह गई हैं। पृ. 32 पर 1899 में पड़े अकाल के समय केदार बाबू की उम्र 10 वर्ष बताई गई है जबकि पृ. 48 पर बंग-भंग के समय उनकी उम्र 15 वर्ष कही गई है। बंग-भंग चूँकि 1905

में हुआ था इसलिए उस समय उनकी उम्र 16 वर्ष की होनी चाहिए। इसी पृष्ठ पर बंग-भंग के चौदह साल बाद केदार बाबू की मृत्यु होने का उल्लेख है। अगले पृष्ठ पर बंग-भंग के ख़िलाफ़ हुए आन्दोलन के समय हैमिल्टन केदार बाबू का विवाह करने की सलाह रामविलास बाबू को देता है। विवाह कब हुआ यह मालूम नहीं होता लेकिन पृ. 53 पर उनकी मृत्यु के समय उनके बड़े बेटे की उम्र 15 वर्ष बताई गई है। मोटे अनुमान के अनुसार यह कम से कम दो वर्ष अधिक है। अब यदि इसके पीछे कोई मंतव्य है तो उपन्यास में इसके कुछ सूत्र मिलने चाहिए, नहीं तो अगले संस्करण में इन भूलों को दुरुस्त कर लेना चाहिए।

संपादक जी,

यह ऐसा विलक्षण उपन्यास है जिसकी असफलताएँ सफलताओं से अधिक सारगर्भित हैं। मैंने इसका अपना अध्ययन प्रस्तुत किया है। अब अगर यह किशोर बाबू या कथा-लेखक के 'कुछ एकदम नयी आधुनिकतम रचनाओं' पर आधारित विचारों से मेल न खाता हो तो इसके लिए मैं ज़िम्मेदार नहीं क्योंकि मेरे विचार इस उपन्यास पर आधारित हैं। यह उपन्यास मेरे और कथा-लेखक के बीच उस भाषा की तरह है जिसे किशोर बाबू और शांता भाभी ने आपस में बातचीत के लिए ईजाद किया था और जिसे (यहाँ किशोर बाबू की जगह कथाकार और शांता भाभी की जगह मुझे रखकर देखें) किशोर बाबू, 'ठीक- ठीक समझ नहीं सकते थे, पर बोल सकते थे और उधर भाभी इस भाषा को बोल नहीं पाती थीं, लेकिन समझ खूब सकती थीं।' (पृ. 59)

अंत में अपनी पहली ही औपन्यासिक कृति के रूप में ऐसी ज़ोरदार रचना हिन्दी जग़त के सामने पेश करने के लिए अलका बहन को बधाई और शुभकामनाएँ—

साभिवादन

अस्मिता (किशोर बाबू की बहू)

इतिहास से संवाद

पर देखिए न,
लिखते-लिखते अचानक याद आया
समरकन्द के एक गड़रिए का ज़रूरी संदेश
न जाने कब से पड़ा है मेरे थैले में
जिसे पहुँचाना था कुशीनारा के पास के
किसी छोटे-से गाँव में
और ऐसा भुलक्कड़ हूँ कि झुका हुआ बैठा हूँ
मोमबत्ती के सामने
और पूरी कर रहा हूँ वह कविता
जिसे लिखना शुरू किया था मेरे किसी पुरखे कवि ने
शायद सदियों पहले

—केदारनाथ सिंह

सभ्यता, स्मृति और इतिहास से संवाद

(केदारनाथ सिंह की कविताएँ)

मुक्तिबोध और शमशेर की तरह केदारनाथ सिंह की काव्य-यात्रा का संदर्भ भी हमारी औपनिवेशिक आधुनिकता के मान-मूल्यों और उसकी प्राथमिकताओं से निर्मित होता है। उनके नवीनतम काव्य-संग्रह 'ताल्सताय और साइकिल' से गुज़रते हुए यह एहसास तीव्रतर होता जाता है कि इस आधुनिकता के पतन के दौर में आगे बढ़कर कवि ने इसकी विसंगति की अचूक पहचान तो की ही है, उसे ऐसे मुहावरे में व्यक्त किया है कि सिर्फ़ थोड़ा-सा श्रम करके पाठक भी उस सत्य का प्रत्यक्ष अनुभव कर सकता है।

संग्रह की पहली कविता 'आईना' की आख़िरी पंक्तियाँ हैं :

मेरे निर्माता का आदेश है
देखो और बोलो
बोलो और टँगे रहो
और देखिए न मेरी मुस्तैदी
कि मैं सबकी ओर से बोलता हूँ
और बोलता हूँ अपने भीतर की सारी सच्चाई के साथ
पर मेरे नेक निर्माता ने
मुझे दी नहीं अनुमति
कि कभी बोल सकूँ अपनी तरफ़ से

साहित्य को समाज का दर्पण मानने और रचनाकार की नितान्त वैयक्तिक अनुभूतियों और उनकी संश्लिष्ट या कलात्मक अभिव्यक्तियों के प्रति तिरस्कार का भाव रखने वाली चिंतन परम्परा ही वह 'नेक निर्माता' है, जिसने हमारी आधुनिक रचनात्मकता को आकार दिया है। कवि को यह ख़याल तो है कि दूसरों की तरफ़ से बोलने के क्रम में उसने अपने आवश्यक दायित्व भी निभाए हैं, लेकिन इस क्रम में निष्क्रिय भोक्ता की तरह 'टँगे रहने' जैसी गरिमाहीन स्थिति में होने के कारण उसे

वर्तमान अवस्था से असंतोष होता है और वह अपनी निजी भावनाओं की बेरोकटोक अभिव्यक्ति चाहता है। ध्यान रहे कि हमारी प्रभुत्वशाली वैचारिकी ने मुक्तिबोध और शमशेर को भी इसी आकांक्षा के कारण व्यक्तिवादी और 'रुग्ण' सौंदर्यवादी वगैरह ठहराया था। समय के साथ कवि ने इस मसले को उठाने के लिए पर्याप्त कलात्मक संतुलन तो अर्जित किया है पर उसके संकेत इतने अस्पष्ट भी नहीं हैं, जैसा कि मान लिया गया है। मुक्तिबोध के शब्दों में, 'सामान्यीकरण के असामान्यीकरण' की यह आकांक्षा एक अन्य कविता 'समूहगायन' की अंतिम पंक्तियों में कुछ इस तरह व्यक्त होती है—

पर हर गाने वाला
जितना समूह में था
उतना ही अकेला
और जो जितना अकेला था
उतनी ही गहरी
और उदात्त लगती थी उसकी आवाज़
सारे संगीत में एक विलक्षण हलचल की
सृष्टि करती हुई.....

यहाँ 'अकेलापन' अपनी सामर्थ्य और क्षमता के चलते कवि के सकारात्मक मन्तव्य को स्पष्ट कर देता है।

दरअसल, सभ्यता और बर्बरता के बीच छिड़े विकट संघर्ष के इस दौर में कवि मनुष्यता की तमाम उपलब्धियों, संचित ज्ञान-निधियों के हमेशा के लिए नष्ट हो जाने की आशंका से त्रस्त है। संग्रह की चौथी कविता 'पांडुलिपियाँ' में जब वह सभी पांडुलिपियों पर 'धूल के कॉपीराइट का एक मजबूत ठप्पा' लगा होने की बात कहता है तो उनके प्रति अनन्त काल से चली आ रही हमारी लापरवाही का ही संकेत करता है। 'कॉपीराइट' की आधुनिक ध्वनि इसे परिप्रेक्ष्य प्रदान करती है। इसके बावजूद पांडुलिपियाँ जिस एक 'बेचैन हाथ की हलकी-सी गरमाहट' के सहारे इस 'कॉपीराइट' का सामना करती हैं 'इस समय वही खतरे में है'।

इस ख़तरे के वाह्य कारण तो जो हैं, वो हैं, लेकिन ऐसे नाज़ुक मौक़े पर गाफ़िल और गुमराह हो जाने का हमारा अपना सुविधाजनक रवैया अधिक दिक़्क़ततलब है। इस औपनिवेशिक युग में हमें हर चीज़ अंग्रेज़ी के सहारे हासिल करने की आदत पड़ गई है। परिणामस्वरूप हमारे अंदर बौद्धिक काहिली कूट-कूटकर भर गई है। ले-देकर एक साहित्य है, जिसकी समझ से अधिक नासमझी का परिचय हम देते आए हैं, क्योंकि वहाँ भी हमने आयातित विचारों पर अधिक निर्भरता प्रदर्शित की है। पूर्व और

पश्चिम के बीच ज्ञान और सत्ता का विषम बँटवारा इसके लिए ज़िम्मेदार है। युगीन चुनौतियों के मुताबिक अपनी बौद्धिक क्षमताओं को विकसित किए बिना हम अपने समाजों के महान उद्यमों को नहीं समझ पाएँगे, हमारे कवि-लेखकों का अवदान जिनमें से एक है।

अपनी इस नितांत आधुनिक चिंता को व्यक्त करने के लिए कवि 'तू फू और ली पै' शीर्षक अगली ही कविता में आठवीं सदी के दो चीनी महाकवियों का साक्ष्य लेता है मानो प्राचीन पाण्डुलिपियों की पीड़ा आज अपने चरम पर पहुँचकर समाधान की उम्मीद जगाती हो। कविता की शुरूआती पंक्तियाँ हैं—

पहले घोड़ों ने पहचाना
एक-दूसरे को
फिर ली पै ने दूर से
तू फू की दाढ़ी की श्वेतिमा पहचानी
इस तरह एक लम्बी यात्रा के अचानक मोड़ पर
मिल गए दो घुमक्कड़ महाकवि

दोनों कवि एक-दूसरे को तुरंत पहचान लेते हैं लेकिन उनसे भी पहले उनके घोड़े एक-दूसरे को पहचानते हैं। बातचीत के क्रम में तू फू दिल न लगने की शिकायत और दूरदराज भटकते रहने का ज़िक्र करते हैं। इस पर ली पै का जवाब अर्थपूर्ण है। वे कहते हैं कि रास्ते में कोई पागल, भिक्खु या गड़रिया, यहाँ तक कि कोई पेड़ भी मिल गया तो उनके लिए पर्याप्त होता है और वे निहाल हो जाते हैं। आशय साफ़ है कि ली पै ख़ुद को पढ़े, पहचाने या समझे जाने की परवाह कम करते थे। पिछली कविता में यह ज़िक्र भी आया है कि ली पै अपनी कविताओं को खजूर के पत्तों पर लिखकर उन्हें पानी में छोड़ देते थे। तू फू घर की तरफ़ निकलते हुए कहते हैं कि 'सात बरस हुए, पता नहीं बच्चे पहचानेंगे भी या नहीं'। यहाँ फिर पहचाने जाने को लेकर एक आशंका सर उठाती है। ली पै आशा व्यक्त करते हैं कि इस काम में तू फू का घोड़ा उनकी मदद करेगा। ज़ाहिर है कि उस घोड़े को घर के दूसरे जानवर अधिक आसानी से पहचान लेंगे और इस प्रक्रिया में तू फू भी आख़िरकार पहचाने जाएँगे, क्योंकि बच्चों में भी वह सहजता और प्राकृतिकता बड़ों से अधिक मात्रा में बची ही रहती है। ग़ौरतलब है कि ली पै रास्ते में मिलने वाले जिन सुखद लोगों की बात करते हैं वे सभी अपने-अपनी तरीक़े से कवि की तरह ही आत्मनिर्वासित और रहस्यदर्शी हैं। सांसारिक अर्थों में पहचान का संकट यहाँ भले ही न हो, लेकिन समानधर्मा लोगों से संवाद और अंतःक्रिया की आकांक्षा अवश्य है, अन्यथा तमाम रचनात्मकता धूलधूसरित होकर खो जा सकती है।

औपनिवेशिक सभ्यता ने हमें अपनी स्मृतियों से काटकर अलग कर दिया है। हमें अपनी परम्परा की चंद चीज़ें झुनझुने की तरह पकड़ा दी गयीं और बाक़ी सबके प्रति अपराधबोध से भर दिया गया। हमने ख़ुद को उन्नीसवीं शताब्दी के अंग्रेज़ भारतविदों की नज़र से देखना सीख लिया। इस दुर्घटना के कुछ साक्ष्य 'जे.एन.यू. में हिन्दी' शीर्षक कविता में मिलते हैं। अंग्रेज़ीदाँ बुद्धिजीवियों की इस संस्था की विडंबना यह है कि इसके 'परिसर की आधुनिकता' को ख़ुराक तो श्रमजीवी परम्परा से मिलती है, लेकिन यहाँ एक ग्रामीण को उसके गंतव्य मकान का नम्बर बतलाने वाला कोई नहीं मिलता, क्योंकि—

और सच्चाई यह है कि हम सबकी स्मृतियाँ
अपने-अपने हिस्से की बारिश से धुलकर
इतनी स्वच्छ और ऐसी पारदर्शी
कि यहाँ किसी का नम्बर
किसी को याद नहीं!

स्मृति के सम्बन्ध में उल्लेखनीय बात यह है कि कवि मानवपूर्व अवस्था से, सम्भवतः पृथ्वी के जन्म से ही इसका आरम्भ मानता है। इसीलिए वह प्रायः भौतिक पदार्थों, पत्थर, रेत वगैरह को स्मृति के आश्रय के रूप में देखता है। चेतना के पूर्वरूप पदार्थ के प्रति गहरी कृतज्ञता कवि की विशेषता है, लेकिन पदार्थ की यह भूमिका कवि के स्वर में एकदम सहज, लगभग अपरिहार्य जान पड़ती है। स्मृतियाँ पत्थर में वैसे ही आश्रय लेती हैं जैसे मनुष्य घर में। इस कविता की आरम्भिक पंक्तियाँ हैं :

जी, यही मेरा घर है
और शायद यही वह पत्थर जिस पर सिर रखकर सोई थी
वह पहली कुल्हाड़ी
जिसने पहले वृक्ष का शिकार किया था
इस पत्थर से आज भी
एक पसीने की गन्ध आती है
जो शायद उस पहले लकड़हारे के शरीर की
गन्ध है—

केदारनाथ सिंह की कविता में श्रमजीवी वर्ग की प्रचुर उपस्थिति है, लेकिन वे शोषित-उत्पीड़ित-विद्रोही के किसी फ़ार्मूले में ढलकर नहीं, अपने सहज ऐंद्रिय व्यक्तित्व के साथ आते हैं। कवि की प्रतिश्रुति रूप, रस, गंध और स्पर्श के प्रति है, जिसके चलते वह मेहनतकशों की शारीरिकता के प्रति आकर्षित होता है। ज़ाहिर है

कि सौंदर्य का वास्तविक आग्रह हो तो वह परजीवियों के यहाँ तो मिलने से रहा। दूसरी बात यह कि भावनाओं की उत्कटता शारीरिक क्रियाओं में व्यक्त होती है, सुखभोग में नहीं। इस मामले में श्रम और यौन के प्रतीक एक जैसे प्रभावी हो जाते हैं। 'सपने में सालिम अली से एक भेंट' में जब पृथ्वी पर पर्यावरण की विनाशकारी स्थितियों के चलते कोई पक्षी सालिम अली को अपने सवालों से निरुत्तर करता-सा प्रतीत होता है तो उनके आगे काव्यनायक स्वयं को 'मानो एक क्रौंच-मिथुन के आदिम चीत्कार में बदल गया' पाता है। ध्यान दें कि यहाँ क्रौंच-वध की बहुश्रुत कथा का ज़िक्र नहीं हो रहा है, बल्कि पक्षियों की आधुनिक पीड़ा को उनके आदिम आनन्द के मुकाबले रखकर अपनी सभ्यता की विकलांगता का एहसास किया जा रहा है। इस प्रसंग में भी पूरब-पश्चिम में दुनिया को बाँटने की औपनिवेशिक योजना का खण्डन पक्षी की नजर से करते हुए सालिम अली कहते हैं—

और वह जो तुम्हारा पूरब है या पच्छिम
उनके लिए महज़ एक कूड़े का ढेर
जहाँ बैठकर धूप में
वे अपने डैने सुखाते हों!

बहरहाल, स्मृति के प्रसंग पर वापस आएँ तो हम पाते हैं कि काव्यनायक को इस मामले में अपना जो हमसफ़र मिलता है वह कोई और नहीं, पत्थर ही है। 'पत्थर' शीर्षक कविता में वह पत्थरों को 'कुछ भी न भूलने के भयानक अभिशाप से ग्रस्त' बताता है, जबकि 'एक ज़रूरी चिट्ठी का मसौदा' में वह कहता है—

मैं सबको जानता हूँ
और जिसे जानता हूँ उसे भूलने का गुर
पहले ही भूल चुका हूँ
यह एक सज़ा है—लिखूँगा
जो सिर्फ़ मुझे दी गई है
इस सज़ा में थोड़ा-थोड़ा हिस्सा
सबका होना चाहिए

स्मृति के खिलाफ़ दो सौ साल से चल रही उपनिवेशवादी साज़िश के चलते ही यह नौबत आई है। स्मृतिहीनता के कुचक्र को तोड़ने के लिए मनुष्य और पत्थर एक साथ सक्रिय हैं, इसीलिए 'उससे बात करना अपने पड़ोसी से बात करने से ज़्यादा सरल है'। यहाँ पड़ोसी से विसंवाद का इशारा नहीं है क्योंकि उपरोक्त कविता में ही पड़ोसी के आधी रात में जागकर 'बचाओ! बचाओ!' चिल्लाने को कवि, दुख से उसके

साक्षात्कार का परिणाम मानता है और उससे सम्पर्क करने की आवश्यकता पर ज़ोर देता है ताकि 'दुनिया के सारे दुख की जड़ का पता चल सके'। यह सज़ा अथवा अभिशाप भी चालू अर्थों में दण्ड नहीं है, बल्कि एक गौरवपूर्ण ज़िम्मेदारी है, कवि जिसे सामूहिक रूप से स्वीकार करने का अपने लोगों से आग्रह करता है।

स्मृति की अपरिहार्यता और उससे वंचित होने की पीड़ा का मार्मिक आख्यान 'त्रिनीदाद' शीर्षक कविता में मिलता है। कभी भोजपुरी भाषी क्षेत्र से अर्द्धगुलामों के रूप में त्रिनीदाद गए लोगों से मिलकर कवि (आशय काव्यनायक समझें) को लगता है कि वह उनसे पहले भी मिल चुका है, पर इसका समर्थन न उसकी आँखें करती हैं, न दिमाग। बस एक समुद्र था जो 'अपनी स्मृति की चट्टानों पर पछाड़ खाते हुए हाँ... हाँ... हाँ... कहे जा रहा था'। उस शाम एक मछुआरा फिर नहीं लौट सका, लेकिन समुद्र से शिकायत किसी को नहीं है 'क्योंकि वह टापू का सबसे वयोवृद्ध नागरिक था'। समुद्र की यह हैसियत उसकी भूमिका की वजह से है। समुद्र से होकर ही उनके पुरखे भारत से लाए गए थे। समुद्र आज भी उन्हें उनके पुरखों के देश से जोड़ता है। उस देश से अब वे स्थूल विवरणों के माध्यम से नहीं, यातना की स्मृति से जुड़े हैं, जो उनके पुरखों के देशनिकाले का कारण और परिणाम दोनों थी। उस देश की याद एक गंध के रूप में समुद्र की तरफ़ से आती है और वे बेचैन होकर 'बूढ़े समुद्र' के पास चले जाते हैं—

क्योंकि उनका खयाल था—
वह जो दढ़ियल समुद्र है
सब जानता है
कि वही—सिर्फ वही जानता है
कि तट पर बिखरे हुए बालू के कणों में
वह कौन सा कण है
जिसके भीतर बन्द हैं उस पहले जहाज के लंगर के निशान
और खून के वे छींटे
जो वहाँ गिरे थे पहली बार पुरखों की पीठ से
कोड़ों से छिलकर
कोड़े अब कहीं नहीं थे
कम से कम वे दिखते नहीं थे

वे लोग जो अपने पूर्वजों की परम्परा और स्मृति के लिए समुद्र की तरफ़ देखते हैं, स्मृतिहीन जान पड़ते हैं, लेकिन तुरन्त ही कवि को अपनी स्मृतिहीनता की याद

आती है। त्रिनीदाद में रहने वाले लोगों को तो कम से कम अपने भूलने का एहसास है, लेकिन हम भारतीय तो यह भी भूल गए हैं कि हम अपनी परम्परा और स्मृति से कटकर दूसरों के उच्छिष्ट ज्ञान पर पलने वाले नकलचियों, पिछलग्गुओं, बहुरूपियों और विदूषकों द्वारा संचालित व्यवस्था में ढल चुके हैं। हमारी सभ्यता जो मध्यकाल तक विश्व में अग्रणी थी, पिछली दो शताब्दियों में अपना ही व्यंग्यचित्र बनकर रह गई है। लेकिन यह भी तय है कि स्मृति के सूत्र इतने अल्पजीवी और कमज़ोर नहीं होते कि सौ-दो सौ साल के गतिरोध से हमेशा के लिए टूट जाएँ। त्रिनीदाद के लोग तो समुद्र के सहारे उससे जुड़ते हैं, पर हम अपनी मिट्टी, हवा और पानी तथा अपने लोगों के साथ उससे जुड़ने की राह बना रहे हैं।

कहते हैं कि किसी सभ्यता के भौतिक स्वास्थ्य को उसके स्थापत्य से और आत्मिक स्वास्थ्य को उसकी नदियों से परखना चाहिए। स्थापत्य के स्तर पर हमारा आधुनिक युग मध्यकाल के मुकाबले क्या है, यह जगजाहिर है। अपने वातावरण के विपरीत ठण्डे मुल्कों की तर्ज़ पर बने कबूतरख़ानों जैसे फ्लैटों की संस्कृति हो या विशालकाय मॉलों का निर्लज्ज स्थापत्य, यह कहीं से भी हमारी भारतीय परम्परा की भव्यता और सुरुचिसम्पन्नता का उत्तराधिकारी नहीं ठहरता। जहाँ तक नदियों का सवाल है तो हम दुनिया के सम्भवतः एकमात्र समाज हैं जो अपनी नदियों की पूजा तो करते हैं पर उनसे प्रेम नहीं करते, उनकी हत्या करते हैं।

एक तरफ़ अपने संसाधनों का विनाश और दूसरी तरफ़ पानी को महंगी उपभोक्ता वस्तु में तब्दील कर डालने को कृतसंकल्प बहुराष्ट्रीय कम्पनियों की जीहुज़ूरी, हमारे शासकों ने मानो इसी बात का ज़िम्मा लिया है कि वे देश में उपलब्ध हर जलस्रोत को नष्ट करके छोड़ेंगे ताकि उनके विदेशी आकाओं का कारोबार चल सके। बहरहाल, इस पृष्ठभूमि में 'पानी की प्रार्थना' की इन पंक्तियों की तरफ़ ग़ौर करें जो संग्रह की दूसरी ही कविता है—

अब देखिए न
इतने दिनों बाद कल मेरे तट पर
एक चील आई
प्रभु, कितनी कम चीलें
दिखती हैं आजकल
आपको तो पता होगा
कहाँ गईं वे!

× × ×

वह एक चरवाहा था
अब कैसे बताऊँ प्रभु—क्योंकि आपको तो
प्यास कभी लगती नहीं—
कि वह कितना प्यासा था
फिर ऐसा हुआ कि उसने हड़बड़ी में
मुझे चुल्लूभर उठाया
और क्या जाने क्या
उसे दिख गया मेरे भीतर
कि हिल उठा वह
और पूरा का पूरा मैं गिर पड़ा नीचे
शर्मिन्दा हूँ प्रभु
और इस घटना पर हिल रहा हूँ अब तक

× × ×

वहाँ होंगे मेरे भाई-बन्धु
मंगलग्रह या चाँद पर
पर यहाँ पृथ्वी पर मैं
यानी आपका मुँहलगा यह पानी
अब दुर्लभ होने के कगार तक
पहुँच चुका है
पर चिन्ता की कोई बात नहीं
यह बाज़ारों का समय है
और वहाँ किसी रहस्यमय स्रोत से
मैं हमेशा मौजूद हूँ

इस बाज़ार का सामना कवि अपनी 'वानस्पतिकता' और कविता से करना चाहता है। बाज़ार संवेदनाओं को कुंद करता, मनुष्यों को वस्तुओं में बदलता चौतरफ़ा सक्रिय है। जबकि कविता सूक्ष्म से सूक्ष्म संवेदना की हिफ़ाज़त करती, कोमलतम भावनाओं को व्यक्त करती, वस्तुओं के साथ भी मानवीय व्यवहार करना सिखाती है। कवि अपने कर्म की गरिमा और अर्थवत्ता को समझता है, तथा कहीं भी उसे लेकर रक्षात्मक नहीं होता। 'क्या कविता से क्रांति हो सकती है' यह एक ग़लत प्रश्न है। सही प्रश्न है कि 'क्या कविता के बग़ैर भी क्रांति हो सकती है'। इसका इतना ही साफ़ और मज़बूत उत्तर है, 'नहीं'।

'अपनी खबर' शीर्षक कविता के आरम्भ में ही कवि बाज़ार जाने की जगह कविता लिखने बैठ जाने की बात करता है, क्योंकि 'कविता और बाज़ार की एक हल्की-सी भी टक्कर रोमांचित करती है मुझे'। यह कविता 'आईने' की पूर्वोक्त आकांक्षा के मुताबिक 'अपनी तरफ से बोलने' की प्रत्यक्ष काररवाई है। अपने जन्मस्थान चकिया से लेकर प्राचीनकालीन विदिशा और गांधार से होते हुए कवि मध्य एशिया और चीन से अपना नाता बताता है। बौद्ध और सूफ़ी मतों के प्रति समर्पण व्यक्त करते हुए वह आर्यों को भी याद करता है, ('न जाने वे कौन थे' यह कहकर अपनी भोली भाव-भंगिमा से आर्यों के मूल निवास को लेकर उठने वाली बहसों की अवहेलना करते हुए) जो अपने घोड़ों और मंत्रों के साथ 'मध्येशिया' से आए थे। किन्तु सबसे उल्लेखनीय प्रसंग वह है जो हमारे आधुनिक युग की पृष्ठभूमि की पुनर्रचना करता है—

पर वैशाली में मैं एक आम का पेड़ था
श्रावस्ती में शायद एक भिक्खु का भिक्षापात्र
वाराणसी में एक नाव हो सकता था मैं
अगर मेरे बढ़ई ने मुझे छील-छालकर
एक पहिया न बना दिया होता
और सन् 1857 में जब पत्ते गिर रहे थे
और लोगों के सिर भी
तो शहर दिल्ली में
एक गली के मोड़ का पत्थर था मैं
जिसने ग़ालिब को देखा था
जलते हुए बाज़ार से कुछ चिनगारियाँ लेकर
घर लौटते हुए...

जल में जो काम नाव करती है, धरती पर वही पहिया करता है। बनारस से रूस के यास्नाया पोलियाना तक पहुँचते-पहुँचते वह पहिया साइकिल में तब्दील हो गया जिसकी घंटी का आकर्षण आज तक कम नहीं हुआ, जबकि ताजमहल की आभा फीकी पड़ गई। वजह साफ़ है। पुरानी उपलब्धियाँ विकासयात्रा में आधुनिक यंत्रों जितनी गतिशील नहीं रह सकीं, और गति सौंदर्य से अभिन्न है (देखें कविता 'पिता के जाने पर')। साइकिल की गतिशीलता ने ताल्सताय के कुतूहल को जगाया। यह घटना आधुनिक युग के आरम्भ में हुई। यंत्र, जो वैसे भी मानवीय अंगों का ही विस्तार है, एक इंसान के सम्पर्क में आया और जब दोनों साथ-साथ धरती पर गिर पड़े, तब दोनों में वास्तविक साझा हुआ। इसी के परिणामस्वरूप साइकिल का प्रवेश इतिहास

में हो सका। कवि अंत में कहता है—

उस दिन जो साइकिल ने
धूल झाड़कर इतिहास में प्रवेश किया
तो जैसे आजतक
हर आदमी के पीछे-पीछे घंटी बजाती हुई
उससे बाहर निकलने का
रास्ता खोज रही है.....

इस प्रसंग पर थोड़ा विचार कर लें वरना किसी को लग सकता है कि साइकिल के भेस में कविता ही इतिहास से बाहर निकलने की राह ख़ोज रही है। ग़ौर करें कि साइकिल ने आदमी के (आशय 'मनुष्य के' ग्रहण करें, 'पुरुष के' नहीं) साहचर्य में ही इतिहास में प्रवेश किया था। यंत्र और मनुष्य का साहचर्य आधुनिक युग की एक विशिष्ट परिघटना है, लेकिन यंत्र की प्रवृत्ति मनुष्य और मनुष्यता को पीछे छोड़ देने वाली दिख रही है। यांत्रिकता, जिसे मानवीयता का विस्तार होना था, अमानवीयता का पर्याय बनती जा रही है। कवि इस चुनौती को स्वीकार करता है। उसका अभिप्राय यह है कि यंत्र को मनुष्य का सहयोगी बनकर रहना होगा। घंटी बजाकर आगे जाने के लिए रास्ता देने की माँग करने का लोकतांत्रिक अधिकार भले ही उसके पास भी हो, पर आगे निकलते ही इतिहास में उसकी भूमिका का अंत हो जाएगा। इस तरह सरल रूप, मगर जटिल संरचना वाली यह कविता एक ऐतिहासिक चतुर्भुज की तरह है जिसकी चारों भुजाएँ अलग-अलग रफ़्तार से घूम रही हैं तथा जिसके चारों कोनों पर क्रमशः मध्य युग, आधुनिक युग, यंत्र और मनुष्य विराजमान हैं। साइकिल की घंटी की सुरीली टन-टन तभी तक सुनाई पड़ती है, जब तक कि उसे 'आदमी' से आगे निकलने का रास्ता नहीं मिलता। हाँ, अदृश्य साइकिल की घंटी होगी या उसे सुनने वाले, यह अभी विश्वासपूर्वक नहीं कहा जा सकता। किन्तु दोनों ही स्थितियों में इतिहास के प्रति कवि की प्रतिबद्धता असंदिग्ध है।

इस प्रसंग में यह कहना ज़रूरी है कि अंध इतिहासवाद कवि का रास्ता नहीं है। इतिहास में शामिल होकर भूमिका निभा रही चीज़ों को तो वह इतिहास के तर्क के अधीन रखना चाहता है, लेकिन इतिहास से इतर बच गई चीज़ों को छेड़ना उसे उनकी गरिमा के ख़िलाफ़ लगता है। इसीलिए 'घोंसलों का इतिहास' लिखने की सम्भावना उसे बाज़ार की याद दिला जाती है जहाँ घोंसले नहीं केवल पिंजड़ मिलते हैं। कवि का ख़याल है कि घोंसलों की संरचना और उनके लिए उनके निर्माता पक्षियों की निष्ठा पर राष्ट्रों और सीमाओं का कोई फ़र्क़ नहीं पड़ता, इसलिए घोंसलों को इतिहासबद्ध करने के बजाय उन्हें उनके स्व-भाव में छोड़ देना चाहिए। चलते-चलते

वह जो कुछ कहता है, उससे इतिहास से अधिक अकादमिक अध्ययन की हमारी पद्धति पर प्रकाश पड़ता है। कविता की अंतिम पंक्तियाँ हैं—

घोंसलों का इतिहास
एक गहरे शोध और अध्ययन का विषय है
पर मुझे डर है कि रख दो कोर्स में
तो दुनिया के सारे घोंसले
भहराकर गिर पड़ेंगे!

इसलिए अच्छा यही होगा
कि घोंसलों को छोड़ दिया जाए पेड़ पर ही
जहाँ अपनी छोटी-सी गरिमा में
झूलते रहें वे
इतिहास के दूसरी तरफ़!

केदारनाथ सिंह यथार्थ के वाह्य विवरणों के बजाय उनके आशयों और निष्कर्षों में अधिक रमते हैं। तथ्यों के घटाटोप में वे जिस सफ़ाई से किसी न किसी कथा के माध्यम से प्रवेश करते हैं और अपनी विषयवस्तु का सारतत्त्व निचोड़ कर लाने में सफल होते हैं, वह चकित कर देने वाली है। न केवल इतना, बल्कि वे अपने साथ-साथ अपने पाठक को भी उस घुमावदार रास्ते पर ले चलते हैं जिससे होकर वह तत्त्व हाथ लगता है। इसी वजह से यह ज्ञान स्वयं पाठक की अपनी अनुभूति का विषय हो जाता है, वह भी इतने सरल और नामालूम तरीक़े से कि लगता ही नहीं कि कोई नई अनुभूति हुई। कवि की क्षमता का सबसे सटीक प्रमाण यह है कि ऊँची से ऊँची उड़ान में भी वह अपने पाठकों को इतनी सहजतापूर्वक साथ रखता है कि अनुभव का अनूठापन उसकी अपरिहार्यता में बदल जाता है।

समकालीन इतिहास की कुछ दुर्घटनाओं पर केंद्रित कविताओं को देखें तो पता चलता है कि कवि की एकाग्र दृष्टि उनसे होने वाली गहनतम मानवीय क्षतियों पर लगी है, लेकिन उसका स्वर किसी विलाप में नहीं डूबा है, बल्कि मानवीय जिजीविषा से युक्त होकर उसमें गहरी चुनौती का भाव प्रकट हुआ है। सबसे पहले 'आज़ादी की स्वर्ण-जयंती' शीर्षक कविता देखें। कवि स्वर्ण-जयंती का उत्सव देखने जाता है, अनिमंत्रित, कि रास्ते में उसे डाल पर टँगा हुआ सिर, पाँव बन गया हाथ और गटर में पड़ा चेहरा दिखाई पड़ता है। वह पूछता है कि यह किसका है, लेकिन जवाब नहीं मिलता। ज़ाहिर है कि अपनी भूमिकाओं से च्युत ये मानवीय अंग किसी एक के नहीं हम सबके हैं, देश की जनता के हैं। कवि प्रश्न करता है, जिसमें उत्तर भी निहित है—

क्या करूँ मैं?
उत्सव के रास्ते में
ये कैसे अपशकुन!
रुकूँ कि बढ़ जाऊँ
चुप रहूँ कि चिल्लाऊँ
मित्रो, मुझे सलाह दो
कैसा रहे—चला जाऊँ उत्सव में
इन सबको लेकर!
वैसे भी सार्वजनिक उत्सव में
अकेले जाना
अटपटा लगता है मुझे

आज़ादी के मुखौटे के पीछे छिपी वास्तविक हक़ीक़त, विभाजन पर केंद्रित एक कविता है 'बर्लिन की टूटी दीवार को देखकर'। प्रसंग जर्मनी में जुटे हिन्द-पाक लेखकों का है जिनमें से 'हरेक थोड़ा-थोड़ा हिन्द है थोड़ा-थोड़ा पाक'। होटल के कमरे से बर्लिन की टूटी दीवार दिखाई पड़ती है, जिसके चारों ओर एक पागल स्त्री न जाने कब से चक्कर लगा रही है, क्योंकि 'कहीं कुछ है कील की तरह उसकी आत्मा में ठुँका हुआ'। नशिस्त के दौरान अहमद फराज़ की ग़ज़ल सुनते हुए अचानक कोई दबी हुई स्मृति बिजली की कौंध की तरह कवि को झकझोर जाती है। उसे लगता है कि एक पागल स्त्री उसके भीतर भी है जो उसके उपमहाद्वीप के विशाल नक्शे में दरवाज़ों को पीटती और दीवारों को खरोंचती न जाने कब से चक्कर लगा रही है। कविता की अंतिम पंक्तियाँ हैं—

देखता हूँ कि ग़ज़ल के बीच में
कोई मिसरा भूल रहे हैं अहमद फराज़
पिछले शेर और अगले के बीच का
एक अजब-सा सन्नाटा
भर गया है कमरे में
पर मुझे लगता है मेरे भीतर की वह पागल स्त्री
अब एक दीवार के आगे खड़ी है
और चीख रही है—"यह दीवार.....
आखिर यह दीवार
कब टूटेगी?"

इतने बरस हुए
ग़ज़लों से भरे इस उपमहाद्वीप में
मुझे एक भूले हुए मिसरे का अब भी इंतज़ार है

गुजरात नरसंहार पर लिखित कविता 'इब्राहिम मियाँ ऊँटवाले' में, सपने में मिले मृत पिता के निर्देश पर कवि उनके मित्र इब्राहिम मियाँ का हालचाल लेने अहमदाबाद जाता है। वहाँ वह देखता है कि ऊँट की जगह बकरी बँधी है। ऊँट के बारे में पूछने से ख़ुद को रोककर वह इब्राहिम मियाँ का हालचाल पूछता है। इसका जवाब कवि के ही शब्दों में देखें—

वे कुछ देर एकटक देखते रहे मुझे
फिर बोले—
कह देना पिता से सब ठीक-ठाक है
हवा है
पानी है
बस्ती के बाहर एक छोटा-सा कब्रिस्तान है
सब ठीक-ठाक है।

'ऊँट का बकरी में बदल जाना' जन, धन और मानहानि का द्योतक है, इसके बावजूद इब्राहिम मियाँ आत्मदैन्य की किसी गरिमाहीन अवस्था में नहीं हैं। गुजरात में जहाँ वली तक की कब्र नहीं रही, जब तक उनके पास कब्रिस्तान है, वे अपने मित्र को आश्वस्त करने का दम रखते हैं। मौत का क्या है, वह तो एक दिन सबको आनी है। उसका सामना कोई कैसे करता है, बस यही चीज़ मायने रखती है। बकौल फ़ैज़—

करो कज जबीं पे सरे कफ़न मेरे क़ातिलों को गुमाँ न हो
के ग़ुरूरे इश्क़ का बाँकपन पसेमर्ग हमने भुला दिया

बहरहाल, इतिहास और सभ्यता के इस फ़ैसलाकुन मोड़ पर जहाँ मनुष्यता की लगभग सारी उपलब्धियाँ दाँव पर लगी हैं, पहली कविता में आए 'नेक निर्माता' से मिलती-जुलती कुछ ऐसी कमज़र्फ़ प्रवृत्तियाँ मौजूद हैं जो सभी बड़े सवालों को छोटे-मोटे राग-द्वेष और हानि-लाभ के प्रसंगों में ग़र्क़ कर देती हैं। टुटपुँजियाँ वर्गों के इन प्रतिनिधियों का अवसरवाद इन्हें शुद्धतावाद और आदर्शवाद की शरण लेने को बाध्य करता है, और एक अदद गत्ते की तलवार चमकाते हुए वे पूरी ज़िंदगी काट लेते हैं। ऐसी ही प्रवृत्तियों को सम्बोधित संग्रह की अंतिम कविता 'पीठ टिकाने की जगह' है, जिसकी आख़िरी पंक्तियाँ इस प्रकार हैं—

पीठ टिकाने की जहमत से बचो
क्योंकि इस समय जितने भी सवाल हैं
सबके सब सिमट आए हैं इस छोटे से सवाल में
कि जो चल रहा है
जो भी जहाँ भी चल रहा है
वह आखिर अपनी पीठ टिकाता कहाँ है?

शोक की लौ जैसी एकाग्र

(वीरेन डंगवाल की कविताएँ)

मेरे ज़माने की सड़कें दलदल तक जाती थीं
भाषा ने मुझे क़ातिलों के हवाले कर दिया
मैं ज़्यादा कर ही क्या सकता था
फिर भी शासक और भी चैन से जमे रहते मेरे बग़ैर
यही थी मेरी उम्मीद
इस तरह गुज़रा मेरा वक़्त
जो मुझे दुनिया में मिला था।

ताक़त बहुत थोड़ी थी लक्ष्य था बहुत दूर,
वह दीखता था
साफ़, गो कि मेरे लिए पहुँचना था कठिन
इस तरह गुज़रा मेरा वक़्त
जो मुझे दुनिया में मिला था।

ब्रेख़्त, 1936-38 (अनु. मोहन थपलियाल)

वीरेन डंगवाल शाब्दिक अर्थों में जनता के कवि हैं। वे न तो महज़ मध्यवर्ग के कवि हैं, न सर्वहारा वर्ग के। न हीं मुक्तिबोध की तरह सर्वहारा में रूपांतरित होने को तड़पते मध्यवर्ग के। इसकी वजह है पिछले एक दशक में मनुष्यविरोधी शक्तियों का सर्वशक्तिमान बनकर उभरना। मुक्तिबोध के समय में देश-दुनिया में इनके ख़िलाफ़ बाक़ायदा जंग चल रही थी। तब उस प्रतिरोधी सेना के साथ डटकर लड़ने का सवाल प्रमुख था। अब वह सेना टूटकर बिखर चुकी है। दुनिया में साम्राज्यवाद का नंगा नाच चल रहा है। कोढ़ में खाज की तरह अपने देश में साम्प्रदायिक-फ़ासिस्ट तांडव जारी है। वीरेन की कविताओं में इस पराजय की अंतर्वेदना आदि से अंत तक व्याप्त है। लेकिन विलाप बनकर नहीं, सांत्वना, धैर्य और साहस बनकर। शोक को शक्ति में

बदलने के इरादे के साथ। मूर्च्छित पड़े अपने लोगों को सहेजने-सँभालने, समझने-समझाने और फिर से कमर कसने का हौसला देने का यह काम आसान नहीं है। लेकिन इसका कोई विकल्प भी नहीं। रास्ते बंद हैं सब कूचा-ए-क़ातिल के सिवा। आइए, इन कविताओं में प्रवेश करके देखें कि मानवता के इतिहास के इस नाज़ुक मोड़ का सामना हिन्दी के एक कवि ने कैसे किया—

डोमाजी उस्ताद सुधर चुके
और विधानसभा भी कभी की वातानुकूलित की जा चुकी
मान लिया भद्र लोगो, कोई ख़तरा नहीं बाक़ी बचा
हड्डी-ख़ोपड़ीविहीन वह शुभ दिन
आ ही गया आख़िर हमारे देश में।

(हड्डी ख़ोपड़ी ख़तरा निशान)

मुक्तिबोध की कविता 'अँधेरे में' में आने वाली 'मृत दल की शोभा यात्रा' फ़ासिज़्म के पूर्वाभास के रूप में दिखी थी। उसमें कवि-आलोचकों के साथ शहर के कुख्यात हत्यारे डोमाजी उस्ताद का होना आश्चर्य का विषय था। ब्रेख़्त ने भी लिखा था—'गैंग लीडरान चल रहे हैं अकड़कर/ राजनेताओं की तरह', लेकिन अब वे ही नीति-निर्माता हो चुके हैं। विधानसभाओं को उनके अनुकूल सुधार लिया गया है। अब उनकी उपस्थिति विस्मय नहीं पैदा करती। उस कविता में एक संवेदनशील कलाकार की ख़ोपड़ी तोड़ी गई थी। अब इसकी भी ज़रूरत नहीं, क्योंकि प्रायः वह अनुपस्थित मिलती है। यहाँ हड्डी रीढ़ की भी हो सकती है। ज़ाहिर है कि इन चीज़ों के अभाव में ख़तरे का कोई कारण नहीं है। इन शून्यताओं की भी एक ख़ास वजह है—

अब दरअसल सारे ख़तरे ख़त्म हो चुके
प्यार की तरह
दरअसल चारों तरफ़ चैन ही चैन है

प्रेम मनुष्य की सामाजिकता की बुनियाद है। भूमण्डलीकरण की मार और साम्प्रदायिक नफ़रत के ज़हर ने समूचे सामाजिक ताने-बाने को छिन्न-भिन्न कर दिया है। रही-सही कसर हमारे अपने बीच के राग-द्वेष के चलते पूरी हो गई है। वीरेन की कविता में प्रेम, जीवन और मनुष्यता का पर्याय बनकर आता है। इन्हें वापस पाने के लिए महासमर लड़ना होगा। निराला को समर्पित कविता 'उजले दिन ज़रूर' में वे कहते हैं—

यह रक्तपात, यह मारकाट जो मची हुई
लोगों के दिल भरमा देने का ज़रिया है

जो अड़ा हुआ है हमें डराता रस्ते में
लपटें लेता घनघोर आग का दरिया है

जिगर मुरादाबादी ने इसी दरिया को डूबकर पार करने की बात इश्क़ के प्रसंग में कही थी। प्रेम और संघर्ष की एकता की अनुभूति तो मुक्तिबोध के यहाँ भी है, लेकिन वीरेन तक आते-आते यह मुकम्मल हो गई है। इसलिए दोनों का अलग-अलग ज़िक्र नहीं करना पड़ता। 'शमशेर' शीर्षक कविता की ये पंक्तियाँ देखें—

मैंने प्रेम किया
इसीलिए भोगने पड़े
मुझे इतने प्रतिशोध

इसीलिए 'हड्डी ख़ोपड़ी ख़तरा निशान' में बचपन में स्कूल से लौटते समय बिजली के खंभों पर लगे ऐसे निशानों को 'पत्थर से बजाने' को कवि 'हमारे जीवन में प्यार का आग़ाज़' कहता है। प्रत्यक्षतः इस बचपने में प्यार जैसी कोई बात नहीं है। हाँ, उस 'ख़तरा निशान' से ख़तरे को पहचानने और उन्हें दर्ज करने वाले मनोभावों के आगमन और इसके प्रत्यक्ष कारण के प्रति तिरस्कार प्रदर्शन के संकेत ज़रूर मिलते हैं। ये संकेत इसलिए भी महत्त्वपूर्ण हैं कि अब वे निशान बहुत कम, कहीं-कहीं शुभ चिह्न की तरह ही दिखाई पड़ते हैं, जिनका सम्बन्ध ख़तरों को पहचानने और उनसे जूझने की हमारी क्षमता से था।

जीवन और उसके सौन्दर्य से सच्चा प्रेम करने वाला कवि इनके क्षरण को अनदेखा नहीं कर सकता है। जीवन के सौन्दर्य को नष्ट करने वालों के प्रति उसका रुख़ ही उसके प्रेम के खरेपन की पहचान करा सकता है। हमारा समय जैसा है उसमें प्रेम और नफ़रत एक सिक्के के दो पहलू बनकर ही रह सकते हैं। पहले, छीजते हुए सौन्दर्य का एक दृश्य देखें—

ओठों में एक ख़ुश्की
झरना किसी शानदार द्वार से
रंग की एक कत्थई पतली परत का

यह भी प्रेम है शायद
इस सबको देख पाना।

(अधेड़ नैनीताल उधेड़बुन)

इसके बाद सुंदरता के, गति के माध्यम से जीवन को आच्छादित कर देने वाले, रूप की एक झलक—

जो सुन्दर था
गतिमान भी था वही
पकड़ा न गया

पकड़ा गया मैं
जकड़ा गया।

(जो सुन्दर था)

यहाँ सौन्दर्य को पकड़ना उसकी गति का निषेध करने वाला कृत्य हो सकता था, इसलिए वह सम्भव भी नहीं हुआ। लेकिन उसके सम्मोहन में जकड़ लिए जाने पर ख़ुद में भी गति आ सकती है, जो जीवन की विशेषता है। इतनी ही छोटी एक अन्य कविता में इस सुंदरता का निषेध करने वालों के बारे में टिप्पणी देखें—

यह बूचड़खाने की नाली है
इसी से होकर आते हैं नदी के जल में
ख़ून
चरबी, रोयें और लोथड़े

प्रेम की सुन्दरता का निषेध करने वाले
इसी तट आते हैं
हाथ-पैर धोने।

इस कविता का शीर्षक 'विद्वेष' है। पहली नज़र में ऐसा लगता है कि यह शीर्षक सौन्दर्यविरोधियों के रवैये की सूचना देता है, लेकिन दरअसल यह उनके प्रति ख़ुद कवि के रुख़ का सूचक है। ग़ौर करें कि बूचड़खाने की नाली से गंदगी चाहे जितनी आती हो, लेकिन न तो वह विद्वेष से पैदा होती है, न ही विद्वेष पैदा करती है। हाँ, प्रेमविरोधियों के उसी तट पर हाथ-पैर धोने आने का उल्लेख इसी के साथ करके कवि दोनों को एक जैसी, नदी को गंदा करने वाली गतिविधि मानता है। बल्कि एक मूल्यनिर्णय से जुड़ा होने के कारण प्रेमविरोधियों की गतिविधि अधिक खटकने वाली है। उनकी एक सहज क्रिया पर अपनी इतनी कड़ी प्रतिक्रिया को ही कवि अपना विद्वेष मानता है और एक सकारात्मक भाव की तरह उसकी घोषणा करता है।

वीरेन की कविता के तमाम आशय प्रेम के मुहावरे में व्यक्त होते हैं। उनमें दूर निकल जाने से पहले प्रेम का वह खाँटी रूप देखते चलें जो ख़ुद तो किसी की परवाह नहीं करता, लेकिन बहुतों की आँखों में इसी वजह से चुभता है। 'क़ाम-प्रेम' नामक

छोटी-सी कविता है—

काम हृदय में यह कैसा कोहराम मचाये है
बँसवट में जैसे चिड़ियों की जोशीली खटपट
खिला कहाँ से संध्या बादल में गुलाब पीला
आता हुआ शरद यह कैसे रंग दिखाये है
प्रेम हृदय में यह कैसा कोहराम मचाये है।

वीरेन डंगवाल मुख्य रूप से यथार्थ के कवि हैं, लेकिन उनकी कविता में स्वप्न और स्मृति की भी रचनात्मक भूमिका है। ये यथार्थ को झेलने और उससे जूझने की सामर्थ्य देते हैं। ख़ास बात यह है कि स्वप्न और स्मृति के साथ कवि के रिश्ते में नींद की महत्त्वपूर्ण स्थिति होती है। कविता में प्रायः नींद को 'सुखिया संसार' के खाने और सोने के दर्शन से जोड़कर देखा गया है, लेकिन नींद हराम कर देने वाले इस दौर में उसकी यह प्रतिष्ठा मनुष्य की जिजीविषा का सबूत है, ख़ास तौर पर तब जब वह विस्मृति का नहीं स्मृति का माध्यम बनती हो। 'पाइप के पानी की नींद' शीर्षक कविता देखें—

रात को पाइपों के भीतर
पानी सो जाता है एक बहुत लम्बी तरल नींद
उसी नींद में छूता है उँगली बढ़ा-बढ़ाकर
नदी को
हिमशिखरों को
चट्टानों के काई लगे चिकने पेट
और चाँदनी में चमकते देवदारु की छाया को
सोते में भी कोशिश करता है
जहाँ तक हो बचकर रहे
रात-दिन उत्सर्जित होते तेज़ाब से।

सुबह धुँधलके में सबसे पहले जिसने नल खोला
उसी ने सुना अँजुली भरने से पहले
पाइप के पानी का वह इकलौता रोता हुआ गीत
सोते में सीखा हुआ।

यहाँ ग़ौरतलब है कि पानी की हिमालय से जुड़ी आदिकालीन स्मृति में भी वर्तमान यथार्थ का सन्दर्भ ओझल नहीं होता और इसी नींद के दौरान वह शोकगीत

मिलता है, जो इकलौता है। कवि का गीत भी ऐसा ही 'इकलौता रोता हुआ गीत' है, भले ही वह उसे अनेक सुरों में गा सकता हो।

नींद का सपनों से सम्बन्ध स्वाभाविक है। वीरेन की कविता में इन सपनों की अहम भूमिका है। एक स्तर पर वे यथार्थ का अतिक्रमण करने की अनुभूति कराते हैं, लेकिन दूसरे स्तर पर वे और शिद्दत से उसका एहसास जगाते हैं। यही नहीं, सपने में सक्रिय अवचेतन अपनी परम्परा की याद भी दिलाता है। 'ईश कृपा' और 'घिग्घी' शीर्षक कविताओं के ये अंश देखें—

1. *कच्ची नींद में जब अपनी ही बजती हुई*
नाक तक सुनाई देती है
मैंने साकार होते देखीं
कितनी ही दुर्लभ मनोकामनाएँ
हाँ, उनमें कुछ बहुत निर्मल सपने भी थे
जो जाते थे
तेरी दया और मेरे भय से बाहर।

उन्होंने ही बचाकर रखा है मुझे
तेरी कृपा के बावजूद।

2. *स्वप्न में मैं डरा*
घिग्घी बँधी
पुकारता था किसी को
मगर निकलती न थी आवाज़
कौन था आख़िर, वह मेरा स्वजन
जिसे पुकारने को होता था सपने में?

× × ×

ग़ालिब किंवा प्रसाद जी की यह औलाद
कहाँ से बची रह गयी
कलेजे के इस बियाबान में?

बहरहाल, इन हालात में स्वप्न और स्मृति की गोद में जाकर दम लेना भी आसान नहीं है। 'रात गाड़ी' नामक कविता की ये पंक्तियाँ देखें—

रात चूँ-चर्र-मर्र जाती है

ऐसी गाड़ी में भला नींद कहीं आती है?

× × ×

रात विकट विकट रात विकट रात।
दिन शीराज़ा।
शाम रुलाई फूटने के ठीक पहले का लम्बा पल।
सुबह भूख की चौंध में खुलती नींद

× × ×

संशय ख़ुसरो की बातों में
ख़ुसरो की आँखों में डर है
इसी रात में अपना घर है।

भारतीय परम्परा के स्वयंभू ठेकेदार, सांस्कृतिक राष्ट्रवादियों की 'नयी राष्ट्रभाषा' और 'नूतन स्थापत्य' की विशेषताओं को दर्ज करने वाली 'परम्परा' और 'नयी संस्कृति' शीर्षक ये कविताएँ स्मृति और स्वप्न की रक्षा के लिए भी यथार्थ का सामना करने की अनिवार्यता पर बल देती हैं—

1. *पहले उसने हमारी स्मृति पर डंडे बरसाये*
और कहा—'असल में यह तुम्हारी स्मृति है'
फिर उसने हमारे विवेक को सुन्न किया
और कहा—'अब जाकर हुए तुम विवेकवान'
फिर उसने हमारी आँखों पर पट्टी बाँधी
और कहा—'चलो अब उपनिषद पढ़ो'
फिर उसने अपनी सजी हुई डोंगी हमारे रक्त की
नदी में उतार दी
और कहा—'अब अपनी तो यही है परम्परा'।

2. *वह आग नहीं है*
वह एक सर्वथा नयी राष्ट्रभाषा है
सड़क पर अभी भी चिपचिपाता
वह ख़ून नहीं
वह है
एक नयी क़िस्म की रोशनाई

जली हुई
उन उजाड़ बस्तियों में
आकार ले रहा है
हमारा नूतन स्थापत्य
पटक कर मार दिया गया वह बच्चा
वह हमारा भविष्य है।

इस नयी, भविष्यविहीन संस्कृति को हमारी अपनी भूल-ग़लती से भी शक्ति मिली है। सोवियत संघ की स्मृति में लिखित कविता 'सितारों के बारे में' की कुछ पंक्तियाँ देखें—

टूटते नहीं हैं सितारे
वे मिट जाते हैं आहिस्ता-आहिस्ता
जबकि उनके छूँछे प्रकाश में
हम गढ़ते होते हैं
अपने सर्वोत्तम स्वप्न।

ज़ाहिर है, कवि सोवियत संघ के टूटने को आकस्मिक दुर्घटना नहीं, एक प्रक्रिया की परिणति मानता है। उसकी अपनी समस्याओं के बावजूद उससे मिलने वाली प्रेरणा के चलते जो स्वप्न देखे गए थे, कवि उनके समर्थन में खड़ा होता है, इस दौरान सीखे गए इस सबक के साथ—

महान गणितज्ञों की तरह
वे सिर्फ़ इंगित करते हैं
दिशाओं को
राह नहीं खोजी जा सकती
उनके दिप-दिप प्रकाश में।

इस प्रक्रिया में ग़लतफ़हमी पैदा करने का काम निहित स्वार्थों ने किया। उन्होंने उस व्यवस्था पर क़ब्ज़ा कर लिया था। नतीजा यह हुआ कि जो व्यवस्था 'अंधकार' को नष्ट करने (यहाँ अंधकार विषमताजन्य हर बुराई ख़ासकर ग़ुलामी का पर्याय है) की प्रतिज्ञा के साथ अस्तित्व में आई थी, वह उसके लिए सुंदर बहाने बनाने लगी—

छाँह रात्रि की थी, तारों की नहीं
मगर भरमाता रहा हमें प्यार।
वे तो बस मढ़ते थे रात को अपनी चमक से

जैसे अंधकार की सुन्दर व्याख्या करते
रिझाने वाले चतुर शब्द!

कविता के इस अंश की दो आरम्भिक पंक्तियों में 'रात्रि की छाँह' का आशय समझने के लिए 'शमशेर' शीर्षक कविता में रात का प्रयोग देखें—

रात आईना है मेरा
जिसके सख़्त ठंडेपन में भी
छुपी है सुबह
चमकीली साफ़

ठंडी और सख़्त रात में चमकीली साफ़ सुबह को देखना अखंड-सी लगने वाली इकाइयों के द्विधा विभाजित यथार्थ को देख पाने वाली द्वंद्वात्मक दृष्टि के लिए ही सम्भव है। रात और सुबह का रिश्ता दुख और सुख तथा दमन और प्रतिरोध के रिश्ते की तरह इतना सहज है कि मानव-व्यवहार और अनुभव का अंग बनकर भाषा में मुहावरे की शक्ल में दाख़िल हो चुका है। उपर्युक्त सन्दर्भ में रात्रि की छाँह से आशय अंधकार भरी रात में कसमसाते, सुबह के संघटक तत्त्वों की अनुभूति से है। दूसरे शब्दों में, सोवियत संघ में समाजवाद-विरोधी तत्त्वों के शिकंजे के बावजूद जनता की शक्ति और सृजनात्मकता के कारण बहुत कुछ ऐसा था जो, हमारे 'प्यार' यानी सामाजिक परिवर्तन की हमारी आकांक्षा के चलते, हमें सोवियत संघ की असलियत से भटकाकर 'रिझाने वाले चतुर शब्दों की सुन्दर व्याख्या' पर विश्वास करने के लिए बाध्य कर देता था।

बहरहाल, पिछली शताब्दी में जो कुछ हुआ उससे हमारे अनुभव और ज्ञान में इजाफ़ा हुआ है। जैसे नयी ईंटें धुलकर और पानी सोखकर और मज़बूत होती हैं, वैसे ही हमारे इरादे और मज़बूत हुए हैं। फिर इस शताब्दी का निर्माण कार्य तो अभी पूरा का पूरा बाक़ी है—

पानी सोखकर धुली हुई नयी ईंटों से
बनना शुरू हुई ही है
स्वप्नों की वह बहुमंज़िला इमारत
जो जस की तस छूट गयी है
एक शताब्दी के लिए। (पुरानी उम्र)

स्मृति और स्वप्न की दुनिया से यथार्थ की विकराल दुनिया में आना नशा टूटने जैसी अनुभूति पैदा करता है। कवि की नज़र में यथार्थ अपनी तमाम प्रतिनिधि और उल्लेखनीय विशेषताओं के साथ 'जहाँ मैं हूँ' नामक एक छोटी-सी कविता में कुछ यूँ

आता है—

जहाँ नशा टूटता है ककड़ी की तरह
जहाँ रात अपना सबसे डरावना बैंड बजाती है
सबसे मद्धिम सुरों में
एक स्त्री जहाँ करती है प्रेम का सुदूर इशारा
जहाँ मछली का ताज़ा पंजर चबाता है ऊदबिलाव
जहाँ भ्रष्टाचार का सौन्दर्यशास्त्र रचते हैं
नीच शासक
जहाँ कोई युवा विधवा अकेले में रोती है चुपचाप—
चौतरफ़ा बोझ है संसार
जहाँ कौड़ा तापते अब भी अडिग साथी
मशगूल हैं क़िले को भेदने की
नयी तरकीब खोजने में।

इस कविता के आरम्भ में अनुभूति के दो स्तरों का संकेत हुआ है। एक तो नशे के ककड़ी की तरह टूटने की स्थूल या प्रत्यक्ष अनुभूति तथा दूसरी, सबसे डरावने बैंड के सबसे मद्धिम सुरों में बजने की सूक्ष्म अनुभूति। कविता आगे भी अनुभूति के इन दोनों स्तरों पर चलती है। यथार्थ के प्रत्यक्ष स्तर पर जहाँ 'नीच शासक' और 'अडिग साथी' द्वंद्वरत हैं, वहीं सूक्ष्म स्तर पर स्त्री, मछली, ऊदबिलाव और युवा विधवा हैं जो मानो उस डरावने बैंड के सबसे मद्धिम सुरों पर नृत्य कर रहे हैं। अनुभूति के इन दोनों स्तरों का फ़र्क़ अभिव्यक्ति की शैली में देखने योग्य है।

मद्धिम सुरों में सबसे पहले आता है प्रेमविरोधी सुर जिसके चलते, ख़ासकर पुरुषप्रधान समाज में, किसी स्त्री के लिए अपने प्रेम की अभिव्यक्ति मुश्किल हो जाती है और उसे 'सुदूर इशारों' पर निर्भर रहना पड़ता है। मछली का पंजर चबाने का काम अगर बगुला, बड़ी मछली या मगरमच्छ कर रहा होता तो उसके मायने अलग होते, लेकिन ऊदबिलाव, जो ख़ुद उस मछली जैसा ही छोटा और मासूम प्राणी है, जब ऐसा करते हुए कविता में दिखाई पड़ता है तो संकेत, परिस्थितियों के कुचक्र में फँसकर अपने ही जैसे लोगों से गलाकाट प्रतिस्पर्द्धा में उतर पड़े सामान्य लोगों की तरफ़ होता है। पति की मौत के बाद अचानक सामाजिक रूप से ताक़तवर गिद्धों के हमले की जद में आ गई युवती का संसार को बोझ समझने पर मजबूर हो जाना भी एक ऐसा ही दारुण मद्धिम सुर है। कवि की स्त्री के प्रति दृष्टि की विशेषता यहाँ उसके 'अकेले में चुपचाप' रोने में दीख पड़ती है। वह रोती है, लेकिन अपनी निजता की मर्यादा को सुरक्षित रखते हुए।

दूसरी तरफ़ प्रत्यक्ष और कानफाड़ू संगीत के स्तर पर भ्रष्ट आचरण के नए-नए कीर्तिमान रचते शासक हैं जिनका मुकाबला करने वाले 'अब भी अडिग साथी' उनकी क़िलानुमा व्यवस्था को भेदने की नयी तरकीब खोजने में लगे हैं क्योंकि पुरानी तरकीबें असफल हो गई हैं। यह राजनीतिक काररवाई है जो डंके की चोट पर युद्धभूमि में सम्पन्न होती है, जबकि दूसरा स्तर सांस्कृतिक संघर्ष का है जो इसके समानांतर अपेक्षाकृत सूक्ष्म स्तर पर चलता रहता है। कविता के अंदर इस सांस्कृतिक संघर्ष में कोई प्रतिपक्ष अलग से मौजूद नहीं है, क्योंकि यह समूची कविता ही इस भूमिका को निभाने में लगी है।

उल्लेखनीय है कि 'नीच' जैसे विशेषण वीरेन की कविता में प्रायः नहीं आते। बिना विशेषणों के प्रयोग के वे शासकों और इस प्रजाति के अन्य लोगों की क्षुद्रता और उनके ओछेपन को व्यक्त करने में विश्वास करते हैं। तिरस्कार के चरम पर पहुँचकर वे उन्हें चूहे और कौए जैसे जीव-जन्तुओं के रूप में चित्रित कर डालते हैं—

1. *तहख़ानों से निकले मोटे-मोटे चूहे*
जो लाशों की बदबू फैलाते घूम रहे
हैं कुतर रहे पुरखों की सारी तस्वीरें
चीं-चीं, चिक्-चिक् की धूम मचाते घूम रहे

(उजले दिन ज़रूर)

2. *वे जमा हो रहे हैं चारों दिशाओं से*
गलीज़ फड़फड़ाहट से भरा आकाश
जैसे उनका डैना हो फ़क़त ऐसी ख़ुशी

(कौए)

लेकिन जीव-जन्तुओं का यह इस्तेमाल भी वीरेन डंगवाल के कवि-स्वभाव के अनुकूल नहीं है। इस स्वभाव का वास्तविक परिचय तो सूअर के बच्चे जैसे अकारण तिरस्कृत जंतुओं के हार्दिक चित्रण में मिलता है—

बारिश जमकर हुई, धुल गया सूअर का बच्चा
धुल-पुँछकर अँगरेज़ बन गया सूअर का बच्चा।

वीरेन की कविताओं में शासक वर्ग के नुमाइन्दे नज़र नहीं आते, लेकिन वे अपनी गतिविधियों के ख़ौफ़नाक नतीजे के रूप में मौजूद होते हैं। वीरेन उनके सारतत्त्व का चित्रण तो करते हैं, लेकिन उनकी मूर्त उपस्थिति का विवरण नहीं देते। उनके कारनामों के कुछ नमूने हम पहले भी देख चुके हैं। उनके चरित्रांकन के नज़रिए से कुछ टुकड़े और देखें—

1. गर्वीली गरदनों वाले कितने किशोर
आये यहाँ
गुम हो गए।
मेधा उनकी
पुकारती रही
पुकारती रही विकल।
फिर उस्ताद हत्यारों ने उसे बदला
एक निश्छल लालच में।

× × ×

कितने अभागे हैं वे पुल
जो सिर्फ़ गलियारे हैं
जिनके नीचे से गुज़रती नहीं
कोई नदी।

(मार्च की एक शाम में आई आई टी कानपुर)

2. दूर से ही दीखते वे दो
पगडंडी पर भगाते आ रहे सायकिल
एक बैठा कैरियर पर सहेजे पेटी
एक छाती से दबाता पैडिलों पर ज़ोर
एक शायद बैठ गाड़ी में
काम-धंधे की अँधेरी राह पर बढ़ जायेगा
दूसरा होकर थकावट चूर मद्धम खींचता सायकिल
गाँव-घर के सीले अँधेरों की तरफ़ को लौट जायेगा।
दोनों दिशाओं जायेगी ख़ून की लकीर अदृश्य
टोह ही लेंगे उसे लेकिन शिकारी
वे होते ही हैं प्रवीण
और दक्ष उनके कुत्ते।

(रेल का विकट खेल)

बहरहाल, 'उस्ताद हत्यारों' और प्रवीण 'शिकारियों' की यह गाथा 'नीच शासकों' की कथा का ही विस्तार है। कवि को वास्तविक चुनौती तो मद्धिम सुरों में बजने वाले बैंड की नृशंसता के उद्घाटन की है। इसके लिए वह इस व्यवस्था के सबसे विकसित रूप, महानगरों की संस्कृति को अपना विषय बनाता है और उसके

अनेक दबे हुए पहलुओं का उद्घाटन करता है। हमेशा की तरह सबसे मार्मिक सत्य सबसे सरल शब्दों में व्यक्त होते हैं—

1. *कम पानी में काम चलाना*
हमने सीखा
गाड़ी में उलटा टँग जाना
हमने सीखा
झोले में तरबूज़ छिपाना
हमने सीखा
झूठ बात को सच्चे मन से सत्य मानना
अपने जीवन में अपनाना हमने सीखा।

(बड़े शहर में)

2. *मन दुर्बल हुआ*
और दुश्मन दौड़े
बदमस्त इच्छाओं के घोड़े
महारथी की अनुकम्पा भरी मुस्कान
और सोने के हाथों में चमड़े के कोड़े।

(दुर्बल मन)

इस महानगरीय विडम्बना का एक पक्ष 'बदमस्त इच्छाओं के घोड़ों' के अनुरूप ख़ुद को ढालने के विवशताजन्य अभ्यास से अर्जित कुशलता के प्रदर्शन में भी दिखाई पड़ता है। 'सजना! सजना!' कविता में एक स्त्री के सजने के दृश्य पर ग़ौर करें—

तनिक ग्रीवा हुई बंकिम
बस ज़रा सी खिंची भृकुटी
कान में बुन्दा जमाती
उँगलियों की चपल हरकत।

× × ×

भरपूर देखा स्वयं को फिर एक बार
कुछ नेह से कुछ कौंध से
कुछ थकन से भरकर।

वाह, यह सजना!
भाड़ में जा री, अरी बम्बई! अपने असंख्य सजना समेत
धिक्कार तेरी काव्य-भाषा को!

यहाँ 'सजना' में यमक की अभिलाषा और शीर्षक में उसकी स्थापना से भ्रमित हो जाने पर कविता का मर्म हाथ से छूट जा सकता है। कवि के धिक्कार का कारण सजने की क्रिया नहीं, उसका सन्दर्भ है। यह कौशल तो प्रशंसनीय है, लेकिन बाज़ार की माँग पर है, इसलिए थकाने वाला है। इसके बावजूद नेह और कौंध उसके जीवट का पता देते हैं। इन्हीं तत्त्वों के कारण सजती हुई वह स्त्री पत्थर तोड़ने वाली उस स्त्री की परम्परा में पड़ती है जो निराला को इलाहाबाद के पथ पर मिली थी। तब से अब तक यह फ़र्क़ ज़रूर पड़ा है कि तब उसने कवि की ओर रुआँसी आँखों से देखा था और अब वह स्वयं पर भरपूर निगाह डालती है।

बम्बई की काव्य-भाषा की भर्त्सना दरअसल इस प्रवृत्ति से अभिभूत हो जाने वाली संस्कृति की भर्त्सना है। युवा कवि चंद्रभूषण की ये पंक्तियाँ इस प्रसंग में याद आती हैं—

भोगो, क्योंकि इसी लायक तुम हो
बाज़ार के बादशाहो, ताक़तवर तुम कितने भी हो,
ख़ूबसूरती तुम्हारे बस की बात नहीं।

इस दुनिया के उस्तादों और उनके कारनामों की खबर लेते-लेते कवि की निगाह इसे 'बनाने और चलाने वाले' ईश्वर पर पड़ती है—

कमाल है तुम्हारी कारीगरी का भगवान,
क्या-क्या बना दिया, बना दिया क्या से क्या!

'दुष्चक्र में स्रष्टा' शीर्षक कविता इन पंक्तियों के साथ 'ईश्वर की' बनाई हुई चीज़ों की विलक्षणता पर विस्मय प्रकट करते हुए शुरू होती है। इसके बाद 'तुमने सूरज-चाँद बनाया' वाले अंदाज़ में उसके स्रष्टा-रूप का गुणगान होता है। इस विवरण में सबसे उल्लेखनीय है प्रकृति के तमाम उपादानों की बालसुलभ समझदारी और उसकी उतनी ही मासूम अभिव्यक्ति जो ईश्वर को भी माथा पीटने पर मजबूर कर सकती है। इसमें छिपकली है जो ईश्वर के ही बनाए नियम को छलती हुई छत पर उलटा भागती है, पहाड़ हैं जिन्हें जाने क्या-क्या 'थपोड़कर' बनाया गया है और जिनसे नदियाँ चालू कर दी गई हैं, वह भी बिना बिजली के। हाथी और चींटी को एक जैसी सूँड़ मिली है, बस हाथी वाली में दो छेद, शोभा के लिए बना दिए हैं,

वरना साँस तो कहीं से भी ली जा सकती थी
जैसे मछलियाँ ही ले लेती हैं गलफड़ों से।

सबसे बढ़कर तो कुत्ते की दुम है जो मानो ईश्वर के मुखड़े पर झले जाते किसी अदृश्य पंखे की मूठ है। इसके अलावा आदमी है जिसके पास इन सबको आत्मसात करने पर पलभर में ब्रह्माण्ड के आर-पार पहुँच जाने वाला दिमाग़ है। इस विवरण के बाद 'हरि अनंत हरि कथा अनंता' की तर्ज़ पर ईश्वर के कारनामों को अंतहीन बताया गया है। इस समूचे विवरण की ख़ासियत है इसकी मासूमियत। अगर इसमें शरारत का विवादी सुर भी मिल जाता तो इसकी निष्कलुषता खंडित हो सकती थी। इसका अंदाज़ इतना प्रामाणिक है कि किसी को ऐसा भी लग सकता है कि कवि स्वयं भी ईश्वर को स्रष्टा के रूप में स्थापित करना चाहता है, कम से कम पूर्व-आधुनिक काल में। लेकिन ऐसा नहीं है। दरअसल, यह अंश प्रकृति के चमत्कारों से अभिभूत मनुष्य की ईश्वर के कथित सर्वशक्तिमान रूप के प्रति आदिम सरलता के साथ ज्ञापित कृतज्ञता की पुनर्रचना है। मध्यकाल के वर्णन तक तो यह भाव खिंच जाता है, पर आधुनिक काल में इसकी कड़ी टूट जाती है।

यह ज़रूर समझ में नहीं आता
कि फिर क्यों बन्द कर दिया तुमने
अपना इतना कामयाब कारख़ाना?
नहीं निकली नदी कोई पिछले चार-पाँच सौ साल से
जहाँ तक मैं जानता हूँ
न बना कोई पहाड़ अथवा समुद्र

× × ×

ख़ून से लबालब हत्याकाण्ड अलबत्ता हुए ख़ूब
ख़ूब अकाल, युद्ध एक से एक तकनीकी चमत्कार
रह गयी सिर्फ़ एक सी भूख, लगभग एक सी फ़ौजी
वर्दियाँ जैसे
मनुष्य मात्र की एकता को प्रमाणित करने के लिए
एक जैसी हुंकार, हाहाकार।

ईश्वर के अस्तित्व के ख़िलाफ़ परम्परागत रूप से अशुभ की समस्या (Problem of Evil) एक प्रमुख दार्शनिक तर्क रही है। पुराने दार्शनिकों से लेकर भगतसिंह तक ने इस तर्क का इस्तेमाल ईश्वर की सत्ता के खण्डन के लिए किया है। इसी तर्क का रचनात्मक प्रयोग करते हुए यहाँ कवि ने ईश्वर से कारख़ाना बन्द

करने का कारण पूछकर मानो उससे आत्महत्या करने का कारण पूछ लिया है। यही नहीं, ईश्वर के सिर आधुनिक युग के सारे अपराध भी है क्योंकि एक तो उसने अपना कारख़ाना बन्द कर दिया और दूसरे सारे संसार में फैला अपना इतना बड़ा कारोबार हत्यारों के हाथों में सौंप दिया है। ज़ाहिर है कि स्रष्टा और सर्वशक्तिमान होना ईश्वर को भारी पड़ रहा है। अंततः कवि अपनी करुणा के सहज संस्पर्श से ईश्वर को भी, भूल पर भूल करने के बाद शर्म से मुँह छिपाकर भाग खड़ा होने वाली, मानवीय छवि प्रदान करके उससे दोस्ताना लहज़े में बातचीत करता है।

प्रार्थनागृह ज़रूर उठाये गये एक से एक आलीशान।
मगर भीतर चिने हुए रक्त के गारे से
वे खोखले आत्माहीन शिखर-गुम्बद-मीनार
उँगली से छूते ही जिन्हें रिस आता है ख़ून!
आख़िर यह किनके हाथों सौंप दिया है ईश्वर
तुमने अपना इतना बड़ा कारोबार?

अपना कारख़ाना बन्द करके
किस घोंसले में जा छिपे हो भगवान?
कौन-सा है आख़िर, वह सातवाँ आसमान?
हे, अरे, अबे, ओ करुणानिधान!!

इतिहास के बोध, उसकी गति और दिशा की चेतना का सफल रचनात्मक रूपांतरण करने वाली एक ऐसी ही विरल कविता है 'ये अश्वारोही'। इस छोटी-सी कविता के दो हिस्से हैं। पहले हिस्से में एक मकान की पाँचवीं मंज़िल को बनाने में लगे मज़दूरों का, चंद शब्दों को पाँच मंज़िलों के रूप में व्यवस्थित करके, अनूठा चित्र खींचा गया है। उनके रहने के लिए पास में ही ईंटों को जमाकर छोटी-सी 'कालोनी' बना ली गई है। अंत में उन्हें भी उखाड़कर मकान में लगा लिया जाएगा, क्योंकि 'किफ़ायत सहित सुप्रबंध' ही 'आधुनिक निर्माण कला का सबसे महत्त्वपूर्ण सूत्र' है। इसी बीच चल रहे एक दृश्य और उस पर कवि की टिप्पणी देखें—

उधर खेल रहे हैं उनके ही जैसे बच्चे
गारे-मिट्टी के खेल
अपनी-अपनी आयु सामर्थ्य और अक्ल के अनुसार।
सर पर ईंटें जमाती हुई एक नवीना माँ
मन में हुड़कती हुई देखती है रह-रहकर

उस झुंड में घिसटते अपने मुग्ध शिशु को।
यह भी पड़ाव है कैसा
मध्य-एशिया से चलकर आये अश्वारोहियों का।

यह सफ़र मनुष्यता का है जिसका पड़ाव फ़िलहाल आधुनिक युग में पड़ा है। मध्य एशिया के अश्वारोहियों की चर्चा से भ्रम में न पड़ें। वे भी इसी सफ़र के अंग रहे हैं। उन्हें लेकर एक बहस भी चल रही है जिसमें कवि ने लगे हाथ अपना पक्ष भी रख दिया है। लेकिन यह इस कविता का 'बाइप्रोडक्ट' ही है। इसीलिए कवि इसमें मानवोचित दृश्य देखता है, आर्योचित नहीं। इस पड़ाव के अपने सुख-दुख हैं, लेकिन कवि की नज़र आगे के सफ़र पर है, जिसमें कुछ बाधाएँ आ रही हैं। कविता का दूसरा हिस्सा देखें—

'हम नहीं जायेंगे आगे'
पैर पटककर अड़ रहे हैं घोड़े।
'हम नहीं जायेंगे आगे'
कूँक रहे पड़ाव की जूठन जीमते कुत्ते।

मगर याद रहे,
घोड़ों और कुत्तों के लिए नहीं शुरू किया गया था
यह सफ़र।

ये 'घोड़े' वही नहीं हैं जो इन लोगों को कभी मध्य एशिया से लेकर चले थे। ये मध्य युग से आधुनिक युग में लाने वाले 'घोड़े' हैं, लेकिन लम्बे विकास-क्रम में भूमिकाएँ बदल चुकी हैं। पहले मनुष्य उनकी पीठ पर सवार थे, अब वे मनुष्यों के सीने पर सवार हो चुके हैं। अब जब उन्होंने शिकंजा कस लिया है तो पड़ाव डालकर बैठ गए हैं, और आगे नहीं बढ़ना चाहते। इस पड़ाव के मनुष्य तो मज़दूरों के रूप में दिखते हैं लेकिन ये अड़ियल घोड़े, जो समय और इतिहास की गति का अंत कर देना चाहते हैं, कविता में नहीं मिलते। सिर्फ़ इनका पाँच मंज़िला आलीशान, निर्माणाधीन 'अस्तबल' दिखता है। आधुनिक-औद्योगिक युग को लाने में हमारा साथ देने के बाद हमारे सीनों पर जमकर बैठ जाने वाले ये मक्कार पूरी दुनिया के थैलीशाह हैं।

अब ज़रा कुत्तों पर ग़ौर करें। ये जूठन बीनते या बटोरते नहीं, दिव्य भाव से जीमते हैं। ज़ाहिर है कि यह उन्हीं घोड़ों की जूठन है जिनके सुर में सुर मिलाकर ये कूँक रहे हैं। इनकी यह पुरोहितों जैसी, जीमने की अभ्यस्त मुद्रा और घोड़ों की सहयोगी भूमिका इनके परजीवी अतीत और छुटभैया पिछलग्गू वर्तमान का परिचय देती है। कितने शर्म और संतोष की बात है कि ये हमारे देश के शासक हैं, जो दुनिया

के घोड़ों में नहीं, कुत्तों में शामिल हैं।

अंततः, कवि यह याद दिलाता है कि इस सफ़र में इन घोड़ों और कुत्तों की भूमिका अवश्य रही है, लेकिन यह सफ़र इनके लिए नहीं समूची मानवजाति के लिए शुरू किया गया था। अब अगर ये हमारे पैरों की ज़ंजीर बन रहे हैं तो इनसे पिंड छुड़ा लेना ही समय की माँग है। ऐसी चुनौतियों का मुकाबला करने की ऐतिहासिक स्मृति और उससे पैदा होने वाले ज्ञान और शक्ति की एक अन्य कविता में कुछ इस प्रकार अभिव्यक्ति होती है—

होगा वह समर, अभी होगा कुछ और बार
तब कहीं मेघ ये छिन्न-भिन्न हो पायेंगे।

× × ×

मैं नहीं तसल्ली झूठ-मूठ की देता हूँ
हर सपने के पीछे सच्चाई होती है
हर दौर कभी तो ख़त्म हुआ ही करता है
हर कठिनाई कुछ राह दिखा ही देती है।

आये हैं जब हम चलकर इतने लाख वर्ष
इसके आगे भी तब चलकर ही जायेंगे,
आयेंगे, उजले दिन ज़रूर आयेंगे।

(उजले दिन ज़रूर)

जनता की शक्ति पर कवि का भरोसा अनेक रूपों में प्रकट होता है। दमन और उत्पीड़न का शिकार होकर भी विनम्रतापूर्वक अपने काम में लगे रहने वालों पर वह लानत नहीं भेजता, बल्कि उनके गुस्से के फूट पड़ने का इंतज़ार करता है। निरी मध्यवर्गीय संवेदना के दायरे में यह खरा धीरज और भरोसा आ ही नहीं सकता—

1. *याद रखूँगा मैं अपना सीखा गणित का एकमात्र सूत्र :*
'शून्य ही है सबसे ताक़तवर संख्या
हालाँकि सबसे नगण्य भी'
याद रखूँगा मैं पूरे संसार को ढोनेवाली
नगण्यता की विनम्र गर्वीली ताक़त
जिसे अभी सही-सही अभिव्यक्त होना है।

(माथुर साहब को नमस्कार)

2. *फ़िलहाल श्रवण सीमा से आगे इसीलिए अश्रव्य है*
उनका क्षुब्ध हा-हाकार
घनीभूत और सुसंगठित होनी है उनकी वेदना अभी
सुरती ठोंकता हुआ कर रहा हूँ मैं
प्रागैतिहासिक रात के बीतने का यही इन्तज़ार।

(रात-गाड़ी)

3. *बचकर रहते हैं राजमार्गों से*
उन्हें खोना भी सबसे आसान है
फाड़ डालना तो और भी
पर फूँक में नहीं उड़ाया जा सकता उन्हें

× × ×

पहले कड़क थे
धीरे-धीरे मौसम ने म्लान किया उन्हें
मगर उन्होंने विलुप्त न होने दिया
अपने दिल पर लिखे अक्षरों को
भले लोगों की तरह

उन्हें इन्तज़ार है उस दिन का
जब उनके चौड़े सीने पर लिखी जायेगी
प्यार-मुहब्बत की बातें
ऐलानिया!

(पोस्टकार्ड-महिमा)

प्यार-मुहब्बत की बातें ऐलानिया कही-सुनी जा सकें, यह कवि का स्वप्न है। पोस्टकार्ड जैसे साधारण माध्यमों और लोगों के चलते ही यह सपना सार्थक होगा। लेकिन इन बातों से यह भ्रम नहीं होना चाहिए कि कवि आम लोगों की कमज़ोरियों से आँखें चुराता है और उनका आदर्शीकरण करता है। वह इन कमज़ोरियों को बाक़ायदा दर्ज करता है, जैसा कि हम 'हड्डी-ख़ोपड़ी' और 'मछली-ऊदबिलाव' के प्रसंग में देख चुके हैं। यह ज़रूर है कि वह तमाम कमज़ोरियों के बावजूद हालात के मारे अपने लोगों से प्यार करता है और सब्र से काम लेता है। एक दृश्य देखें, जिसमें एक और 'ऊदबिलाव' है जो अपने हाथ लगी मछली को 'चबा जाने' को बेताब है—

सन पचहत्तर से प्रैक्टिस करते

लगभग असफल वकील साहब को देखो—
मौसमों की मार खाये
काले कोट में
किसी पुराने छाते की तरह ललछौंहे और जर्जर
मुश्किल से हाथ आये उस फटेहाल
मुवक़्क़िल को पूरी तरह चबा जाने की
बेताबी है उनकी अन्यथा निरीह आँखों में
बेमेल चश्मे से मढ़ी ये आँखें
कभी भरी रहती थीं
समाजवाद राममनोहर लोहिया भारतीय संविधान
और न्यायपालिका आदि की
अजेय सर्वोच्चता की जगमग से।
फ़िलहाल उनमें मोतियाबिंद भर रहा है।
(पोदीने की बहक)

यह बात 'कुमारसम्भव की आत्महत्या पर' शीर्षक कविता में और साफ़ होती है। किसी आत्मीय के ऐसे दुखद अंत के बाद उसकी कमज़ोरियों की चर्चा हिन्दी में किसी कुफ़्र से कम नहीं मानी जाती। इसे भारतीय परम्परा की अवहेलना समझा जाता है। बहरहाल, सच्चा प्रेम ऐसे किसी पाखण्ड को स्वीकार नहीं कर सकता। अगर हम किसी की मृत्यु में ईमानदार नहीं हैं तो जीवन में उसके प्रति ईमानदार होने का प्रश्न ही नहीं उठता। हाँ, दोस्तों की आलोचना का अधिकार उसी को है जो अपने प्रति भी निर्मम हो। इस विरल शोकगीत के अंतिम हिस्से को यहाँ देखें, हालाँकि इसे पूरा पढ़े बिना इसकी वेदना को नहीं समझा जा सकता—

परिजन गुरुजन मित्रगण अफ़सरान
रोज़ झमाझम दावतें चमाचम मकान
दिल में दबाकर रखी हुई घर की याद
बी एच यू के क्रान्तिकारी संस्मरण
धर्मनिरपेक्षता भुना हुआ जनवाद।
यह समायोजन ही था विषाक्त
क्योंकि तुम चालू न थे
तुमने ख़ुद ही डाला था मूर्ख
आदमख़ोर मशीन के पट्टे में हाथ

भोलेपन भरे छलावे के अलावा
और होना ही क्या था तुम्हारे साथ?
आत्मघात में टूटना ही था वह समारोह
जिसकी बुनियाद में ही घुन जैसा छिपा था आत्मघात।
शोक बहुत करता हूँ
क्षुब्ध और खिन्न मगर उससे भी ज़्यादा मैं होता हूँ
नहीं सिर्फ़ तुम्हारा वह अन्तर्विरोध
इसीलिए चिन्तित भी होता हूँ डरता हूँ।

यह अंतर्विरोध कवि का भी है और हमारे युग का भी। शायद यही वह आग का दरिया है जिसमें डूबकर जाना है। इस अनुभूति का एक रचनात्मक रूपांतरण मय चेतावनी के 'गप्प सबद' नामक कविता में देखें—

धक-धक-धक-धक काँपे हियरा थर-थर-थर-थर पैर
अलादीन को बेढब सूझी बेमौसम यह सैर
बिना चप्पू-लंगर यह सैर
ज़रा आँधी में मत उड़ियो

× × ×

देस बिराना हुआ मगर इसमें ही रहना है
कहीं ना छोड़ के जाना है इसे वापस भी पाना है
बस न तू आँधी में उड़ियो। मती ना आँधी में उड़ियो।

सच के हक़ में शब्द का संधान

(बद्री नारायण की कविताएँ)

बद्री नारायण की कविताओं को पढ़ते हुए जो चीज़ सर्वाधिक प्रभावित करती है, वह है इनकी गहन विचारशीलता और सत्य के पक्ष में समाज के शक्ति-संतुलन को बदलने की ख़्वाहिश। कवि के रूप में बद्री नारायण का निर्माण नवें दशक में हुआ है और आख़िरी दशक में उनका रचनाकर्म परवान चढ़ा है। यह वही समय है जब सोवियत संघ के पराभव के साथ शीतयुद्धकालीन वैचारिकी भी अप्रासंगिक हो गई थी। इसके परिणामस्वरूप कुछ लोगों ने साहित्य के लिए विचारों को ही निरर्थक बोझ मान लिया था। इस बोझ को उतार फेंकने का आह्वान करने वालों ने विचारहीनता की चाहे जैसी स्थापना कर ली हो, ढंग की रचना उन्हें नसीब नहीं हुई। इसके विपरीत हिंदी कविता ने निराशा और दिग्भ्रम के घटाटोप से निकलने और नए तरह की समझदारी को अपने अंदर विकसित करने की क्षमता ज़ाहिर की। ख़ास बात यह है कि रचनात्मक स्तर पर विकसित इस समझ ने बौद्धिक क्षेत्र में स्थापित वैचारिकी का प्रायः अतिक्रमण किया है, या उसकी उलझनों को सुलझाने की राह दिखाई है।

पिछले दो दशकों में देश-दुनिया में आए बदलाव के चलते स्थापित वैचारिकी ने मनुष्य की चेतना और संवेदना को कुंद करने का हर सम्भव प्रयास किया है। ये प्रयत्न मनुष्य की स्मृति को झुठलाने के इर्द-गिर्द केन्द्रित रहते हैं। शासकवर्गीय वैचारिकी लोगों की यातना और संघर्ष की याददाश्त को अवैध करार देने की फ़िराक़ में हमेशा रहती है क्योंकि इसी तरह उनकी स्वप्न देखने की संभावना को भी ख़त्म किया जा सकता है। पिछले दिनों प्रतिरोध की शक्तियों के बिखराव और अनेक मोर्चों पर मिली पराजय के चलते जहाँ व्यवहार के स्तर पर आम जनता को अत्यधिक दमन और उत्पीड़न का सामना करना पड़ा वहीं विचार के स्तर पर उनसे हमदर्दी जताने वाली अनेक विचारधाराएँ फैशन में आ गईं जो दरअसल दमनकारी सत्ता के ख़िलाफ़ किसी संगठित प्रतिरोध की संभावना को नकारकर मौजूदा हालात की अपरिवर्तनीयता की वकालत करती थीं। उत्तर आधुनिकता एक ऐसी ही विचारधारा है जो इतिहास को आख्यान और मिथक के समतुल्य मानती है जिसके अनेक पाठ हो सकते हैं और सभी समान रूप से वैध होंगे। दूसरे शब्दों में सामाजिक सत्य की तलाश न केवल निरर्थक

बल्कि नुक़सानदेह है क्योंकि किसी भी चीज़ को सत्य मानना उसे केन्द्रीयता प्रदान करना है और इस प्रक्रिया में दूसरी संभावनाओं का दमन होता है। इस तरह उत्तर आधुनिकता का दावा है कि वह आख्यानों के जनतंत्र की पक्षधर है और किसी महाख्यान की संभावना का निषेध करती है। इसकी राजनीतिक परिणति साम्राज्यवाद के पक्ष में होती है क्योंकि इस विचारधारा में न तो उसे यथार्थ माना जा सकता है न उसके अपराधों की शिनाख़्त की जा सकती है। व्यवहार में साम्राज्यवाद अकेला महाख्यान बना रहता है और उसके प्रतिरोध को अनिवार्यतः 'जनतांत्रिक बहुलतावादी' बिखराव का शिकार बने रहना पड़ता है। तीसरी दुनिया के कुछ बुद्धिजीवी इस भ्रामक विचारधारा को जिस उत्साह से लपक लेते हैं, वह दर्शनीय है। तुर्रा यह कि यह सारा कारोबार हाशिए पर पड़ी हुई उपेक्षित और तिरस्कृत मानवता के नाम पर चल रहा है। सत्य, न्याय और विवेक की पक्षधरता को अप्रासंगिक क़रार देने वाली इस धारा का मुकाबला बद्री नारायण इसकी अपनी ज़मीन पर करते हैं। हाशिए पर पड़े लोगों को अपनी ऐतिहासिक स्मृति का अनुसंधान करना है, अपना सत्य पाना है। इसके बग़ैर उनकी पक्षधरता का कोई मतलब नहीं। बद्री नारायण की यह कविता इस दृष्टि से नयी रचनाशीलता की मार्गदर्शक कविता कही जा सकती है—

पृथ्वी के ऊपर सपने और
पृथ्वी के नीचे अतीत
बीज, सोना, चाँदी और लोहा
और अस्थियाँ
पृथ्वी खोदते अगर कहीं मिल जाएँ अस्थियाँ
तो उन्हें ठीक से पढ़ना
जैसे पढ़ते हो ऐतिहासिक शिलालेख
सृष्टि में अब तक विकसित लिपियाँ
अगर उन्हें पढ़ने में काम न आयें
तो उनका उल्था करके मतलब जानो
उन अस्थियों पर लिखित इबारतों को
ठीक से पढ़ो।
अगर इनमें है चाबुक, तो ये कोशिश करो।
अगर इनमें घोड़े का जाब है तो घोड़े के जाब का ठीक
सन्दर्भ तय करो
लोहे की नाल, कोड़े, सोंटे, लाठी, बल्लम
और गोलियों के चिन्ह

इनसे आततायियों की राज़नीति का सही सही अर्थ करो।
जिसके कारण से किये गये थे जीवन संग्राम
हो सकता है उन अस्थियों पर उन जीवन संग्रामों का भविष्य मिले
उसमें वो रण, वो बन, वो रणभेरियाँ मिलें
जिनमें आकुल हैं कई अर्थ, खोजे जाने के लिए
यूँ भी आगे की लड़ाई इस बात पर निर्भर करती है कि
कौन इनका कितना सही अर्थ करता है

(इबारतें)

ज़ाहिर है कि सही सन्दर्भ में देखे जाने पर अतीत भविष्य का निर्माता हो सकता है जबकि सन्दर्भ से काट दिए जाने पर वह कोरे वर्तमान का औज़ार, मौजूदा हालात में बाज़ार की वस्तु बनकर रह जाता है।

कवि के भावजगत में शीतयुद्धोत्तर दुनिया पर क़ायम अमरीकी सत्ता अपने समूचे कल, बल, छल के साथ प्रकट होती है, लेकिन वह न तो उससे आतंकित होता है, न झूठे आशावाद का सहारा लेता है। इसके विपरीत वह प्रतिरोध की ताक़तों पर ध्यान केन्द्रित करता है। उम्मीद की नयी रोशनी लेकर आने वाला सूर्य कवियों का प्रिय प्रतीक रहा है। लेकिन हिन्दी कविता के इतिहास में सम्भवतः पहली बार बद्री ने सूर्य को आतंक और साम्राज्य के प्रतिनिधि के बतौर देखा है और सफलतापूर्वक उसे कविता में रूपांतरित भी किया है। इसके बावजूद कविता शुक्रतारा के बारे में है जो सूर्य की दिग्विजय को मानो चुनौती देता हुआ आकाश में उगा है। शुक्रतारा सुबह का तारा है और कभी-कभी वह सूरज से भी मुखातिब होता है। 'नयी विश्वव्यवस्था' में जिस नयी सुबह के आगमन का ढिंढोरा इतने ज़ोर-शोर से दुनिया में पीटा जा रहा है, उसका एक सच यह भी है। समाजवादी राज्यव्यवस्थाओं का पराभव भले ही हो गया, दुनिया में अन्याय और दमन का विरोध कम नहीं हुआ—

वह आकाश के सीमांत पर एक पराजित कौम के
अपराजेय गर्व की तरह उगा है

एक उदाहरण की तरह, एक बिम्ब की तरह
सूर्य की समरनीति की एक भूल की तरह
भूखे भेड़िये की तरह झपटती
सूर्य की सेना की ग़लती की तरह

'अभिजनवाद' बनाम 'अस्मितावाद' का विवाद पुराना है और दलित साहित्य

को लेकर हिन्दी में इधर तेज़ हो गया है। चालू राजनीतिक विमर्श की तर्ज़ पर कभी-कभी यह विवाद नेतृत्व की लड़ाई का रूप ले लेता है। मौजूदा प्रतिरोधी शक्तियों को सहनायक मानकर उनके प्रति बद्री जो रवैया अपनाते हैं वह इस अंतर्विरोध को हल करने की दिशा में ले जाता है। विकसित चेतना से सम्पन्न तबक़े किसी दौर में वंचित-उत्पीड़ित जनता की लड़ाई लड़ सकते हैं, लेकिन वे उसका स्थानापन्न नहीं हो सकते। कार्यभार कैसा भी ऐतिहासिक हो, जनता उसका साध्य होती है, साधन नहीं।

वह एक ऐसी कथा के सहनायक की तरह आया है आज सुबह
जिसके नायकों की कथा का कहा जाना शेष है अभी
उन पर नाटक लिखे जाने हैं
उन पर कई वृत्तचित्र बनने हैं अभी
उनकी दंत-कथाओं को अभी प्रचलित होना है

× × ×

उसके चेहरे पर पराजय का कोई बोध भी नहीं
वह सोचते हुए पूरब की तरफ देखता है
मानो अपने को कर रहा हो तैयार
किसी नयी गुहार के लिए

(शुक्रतारा)

सोचना और चीज़ों को सही सन्दर्भ प्रदान करना बद्री की कविता के ये दो बुनियादी सरोकार हैं। किसी मसीहा या पैगंबर के अंदाज़ में नहीं, 'सहनायक' की तरह सोचना। इसीलिए इस कविता में सुभाषितों और आप्तवचनों के लिए कोई जगह नहीं है। यहाँ सारा प्रयास असली नायकों को मंच पर लाने का है। इसके लिए उनकी चेतना में आए हर परिवर्तन को दर्ज करना ज़रूरी है—

वह सोचने लगा है आजकल कुछ अलग अंदाज़ में
हर चीज़ का तलाशने लगा है अर्थ
अपने सन्दर्भ में

जैसे उसने चीज़ों को परखने का पैमाना पा लिया हो
क्या, क्यों, कारण, मतलब जैसे शब्द
प्रयोग करने लगा है

(सोचने वाला आदमी)

चेतना के अंकुरण की यह प्रक्रिया नाज़ुक है। ज्ञान की मंज़िल तक पहुँचने के लिए इसे लम्बा सफ़र तय करना है। शासक वर्ग की अपनी सक्रियताएँ हैं। लेकिन विरोध उतना नुक़सान नहीं पहुँचा पाता, क्योंकि इसका इसे अभ्यास हो जाता है। वास्तविक ख़तरा नादान दोस्तों से है या फिर दोस्ती का स्वाँग भरने वालों से। कविता में भी ऐसी प्रवृत्तियाँ सक्रिय हैं जो जनता को ईंट-गारे की तरह निर्जीव वस्तु (चेतना के स्तर पर) समझती हैं जिन्हें ठीक से समायोजित कर उन्हें क्रान्ति की इमारत तैयार करनी है। इनकी कविता में तथ्यों और सूचनाओं की ऐसी बौछार होती है कि पाठक की हैसियत निष्क्रिय भोक्ता की होकर रह जाती है। ऐसी प्रवृत्तियों को नज़रंदाज़ करना कविता में सफलता का शॉर्टकट हो सकता था, लेकिन बद्री ऐसी प्रवृत्तियों पर सीधा हमला करते हैं और उन्हें उनकी वास्तविक भूमिका से अवगत कराते हैं—

फिर हमें तो सोचना है राज्य के निचले पंखों द्वारा पोषित
दिल्ली के जेम्सबांड, लाडले राजकुमार कवि के बारे में
जो इनके सस्ते शब्दों को खोज-खोजकर
तैयार करना चाहता है तालियाँ बजवाने वाली कविता

इसलिए हमें कोशिश करनी है कि
अगली सदी तक उनकी छवि सस्ते शब्दों से ही बने

मिथक बनाने हैं, प्रतीक बनाने हैं, शब्द बनाने हैं
लम्बे-लम्बे वाक्य बनाने हैं
विद्रोही
मुद्रा अपनानी है

अभी बहुत कुछ करना है ताकि
रोकी जा सके
उनकी छवि को
बोझ ढोने वाले आदमी से
सोचने वाले आदमी में तब्दील होने से।

(सोचने वाला आदमी)

तय बात है कि दुनिया भर का बोझ ढोने वाला श्रमिक तबक़ा अगर ख़ुद सोचने और फ़ैसले करने लगेगा तो उनके मालिकों के साथ-साथ उनके लिए सोचने का दम

भरने वाले बहुत से ठेकेदारों के सामने भी बेरोज़गारी का ख़तरा उठ खड़ा होगा। जनता की सृजनात्मकता को उन्मुक्त करने और उसकी पहलक़दमियों को खोलने की राह में उसके शत्रुओं की जकड़बंदी के साथ-साथ उसके हमदर्दों का अलोकतांत्रिक रवैया भी बड़ी बाधा रहा है। शत्रु से लड़ाई फिर भी साफ़ होती है, लेकिन ख़ुद अपने पक्ष की ख़ामियाँ जटिल स्थिति पैदा करती हैं। पिछली सदी का अनुभव कम से कम समाजवाद के सन्दर्भ में यही है कि हम दुश्मन की ताक़त के चलते नहीं, अपनी कमज़ोरी के चलते पराजित हुए। उसमें भी सबसे बड़ी कमज़ोरी थी जनता पर अंकुश लगाने वाली नौकरशाही और जनता के नाम पर सोचने और फ़ैसला करने वाला निरंकुश तंत्र। इस जकड़बंदी ने समाजवाद की सारी अच्छाइयों पर पानी फेर दिया और पूँजीवाद की तमाम बुराइयों को वैधता प्रदान कर दी।

बद्री नारायण के पहले संग्रह 'सच सुने कई दिन हुए' की कविताओं को उनकी मार्मिक लोक-संवेदना के कारण उचित ही व्यापक स्वीकृति मिली थी, लेकिन उस दौर में भी कवि की चिंतनशील प्रवृत्ति अप्रकट नहीं थी। जनता के हक़ में सक्रिय लोगों को अनुकूल स्थितियों में भी अपनी कार्यनीति का सतत परिष्कार करते रहना पड़ता है, फिर पराजय के दौर में तो समूची योजना पर पुनर्विचार लाज़िम है। आरम्भिक दौर की एक कविता में मध्यवर्ग को दिया गया यह सुझाव देखें—

आटे का घोड़ा
और मोम की तलवार
रोज लड़ने जाते हैं पानीपत का मैदान सुकोमल बाबू

× × ×

चढ़ने का घोड़ा बदलो
लड़ने की तलवार
निशाने पर का दुश्मन बदलो
लड़ाई का मैदान
नहीं तो बीच मैदान में मारे जाओगे सुकोमल बाबू

(सुकोमल बाबू की याद में)

किसी भी युद्ध को जीतने के लिए दुश्मन को जान लेना ही काफ़ी नहीं है, उसकी सही पहचान भी ज़रूरी है। उसकी हर सम्भावित चाल का अनुमान, हर हथकंडे की ख़बर होनी चाहिए। पहले संग्रह की एक लगभग अलक्षित रह गई महत्त्वपूर्ण कविता में बद्री इसी सत्य को व्यक्त करते हैं—

पुआल में छुपे तो
धौरा बैल जान जाता है
मौसम में छुपे तो घाघ
गाय के खुरों में घुसने पर वैद्यराज
टन्ना, कबड्डी, फ़ुटबाल में पहचान जाते हैं बच्चे
जहाँ भी जाती हैं हिंस्र आत्माएँ
पहचान ली जाती हैं
पहचान ली जाती हैं तो
खदेड़ दी जाती हैं।

(हिंस्र आत्माएँ पहचान ली जाती हैं)

पहले संग्रह में ही भाँति-भाँति की मनुष्य विरोधी ताक़तों की मिलीभगत और उनके बहुरंगी चरित्र की झलक देने वाली एक छोटी-सी कविता है 'पाशविकों की वार्ता'। हमारे दौर की एक विशेषता है नकारात्मक ध्रुवीकरण। लोग किसी के पक्ष में नहीं एकजुट होते, हाँ किसी के ख़िलाफ़ बड़ी आसानी से उन्हें इकट्ठा किया जा सकता है। हमारे संसदीय जनतंत्र ने इसका ख़ूब लाभ उठाया है और लोगों के आपसी विभाजन को हवा देकर उन्हें इस बद या उस बदतर के बीच एक को चुनने पर विवश किया है। हमारे इन 'परस्पर विरोधी' नुमाइंदों की आपसी सहमति का नज़ारा देखें :

हम और आप!
आधा चिड़िया हैं आधा साँप
हम में शामिल है
भालू की आँख

हमारी नैतिकता में
रहो पाशविकता
हमारे पास उसके पंजे रहें
आपके पास दाँत
हमारे पास ठीहा है
चाकू रखिए आप

हम लेते हैं चुप्पी
गुर्राहट लीजिए आप

हम...
और आप.....

बद्री नारायण की कविताएँ समाज में निरंतर चलने वाले शक्ति-विमर्श को दर्ज करने का सचेत प्रयास करती हैं। इस तरह ये हमारी सामाजिक संरचना के मूलतः अलोकतांत्रिक-वर्चस्ववादी चरित्र के प्रति हमें जागरूक रखती हैं। लोककथा, मिथक, गाथाएँ, इतिहास, साहित्य और संस्कृति हर जगह ताक़त का यह खेल चलता रहता है। ख़ास बात यह है कि सत्ता के सर्वग्रासी शिकंजे की पकड़ के बावजूद प्रतिरोध की आवाज़ें अपने अदम्य संकल्प के कारण अपने संघर्ष में यक़ीन पैदा करती हैं। पहले संग्रह की एक कविता 'सप्तर्षि' की ये पंक्तियाँ देखें—

सप्तर्षियों में से
कल एक ऋषि निकालकर फेंक दिया जाएगा

उसने कहा है
हवा को आँधी नहीं बनना चाहिए
पानी को नहीं बनना चाहिए बाढ़
आग को हारिल का बच्चा नहीं भूनना चाहिए
चिड़िया को नहीं बोलना चाहिए कुबोल
शिकारी को नहीं साधना चाहिए
हिरण पर वाण

उसने कहा है
भगवान को भगवान की तरह व्यवहार नहीं करना चाहिए

बद्री की परवर्ती काव्य-यात्रा में उनकी यह रुझान बढ़कर केंद्रीयता प्राप्त करती गई है। इसका पता उनके दूसरे संग्रह की शीर्षक कविता 'शब्दपदीयम्' से चलता है—

मैं शब्द हूँ
अजब कशमकश में पड़ा
कहीं मुझे ही सुन बाग में फूलों में बैठा तक्षकनाग
किसी चिड़िया को डसने में सफल न हो जाए

मैं अब भी हूँ पहले की तरह

अनन्त ऊर्जा से भरा
पर कत्थई रंग की तरह उदास
कि कहीं मेरे ही प्रयोग से कोई इस धरा को भस्म करने का
फिर से वरदान न पा जाए

मैं शब्द हूँ, कहीं मुझी से कोई मनुस्मृति
फिर न लिख दी जाए

शक्तियों के घात-प्रतिघात के इस खेल को हमारे मायावी युग ने एक नया आयाम दिया है। अब वास्तविक शक्ति से अधिक उसकी छवि महत्त्वपूर्ण हो गई है। छवियों को गढ़ने, बनाने और बिगाड़ने का उद्योग ही निर्णायक बन कर उभरा है। सत्य, न्याय, धर्म, मुक्ति और जनतंत्र जैसे मूल्य सत्ता द्वारा गढ़ी गई छवियों में क़ैद होकर रह गए हैं। इसी विडम्बना का उद्घाटन करते हुए बद्रीनारायण 'शक्तिशाली' शीर्षक कविता में कहते हैं—

एक ऐसा समय आएगा
जब राहु नहीं
बल्कि ख़ुद चाँद की छाया ही
चाँद को ग्रस लेगी

स्वर्ग की छाया
ढक लेगी स्वर्ग को

सत्य की छाया, सत्य को ढक लेगी
जल की छाया को ही जल समझ
हम छान लेंगे चुल्लू
रोटी की छाया को ही
रोटी मान लेंगे

अतीत और भविष्य की अंतःक्रिया का माध्यम बनने में ही, वर्तमान की सार्थकता है। लेकिन यह अंतःक्रिया कोई खाला के घर में घुसने जैसा काम नहीं है। इसके लिए पहले 'सीस' कटाना पड़ता है और 'क़ातिल' की भूमिका वर्तमान के ही हिस्से आती है। यह 'माध्यम' इसी तरह अपनी भूमिका का निर्वाह करता है। यथार्थ ऐसा है जो स्मृति को कूड़ेदान में डालने को तत्पर है और स्वप्न को दिवास्वप्न में बदलने को। 'उनका आना' शीर्षक कविता में 'मरी हुई' स्मृतियों के ताबूतों को रखने

की जगह तलाश करता हुआ कवि कहता है—

एक जगह हो सकती थी, ग़ालिब की मज़ार
वहाँ तो पुलिस का पहरा लगा है
कैसे इन्हें फेंक दें यमुना जल में
घर छूटा, गाँव छूटा, ये ताबूत तो न छूटे

× × ×

अपने भीतर ताबूत लिए वे दफ़्तर जाते हैं
दफ़्तर में घुसते ही झिड़कता है उन्हें
उनका आला अफ़सर
गाँव गिरान यूपी बिहार से
चले आए हो
इतने ताबूतों के साथ!

यह हमारे समय में क़ायम छवियों का आतंक ही है जिसने हमारे सपनों को मानो झूठा क़रार दे दिया है। सपने जब हमारी कसौटी पर खरे नहीं उतर पाते तो उनको देशनिकाला देने में हमें रत्ती भर संकोच नहीं होता। इस निःशब्द दुर्घटना को कवि ने सार्थक शब्द दिए हैं—

पिछले इतिहास में कालू कलवार ने अपने
सपनों के लिए
ग़ज़ब ऊधम मचाई थी
और सोहागिन भंगिन को क्या भूल गए आप
जिसने अपने सपनों के लिए
राजा प्रसेनजित पर
मैला ढोनेवाला ओड़िया फेंक मारा था
और एकलव्य ने अपने सपनों के लिए ही तो अपने
अँगूठे कटवाए थे
यहाँ टूटे हैं सबके सपने
पर किसी के चेहरे पर कोई भाव तक नहीं है

आलोचक, लेखक, कवि, कलाकार
और चिकित्सक

जैसे सबने मान लिया हो कि
दुनिया के चलने की गति को
बदला नहीं जा सकता

(सपनों के बारे में)

मनुष्य की इच्छाएँ उसके सपनों की ही हमसफ़र होती हैं। हमारा समय उनका भी ख़ात्मा कर रहा है। बदले में वह हमारे अंदर कुछ नकली ज़रूरतें पैदा कर देता है। इस तरह सहज स्वाभाविक और मानवीय इच्छाओं को खोकर हम क्षुद्र, टुटपुँजिया और आत्मघाती लालचों के शिकार हो जाते हैं। बद्री प्रायः समकालीन घटनाओं का ज़िक्र किए बिना उनका सारतत्त्व प्रस्तुत करते हैं। यहाँ वे काव्यनायक की इच्छाओं की हत्या को 'राष्ट्रीय' परिघटना के रूप में देखते हैं और भूमण्डलीकृत 'नयी व्यवस्था' की वास्तविक 'नवीनता' का उद्घाटन करते हैं—

वे मना रहे थे
मेरी इच्छाओं के मारे जाने का उत्सव मना रहे थे
यह अजब मोड़ था सभ्यता के इतिहास का
कि वे ख़ुद ही हमारी इच्छाओं को मार रहे थे

ख़ुद ही उनके मरने का उत्सव मना रहे थे
और ख़ुद ही परलोक में उनकी मुक्ति
के लिए सुन रहे थे गरुड़ पुराण
यह मेरी इच्छाओं के वध का पर्व था
और वे इसे एक राष्ट्रीय पर्व के रूप में
मना रहे थे।

(पर्व)

ज़ाहिर है कि यह कविता अपने समय के सवालों से कतरा कर नहीं उनसे रूबरू होकर अस्तित्व में आई है। लेकिन कवि का काम इतने भर से पूरा नहीं होता। उसकी भूमिका विचारक से बड़ी होती है तो उसकी वजह यह है कि वह अपनी संवेदना के सहारे भविष्य के उन संकेतों को भी ग्रहण कर लेता है जो अभी यथार्थ का हिस्सा नहीं बने होते। इस मामले में उसका भावबोध उसके इतिहास-बोध का अगुवा होता है। इसी विशेषता के कारण रचना में वह शक्ति आ जाती है जो वैचारिकता की सीमा का अतिक्रमण करके कवि की संवेदना और उसके सरोकारगत आशयों को सम्प्रेषित करती है। इसका एक नमूना बद्रीनारायण की बहुचर्चित कविता 'प्रेमपत्र' है जिसकी इन पंक्तियों की यह कहकर आलोचना की गई थी कि ये अकेलेपन, निराशा और

प्रेमविहीनता का प्रचार करती हैं—

प्रलय के दिनों में
सप्तर्षि, मछली और मनु
सब वेद बचायेंगे
कोई नहीं बचायेगा प्रेमपत्र

कोई रोम बचायेगा
कोई मदीना
कोई चाँदी बचायेगा, कोई सोना

मैं निपट अकेला
कैसे बचाऊँगा तुम्हारा प्रेमपत्र!

कविता के आशयों को वक्तव्यों और घोषणाओं से ही ग्रहण करने के आदी कुछ पाठकों और आलोचकों की, इन पंक्तियों पर ऐसी प्रतिक्रिया समझ में आती है। लिजलिजे-पिलपिले आशावाद के ऐसे आग्रहों ने मानवीय संघर्ष-चेतना को कुंद करने और उसके अन्दर संचित आक्रोश और असंतोष का विरेचन करने में अहम भूमिका निभाई है। लेकिन बद्री का रास्ता इन सरलीकरणों से होकर नहीं जाता। पूरब की एक कहावत है कि आशा वाला मर जाता है और निराशा वाला जी जाता है। खरी और उत्कट निराशा मानवीय जिजीविषा को जगा सकती है और उसे अनजाने रास्तों के खोज की प्रेरणा दे सकती है। इतिहास के जटिल मोड़ों पर ऐसी निराशा मनुष्य को शक्ति देती है। 'प्रेमपत्र' कविता में आई निराशा इसी प्रकार की है जो समाज के सारे प्रचलित पैमानों का निषेध करती है। यह अवश्य है कि इसका स्वर उन दिलों को नहीं छू सकता जिनमें इस चेतना को जज़्ब करने के लिए आवश्यक गहराई नहीं है।

कला के प्रति प्रतिबद्धता बद्री की कविता को जितना पारदर्शी बनाती है, उतनी ही निष्कवच भी कर जाती है। कील-कांटों से दुरुस्त और बहुत ठोंक-पीट कर बनाई गई कविता उनका स्वभाव नहीं रही। इसलिए कई बार सुधी पाठकों और आलोचकों को भी उनके आशयों की खोज में हाथ-पाँव मारना पड़ जाता है। मिसाल के तौर पर उनकी आत्म-आलोचनात्मक कविताओं को ही लें। बद्री के यहाँ यह स्वर बराबर बना रहा है और ऐसा बहुत कम हुआ है कि दूसरों की आलोचना करते हुए उन्होंने ख़ुद को उसमें शामिल करने की कोई राह न बनाई हो। दूसरे संग्रह के बाद भी उनकी ऐसी अनेक कविताएँ प्रकाशित हुई हैं। 'राष्ट्रीय कवि' शीर्षक कविता में जब वे राष्ट्रीय कवि के सीधी दिशा में जाने यानी सुविधाजनक राह पकड़ने की बात करते हैं तो दरअसल

कवियों के राष्ट्रीय चरित्र की एक कमज़ोरी का संकेत करते हैं। वे ख़ुद भी उससे बाहर नहीं हैं, इसीलिए कविता के अंत में अपने मन का आह्वान अलग से करते हैं, 'उल्टी दिशा' में चलने के लिए।

'पहाड़ की चढ़ाई' शीर्षक कविता भी जीवन में किए गए समझौतों के चलते होने वाले क्षरण पर केन्द्रित है। कविता में 'एक जोगी के निर्गुण गीत' के माध्यम से आने वाली आकांक्षा बुनियादी प्रतिज्ञाओं की अभिव्यक्ति है, जिन्हें बार-बार दुहराना पड़ता है। जहाँ तक व्यवहार का प्रश्न है, बद्री के यहाँ इन प्रतिज्ञाओं के प्रति कैसा एकनिष्ठ समर्पण है, यह हम आगे देखेंगे।

इसी तरह, 'अपने जाना है' शीर्षक कविता में कवि हर महीने दिल्ली जाने के बारे में सोचता है और फिर इस सोच को निरस्त करता है। इसमें किसी प्रकार का 'सेल्फ-ग्लोरीफिकेशन' नहीं है। यह एक सतत चलने वाले द्वन्द्व का स्वीकार भर है जो हर मध्यवर्गीय व्यक्ति के 'आदर्शवादी मन' के साथ लिपटा रहता है। शीर्षक पर ग़ौर करें तो इसका और भेद खुलता है। कवि के पास कोई बड़े अवसर और सम्भावनाएँ वहाँ भी नहीं हैं। अपने आप टिकट कटा कर या रिज़र्वेशन कराकर दिल्ली जाने का अर्थ यही है। यहाँ रिज़र्वेशन की सुविधा से अधिक उस द्वन्द्व, तनाव, अनिर्णय, अनिश्चित आगत और अकेलेपन पर ग़ौर करें जो छोटी-छोटी सुविधाओं के मोर्चे पर मारे जाते व्यक्ति का आज का सामान्य अनुभव है, तब इसका मर्म खुलता है।

'पहाड़ की चढ़ाई' की अंतिम पंक्तियाँ हैं—

इस चढ़ाई में तो कोई नया अंग नहीं गला
पर हो सकता है
अगली चढ़ाई में शायद
गल जाये अंगुली कानी।

कानी अंगुली के गलने का एक सन्दर्भ पौराणिक है, युधिष्ठिर के स्वर्गारोहण से जुड़ा हुआ, लेकिन उसका अधिक प्रासंगिक और आधुनिक सन्दर्भ आज के मनुष्य की नियति से सम्बद्ध है। समझौतों से पूरी तरह रहित जीवन की कामना एक शुद्धतावादी आकांक्षा ही हो सकती है। इसलिए कवि आंशिक समझौते की सम्भावना को स्वीकार करते हुए भी 'झूठ के विरुद्ध लड़ने का आत्मविश्वास' और 'मिथकों को फाड़ते चलने वाला नखदन्त' चाहता है। ग़ौरतलब है कि कानी अंगुली के गलने का पौराणिक सन्दर्भ भी असत्य और अन्याय की प्रतीक शक्तियों को उन्हीं के औज़ार के आंशिक प्रयोग से मात देने की व्यंजना से युक्त है। अपनी रणनीति को नए सिरे से सूत्रबद्ध करने के इस प्रस्ताव के पक्ष-विपक्ष में बातें तो हो सकती हैं, लेकिन इसे यूँ ही ख़ारिज नहीं किया जा सकता।

कसी और तनी हुई मुट्ठियों और भिंचे हुए जबड़ों वाले युयुत्सु तेवर के आदी विचारकों को बद्री के काव्य-संसार से शिकायत होती है कि यहाँ अकेलापन बहुत है, संगठित प्रतिरोध नहीं है। समाज से जैसे-जैसे संगठित प्रतिरोध घटता गया है, कविता में उसकी माँग बढ़ती गई है। इस माँग की उपेक्षा करके बद्री भाषा और संवेदना के मोर्चे पर निरंतर सक्रिय हैं। यह ऐसा मोर्चा है जहाँ हर कवि अंततः अकेला और निहत्था होता है। यह अकेलापन अपरिहार्य है क्योंकि इसके बिना अपनी पहचान नहीं हो सकती, अपनी शक्ति का संधान नहीं हो सकता। बद्री ऐसा कर पाते हैं, इसीलिए कुछ मामलों में वे समकालीन हिन्दी कविता की स्व-आरोपित सीमाओं और आत्मनिषेधों से इतने मुक्त दिखते हैं कि हमारी प्रचलित वैचारिकी उनके सामने असहज हो उठती है और कतराकर निकल जाने में ही भला समझती है। मिसाल के तौर पर मिथकों को ही लें। सत्य को ढकते आए मिथकों को फाड़ने की कामना ही बद्री ने नहीं की है, ऐसा सचमुच करके दिखाया है। जन-मन में सबसे गहरे उतरे पौराणिक मिथकों की, 'ब्लासफेमी' की हद तक जाकर, जैसी निर्मम चीरफाड़ बद्री ने की है उसका कोई दूसरा उदाहरण हमारी कविता में नहीं दिखता। अगर हिन्दू तालिबा़नों के उभार के इस दौर को ध्यान में रखें तो यह अनन्यता जितनी सराहनीय है उतनी आश्चर्यजनक नहीं। ताने, शिकवे और उलाहने तो बहुत सुनने को मिले होंगे, लेकिन आमने-सामने की इस मुठभेड़ पर ग़ौर करें—

शबरी! बेर छोड़ काजू के लड्डू मँगा लो
और पार्लियामेण्ट की कैंटीन में बैठ थाल सजा लो
विहिप के वेबसाइट पर मिले संकेतों से
पता चलता है कि
अयोध्या से चल तेरे राम यहीं आएँगे।

× × ×

जंगल में तुम थी निर्भय और निर्द्वन्द्व
यहाँ टेटुआ दबा तेरी हत्या करने की हो सकती हैं कोशिशें
और बहुत सम्भव है तेरे टेटुआ दबाने वाले
तेरे सपनों के राम ही हों

जिस रूप में भी मिलें
अपने राम को स्वीकारो शबरी!
रामकथा को धारो शबरी।

(शबरी का गीत)

ऐसी अनेक कविताएँ बद्री के यहाँ हैं जिनमें हिन्दुत्ववादी शक्तियों के मूल्यविधान को तिरस्कार के साथ चुनौती दी गई है। प्रतिरोधी शक्तियों से एकजुट हुए बिना यह आत्मविश्वास सम्भव ही नहीं है—

विष्णु क्षीर सागर में अनजान सो रहे हैं
और विष्णु पत्नी लक्ष्मी
किसी ग़ैर मर्द के दैहिक प्रेम में पड़
तलाक़ पत्र पर हस्ताक्षर करने के लिए
आँखें नीची किये विचार कर रही हैं

सियाजी लंका से आने के बाद
लगातार रावण की याद में घुल रही हैं
और धीरे-धीरे रेशम की डोर-सी पतली हुई जा रही हैं

× × ×

यह स्वर्ग के सबसे समृद्ध एवम् सबसे सम्भ्रान्त इलाक़े का वाक़या है

(आँखों देखा हाल)

ग़ौरतलब है कि इन कविताओं में महज़ ईशनिन्दा नहीं है, बल्कि इनमें हमारे समाज के उस उच्चवर्गीय तबक़े के जीवनमूल्यों के पाखण्ड की पोल खोली गई है, जिसने अपने निरंकुश प्रभुत्व की स्थापना के लिए हिन्दुत्व और राम-कथा को बेहद कारगर ढंग से इस्तेमाल किया है। मिथकों की तोड़-फोड़ भी इतिहासबोध से रहित होने पर अराजक हो सकती है, लेकिन बद्री के यहाँ ऐतिहासिक स्मृति और समकालीन यथार्थ पर लगातार बनी रहने वाली मज़बूत पकड़ दिखाई देती है। ऐसी ही एक कविता है 'विश्वकर्मा पूजा पर' जिसमें सभ्यता के आरम्भ से ही उत्पादक श्रमिक और उपभोक्ता शासक वर्ग के बीच क़ायम अन्यायपूर्ण रिश्ते की स्मृति तो है ही, निकट अतीत और समकालीन यथार्थ से उसके घने रिश्ते की सटीक पहचान भी है। इस कविता की आख़िरी पंक्तियों पर ग़ौर करें—

इसी से वह तलवार बनी थी, जिससे शम्बूक का सर कटा था
इसी से बना था वो खंजर
जिसे अमीना बी की कोख में उतार दिया गया था
इसी से बन्दूक की नली बनी थी,
जिससे भोजपुर में मारे गए थे नगीनाराम

और सत्तर के दशक में पूरी गंगा घाटी में हुए नरसंहारों में
यह महत्त्वपूर्ण हथियार साबित हुआ था
जिसने यहाँ के जीवन में किया था महत्त्वपूर्ण परिवर्तन
और आतताइयों का राज कायम किया था
इसी से बनी थी सरकार
इसी से चली थी सरकार
वे दुखी थे, लोहे के लिए दुखी थे
उन्हें दुख था कि
सृष्टि के आरम्भ से ही
लोहा लोहारों के हाथों से छीन लिया गया था
और हत्यारों के हाथों में दे दिया गया था।

शक्ति की करो मौलिक कल्पना

(असद ज़ैदी द्वारा सम्पादित काव्य-संग्रह)

'यह कहना एक मामूली सच को दोहराना ही है कि समकालीन हिन्दी कविता अपने समय के सांस्कृतिक, सामाजिक और राजनीतिक द्वन्द्वों के बीच पनपी और उनमें शामिल रही है—हमारे दौर की बर्बरता और सभ्यता के संघर्ष से वह अछूती नहीं है। यह कहना भी शायद एक मोटी बात को दोहराना ही है कि समूची हिन्दी कविता या इसकी कोई भी साहित्यिक धारा शुरू ही से लोकतान्त्रिक, धर्मनिरपेक्ष और प्रगतिशील मूल्यों की पक्षधर नहीं रही है। हिन्दी प्रदेश में संस्कृति की ज़मीन बहुत ही फिसलन भरी है—यहाँ अक्सर सेकूलर और ग़ैर सेकूलर, लोकतन्त्र और अंधराष्ट्रवाद, समता और जातिवाद, विवेक और "श्रद्धा", बहुलता और समरसता, लोक और शास्त्रीय, प्रगतिशील और प्रतिगामी, पूर्व-आधुनिक और उत्तर-आधुनिक, आंचलिक और रूढ़िवादी, पारम्परिक विवेक और कर्मकाण्ड, जागृति और उन्माद के बीच की सीमाएँ मिट जाती हैं। मध्यवर्गीय बुद्धिजीवी समुदाय की सामाजिक पृष्ठभूमि और उसकी ऐतिहासिक तथा सांस्कृतिक विरासत उदारवादी आलोचक और शिक्षक ही नहीं, प्रगतिशील और जनोन्मुखी लेखक-आलोचक की कथनी और करनी को भी प्रभावित करती है। गिलक्रिस्ट के ज़माने से लेकर आज के विश्वविद्यालयों के हिन्दी विभागों तक, हण्टर कमीशन से "द्विवेदी युग" तक, फ़ोर्टविलियम से लेकर राजभाषा विभाग तक, "भारतेन्दु युग" की राजभक्ति और गोरक्षा से लेकर छायावाद और रामचन्द्र शुक्ल के "क्षात्रधर्म" और "राष्ट्रवाद" तक एक निहायत समस्याग्रस्त, खण्डित और अन्तर्विरोधपूर्ण "धरोहर" है। इस धरोहर को लेकर हिन्दी के पेशेवर बुद्धिजीवी समुदाय के विभिन्न ख़ेमों के बीच सुलह, सहमति और सर्वानुमति के भयावह प्रकरण पाए जाते हैं। आज की हिन्दी कविता को इसी परम्परा के बरक्स और इससे लगातार उलझते हुए काम करना पड़ता है।'

(असद ज़ैदी, 'दस बरस' के सम्पादकीय से)

पिछले दशक की हिन्दी कविता पर अगर एक सचेत नज़र डालें तो हम पाते हैं कि अपने वक़्त की पुकार का जवाब देने के लिए इसने कुछ नयी पगडंडियों पर चलने का जोखिम उठाया है और कुछ नयी गहराइयों तथा ऊँचाइयों की खोज की है। मूलतः यह खोज एहसास के नए तरीक़े की है यानी एक नए संवेदन-तंत्र की जिससे

होकर गुज़रने के बाद अस्तित्व में आने वाली कविता भी अपने अलग लबो-लहज़े के कारण पहचान में आ जाती है। इस नए तरीक़े से व्यक्त होने वाली सचाई वही पुरानी है जो हर दौर की सार्थक कविता की ख़ासियत रही है। यानी अपने वक़्त के यथार्थ के सामान्य और विशिष्ट, दोनों स्तरों का मार्मिक और वेधक बयान।

बाबरी मस्जिद का गिराया जाना महज़ एक इमारत या धर्मस्थल का गिराया जाना नहीं था। वह पिछले हज़ार बरस से सतत गतिमान हमारी भारतीयता पर भी एक सांघातिक प्रहार था। इसका महत्त्व यक़ीनन ऐतिहासिक है, क्योंकि 1857 की पराजय और 1947 के बँटवारे से जारी प्रक्रिया के निर्णायक मुक़ाम पर पहुँचने की घोषणा इसी घटना ने की थी। इतने झटके झेल कर भी यह विरासत मिटाई नहीं जा सकी है क्योंकि यह वैसी साझी विरासत नहीं है जिसमें सुविधानुसार अलग्यौझा किया जा सके। अगर ऐसा होता तो इसके लिए बँटवारा काफ़ी था। हमारी यह परम्परा दो महान संस्कृतियों के मेल से बनी एक नयी और तीसरी संस्कृति है जिसके विभाजन की कोई भी कोशिश आत्मघात की नादान कोशिश के अलावा और कुछ नहीं हो सकती। सौभाग्य से यह संस्कृति देश, काल और जनसमुदाय के इतने विराट दायरे में विस्तृत हो चुकी है कि इसे मिटाना किसी के बूते की बात नहीं रह गई है। विध्वंस और विनाश की यह पीड़ा नवनिर्माण की भी पीड़ा है। अपने हिस्से का दर्द तो हमें झेलना ही है। अयोध्या 1992 के बाद की हिन्दी कविताओं के असद ज़ैदी द्वारा सम्पादित संकलन 'दस बरस' से गुज़रते हुए यह ख़याल आता है। इस परिघटना के इन्हीं आयामों का संकेत शुभा अपनी कविता 'एक समय का वर्णन' में करती हैं—

समय इस इमारत में उतरा
समय का वर्णन नहीं किया जा सकता

उसे सम्बन्धों में पहचाना जा सकता है

इमारत बनाने वाले
सालन का कटोरा किस तरह पकड़ते थे
कैसे डुबोते थे शोरबे में रोटी

घोड़े की हिनहिनाहट उन्होंने सुनी
या कोई प्यारी फुस्फुसाहट सुनी स्मृति में
यह ईंट रखते हुए

क़न्धार से लाया गुलाब खिल रहा था दिल्ली में
शेख़ सादी की ग़ज़ल या उपनिषद् का पन्ना

पढ़ता था कोई
इमारत में उतरा समय कौन मिटा सकता है
वह समय अकेले मस्जिद में नहीं उतरा था

उसके टूटने का समय भी
केवल तोड़ने वालों में नहीं उतरा।

साम्प्रदायिक आधार पर राष्ट्रनिर्माण की सम्भावना को हम सबने समय के साथ दूर जाती हुई अतीत की वस्तु समझा था, लेकिन वह पास आता गया क्योंकि भविष्य में स्थित था। असद ज़ैदी की कविता 'एक याद' में इस विडम्बना का बयान देखें—

वो एक याद थी जिसे मैं इन्तज़ार में था कि
कुछ धुँधली पड़े तो काम में लूँ

× × ×

कुछ ठोकरें रास्ते में बनी हों
रफ़्तार को कम करती हुई

मैं इसी इन्तज़ार में था, लेकिन मैंने देखा
कि बस एक ही क़दम की दूरी बाक़ी है
और लीजिए ये हुई मुठभेड़

1992 में अपने आगमन की सूचना देने के ठीक दस बरस बाद फ़ासिज़्म ने गुजरात में अपना नंगा नाच दिखाया। हिन्दुओं की उदारता और सहिष्णुता का मिथक पानी के बुलबुले की तरह गायब हो गया। इसकी पहचान को लेकर हमारे बीच जो मतभेद थे उनकी विडम्बना को उजागर करते हुए असद ज़ैदी लिखते हैं—'हमारे देश में लोकतांत्रिक विचार की हिमायत करने वाले बुद्धिजीवियों, राजनीतिक लोगों और सामाजिक रूप से जागरूक संस्कृतिकर्मियों के बीच अक्सर यह बहस रही है कि आने वाले ख़तरे को किस रूप में पहचाना जाए—वह फ़ासीवाद है या उससे अलग—कुछ कम बुरी—कोई चीज़। इससे सीधे भिड़ा जाए या हमदर्दी से इसे समझने की कोशिश की जाए? यह फ़ासीवाद, नव-फ़ासीवाद या अ-फ़ासीवाद जो भी है, किस चरण में है? वह आ रहा है या हमारे पास से होकर कहीं और जा रहा है? क्या इसमें इतना दमख़म है कि इस देश की अमुक परम्परा या तमुक संस्कृति को पछाड़कर यहीं जम सके? हमारे दिलो-दिमाग़ में जगह बना सके?'

फ़ासिज़्म के असली चेहरे की झलक पा चुके हमारे लोकतांत्रिक समुदाय के पास

अब किसी मुग़ालते में रहने की कोई वजह नहीं बची है। दरअसल, अब अपने को छुपाकर रखने में ख़ुद फ़ासिज़्म की दिलचस्पी नहीं रह गई है। उसने लोगों का मनोबल तोड़कर उन्हें घुटने टेकने पर विवश कर देने की योजना के तहत यह जनसंहार आयोजित किया है। इसके अलावा, संस्कृति का मोर्चा फ़तह करना फ़ासिज़्म के लिए हमेशा पहली ज़रूरत बनकर आता है। इसीलिए, ये लोग हमारी बहुआयामी संस्कृति के विभिन्न पहलुओं का विध्वंस करके उसकी सिर्फ़ ब्राह्मणवादी-पितृसत्तात्मक धारा को हिन्दुत्व के नाम पर भारतीयता का पर्याय बताकर बलपूर्वक स्थापित करने का अभियान चला रहे हैं। सांस्कृतिक आतंकवाद की इसी नीति को सांस्कृतिक राष्ट्रवाद कहते हैं।

इसके अपने ही वक्तव्यों और स्थापनाओं के व्यंग्यात्मक दुहराव से इसकी भावभूमि की जड़ता को उजागर करते हुए असद ज़ैदी 'हलफ़नामा' शीर्षक कविता में कहते हैं—

नहीं पहिया कभी टेढ़ा नहीं हुआ
नहीं बराबरी की बात कभी हुई ही नहीं
हो सकती भी न थी

उर्दू कोई ज़बान ही न थी
अमीरख़ानी कोई चाल ही न थी

मीर बाक़ी ने बनवाई जो
कोई वह मस्जिद ही न थी

नहीं तुम्हारी आँखों में
कभी कोई .फ़रेब न था।

बहरहाल, कम से कम साहित्य के मोर्चे पर यह कहा जा सकता है कि उनके मन्सूबे असफल हुए हैं। साहित्यकारों और कवियों में लाख कमज़ोरियाँ हों, लेकिन एक निर्मल वर्मा को छोड़कर अब तक हिन्दी का कोई उल्लेखनीय लेखक उनके सांस्कृतिक एजेण्डे के समर्थन में नहीं खड़ा हुआ है। हिन्दी साहित्य में ऐतिहासिकता और तार्किकता की व्याप्ति के चलते ही यह सम्भव हुआ है। कविता के मोर्चे पर इन 'सांस्कृतिक' शूरवीरों की पूँजी ले-देकर कुछ मसख़रों और गलेबाज़ों तक सीमित है। साहित्य में अपने ऐसे स्वागत पर इनकी बेशर्म प्रतिक्रिया 'निर्मला' जैसे प्रसंगों में देखते ही बनती है। हिन्दी और उर्दू शायरी के बाबा आदम कहे जाने वाले शायर वली दक़नी की मज़ार को तोड़कर इन्होंने हमारी मिश्रित संस्कृति के तंतुओं को चीर-फाड़कर अलग-अलग कर देने का इरादा ज़ाहिर किया है। लेकिन इनके विधाता को भी सम्भवतः इस बात का इल्म नहीं है कि मिटाए गए अक्षर अज़ेय होते हैं। समूची बीसवीं

सदी इस बात की गवाह है। नयी सदी में अगर कोई फ़र्क़ पड़ा है तो यही कि उलटफेर की प्रक्रिया और तेज़ हुई है। इसी परिप्रेक्ष्य में हमारी कविता ने भी निर्णायक और दूरगामी युद्ध के लिए कमर कसा है और ऊपर से निराशाजनक दिखती तस्वीर के दूसरे रुख़ पर नज़र डाली है। राजेश जोशी की कविता 'वली दक़नी' की ये पंक्तियाँ इसी प्रवृत्ति की नुमाइंदगी करती हैं—

हालाँकि इन कारनामों का एक दिलचस्प परिणाम सामने आया
और वह कवि जो बरसों से चुपचाप अपनी मज़ार में सो रहा था
मज़ार से बाहर आ गया और हवाओं में फैल गया।

× × ×

कि मैं दंगाइयों का शुक्रिया अदा करना चाहता हूँ।
कि उन्होंने वली की मज़ार की मिट्टी को
सारे मुलक की मिट्टी, हवा और पानी का
हिस्सा बना दिया।

वली की मज़ार का गिराया जाना एक ऐसी घटना है जिसने हमारे हिन्दी-उर्दू के साहित्यिक दायरे में भावनाओं की एक अजीब घुमड़न और बेचैनी पैदा की। इससे कोई बवंडर तो नहीं उठा, लेकिन हमारी चेतना में वह अज़ीम शायर एक बार फिर जाग उठा जिसने तीन सौ बरस पहले गुजरात से जाकर अपने दीवान से दिल्ली फ़तह की थी। इस प्रसंग पर लिखी गई देवी प्रसाद मिश्र की 'जो पीवे नीर नैना का' शीर्षक कविता जिस तरह इसकी मार्मिकता के साथ इसके निहितार्थों को भी व्यक्त करती है वह इस बात का प्रमाण है कि हिन्दी कविता सरलीकृत निष्कर्षों और घोषणाओं के दौर को बहुत पीछे छोड़ आई है और उथल-पुथल से भरे अपने युग की चुनौती का सामना करने की परिपक्वता अर्जित कर रही है। इस लम्बी कविता की चंद पंक्तियाँ यहाँ देखें—

मैं कहाँ जाऊँ भाई, इतना रहने के बाद
इतनी चीज़ों के बारे में इतना कहने के बाद
और जाऊँ भी क्यों लेकिन रह भी कैसे पाऊँ
कि जला दिया जाऊँ या ढहा दिया जाऊँ
क्या कर जाऊँ कहाँ जाऊँ लेकिन जाऊँ भी क्यूँ

शायद कि आपको याद हो कि एक दफ़ा मैं
दक्कन से दिल्ली अपने दीवान के साथ गया था आज
मैं फिर दिल्ली की तरफ़ बढ़ रहा हूँ आहिस्ता
आहिस्ता बेआवाज़ पुकारता हुआ कबीर की तर्ज़ पर कि

कौन आता है मेरे साथ

मैं चीनी पीर
मैं वली दकनी
मैं वली औरंगाबादी
मैं वली गुजराती
तीन सौ साल बाद जलावतन
बेवतन

इस संग्रह की ख़ासियत यह है कि 1992 को अपना प्रस्थानबिंदु मानने के बावजूद यह अपने को महज़ साम्प्रदायिकता या फ़ासीवाद तक सीमित नहीं करता। इसे अपने परिप्रेक्ष्य के रूप में स्वीकार करने के बाद यह हमारे समाज में सक्रिय मानवीय-लोकतान्त्रिक आकांक्षाओं तथा विमर्शों पर अपना ध्यान केन्द्रित करता है और उन्हें अपने अंदर जगह देता है। इस प्रकार यह इस सचाई को सामने लाता है कि फ़ासीवाद से लड़ने का मतलब हर वक़्त 'साम्प्रदायिकता' के विरोध और 'धर्मनिरपेक्षता' के समर्थन का राग अलापते रहना नहीं है, जैसा कि हमारी तमाम 'धर्मनिरपेक्ष' शक्तियाँ करती हैं, बल्कि इसका वास्तविक आशय है समाज में हर स्तर पर जारी सत्ता-संघर्ष में शामिल लोकतांत्रिक और मानवीय बेचैनियों को स्वर देना, उनके विशिष्ट रूप-रंग को रग-रेशों के साथ उभारना, उनकी ताक़त और कमज़ोरी को समझ-बूझकर आगे की राह तलाशना। यही वह रास्ता है जो फ़ासीवाद का सकारात्मक निषेध कर सकता है।

इस संग्रह की अनेक कविताएँ अपने विलक्षण अन्दाज़े-बयाँ के कारण ध्यान आकर्षित करती हैं। पहली नज़र में वे कवि के अल्हड़पन और मस्ती का पता देने वाली, पर व्यापक अर्थवत्ता से रहित लगती हैं। लेकिन ग़ौर से देखने पर पता चलता है कि मौजूदा दौर में हिन्दी कविता इतनी परिपक्व हो चली है कि वह अपने गहनतम संकट का भी अपनी ज़िन्दादिली के सहारे न केवल बयान करती है, बल्कि उसे हास्यास्पद भी साबित कर देती है।

जो लोग भारतीय समाज, ख़ास तौर पर हिन्दुओं की तथाकथित सहिष्णुता की परम्परा से यह उम्मीद लगा बैठते हैं कि वह अन्ततः फ़ासीवाद का प्रतिकार कर सकेगा, उन्हें इस पर फिर से विचार करना चाहिए। इस परम्परा की ख़ूबी यह रही है कि इसने अपने विरोधियों के दमन में एक तरफ़ तो वैचारिक आधार पर परिष्कृत साधनों का प्रयोग किया और दूसरी तरफ़ क़त्लोग़ारत के भोंडे से भोंडे तरीक़े भी अपनाए। भारत में बौद्ध धर्म के साथ जो व्यवहार हुआ है वह इसकी बानगी है। इससे पहले चार्वाकों के साथ क्या हुआ होगा, इसकी केवल कल्पना की जा सकती है। समस्त धार्मिक-पौराणिक ग्रंथ अपने

विरोधियों को ज़िन्दा जलाने की कथाओं से भरे पड़े हैं, जिन्हें पहुँचे हुए लोग अपने 'शाप' से 'भस्म' कर देते थे। स्त्रियों, आदिवासियों और दलितों पर यह विधा विशेष कारआमद रही है। सती प्रथा से लेकर दहेज प्रथा तक इस समाज में अपने ही घर की स्त्रियों के 'अग्निसंस्कार' के माध्यम रहे हैं। अब इसका विस्तार अल्पसंख्यकों तक हो गया है। इस मामले में हम संसार के सम्भवतः सबसे हिंस्र और अमानवीय समाज के सदस्य हैं। हम स्वीकार करें या नहीं, लेकिन गुजरात में जो कुछ हुआ वह नियम के ही एक पहलू का विस्तार था, अपवाद नहीं। उपभोक्तावाद ने इस आग में घी डाल दिया है। इस माहौल में बीतने वाला हर दिन किसी संवेदनशील व्यक्ति के लिए पीड़ा और क्षोभ का गहरा दंश लेकर आता है जो आत्मा को सतत रिसने और टीसने वाले नासूर में बदल देता है। इस स्थिति का वर्णन शब्दों में करने के लिए इस दर्द का अतिक्रमण करके इसे अपने मानवीय अस्तित्व के सबूत और धरोहर के बतौर सहेजने और सँभालने की कुव्वत ज़रूरी है जो कवि मनमोहन के यहाँ दिखाई पड़ती है। उनकी कविता 'फोड़े का गीत' की ये पंक्तियाँ देखें—

फोड़ा मेरा यार यही है
मेरा सच्चा प्यार यही है

जब जब मैंने धोखा खाया
इस फोड़े ने मुझे बचाया

× × ×

जब जब ये सूखा मुर्झाया
तब तब मैं सहमा घबराया

जब जब मैं कुछ करके आया
इसने मेरा जिगर बढ़ाया

दुनिया मुझको समझ न पाई
इस फोड़े ने जान बचाई

समाज में चल रहे शक्ति-विमर्श का अच्छा रिस्पांस भी मनमोहन की कविताओं में मिलता है। 'हमारी कमज़ोरी' शीर्षक कविता गोरख पाण्डेय के 'समझदारों का गीत' की याद दिलाती है। लेकिन सबसे महत्त्वपूर्ण कविता 'कमज़ोर की ताक़त' है जिसमें बीसवीं शताब्दी के इस ऐतिहासिक अनुभव का निचोड़ दिखाई पड़ता है कि प्रतिरोध की ताक़तें शक्ति और सत्ता का वैकल्पिक मॉडल हासिल करने में अंततः असफल रही हैं। दुश्मन के बनाए नियमों के आधार पर ही इस खेल में शामिल होकर आधी लड़ाई

तो वे पहले ही हार जाती हैं। 'राम की शक्तिपूजा' में निराला ने इसीलिए शक्ति की मौलिक कल्पना करने का आग्रह किया था, जिसे हमने अनसुना कर दिया। परिणामस्वरूप हम कैसे शासक-सत्ता के शिकंजे में कसते गए, इसका सुन्दर हवाला यह छोटी-सी कविता देती है—

कमज़ोर की ताक़त वहीं कहीं है
जहाँ उसकी कमज़ोरी है

कई बार कमज़ोर की ताक़त को भी
उसकी कमज़ोरी समझा जाता है
सिर्फ़ इसलिए कि वह ताक़तवर की ताक़त के साथ
या उसके मुकाबले में खड़ी नहीं पाई जाती

क्योंकि माना जाता है कि ताक़त तो सिर्फ़ ताक़तवर के पास है
ख़ुद कमज़ोर भी यही मानता है
और सोचता है कुछ बनी बनाई ताक़त मैं भी जमा कर लूँ
और ताक़त के उस खेल में शरीक हो जाऊँ
जिसकी शर्तें तय हैं

ताक़तवर कहता है कोई एतराज़ नहीं
शर्तों के साथ तो हम ताक़त उधार भी देते हैं
आसान क़िस्तों पर

मंगलेश डबराल की 'गुजरात के मृतक का बयान' ओर 'अंजार' ऐसी कविताएँ हैं जिन्हें पढ़ना हर बार उस त्रासदी से गुज़रने का एहसास कराता है। इनमें से पहली कविता तो अनेक जगहों पर प्रकाशित हो चुकी है, 'अंजार' की ये पंक्तियाँ देखें (26 जन. 2001 को आए भूकम्प में अंजार में प्रभातफेरी निकाल रहे 400 बच्चे इमारतों के मलबे में दबकर मारे गए थे।)—

एक बार फिर से आए इम्तहान
बच्चों को उठाया गया नींद से फिर से किया गया तैयार
गिनती हुई चार सौ पिछले बरस के चार सौ
इस बार कई कई जगह था अंजार
इस बार उड़ती हुई धरती नहीं लपकती लीलती हुई आग थी
ख़ून और मृत्यु थे मुख्य प्रश्नपत्र बाक़ी विषय भी मौत का ही विस्तार

अंजार से निकल कर दूर दूर तक फैले हुए अंजार के रिक्त स्थान

स्कूल की घंटियाँ सुनाई देती हैं अंजार में
बच्चे बैठते हैं आग और क्रूरता के इम्तहान में
पिछले बरस की टूटी हुई दीवार से गिरता है रक्त
आँसुओं से भरी आँखों के सामने डावाँडोल होते प्रश्नपत्र

फ़ासिज़्म के उभार के इस दौर में एक नयी परिघटना यह दिखी कि जनमत का स्वरूप किसी सकारात्मक आधार पर नहीं, बल्कि नकारात्मक अथवा प्रतिक्रिया के आधार पर निर्धारित होने लगा। किसी के पक्ष में गोलबंद होना छोड़कर किसी के ख़िलाफ़ उसके शत्रु के पक्ष में गोलबंद होने की प्रवृत्ति बढ़ने लगी। निश्चय ही यह व्यवस्था से मुकम्मल मोहभंग के कारण हो रहा था, लेकिन किसी विकल्प के अभाव में इससे लोगों में एक ख़ास तरह की निराशा पनपी और अपने भविष्य का निर्माण ख़ुद करने का जज़्बा कहीं गुम हो गया। शासक वर्ग ने इस स्थिति का ख़ूब फ़ायदा उठाया और नूरा कुश्ती की ऐसी कला विकसित की, जिसमें जनता की भूमिका फुटबाल जैसी नज़र आने लगी। जल्द ही शासक तबक़े ने इस बात को समझ लिया कि मसला देशद्रोही-उदारवादी अर्थनीति का हो या अपराध के राजनीतिकरण का, अपने प्रतिद्वन्द्वी से चार हाथ आगे रहने में फ़ायदा यह है कि बहस इन आपराधिक नीतियों को लागू करने के तरीक़े पर केंद्रित हो जाएगी और इनके औचित्य का प्रश्न नहीं उठ पाएगा। इससे उनके वर्ग की सत्ता बनी रहेगी। इस प्रक्रिया में देश के बुद्धिजीवी समुदाय ने भी शासक वर्ग के सुर में सुर मिलाकर चलने में कोई कोताही नहीं की। बौद्धिक वर्ग के इस विश्वासघात का पारदर्शी और रचनात्मक वर्णन करते हुए उदय प्रकाश 'विचार' शीर्षक कविता में जो कुछ कहते हैं, उससे किसी समय 'चुनी हुई चुप्पियों' के ख़िलाफ़ बोलने वालों के गुजरात क़त्ल-ए-आम पर चुप्पी साध लेने की वजहें याद आ जाती हैं—

आइए देखें वह वाक्य जिसमें गुज़र चुकी सदियों के
तमाम अत्याचारियों के विरुद्ध एक चमकता हुआ बिंब है
उसे तोड़ें अख़रोट की तरह तो दिखेगा
वर्तमान के अत्याचारियों के पक्ष में
छुपा हुआ तर्क
वहाँ विचारक नहीं दिखेगा
चिंतन की भाषा के चोग़े में छिपा
कोई मक्कार वाक्पटु अधिवक्ता
आज के हत्यारे को बचाने के निमित्त
अतीत के हत्यारों के विरुद्ध तर्क और

प्रमाण पेश करता हुआ

इस संग्रह में युवतम पीढ़ी के अंशुल त्रिपाठी और यतीन्द्र मिश्र से लेकर वरिष्ठ कवि केदारनाथ सिंह और कुँवर नारायण तक की अनेक श्रेष्ठ कविताएँ मौजूद हैं। कवि लीलाधर जगूड़ी की अनुपस्थिति ज़रूर खटकती है। 'मन्दिर लेन' जैसी कविता और 'महाकाव्य के बिना' जैसी पुस्तक के रचयिता को इस संकलन में अवश्य होना चाहिए था। अंततः, कला और समाज के रिश्ते का रहस्योद्घाटन करने वाली बद्री नारायण की कविता 'सारंगी की संस्कृति' की इन पंक्तियों में व्यक्त चेतावनी को हम अपने सामूहिक विवेक की आवाज़ के रूप में सुन सकते हैं—

इसमें जोगियों, फ़क़ीरों, कलन्दरों के अरमान बसे हैं
इसे इतना ज़ोर से मत कसो

जितना चाहते हो उतनी ही निकले आवाज़
इसके लिए इससे ऐसी छेड़-छाड़ मत करो

मन, हवा, अँगुलियों को करने दो अपना काम
कुछ खुली सम्भावना सारंगी के लिए भी रहने दो

कभी-कभार सारंगी से अगर निकल आए
अनजाने सुर
तो बुल्लेशाह, एकनाथ और बावरी मीरा को
याद कर

इसे माफ़ कर दो
और एक बात का ख़ास रखना ध्यान
कि इसे कोई गुणी ही बजाए
मात्र शक्तिशाली होने के कारण
कोई इस पर अधिकार न पा जाए।

□□□